Knowledge House & Walnut Tree Publishing

Knowledge House & Walnut Tree Publishing

龍與鷹的帝國

秦漢與羅馬的興衰，怎樣影響了今天的世界？

The Dragon and the Eagle

歐陽瑩之 著

By Sunny Y. Auyang

知識的盛宴——《龍與鷹的帝國》介紹

中華書局送來歐陽瑩之女士大作《龍與鷹的帝國》，作者是一位物理學家，卻在專業以外，撰述了這一本中國秦漢帝國與羅馬帝國的比較作品。拜讀原著，從一個歷史學者的立場看，既佩服，又慚愧。此處是可佩服處：以不是歷史專業的知識分子，卻能處理文化史的問題，如此周全，也如此有見解。慚愧者：在許多中國歷史學者中，對歐洲歷史能有如此程度理解的，實在不多。

歐亞兩洲，古代這兩大帝國，時代相當，在歷史上重要性也相當，作者將它們的地理環境、歷史條件、社會結構、管理制度和組織，各方各面，縷述如數家珍。作者不僅作文化的比較，也有專章，介紹這兩大帝國之間的關係，與彼此認知的程度。對於一般讀者而言，此書乃是知識的盛宴，中西餐點同時並進，而且中餐西吃，西餐中吃，兩個角度都有適當的交代。

作者在行文之際，毋寧常常接觸到：何以這兩大帝國有如此的發展？後來又如何走了不同的方向？我想，她會關心：為什麼後來的中國，一直是「中國」？而羅馬，卻變成歐洲的列國？此處，我以為「中國」長期保持為「中國」，雖然經歷了南北朝的外族入侵，和後來遼、金、元、清，不同時代的外族統治，但「中國」並沒有分裂，而「中國」的本部，接受許多外來影響，還是以「中國」的本色，長期存在。

我想這個課題的理解，可能應當從秦漢以後，中國始終以「編戶齊民」作為國族結構的基礎來看。中國在不同的時代都有貴族，然而，沒有像歐洲歷史上，長期實行封建制度，延續貴族與平民之間的差異。另一方面，羅馬帝國幅員廣闊，吞併了許多不同地區的國族。在帝國體制之下，各個不同的屬地，和羅馬的本部，都有各自特定的關係，以界定其在帝國的地位；而且，各省之中，有些隸屬於皇帝，有些隸屬於元老院。這一現象，乃是因為羅馬帝國的擴張，以軍事征服為主要手段；羅馬軍團的司令官，和各省當地原來的統治階層，是駐防者和監督屬地的主從關係。羅馬從來沒有過，中國秦漢以後，那種中央和地方郡縣之間，形態一致的行政體系。中國的擴張，不是沒有軍事征服，更多的卻是移民的擴散，緩慢、逐漸、慢慢地從核心，滲透到一層層的邊區，然後充滿了全部的疆域。這種長期而緩慢的大規模移民擴散，帶去的不只是制度，更多的是文化與認同。而且，早期邊陲，可能轉變成新的核心，而核心地區，因為經常地移轉，最後凝聚為中國共同體內，最大的一個核體，足以維繫中國為一體。

羅馬也接受許多外來的族群，他們一批一批，或者滲透，或者征服，充滿了整個歐洲。這些新來後到的族群，雖然加入了先以地中海為中心，後來又以基督教為文化載體的歐洲，他們卻還是或多、或少保存了自己的族群認同。本來是歐洲共同語文的拉丁語，在十七世紀，民族國家體制出現後，不再通行，各地又恢復使用原有語文，曾經統一於羅馬的歐洲，不得不離散為列國體制，許多政治、文化共同體共存。

在此，我向作者致以誠摯的敬意，她能夠不受專業的約束，以通達的眼光，提供讀者們如此有用的一部好書。我真是盼望哪一天，任何行業裡都出現如此高手，將本行學習的分析和綜合能力，應用在本行以外，作為副業。那才是通才教育的上乘境界。

許倬雲　序於匹茲堡

二〇一五年三月二十四日

中文本自序

先父歐陽啟生在廣東鄉下，小時幫家裡賣豬肉，稍壯出來營商闖天下。時逢戰禍國亂，屢折復起，堅毅有成。自己省吃儉用，但慨然送孩子們出國留學；自己只上過私塾，但拿著英文字典精讀美國大學的章程以幫助孩子晉身。到晚年，歎道兒女久居異鄉，忘掉了中國的文化根本，願自己的骨灰撒在長江上流，永抱祖國山河大地。父親在二〇〇五年辭世。我感他心志，決定回歸研究國學，本書是第一個成果。

我在上海念小學，香港上中學，美國上大學，獲麻省理工學院博士。雖然選讀物理，但不乏對文史的興趣。過去二十年出版了四本書，論述有關科學的歷史和哲學，例如從康德知識論的觀點看量子場論，又分析複雜系統理論的結構，因而稍涉社會科學，為轉治文史建下橋樑。科學研究培養的客觀理性，教我竭力獨立思考，凡事求證探實，不輕信權威，希望能與青年學者共勉。我身居美國，容易獲得英文資料。這環境中，比較歷史可以作為轉治中國歷史的踏腳石。時逢中國崛起、美國重振帝國主義，世局近乎兩千年前秦漢皇朝、羅馬帝國各自稱雄東西。時勢幫助了我選題。

本書的英文本先寫成出版。因為所說的是中國，我覺得應該自寫中文本，盡量把意念表達清楚，以敬重中國讀者。中英本的內容絕大部分相同，只在兩處稍有差異。一是顧及中西讀者的知識背景不同，所以對概念和典故的解釋各有增減。二在關於中國的資料，英文本多引英文文獻，中文本則改引中文文獻，尤其是近年的新著。二者都旨在便利讀者。

本書注重比較中西的軍政經濟，所涉及的學術思想，亦限於其對統治菁英的影響。文化藝術方面，圖片更能顯示中西的異同。讀者可訪本書的網頁http://www.chinavrome.org。英文本所引的參考資料，亦見載於該網頁。

歐陽瑩之　寫於麻省劍橋

二〇一四年十月

時光有如一條以事物組成的長河，浪濤洶湧。一事剛發生，即被捲去。另一事代之而生，但亦旋即隨波而逝。

一句話說，人的肉身新陳代謝，靈魂如夢似煙，生涯如戰爭亦如他鄉羈旅，身後名更屬虛幻。有什麼可以指導行為？

馬可．奧勒略《沉思錄》4.43，2.17

滾滾長江東逝水，
浪花淘盡英雄。
是非成敗轉頭空。
青山依舊在，
幾度夕陽紅。

白髮漁樵江渚上，
慣看秋月春風。
一壺濁酒喜相逢。
古今多少事，
都付笑談中。

羅貫中《三國演義》卷頭詞

目錄 Contents

Contents

導論

秦漢、羅馬與中西歷史演變分歧

公元前二〇二年，文明世界的東西兩端，各自發生了一場劃時代的大戰。在非洲北沿的扎瑪（Zama），羅馬敗其宿敵迦太基（Carthage），清除建立了大帝國的障礙。在黃河南面的垓下，漢敗楚，結束秦末群雄逐鹿，奠立一個規模歷時、功績文化都媲美羅馬帝國（imperium Romanum）的皇朝。秦漢皇朝和羅馬帝國相似之處，吸引了不少世界史學家、社會學家、政治學家[1]。近年更有不少論文加以比較，但此前未見專書[2]。

有學者形容東西兩個世界性大帝國的歷史為「一大湊集」[3]。其實它們雖然走勢靠近，但離聚會仍差甚遠。不同社會面臨類似的問題，可能採取類似的對策。然則世上深固傳統紛紜、時局變幻不測，無法產生一個適應所有國度的萬能楷模。在一個環境中功勳彪炳的思想制度，在另一環境下可能徒然無效。因此，秦漢皇朝和羅馬帝國相似中有不少深刻的差別。它們運權統治的風格，可各自稱為龍式、鷹式。分析龍與鷹的特色，評較它們的異同，是本書的主旨。

帝國的觀念在第二次世界大戰後一度黯然，但自從美國帶領入侵阿富汗和伊拉克以來，東山再起。中國崛起，經濟全球化，國際風雲變色，更激發人們深思。過去十餘年，新書源源，研究強大霸道的帝國政體。學者有的說它穩定世局、能長期奏效，有的說它旨在剝削、不能持久，但都認識到帝國有異於小國，不止在量，而且在質[4]。小國寡民，同文同種，容易獲得內政和諧。可是它與鄰國的分歧爭執，也容易升級至兵戎相見。大帝國兼併諸小國，容納多種民族，化解或抑壓它們之間的衝突，收和平建樹之益。然則昇平殊不簡單。帝國地廣人眾，民情複雜，種族摩擦，不易統治。古代缺乏現代的通訊和運輸科技，要凝聚遼闊的疆域，更是困難。

帝國罕有。一位美國學者說：「統計下來，歷史上出現了不過七十個帝國。假如《泰晤士世界歷史地圖集》（*The Times Atlas of World History*）可信，據我數，美國是史上第六十八個。（共產中國是第六十九個，有人會稱歐盟為第七十個帝國）。」[5]六十七個以往帝國中，不少或祚運短暫，或領土有限，或有過無功。能雄踞宏闊領域、維持長期繁榮、堪稱世界性大帝國者，只得十來個。在這傑出的短名單中，差不多同時的秦漢皇朝和羅馬帝國名列前茅。它們全盛時期，各自囊括地球四分之一人口，穩固國內昇平逾兩百年[6]。前者誇一統天下，後者誇雄霸地球（imperium orbis terrae）[7]。兩者皆認為自己的權柄來源超凡：一個稱天命，另一個稱神授（divinitus adjuncta fortuna）[8]。

本書比較東西方大一統秩序的成形年代，以探討龍和鷹的政治特色。為了溯源，本書遍閱皇朝、帝國的興衰史：從公元前七七一年秦立國，說到公元三一六年東晉南渡、華北淪陷於源自北方草原的胡人；從公元前五〇九年羅馬共和國（Res publica Romana）成立，說到公元四七六年西羅馬帝國滅亡於來自北疆的蠻人。

兩個千年帝國史一樣，各自分作兩段，前段興起，後段盛衰，歷時相若。隔開兩個階段的是個二十來年的過渡期。公元前二二一年秦始皇終結數百年征伐不休的春秋戰國時代，奠立統一的中國。秦朝祚短，它亡後中國備受內戰蹂躪，直至公元前二〇二年垓下戰後，高祖建立穩定的漢朝。類似的慘烈內訌，從擴張到太平，一百多年後在西方上演。凱撒（Gaius Julius Caesar）把羅馬數世紀的征戰帶上巔峰，隨即於公元前四十八年把矛頭轉向共和國，實行獨裁。他遇刺後，羅馬貴族的內戰加劇，直至公元前三十一年亞克興（Actium）之戰，贏家奧古斯都（Imperator Caesar Divi F. Augustus）奠定羅馬帝國。殘酷的內戰是羅馬共和國的喪鐘、皇朝中國的分娩陣痛。它們顯露了共和國的堅韌，足以抗拒凱撒的梟雄天才；卻秦設建的郡縣政體生機勃勃，竟挺過封建貴族的猛烈反動。

本書並列敘述雙方故事，旨在提供歷史背景，以輔助主要任務：分析中西的政治特色，評較它們的長處、缺點，免我們墮入牽強附會之弊。皇朝、帝國頗為相似，二者的經濟都是以農為本、以田地為主要財產，但貨幣相當流通[9]。它們的社會一樣保守、崇尚權威、等級森嚴，以父權家庭為基本單位[10]。它們的政府都是中央集權，皇帝下轄郡縣或行省[11]。然而，在這一般的情景上，分殊顯然可見。

帝國逞強，但並非所有強國都作風雷同。異樣的文化傳統，尤其是政治菁英的觀念，影響甚大[12]。一個帝國的獨特政治風格部分源自其決策者的世界觀：他們用什麼標準衡量價值，靠什麼概念鑑定利害；怎樣在資料不足的情形下判斷形勢，隨機應變；如何把有限的國力資源分配給無限的內政外交需求；引什麼理由解釋他們的取捨。左右人們思想傾向的世界觀，部分體現在社會和政治制度上。它就像是個「意識基因」，小節時常改變以適應環境，但大體世代遺傳，根深柢固，演化緩慢，源遠流長。歷史淵源掣肘社會結構，一如童年經驗塑造成人的品質。皇朝、帝國並非驟然突現。中西漫長而迥異的崛起過程，在龍與鷹的性格上痕跡歷然，至今依稀可見。

本書的故事開始時，是羅馬轉為帝國或秦朝統一中國之前約五百年。其時羅馬和春秋列國的規模皆不過一城及其周圍。然而在政治組織和經濟發展方面，它們之間的差距巨大，不下十九世紀的西方和中國[13]。中國猶在青銅時代。春秋的諸侯貴族掌權，家國一體，有刑無法，養尊處優，禮不下庶民。地中海一帶早已經歷技術革命，進入鐵器時代。勞動人民掌握了價廉效高的生產工具、戰爭武器，權勢大漲，以身為奉公守法的城邦公民為榮。古代中西並無交通，但把羅馬共和國到帝國和戰國到漢初五百年的歷史並列同觀，可見一齣中國迎頭趕上的好戲。

羅馬共和國成立時，其經濟基礎是自耕小農，軍事主力是農民兼任的步兵。擁有自己耕地的農民珍愛私有地產，認為保護私產權是國家最大職責之一。羅馬人珍惜家庭，但他們的政治制度清晰地區分家與國；貴冑子弟必須競選得勝才能任官[14]。廣場、法院、元老院（Senate）等公共場合讓貴族平民各派人士爭辯洽商。雖然社會等級森嚴，但是上下尊卑都敬奉法律，因為它象徵和維護公共的國家，更幫助各方達成協議。合情理的政治經驗培養公德，加上服兵役的貢獻和有效率的政治組織，羅馬平民在兩百年的持久鬥爭中發明了不少自由概念，為自己爭取到不少政治權利。無血革命產生一個半民主的共和國政體：貴族的元老院掌大權，但受公民大會選舉和立法的節制[15]。共和國政體領導羅馬擴張成為一個龐大帝國。它藉以穩定內政的權力制衡成為一個靈感泉源，滋養現代政治學。美國憲法的構想，便受它影響[16]。

秦立國時正值周平王東遷。春秋列國的經濟組織是井田共耕，軍事主力是貴族壟斷的戰車。

諸侯數百，口頭上尊周王為天下共主，實際上各自軍政獨立。諸侯國實行宗法封建，官卿世襲，國與國君的宗室家庭混沌未分。血緣親情維持貴賤尊卑，不涉公德觀念。封建貴族控制政府和井田，尚未區分政治主權和土地擁有權，以詩書禮樂維繫統治階層的內部和諧，刑罰庶民但沒有規範用刑的法律[17]。青銅時代末年，封建政體崩壞聲中，誕生了一個崇尚先王之道的沒落貴族，即孔子。他把王官之學推廣到平民之間，並加強其私德基礎[18]。家庭倫理即是政治綱紀、統治者的個人德行足以平治天下等宗法封建時代的人治意念，凝固在儒家經典之中，成為歷代皇朝的主導思想。

秦統一中國前兩百年間，史稱戰國時期，中國逐漸進入鐵器時代。生產效率高揚，家庭小農有信心獨立過活，毋須共耕。社會劇變，列國競爭，激發無窮思想活力，諸子百家爭鳴。創新務實的政治家在各國變法，領導發展經濟、富國強兵。這些法家人物明頒法例，提倡法律下人人平等，一面教導人民奉公守法、培養公德，一面把國與國君的家分開，裁抑世襲，營建以功能定職位的制度。國家確認私有地產權，有系統地劃地授田給家庭農戶，並要他們繳稅和服兵役。平民步兵取代貴族戰車，稱雄沙場。新興的農民戰士類似羅馬共和國的公民，不過中國的王侯用土地和經濟利益籠絡人民，羅馬貴族則用投票權和政治利益。法家創建的科層式行政機構有效地發動小農經濟的生產力，逐步削弱封建貴族，集權於君主。憑這法治政體，秦始皇統一中國，之後更廢封建、設郡縣[19]。其行政的理性效率，會叫奧古斯都眼紅。

興建帝國少不了軍功，但打贏仗並非大功告成。從擊敗敵人到建立能統治舊敵的穩固政權，這是個艱難危險的過程，曾經摧毀了不少霎時燦爛的帝國。亞歷山大大帝（Alexander the Great）

的輝煌戰功，便轉頭成空。羅馬帝國和秦漢皇朝挺過殘酷的內戰，贏得長治久安，但亦不免損傷。政府必須獲得政治菁英的合作才能順利統治。為了拉攏、滿足權貴階層，羅馬帝國犧牲了共和國的民主，中國皇朝犧牲了新萌芽的法治。一個深邃的弱點，從此憂患鷹與龍。

有現代學者認為，羅馬帝國的成功，源於其公民的自由和權利，缺乏公民概念的中國有所不及[20]。本書指出公民概念只在侵略擴張期間奏效。自備戎裝的農民戰士踴躍於公民大會，為自己爭取權利。赫赫太平的羅馬帝國剝奪了公民的所有政治權，法許的社會權利亦漸消損。後期像農奴般的貧窮羅馬公民，比中國的臣民更缺實際的尊嚴和自由[21]。

羅馬帝國取締民主選舉，但保持共和國的三大權力基柱：軍、財、法。即使長期和平，帝國亦一直置強大的專業常備軍，主旨在保護皇權。龐大的軍費促進商業經濟，一如現代西方的軍隊和工商勾結互利[22]。羅馬一貫以財富區分公民。共和國時，一個公民的投票權與他的資產成正比，富人投的票比窮人投的票重要得多；最有錢的公民才有資格競選政府職位。羅馬帝國大幅提高資產標準；非極大地主，不能出任元老（senator）、帝國官員或兵團將領。行省各地，土豪巨富盤踞大小城政會，受皇帝庇護，為皇帝向土著收稅。團結天下地主！這是共和國傳授給帝國的成功秘訣。羅馬法律排難解紛，積聚數百年經驗，締建複雜的絕對私有財產權，凝固富有的統治階層[23]。軍國主義和法律支撐的富豪統治，在整個羅馬歷史中始終穩立。控制兵團和富豪貴族，使它們合作但彼此牽制、不密謀造反，是皇帝最吃力的工作。一旦制衡失效，帝國即日暮途窮[24]。

秦朝法治，堅持法律公平，立規則監督官員秉公辦事，觸犯貴族任高位但不必負責任的舊有權益，引致統治菁英強烈反抗[25]。儒家君君臣臣，繫國政於個人品德、親戚關係的人治理想，有利專制皇朝的整個統治階層。縉紳之儒承繼古代王官之學，諸子中最為尊貴。由於迂闊，時局艱難時不得重用。漢朝鼎盛，武帝罷黜百家，獨尊儒術。儒生盤踞政府，一意復古，拘國為家，貶法為刑；繁文縟禮，粉飾太平；排擠實用知識，崇尚皓首窮經；逐漸演化為仗經典學問出仕、因官致富的文化貴族。儒家士大夫是皇朝中國的招牌特色之一，也是世界史上最悠久的政治權益集團之一。他們之能維持統治，實靠中國的另一基柱。法家設計的君主集權科層機構（bureaucracy）挺過秦末內亂、漢初分封，成為政府體制的結構骨架。不過儒家士大夫上台後，改變了它的運作風氣，以人情關係掩蓋了理性規律[26]。法骨儒氣，難怪西方人覺得中國有雙重性格。著眼秦朝的法治制度創建，一位學者加重語氣說：「研究古代國家的興起，我們大有理由注意中國多於希臘羅馬，因為只有中國創立了一個現代式的國家。」著眼歷代皇朝的行政作風，另一位學者發現其國家觀念薄弱：「中國其實是個文明，假裝做個國家。」[27]

據社會學，權勢有三種泉源：政治、經濟，以及思想意識；政治泉源又可分為軍力和行政組織[28]。任何政府，缺一不可。然則鷹式權威偏重結合軍事和經濟，比較剛強；龍式權威偏重行政和教條，比較溫柔。兩種統治風格，分別成熟於羅馬帝國或兩漢皇朝的第二個世紀，日正中午時。它們怎樣左右內政外交，在種種環境下孰優孰劣，是本書下篇的題目。

皇朝、帝國皆知道強權固不可少，但光憑強權不足以統治。吏治清明、民生富庶外，成功的統治者還得控制民心、操縱輿論，以道德支撐強權，教人民以服從為義務。不同的宣傳內容顯示獨特的風格價值。仁義說教充斥儒臣奏章，鐵腕豪情洋溢羅馬讚頌。然而華言高論不能抵償皇朝、帝國的犧牲品。皇朝中國沿用法家制度，卻猛加詆毀以維護儒家權益。士大夫的虛偽教條阻礙理性改革，使政治思想無從發展。奧古斯都顛覆了共和國，卻保留了它的門面以掩飾自己的專制。這偽裝延長皇帝和貴族爭權，多次引致繼位危機。昇平日久，特權扎根，腐敗滋生。統治菁英分化為派系朋黨，紛爭營私。皇朝、帝國的弱點坐大。法治公德闕如，滿口清天下的東漢名士搖身變為禍國殃民的軍閥；公共精神喪盡，羅馬公民袖手旁觀蠻人入侵，不肯捍衛帝國。終於，一度稱雄東西世界的兩個超級大國，皆淪陷於蕞爾小敵。它們的抵抗力被嚴重的體內癌症消磨殆盡，不敵外來的小風寒。

龍與鷹的特性或可幫助我們瞭解，為什麼皇朝、帝國衰亡後，中西的歷史演變分歧。統治菁英凌空蹈虛、迂執苟且、只顧小圈子情誼的傾向，數次使皇朝中國故步自封、停滯分裂。然而內亂或外侵中，無情戰火燒燬積弊，激發踏實精神。自然的親情、堅韌的政治制度、頑固的政治菁英，猶如蔓延的根莖，使飽受摧殘的竹林重生。士大夫憑藉維護皇權和自己權益的詮經心態、道德口號，用些新名詞改頭換面，可以迎合新主子，即使亡國後的異族主子亦可以適應。由此，中國自我癒合、重振雄風，在龍的漫長歷史上，屢試不爽。羅馬帝國卻一蹶不振。它的政治勢力部分基於契合強大的經濟階級，但地主階級的利益一定為地域所拘。一個靠團結地主的遼闊帝國可能一時僥倖，但難以重演。然而鷹會再飛。羅馬的無窮進取精神就像一顆橡樹子，可以移種。久後它會選擇更肥沃的土地抽芽茁長，結合一個更強大的階級，即資本家。羅馬人憑藉健全共和國的理性思維、切實詳辯，也可發展別的法律和制度，以統籌更複雜的新世界。

皇朝中國到一九一一年徹底結束，但它的特徵有些仍可見於今天的新中國[29]。羅馬是西方的模範帝國，影響深遠，今天的美帝國也常被稱為「新羅馬」[30]。由於它們的遺產豐富，古中國和古羅馬的歷史今天尚有現實意義。唐太宗說他常保三面鏡子：「以銅為鏡，可以正衣冠；以古為鏡，可以知興替；以人為鏡，可以明得失。」「只有歷史，才可以不加傷害而教導我們，幫助我們判斷什麼行徑適合什麼情況」，普里卜斯（Polybius）解釋[31]；這位公元前二世紀的希臘政治家，也是第一部羅馬史的作者。遠古的史鑑可能模糊，然而龍與鷹的形象並列，或有助於明白二十一世紀的國際世局。

* * * * *

上述兩種政治風格的輪廓，將會由詳細資料充實。本書為不熟悉中國或羅馬歷史的讀者而寫，因此兼顧敘述和解釋評論。每一章包含三個長短相若的部分。一部分敘述中國史，一部分敘述羅馬史，常互相參照。它們交代人物事件、來龍去脈，提供歷史背景，以資第三部分所載的評論比較；實際行動比空論宣傳更能表達性格。分析歷史動力、探索成敗因由，則留在第三部分。

敘事多依時間先後安排，評較則因主題組織撰寫。我竭力防範雙重標準，設立合理的基線以資比較，彌合中西言語和概念上的鴻溝。有時雙方的專家自說自話，互相誤解，因為大家雖然用同一字眼，但意義各自不同。為了避免這陷阱，許多主題一開始就把有關字語在本書中代表的概念解釋清楚。這普遍性的解釋作為基線，落實在中國和羅馬的個別實例，即顯示例子的異同。概念之間的邏輯關係組織例子的細節，綜合成一個可加評論的廣泛主題。譬如，軍隊組織、兵役期限、戰爭頻度、軍民傷亡、菁英輿論以及所謂「槍或牛油」的政策取捨，種種細節的比較皆顯示羅馬黷武甚於秦國。這幫助我們明白，為什麼同樣是長期戰事所造就的政府，在羅馬是軍事獨裁，在中國卻是文治專制。這是龍與鷹一方面的差異[32]。請注意，這差異是相對的，不是絕對的。說羅馬比秦國黷武，並不意味秦尚和平。本書所有的比較，都只在多與少，不在有或無；只在灰色深淺，不在黑或白。中國和羅馬的權謀手段一般靈活，從殺伐到宣傳，無所不用。它們風格各別，在偏重不同的手段而已。

秦漢和羅馬史學各有悠長傳統，多種解釋。東方、西方，古代、現代、超現代、封建主義、帝國主義、自由主義、馬列主義、修正主義，眾議紛紜，而且時相矛盾，爭辯不休。本書駁斥某些樣板解釋，如秦亡原因、羅馬外政。當然，我的看法也大可質疑。我盡量提供有學術水準的答辯，但本書限於篇幅，只能從簡。問題太多，書頁太少。本書旨在宏觀，只望激引對重要問題的思索，不敢奢望圓滿的答案。

我受惠於所有引用的學者。他們的名字書文見載附註參考。中西歷史的大批人物，名字生疏拗口，足以困惑讀者。

我不想再加混淆，因此正文略去現代學者的名字，在此道歉。

註釋

* 著者按：《史記》、《漢書》、《後漢書》、《三國志》、《晉書》依中華書局版，引指卷：頁。如《史記》6: 235指卷6頁235。《左傳》則依編年，如僖3指僖公三年。引西方經典著作，依其標準的段落編號。所有現代作品，全引頁數。不引書名的第x.x節，全指本書。

❶ McNeill 1963: 324. Mann 1988: 42-51. Finer 1997: 532-6.

❷ Scheidel 2009c. Mütschler and Mittag 2009. 馬克，鄧文寬，呂敏 2009. Lloyd 2005: Ch. 35. Burbank and Cooper 2010: Ch. 2. Morris 2010: Chs. 4-5. Fukuyama 2011: Chs. 3-5.

❸ Scheidel 2009a: 11, 18-22.

❹ Abernethy 2000. Maier 2006. Münkler 2007. Burbank and Cooper 2010. Parsons 2010.

❺ Ferguson 2004: 14.

❻ Scheidel 2009a: 11.

❼《史記》6: 235，243，247。Harris 1979: 129.

❽ 梁啟超 1996: 22-33。Brunt 1978: 165.

❾ 見第 2.2 節。

❿ 見第 2.3 節。

⓫ 見第 6.2，6.6 節。

⓬ Taliaferro, Lobell, and Ripsman 2009.

⓭ 見第 2.2 節。

⓮ 見第 2.2，2.3 節。

⓯ 見第 2.4，2.6 節。

⓰ Finer 1997: 396. Millar 2002b: 120-134. Sellers 2004.

⓱ 見第 2.2，2.3，2.7 節。

⓲ 見第 2.8，2.9，5.6，6.9 節。

⓳ 見第 2.8，2.9，4.4 節。

⓴ Doyle 1986: 97-9. Burbank and Cooper 2010: 4, 58.

㉑ 見第 6.2，6.8，8.3 節。

㉒ 見第 5.1，6.1 節。

㉓ 見第 2.4，2.6，6.4，6.9 節。

㉔ 見第 2.10，6.1，8.4 節。

㉕ 見第 4.4，4.5 節。

㉖ 見第 5.6，5.7，6.9，8.4 節。

㉗ Fukuyama 2011: 21. Lucian Pye quoted in Jacques 2009: 374.

㉘ Mann 1986: 2, 22-8.

㉙ Pye 1985. Ropp 1990. Tu 1996. Wong 1997. Hui 2005. Yan 2011.

㉚ Nye 2002. James 2006. Maier 2006. Madden 2007. Murphy 2007.

㉛《舊唐書・魏徵傳》。Polybius, 1.35.

㉜ 見第 3.7，7.7 節。

上篇　春秋戰國與羅馬共和

第一章　民族江山

1.1 古代文明

「亞細亞」（Asia）和「歐羅巴」（Europa）二字源自敘利亞文 Asu 和 Ereb，原意為日出之鄉和日落之鄉。在悠長歲月中，它們曾經做過不少地域的名稱；亞細亞就一度是羅馬帝國的一個行省。它們今天所謂的亞洲和歐洲，其實只是基於歐人的自大心理。地理上的洲是四面環水的大塊陸地。真正的洲是歐亞大陸，所謂歐洲，只不過是它的一個大半島而已。歐亞大陸和鄰近的非洲共為人類文明的老家。

公元初年，四大帝國，由東至西，橫跨歐亞大陸中部和非洲北部：東漢、貴霜、帕提亞（Parthia，漢稱安息）、羅馬（地圖一，見附錄圖，下同）。在它們北面的大草原上，游牧民族的匈奴王國正在漢朝的壓力下逐漸崩潰，威震羅馬的匈人王國卻還未來臨。帕提亞和貴霜的大部分，即今天的中東和中亞，曾在公元前四世紀被亞歷山大征服。但希臘化的統治短暫，尤其在它帝國的東部[1]。公元前一二八年，西漢使節張騫通西域到達中亞時，他欲求聯盟合擊匈奴的大月氏，此時就快要掃除希臘殘餘、建立貴霜了[2]。到了公元二世紀，希臘羅馬對東方的知識貧乏。一名商人從敘利亞到帕米爾（古蔥嶺）之旅，即成為兩大地理學家爭辯的主要憑據[3]。

漢朝與羅馬帝國全盛時代，相隔兩大帝國，距離三千公里。東漢遣使羅馬，抵達中東兩河流域，臨大海，不敢渡而還。其後有自稱羅馬使者的人來到漢境南端——今天的越南，但從《後漢書》的作者范曄開始，學者多懷疑此人有假冒之嫌[4]。羅馬史學家亦找不到任何有關紀錄；對兵力不及的國家，羅馬一貫只接待朝貢的使者，從不屑遣使覓交[5]。有學者綜合最新研究：「總的來說，不論考古或歷史文獻都找不到可靠的交往證據。一切都顯示古羅馬和漢朝之間的接觸少得出奇。」[6]

世上沒有絕對孤立的事物。四大帝國維持治安，提高消費。在此刺激下，零星的海陸兩路長途交易相續出現，逐漸連接，成為後世所稱的絲路（地圖二）[7]。中國絲綢使羅馬貴族垂涎。可能是羅馬奴隸的魔術師，經安息王所獻，演技漢廷。然而極少商旅從絲路一端行到另一端。差不多所有交易傳訊都是接力賽，中間人分居貴霜和安息草原邊沿的市集、駝隊落腳的綠洲、海船停泊的港口。貨品或能多次易手仍然無恙，但訊息屢經口述耳聞、言語翻譯後，難免失真。因此漢朝與羅馬雖然知道對方存在，但對彼此卻沒什麼認識。一方的行動能影響對方，但只通過中間人，如北方草原上游牧民族的動向。如果對方有所反應，亦只是對其餘波而已。羅馬應付邊境蠻族的騷動時，少有理會騷動是否由其背後的游牧民族引起，甭說游牧民族是否受漢朝壓力而西遷了。羅馬與漢朝有間接關聯，但沒有直接互動[8]。

皇朝、帝國各自有強勁的內部結構，但彼此只有微弱的間接關係。因此本書只在附錄一和附錄二中稍述它們的彼此觀念及絲路通商。正文把它們當作孤立的政體，並列比較。

平帝元始二年（公元二年），西漢領民戶一千兩百二十三萬三千零六十二，口五千九百五十九萬四千九百七十八。「漢極盛矣」，班固記載這戶籍統計後按道[9]。除總數外，他的《漢書》還詳載了一百零三個郡或國的戶口和轄縣。全國領域約四百八十萬平方公里[10]。在今天的政區圖上，它覆蓋部分的中國、朝鮮、越南、緬甸。此外，它的西域都護府，雖然人煙稀少，但佔地不下一百三十萬平方公里，除了新疆維吾爾自治區大部分，還西溢帕米爾高原，稍涉哈薩克、吉爾吉斯、塔吉克。

「那時凱撒．奧古斯都下令，全世界人民都要登記。」[11]假如《路加福音》這話屬實，而耶穌誕生於他的父母前往登記途中，那麼令下應稍前於公元一年。可是古史學者對此說大表懷疑，因為除了《福音》，他們找不到任何別的憑據[12]。羅馬帝國從沒有來一次全國人口普查，無論此時或任何奧古斯都年代。局部登記是有的。公元前八年錄得四百二十三萬三千名羅馬公民，那是優等的征服者[13]。至於被征服的臣民，各省分別擇時調查戶口，以便徵稅，如公元六年置猶太省時便要人民登記。可惜戶籍資料多遺失了。學者們的估計數字差距很大。一說羅馬帝國巔峰時，人口達五千四百萬至七千萬人之間，尚屬可信[14]。帝國領域約五百萬平方公里[15]，或整體或局部，至少覆蓋當今三十九個國家：阿爾巴尼亞、阿爾及利亞、埃及、安道爾、奧地利、巴勒斯坦、保加利亞、比利時、波斯尼亞—黑塞哥維那、德國、法國、荷蘭、克羅地亞、黎巴嫩、利比亞、列支敦士登、羅馬尼亞、盧森堡、馬耳他、馬其頓、摩洛哥、摩納哥、葡萄牙、塞爾維亞、塞浦路斯、聖馬其諾、瑞士、斯洛文尼亞、土耳其、突尼斯、西班牙、希臘、匈牙利、敘利亞、義大利、伊拉克、英國、以色列、約旦。

以資比較：據二〇一一年統計，中華人民共和國領口十三億五千萬，地九百六十萬平方公里；美利堅合眾國領口三億一千四百萬，地九百四十萬平方公里[16]。

一個廣大如漢朝或羅馬帝國的疆域，肯定會包含複雜多樣的地形。然而地中海為周邊的羅馬領土提供了一個中心焦點，華北大平原在漢領域中也起類似作用。羅馬帝國位置較北。論緯度，羅馬城近乎瀋陽，比漢都長安（今西安）偏北七．三度。假如你猜北方一定較冷，這次你就猜錯了。地中海一帶受控於撒哈拉氣壓系統，夏日酷熱乾燥，冬季溫和，雨季在秋冬。這種氣候適合戶外活動，例如公民集會。華北一帶受控於西伯利亞氣壓系統，屬大陸性氣候，但略比東南季候風緩和。它夏日炎熱，冬季寒冷風大，雨集中在夏季，降水量僅夠容許旱地耕植，因此水利灌溉對農業功益甚大。

大漢疆域密實一片，其居民稱之為「海內」。羅馬領土圍繞著地中海，堪稱「海外」。不過羅馬並不像十九世紀的不列顛般成為一個海權帝國。它的海軍建立後不久即所向無敵，但主要實力還是落在陸軍。從其倚重步兵看，羅馬似中國，不似公元前五世紀靠海軍稱霸地中海東部的雅典。為什麼呢？原因之一在於，羅馬征服義大利的過程漫長艱巨，塑造了它的兵團和陸權特徵。

地理有助塑造一個國家的性格，歷史和民族亦然。眾多因素交叉影響，其整合大於各部分的總和。要明白帝國枝葉，我們必須追溯其根基。

1.2 並蓄兼容的益處

人民是國家的基本。我們所研究的時期之始，中國或義大利的人口不多，但族類繁雜、風俗紛亂。經過長久的衝突交會，他們終於在秦漢皇朝或羅馬帝國的統一政權下，融合為一個主體民族：後稱漢人的華夏族，或以羅馬為名的義大利人。民族形成的過程艱難，體現了華夏族和羅馬人較為開通的性格。

一位現代史家說：「古義大利的居民，原有百端異樣的種族成分、社會經濟、政治組織、宗教言語、物質文化。這是我們極難明白的。」[17]古中國的情勢更難明白，因為它更龐大複雜。從遠處看，今天的中國人顯得單純，百分之九十二是漢族，其餘的分為五十五個少數民族。近看即使漢族之間也大有差別。「漢人」在漢朝之後才成為民族之稱。在有名稱之前的悠久歷程中，漢人融合了遠比義大利原居民龐雜的無數民族[18]。

讓我粗略地因經濟文化，把龐雜的原居民分作農、牧兩大類。第一類在中國，主要是自稱華夏的周室侯國人民；在義大利，主要是包括羅馬的拉丁人、伊特魯里亞（Etruria）人及希臘殖民者。他們一般務農，在平原或河谷聚居築城，建立組織較為複雜的國家。第二類包括中國的戎、狄、蠻、夷、羌、蜀人等，義大利的薩賓（Sabini）、依婣（Aequi）、沃爾西（Volsci）、薩謨奈（Samnite）、盧坎尼（Lucanians）、高盧人（Gauls）等。他們居住鄉村，鮮有城郭，更有不定居而隨牛羊逐水草的；政治多屬部落組織；經濟以畜牧漁獵為主，摻以農作。在義大利他們多來自山區。在中國他們不少是山居，但也有很多散佈平原沼澤，以利用其豐富資源。稍後在大草原上又出現精於騎射的游牧民族，中國泛稱為胡人，希臘泛稱為斯基泰人（Scythian，或稱錫西厄人）。這第二類繁雜無比，我因簡便才統稱之為牧人，以別於農夫。

農夫牧人自古相交，往往和平共處。羅馬人與薩賓人的親密關係，從其強姦薩賓婦人的立國神話，可見一斑。共和國成立不久，即接納一批薩賓人，其領袖隨即出任執政官（Consul）。他們的克勞迪亞（Claudian）宗族一直強大，到帝國時代還參與朱利—克勞迪亞皇朝（Julio-Claudian Dynasty）[19]。周人耕稼，但頻與鄰近的畜牧民族交往，與姜姓的羌人尤其親密，世代聯婚。他們的創族神話尊踐巨人足跡而有孕的姜嫄為始妣。姜尚伐商有功，受封於齊，齊在東周一直名列大國前茅[20]。

中國華夷牴觸的紀錄自公元前八世紀起大幅增加。義大利在公元前五世紀發生人口大遷徙，山民移居平原，侵擾城邦，燃起戰火處處。不論華夏諸侯或拉丁城邦，受到畜牧民族威脅時，都會暫緩彼此爭執，團結向外，如一位周大夫說：「兄弟鬩於牆，外禦其侮」。[21]東周列國在霸主領導下，結盟攘夷。羅馬和其拉丁敵人一致把矛頭轉向依媯和沃爾西[22]。終於，農耕民族佔了上風。他們的侯國城邦吸收了戰敗民眾，汲取了鬥爭經驗，益加強大。很多畜牧民族的名字，不復見於後來史籍。他們的命運各異，有的被屠殺殆盡，有的遠走他鄉，更多的或臣服，或擇地耕耘，數代後變得與周圍農民一般無異了。

軍事征伐、政治組合、移民共處、血緣混融、文化熏染，種種影響把繁雜的民眾陶鑄成一個整體民族。這漫長的過程殊不容易。華夏和羅馬人作為中國或義大利的主體民族，時常驕橫偏執、自私好鬥。然而以美國的種族歧視為尺度，他們的偏見遠離一八六〇年代內戰之前的程度，近於一九六〇年代民權運動之後的情形。他們有能力適應、改造或吸收同化其他種族，從而擴大自己的實力。要認識華夏族和羅馬人的相對容忍量，最好把他們與別的民族對照。與他們同時的希臘人便是個好例子。

當羅馬人開始聚居建城時，約七百個希臘城邦已經散佈地中海和黑海沿岸，哲人柏拉圖喻之為池塘邊聒叫的青蛙。它們大多數很弱小，平均居民不過數千；龐然巨物如雅典和科林斯（Corinth）是個別例外。希臘城邦的公民享受重大的政治、社會和經濟權益。誰有資格作公民？當時的哲人亞里斯多德解釋：「一般實際規律，公民的雙親都必須是公民，單單父親或母親是公民不能合格。有時這規格更推溯到二、三或更多代祖先。」[23]一旦發現外婚，子孫幾代都有被開除公民籍的危險。現代學者形容民主的雅典如何嚴格執行公民內婚的規律：「令人有一種圍城的感覺，猶如公民們堅守城壘，不斷地抵禦外面壓力。」[24]

義大利和中國的習俗與希臘相反。在那兩地，與外族通婚的損失不太大。羅馬逐漸授公民籍及其權益予征服過來的義大利人。周人有同姓不婚的禁忌，阻礙諸侯貴族相互通婚，因為他們大多數是周王的親屬，同姓姬。外婚常逼使他們求偶於庶人土著、甚至蠻夷異族[25]。皇朝中國沒有公民制度，然而從秦朝開始，一貫把絕大部分居民，不論來源，都納入編戶齊民，給予同等義務和權益，也不禁對外通婚。

誰有資格進入政府擔任官職？這是政治社會的重要性質之一。在排外的希臘人間，亞歷山大大帝獨樹一幟。據希羅傳記家普魯塔克（Plutarch）說：「亞里斯多德教亞歷山大做希臘人的領袖、野蠻人的主子，愛護前者如朋友親屬，對待後者如野獸草木……亞歷山大不聽；他對所有人都一樣。」[26]可是亞歷山大才嚥氣，他的繼承者們就恢復傳統，把他任用的波斯人等土著，席捲踢出政府。在龐大的希臘化世界裡，希臘和馬其頓人構成一個優等民族。極少土著能進入他們的封閉圈子，想成功的必須耐心等待，並通過困難的洗禮把自己變成文化上的希臘人。希臘人慣於在運動場脫光衣服，但在許多東方社會，當眾裸體卻是最大的羞恥[27]。類似的苛刻條件使承繼亞歷山大的希臘化王國不能得益於土著人才。羅馬和中國就開通得多。自公元前一世紀開始，義大利和各省土著相續湧入元老院。後來，不少羅馬皇帝來自非洲、亞洲。秦始皇廢封建後，用人憑能力品德，不論種族親疏，成為一個中國理想。丞相大臣來自全國各地。漢武帝遺詔，為八歲的少主指定四個輔政，其中一個是匈奴人金日磾[28]。

強烈的排外性使希臘城邦難於擴張、合併或統一。多數始終微小，而且經常與鄰近城邦爭執牴觸。饒它帶領抵抗波斯的大功，雅典的帝國維持了不過五十年。與雅典和希臘化王國相比，秦漢皇朝和羅馬帝國就成功長壽得多。華夏族和羅馬人有歧視，但主要基於行為道德、文化政治，不基於種族出身[29]。從他們的事例，可見並蓄兼容有助帝國擴張和持久[30]。

要好好比較這兩個政體，我們必須對每個都有相當的認識。為了提供背景資料，我將分別敘述中國和羅馬的歷史，然後再回頭加以分析對照。

1.3 中國的地形與民族

中國古代歷史的重心，先在黃河流域，後漸擴展到長江流域（地圖三）。黃河和長江的中下游，一北一南，在平原上分別東奔向海。兩者之間，西自秦嶺、東及淮河一帶，是中國南北的分野，北為麥鄉，南為稻鄉。兩千年來，中國數度分裂為南北政權。守江必守淮；當游牧民族入主北方時，淮河及其無數支流沼澤，有助抵禦騎兵南侵[31]。

華南氣候炎熱濕潤，山林河谷湖泊遍佈。考古家在今浙江發現七千年前已有人種植稻米[32]。然而初民的工具技術，還不足以大量清除密林、排乾沼澤。要到本書所研討年代的後期，長江下游及三角洲才開始發展為富庶的魚米之鄉。在此以前，政治經濟的重心在長江中游，漢水湘江、雲夢大澤一帶的楚地。

華北氣候半乾燥，雨量僅夠旱地種植稷、麥，灌溉能有效提高產量。它是中國文明的主要發祥地、古代歷史的主要舞台。風成的黃土較為鬆軟，適合原始工具開墾。黃河侵蝕黃土高原，洗刷大量泥沙，帶下太行山。在縱橫三千平方公里的華北大平原上，水慢沙沉，淤塞河道，時成氾濫。沉積土壤雖然肥沃，但較重實，開發較難。平原北邊雨量漸減，農耕產量漸遜於畜牧。再往北，隔著戈壁沙漠，就是橫展歐亞大陸的草原，游牧民族的天下。歷代長城一般坐落在農耕和畜牧交錯的地帶，象徵著兩種經濟文化的分野。現存的雄偉磚石萬里長城，是一三六八年推翻蒙古元朝的明朝所建。戰國和秦漢的長城，夯土建築，城身矮窄，位置較明代長城更北。歲月悠長，生態地帶因氣候變化而遷移，乾旱風沙南侵了。

黃河在黃土高原上有四大拐彎。東流的河水轉向，北上過賀蘭山，再拐而沿陰山南麓東流，三拐南下至秦嶺，四拐依舊向東。在最後一個直角大彎處，它接受了由西而來的渭水。渭水與黃河一段連成一條直廊，東通華北平原，西指西域。在這要道上聳立著兩大古都。黃河南岸的東都洛陽虎視平原。渭水及涇水合流附近的西都，今名西安，乃西周的鎬京、秦的咸陽、漢唐的長安。涇渭盆地受黃河和秦嶺屏障，歷來稱為關中。

漢水上游的漢中，北越秦嶺而通關中，西南越大巴山而通四川，沿漢水又可以直下長江。漢朝得名於此戰略要地。位於西南的四川盆地，土地肥沃，四邊群山環護，屢次成為亂世的避難桃源。長江流過四川南部，鑿開三峽東去。

中國的長江大河一般劃向東西，有礙文化向南北散播。上述地理介紹雖然簡短，但足以駁斥一個謬論，即東亞獲得西歐無法達到的政治統一，全靠其地理形勢。其實中土和西歐一樣地形破碎。華北平原不比北歐平原廣大，秦嶺和大巴山也不比阿爾卑斯山易通。學者把中國地形分為八大不便通商的區域：華北平原、涇渭盆地、四川盆地、長江中游、長江三角洲、東南沿海地帶、珠江流域、西南山區。這還沒有算上東北、內蒙、新疆、西藏[33]。這樣的地理，用來解釋為什麼中國合久必分倒容易。難的是解釋為什麼中國包涵了這樣複雜的地形經濟、方言風俗，還能每次分裂後都能重合；羅馬帝國就辦不到。為何中國分久必合？與其求天問地，不如尋答案於民族、歷史、文化。

近數十年來基建蓬勃，處處破土。石器時代遺跡在全國各地湧現，再次確定考古家的斷論：

中國史前已有許多地域性的文明同時存在，有所交通，但各具特色㉞。中國自古就是個多民族的國家。古文獻中滿是華、夏、戎、狄、蠻、夷、越、羌、巴、蜀，和數不清的其他民族，有的可以上溯石器時代文明㉟。他們將在民族大熔爐中凝聚為漢人和多個少數民族。

古民中，夏、商、周的文化相似，先後成為政治領袖。它們即是「三代」，儒家政治思想中的理想世界。夏代盤踞洛陽嵩山一帶，是信史之始，但可靠文物極少。商代勢力偏東，中心在今山東、河南、河北交界處，有大城、文字、戰車、精美的銅器、血腥的人祭。商王統領很多部族，其中之一是西居渭水上游的周人。趁商室被東夷騷動削弱，周人糾合號稱八百部族叛變。周武王滅商的年代眾說紛紜，一說是公元前一〇六六年。其後周公三年東征，平定內亂和東夷，把勢力推到海邊㊱。

周人追溯其先祖到夏，自稱夏、華，或連稱華夏。其封建城邑初時星散遼闊大地，各自墾耕附近周邊。城邑之間的茫茫荒野，滋養著無數狩獵畜牧的民族。泛稱戎、狄、蠻、夷的「四裔」或「四夷」並不指定四種民族，故常交替叫喚，也常並稱如蠻夷或戎狄。華夏四夷皆不單純，故常稱諸夏、諸戎。早期的四夷在中土與華夏雜處，不像後來被皇朝摒在四邊的外族。遲至公元前五世紀，中原還有未墾的畜牧地區。衛國城樓望見處就有一個戎人聚落，公元前四七八年衛莊公身死其間㊲。

1.4 東周列國與四夷

一位西方學者說：「滅商之前，周人已以其遠矚、計劃、紀律見稱。他們具有兩種羅馬人崇尚的品德，gravitas（沉穩）和constantia（堅毅）。」[38]武王伐紂的聯軍號稱戎車三百、虎賁三千、甲士四萬五千，但文獻上有些數字或嫌誇大。從周代遺址規模看，考古家估計，叛商時，周民全體男丁不過六萬至七萬人。即在人口稀少的古代中國，周人仍屬少數[39]。為了控制廣闊地域，周人四散統治。周王封親戚功臣為世襲諸侯，分配軍隊隨從，派他們到遠近的軍政咽喉，築城建國，但必須定期朝覲獻貢。同樣是武裝殖民，周的封建異於希臘之舉而較近羅馬。希臘的殖民城邦旨在減輕母國的人口壓力，立足後脫離母國獨立。周封諸侯旨在擴張勢力、聯結疆土，如鏈子般把被征服的民族綁結起來，類似羅馬在義大利設置的拉丁殖民地。諸侯國開始時是駐軍戍衛，緊張時期過後，演變為文治政府。殖民者定居生根，傳佈華夏習俗，同化土著[40]。

三百年較平靜的統治，培育了諸侯貴族的逸態驕恣。可是好景不常。公元前七七一年，渭河流域地震兼大旱，腐敗的政府不理人民流離。賊寇乘機肆虐，西戎在驪山下襲殺周幽王。王室狼狽逃奔中原，一去不返。東遷時，秦將因護駕有功，受封為侯。諸侯中唯有秦公敢留守關中，兩代苦戰，平息戎亂。秦人繼續慘淡經營，後來霸西戎，吸取其人力資源，奠下日後一統中國的基礎[41]。

公元前一〇六六年武王滅商，到公元前七七一年平王東遷，史因其西都鎬而稱西周。東周黯然都洛，至公元前二四九年為秦所滅。又公元前七二一到公元前四七九年因孔子所著《春秋》

而名，其後戰國時期，終結於公元前二二一年秦統一中國。一般歷史分期，如春秋與戰國，或羅馬共和與羅馬帝國，雖並不絕對，但亦非偶然。分別二期的，不是一條清晰的時間界線，而是前後的不同形勢，即如電影裡一幅山景淡入為一張人面。公元前五世紀與公元前三世紀，中國的政治、經濟和社會迴異。春秋、戰國之分期實有重大的歷史意義。

春秋揭幕時，三百年前封建的城邑仍稱公侯，但實際上已發展成數以百計的獨立小國了。位居中土腹地、本來最優越威風的魯、衛等國，因為無發展餘地而停滯萎縮。反而外圍的齊、晉、楚、秦因開發邊地、兼併四夷，崛起為大國（地圖四）。論四者公室，只有晉是華夏王族。然而晉侯多娶戎狄，稱霸的晉文公重耳就是獻公所娶大戎狐姬所生㊷。齊的祖先是姜戎。楚人從周叛商，雖獲封侯，但爵位低下，不忿華夏諸侯的鄙視，謂「我蠻夷也，不與中國之號謚」，自稱為王㊸。

春秋初期，南蠻北狄對中土的威脅最大。趁周王室衰萎，列國紛爭，南邊的楚開始強力擴張。西北來的狄人逼近洛陽，伐齊、魯、晉，滅邢與衛。史稱「南夷與北夷交，中國不絕如線」㊹。在此形勢下，齊桓公以管仲為相，公元前六七〇年代打起「尊王攘夷」的旗幟，以天子的名義糾合諸侯，立盟約，促團結。內部稍安，桓公即帶領諸侯應付入侵的蠻夷，存邢續衛，抑楚氣焰。他的軍力有限，但穩定了局勢，終成為春秋第一霸㊺。差不多兩百年後，孔子讚曰：「管仲相桓公，霸諸侯，一匡天下，民到於今受其賜。微管仲，吾其被髮左衽矣。」㊻

春秋是霸政時期。「霸」通「伯」，謂諸侯之長。這尊稱近乎希臘的hēgemōn。Hēgemōn是志願同盟的光榮統帥；顯著的例子是雅典帶領希臘諸城邦，聯盟抗拒波斯帝國的侵略㊼。春秋霸主的功能與hēgemōn差不多。當霸主的大國不吞佔扈從盟國的人口土地，但控制它們的外交，或至干涉某些內政。春秋的霸主勒令扈從國納貢，定期朝聘，應召出兵。它召諸侯，集會主盟，禁抑篡弒，仲裁糾紛，求國際和平，共伐叛逆夷狄，在動亂中稍立秩序[48]。齊、晉、秦、楚均一度稱霸。齊和秦各處一個狹長世局的東西兩端，地較偏。秦僅得霸西戎，齊自桓公死後內亂不振。北地的晉接過齊的攘夷旗幟，與南方的楚對峙[49]。

晉重耳遊歷諸國時，受楚王盛宴招待，答應日後若相會沙場，自當退避三舍。文公上台後勵精圖霸，公元前六三二年與楚正面衝突。文公守諾，把晉軍勒退三舍到城濮，不但贏得道義優勢，還養大敵人的驕氣，縮短自己的補給線，爭取了戰略優勢。晉勝城濮，阻止了楚北侵，遂大會諸侯，盟於踐土，開始霸業。楚的元氣未傷，很快就復原，與晉爭取土地盟國。二強拉鋸百年，楚逐漸同化。公元前五四六年，夾在中間疲於奔命的小國成功組織弭兵之會。其時楚已成為華夏不可分割的一部分了[50]。

晉楚爭霸時，晉發現了一個秘密武器，即楚的東鄰，位於今江蘇的吳國。它送武器給吳，教吳人戰陣，唆他們侵楚。楚的對策是支持吳的南鄰，位於浙江的越國，以之為緩衝。南方楚、吳、越三國互鬥，北方諸侯稍得休息。

周人統治，自始就威震懷柔並重，兼容各地風俗。周設採詩官，深入民間，收集詩謠，日久編成《詩經》裡的「國風」。與希臘的史詩不同，它們所唱的不是屠城的戰士，而是耕田的農夫或求偶的仕女，反映百姓心聲、社會面貌。周的一般政策是「修其教不易其俗，齊其政不異其宜」[51]。諸侯的措施和成果各異。齊、魯比鄰山東，卻政策不同。齊太公到封地，只用了五個月便能向周王述職，魯公卻要三年。齊順地方風情，簡化周禮，鼓勵工商魚鹽，吸引大量人民。魯改變地方風俗，教以禮儀，行三年之喪。最後齊成為強國，魯成為儒家重鎮[52]。

周代貴族注重詩書禮樂。他們的文化禮教凝結各地諸侯，更為蠻夷的統治階層模仿。形式相似的初周銅器陶器在相隔千多公里之地出土，即地方製品亦在後數百年間漸趨相同[53]。吳越蠻夷之地，其民黑齒塗面、斷髮文身。他們的統治階層卻和楚貴族一樣，仰慕華夏的冠帶文化，有意爭霸中原。他們努力發展國家和提高自己的聲望，同時也把華夏文化灌輸給人民[54]。這過程有點像義大利貴族帶頭輸入希臘文化。然而貴族同化並沒有深入社會，各地的老百姓仍然依習繽紛的地方風情。此外，各國統治者也熱中標榜本國的特色，以維持臣民的忠貞。「山隨平野盡，江入大荒流」的寬闊楚地滋養了《楚辭》，神話流光，想像泛彩，不似深厚黃土培育的《詩經》寫實喻諷。《離騷》、《國風》同為中國文化瑰寶，但南北性格各自風騷，也透露地域的離散力、大一統的暗憂。

華夏與四夷通商通婚，時而開戰，時而聯軍禦敵，立約會盟，遣使互聘[55]。他們的複雜關係，可見於姜戎的歷史。姜姓的戎族世居西陲，公元前七八九年襲王畿、敗王師，後來被秦驅離關中，投奔晉。公元前六二七年，報仇的機會來了。趁秦遠征鄭國無功而還，晉發姜戎兵，在崤伏擊，大敗秦師[56]。史筆對這些大戰場面不著一字，對一件後來小事卻盡道其詳。

公元前五五九年，晉國的執政范宣子準備諸侯盟會，懷疑屬下姜戎洩漏機密，以致諸侯事晉怠慢，所以在朝堂上警告姜戎首領駒支，不得參加盟會，否則便要拘捕他。駒支答道：「昔秦人負恃其眾，貪於土地，逐我諸戎。惠公蠲其大德，謂我諸戎是四岳之裔冑也，毋是翦棄。賜我南鄙之田，狐狸所居，豺狼所嗥。我諸戎除剪其荊棘，驅其狐狸豺狼，以為先君不侵不叛之臣，至於今不貳。」他敘述崤之役，說秦全軍覆沒，多仗姜戎大力。此後姜戎追隨晉百次戰爭，忠貞不減。他指責晉官自己失職，卻濫怪無辜：「我諸戎飲食衣服，不與華同，贄幣不通，言語不達，何惡之能為？」駒支賦〈青蠅〉之詩，然後告退。范宣子向他道歉，請他參加盟會，成全自己的愷悌聲譽[57]。

書成於公元前五世紀末的《左傳》，是有關春秋期間最詳盡可靠的史料。上引這片段，文化意義多於政治資料。我們不知道那盟會有何成果，唯知戎狄雖屬次等，但仍可登堂參與。駒支身為貴族，稱子，爵位當不亞於范宣子。儘管他強調華戎不同，但透露很多姜戎已定居墾地耕稼。他本人吐囑風雅，諳熟華夏貴族禮教，在政治交談中引詩裝潢。所賦一詩以營營青蠅比喻罔極讒人，有「愷悌君子，無信讒言」之句，現存《詩經》「小雅」。四岳指堯舜時代的聖賢。姜戎以及齊、許、呂等國，相傳同為其後。不論真偽，各民族因尊崇同一祖先而加強關係。蠻夷的吳國，便認周室支族為先祖，躋身華夏[58]。這等風俗在西方亦流行。史詩相傳，羅馬城的創立人埃涅亞斯（Aeneas），乃木馬屠城時負父逃離的特洛伊（Troy）人，因而把羅馬拉入希臘文化圈[59]。駒支雄辯後，姜戎事跡不復見於史籍，想他們融入晉人了[60]。

無數星散的城邑凝聚為十數接壤大國，中土的參雜種族隨著同化。居留中原的四裔人民多融合於華夏，同為漢族的前身。也有南蠻北狄退居山巒草原，成為少數民族。北移的戎狄習練騎射以適應大草原生活，逐漸發展為游牧民族。這些驍猛的胡人在戰國期間開始威脅中原，到漢代聚合為大敵匈奴[61]。

1.5 義大利的地形與民族

義大利半島像只長靴般踏進地中海，腳踭背向東方的文明世界（地圖五）。亞平寧（Apennine）山脈沿西岸而下，屏障東來的侵擾。山脈的南北兩端向東拐，輕抱義大利西部的狹長海濱平原。平原北部的伊特魯里亞礦藏豐富，南部的坎帕尼亞（Campania）面臨那不勒斯（Naples）灣，它們夾著中部兩百公里長的拉丁姆（Latium）。兩條可以通航的河流橫切平原。阿諾河（River Arno）滋潤著伊特魯里亞。台伯（Tiber，或稱泰伯河）河是海岸和內陸的主要航道，下游劃分伊特魯里亞和拉丁平原。它的最後渡口離海二十五公里，傍著七個丘陵。丘上聳立羅馬城[62]。

亞平寧和再北的阿爾卑斯山脈（Alps）夾著波河（Po River），其河谷面積大於其他所有義大利平原的總和。這裡本來是個沼澤滿佈的洪泛區，最費羅馬人功夫去馴服，但開發後盛產穀物，成為羅馬帝國一個經濟重地。阿爾卑斯山障護北義大利，但並非水池不通。它的山坳數見羅馬或其敵人的軍隊通過。

義大利半島的海岸線幾達三千公里。由於缺乏好港口，居民先致力於陸地，但海洋的引誘不減。半島及其南端的西西里島幾乎橫斷地中海。羅馬城雄踞半島當中，俯瞰地中海西部的人物資源。這些它可以盡情開採利用，只要它能驅逐東來的勢力。

傳說羅穆洛（Romulus）創立羅馬城於公元前七五三年。考古家發現這年代在聚居來說太晚，在建城來說太早。台伯河畔的丘陵上，自公元前一〇〇〇年起就有牧羊人的村落，但要到公元前七世紀晚期，日後作為廣場的窪地被排乾後，羅馬才夠得上城市之稱。公元前八世紀中葉，台伯河畔無大事，別的地方卻不然。腓尼基人（Phoenician）和希臘人來臨，改變義大利的面貌，影響深遠[63]。

公元前一〇〇〇年左右，當西周的殖民城邑在中國到處生根時，地中海東部從其黑暗時代甦醒。腓尼基人發明字母，希臘人將之改良。這兩個民族的城邦如細胞分裂般播散。人口過剩的城邦遣發移民出海，經營獨立的新城邦。精於航海的腓尼基人帶頭西行，看上非洲北岸、對著西西里（Sicily）島的戰略要地，在那兒創立迦太基城。隨後的希臘人探測義大利。台伯河口淤塞過甚。那不勒斯灣後面、肥沃的坎帕尼亞平原較吸引人。西西里和南義大利沿海一帶最受歡迎，移民絡繹，城邦林立，整個殖民地統稱大希臘（Magna Graecia）。然而排外性激發土著的仇恨，加上城邦之間的爭戰，始而蓬勃的大希臘終不能扎根。不待公元前三世紀羅馬兵臨，很多城邦已經凋零。不過希臘人早已贈予義大利和羅馬無價禮物：文字和城邦的模式[64]。

腓尼基人和希臘人常到伊特魯里亞購買銅、鐵、銀。伊特魯里亞人擅長工程，是義大利土著中最先建城者。他們改造希臘字母，發明我們所謂「羅馬數字」，傳授給羅馬人。羅馬人與其拉丁兄弟同言語、同文化、同宗教。他們的城邦之間有互惠協議，容許一個城邦的公民在別的城邦裡面擇偶、經商、簽約、買地，甚至獲取公民籍[65]。通融的拉丁習俗與伊特魯里亞相似，與希臘相反。希臘城邦有諸多嚴格限制，例如唯有本城邦的公民能做業主，外人無權置地，除非他是有無敵海軍作後盾的雅典人[66]。

住在義大利中部高原的人們，言語相近，同屬義大利語系，乃印歐語系的一支。義大利人在高地河谷牧牛羊、種葡萄橄欖，但一般缺乏貨幣和城池，只是部落組織[67]。北山的翁布里亞（Umbria）人模仿其鄰居伊特魯里亞人，逐漸建城立國。中部的薩賓、依鴒、沃爾西等族與拉丁人關係親密。所有義大利人都終於屈服在羅馬鐵拳下。為保衛自由鬥爭得最堅決英烈的，是薩謨奈人[68]。

原居歐洲西北部的高盧人，公元前五世紀開始大遷移。有些南下，翻越阿爾卑斯山到波河平原，後來羅馬人叫這兒為山南高盧。還有些定居如今的法國，即凱撒將征服的山北高盧[69]。

1.6 拉丁殖民與山戎

羅馬城位於拉丁平原北沿，東西控制台伯河的航道，南北鎮扼連結伊特魯里亞和坎帕尼亞的大路。它沉浸在伊特魯里亞文化圈內，同享開通風俗。和伊特魯里亞一樣，羅馬城邦早年實行王國制。它的王位並非遺傳，而且常讓外國人坐。最後的三位羅馬國王中，兩位是伊特魯里亞人。羅馬共和國廢國王，但不摒棄伊特魯里亞文化。貿易照常，城中的伊特魯里亞團體依舊興旺[70]。

公元前五〇九年，羅馬共和國成立，領口三萬至四萬人，佔拉丁平原約三分之一。其規模近乎大的伊特魯里亞城邦，在拉丁城邦中首屈一指。約三十個拉丁城邦不忿羅馬驕橫、把它們當作屬下，結盟抗拒。雙方打到公元前四九三年才簽約停戰。其時警報四響，它們必須團結以禦外侮[71]。

人口膨脹驅使山居民族四出擴張。山民侵擾拉丁平原，多旨在擄掠較為富庶的農民，無異中國戎狄的所為。有大半個世紀，羅馬和拉丁人年年與他們交鋒。此消彼長，慢慢地，依媯和沃爾西入侵的次數減少，薩賓人消失於史籍[72]。

山民的壓力才減，羅馬立刻轉事擴張。它的第一個大目標是伊特魯里亞的大城邦維埃（Veii）。兩者相隔十五公里，徒步不過幾小時，自然有不少利害衝突。這可不是對付山民的游擊，而是兩個傳統相近文明國家的正規戰爭。十年大戰在羅馬史籍上有如史詩，但頌詞掩蓋不了英雄的好運氣。羅馬的敵人一向分裂。伊特魯里亞和大希臘一樣，只是一撮城邦，不成一個政治整體。維埃與羅馬對峙時，十二個伊特魯里亞城邦宣布中立，即使對同胞的絕境求救也心如鐵石。就這樣，維埃在公元前三九六年毀滅了[73]。

據羅馬首席史筆，公元前一世紀後期的李維（Titus Livius）記載，元老院在大勝前夕宣佈，羅馬公民有意參加屠城擄掠者，都可以向指揮圍攻維埃的卡米盧斯（Camillus）報到。以千數的戰士興奮地湧入軍營。「那出名的一天來臨，每一小時都花在屠殺羅馬的敵人、洗劫富有的維埃。第二天，卡米盧斯下令把餘生的維埃人統統賣作奴隸。這收入是唯一進入國庫的錢銀。」[74]除了大宗奴役的利潤外，國家還贏得土地。羅馬的疆域擴大了百分之六十。這土地後來也部分分給公民[75]。

當羅馬人歡享他們第一個大捷時，一些波河流域的高盧人闖進義大利中部。在離羅馬城不遠的亞里亞（Allia），高盧戰士赤膊上陣，其勁健的體格使全身披掛的羅馬兵吃驚。羅馬重步兵持長矛，隊形密集。高盧輕步兵揮長劍，調動靈活。結果高盧大勝，公元前三九〇年羅馬城陷被焚。這是它歷史上的奇恥大辱，此後執政官常引用它以製造恐慌，藉口施行緊急措施、攬無限權力。然而現代考古家研究瓦礫灰燼的遺跡，斷定城市的毀損遠輕於傳統形容。城中心卡比托區（Capital Hill）的神廟和公眾建築物皆安然無恙。與羅馬人對待維埃相比，高盧人對待羅馬實在仁慈得多。數月後他們便帶著贖金揚長而去[76]。

羅馬的擴張活動並沒有因這挫折而放慢。十二年後它開始興建十公尺高的防守城牆，圈地四．三平方公里，環繞羅馬七丘[77]。羅馬兵團汲取經驗教訓，以短劍標槍代替長矛。高盧人繼續掠奪，但在羅馬兵團改良後，不再讓他們佔戰術便宜。戰略上他們對羅馬有利，因為他們攻打削弱伊特魯里亞，有如為羅馬的日後征伐鋪路[78]。

坎普亞（Capua）是坎帕尼亞第一大城邦。其統治者與薩謨奈山民吵架，因而向羅馬求助。羅馬剛於公元前三五四年與薩謨奈立約。雖然它一向珍惜信譽，但抵不住重利引誘，毀約出兵。羅馬沒有征服坎普亞，而坎普亞貴族自願歸順，他們是否悔恨莫及就屬後話了[79]。有時政治菁英為了維護自己的權益，乞求外力干涉內政，甚至甘願俯首稱臣。此等賣國勾當在外交史上屢見，而且不限於西方。三十年後在中國，蜀國貴族內訌，一派求救於秦，俗謂引狼入室[80]。

緊接著第一次薩謨奈戰役，羅馬收拾了自己的拉丁盟友。公元前三三八年簽訂的拉丁和約是羅馬史上一個里程碑。羅馬穩佔坎帕尼亞北部，囊括拉丁平原，並伸入伊特魯里亞南部。連接羅馬城和坎普亞的阿皮亞大道（Appian Way），長達兩百二十公里，平坦筆直，架高橋過沼澤，鞏固統一，與秦始皇的馳道相若，但不像馳道般痛受文化貴族批判。它和其他陸續興建的大道形成一個聯結義大利的交通網。基層建設輔助政治組織，激長經濟，便利人民，也便利運軍，為羅馬征服強大的敵人打下厚實的基礎[81]。

薩謨奈人為了保衛家園，在山區與羅馬人展開了古代的持久游擊戰。義大利的人民面臨喪失自由，終於認識到必須團結抗戰。薩謨奈人北征，與伊特魯里亞人、翁布里亞人、高盧人結成統一戰線，可惜太遲了。有效的合作需要經驗練習，但他們一貫我行我素。他們動員緩慢，給予羅馬足夠時間應變。他們協同差錯，造就羅馬的運氣。公元前二九五年森提努（Sentinum）一仗，羅馬大敗薩謨奈和高盧聯軍。如果伊特魯里亞和翁布里亞的援軍及時到達，戰果可能不同。然而大勢已去，四大民族再也不能聯手保衛獨立了。羅馬掃清殘餘，解散薩謨奈同盟，用個別的不平等條約，控制眾多孤立的部落[82]。

收服了堅毅的薩謨奈人後，羅馬橫掃南義大利的希臘城邦，勢如摧枯拉朽。其間羅馬兵團初遇希臘的職業軍隊。公元前二八〇年，伊庇魯斯王（Epirus）皮洛斯（Pyrrhus）應同胞懇請干涉，但羅馬鷙鷹的羽毛已豐。皮洛斯打贏了仗，但只造就了一個至今尚用的成語：「皮洛斯式的勝利」（pyrrhic victory），意謂雖勝但得不償失，有名無實。

公元前二六四年，羅馬開始海外擴張。先此一百多年，它不停出戰，征服了波河流域以南的整個義大利半島。森提努之戰後，羅馬兼併了一大片疆域，從海到海居中橫切半島，直接統治半島五分之一面積、三分之一人口。其他地域分為眾多殖民地和扈從盟國，由羅馬做同盟的霸主（地圖六）[83]。

土地是戰爭的主要勝利品。為了滿足公民對耕地的需求，以及控制被征服的臣民，羅馬在義大利設置兩種殖民地。每個公民殖民地人口不過數百，多成軍事要塞。更重要的是拉丁殖民地，每個可容兩千到六千名男移民及其家屬，加上它所選擇的土著。移民放棄羅馬公民籍，換取幾公頃土地。殖民地自治內政，法律上等於一個拉丁城邦，基於條約附屬羅馬。條約因個別情況而異，不可免的是要為羅馬出兵[84]。

殖民地有多種功用。它們佔領疆域，削弱土著的生產力和反抗力。它們有軍事力量，據戰略要地，威懾土著，監視敵人；能迅速應付地方事變，也能準備進一步的擴張。然而它們比駐兵便宜持久，因為移民能自耕自足。一連串拉丁殖民地作為羅馬的鎖鏈，牢綁義大利，很多發展為繁榮的城市。共和國末年，羅馬執政官兼演說家西塞羅（Cicero）回顧：「我們的祖先為殖民地擇址，真是煞費心機。它們扼險據要，看來不只是義大利的城鎮，而是帝國的堡壘。」[85]羅馬殖民地同化土著，改變社會，功勞不下原意屏藩周室的諸侯列國。

史家認為「分而治之」是羅馬政策的基本原則之一[86]。羅馬征服義大利，廣置扈從政體，摧毀它們之間原有的關係，每個單獨對付。扈從不能擅自外交；在內政有相當自主權，但羅馬可以隨意干涉[87]。不論是盟友或殖民地，所有扈從都必須應羅馬命令發兵，並自具軍備。這說是苦差，但也可以說是投資，因為戰勝的利潤豐厚。憑這制度，羅馬的霸權度過了漢尼拔戰役的危機[88]。

1.7 戰爭、政策、民族熔爐

通婚通商等和平交往促進民族融合，但這些日常關係難見於歷史文獻。矚目的是戰爭和政治。它們能隔離人們，也能混和人們。存亡之際，義氣重於出身。兵將遠征，難民流離，遇他鄉之客。動亂摧壞固封的土豪勢力，戰後不免遷徙移民。羅馬征服義大利，春秋列國兼併成戰國七雄，所涉及的戰事還算小型。義大利或中國的繁雜民族開始凝聚，但未混同。羅馬分而治之，加強地方主義；中國諸侯分立，培養齊人、楚人等地方身份。這些狹隘觀念，很多將煙消在之後兩百年的熊熊戰火中，更多會熔化在隨後的皇朝帝國政治組合裡。

戢干戈並不一定停苦難，劫後餘生的人民面臨更多折磨。中國贏家的慣技是驅逐舊強豪、移入新居民。除控制外，發展經濟也是強性制移民的宗旨之一。楚滅北方小國後，往往遷其遺民去開發落後的南蠻地區。秦經營四川是另一例。公元前三一六年秦滅「戎狄之長」的蜀後，即移秦民萬戶以實之。蜀道難，四川出入不易，成為流放問題人物的理想地方。遣發令下，戰敗的六國貴族與秦的政治犯源源不斷前往。這些人或稍有餘產，即使僅留自身才識，其能力也對地方有所貢獻[89]。蜀人謂「秦惠文、始皇克定六國，輒徙其豪俠於蜀，資我豐土」[90]。

移民錯居在義大利也是常事。漢尼拔（Hannibal Barca）時戰火漫燃義大利，羅馬更放逐大批居民，以懲罰其居城一度降敵。義大利的自由民總共約三分之一流離失所。摧毀共和國的十年內戰，同時摧毀了不少頑固的地方傳統。軍閥募兵，多答應退伍時授予土地。勝利者搶地以執行諾言，不少世居的農家因而被掃地出門。支持失敗者的社團被毀滅、財產被充公。公元前八十年到公元前八年間，約一百五十萬名義大利人，差不多是自由人口的一半，或被逼離家門，或在政府令下徙置。高盧人被趕跑，薩謨奈人幾乎被殺光，獨特的伊特魯里亞文化湮沒不見[91]。

戰後的協約安排可以促進民族融合，但其效能因政治組織而異。假如戰敗國保留原有政制，被贏家囫圇吞棗，那它的人民有較大力量抵禦同化。這國中之國甚至可能生異心，若它擁有自己的軍隊，更容易造反。日後東漢收容南匈奴，羅馬帝國收容西哥德，就因這樣而釀成大禍。春秋戰國與羅馬共和國吸收民族至為成功，因為在向外擴張的同時，它們也營建發展內政體制。政治改革打散戰敗國的權力組織，打破或改造零星的地方勢力，為民族熔爐加熱。沒有組織的人們個別加入戰勝國，容易忘卻他們的舊身份，融入新環境。

扈從盟國輔佐羅馬打敗迦太基、征服地中海，出兵比羅馬公民多，但得不到同等待遇，積怨下群起倒戈，引致公元前九十一年至公元前八十七年的同盟內戰（Social war）。羅馬軍事不利，決定政治讓步，授公民籍予義大利波河流域以南的全部自由居民。分而治之的政策終於變為政治整合。後來羅馬內戰，屋大維（Gaius Octavius Thurinus）羞說他的對手其實是傑出的羅馬公民安東尼，把宣傳矛頭指向其埃及情婦之後，利用民族主義團結義大利人以資內戰。他戰勝而成為奧古斯都皇帝。到他死時，義大利人融會成一個有希臘文化的整體民族[92]。

秦始皇對大一統的貢獻無可比擬。滅六國後，秦廢除地方封建，夷平險阻以暢交通行商，統一法律、貨幣、度量衡，力求車同軌、書同文。全國人民成為平等的編戶齊民。在此制度下，淮河泗水一帶的東夷不久便與華夏無異[93]。

華人說不同方言，但寫同一文字，合為「冠帶之室」；義大利的眾多土語日漸消沉，同說拉丁話的義大利人合為「穿托加袍（toga）者的國度」[94]。數世紀的功夫，許多繁雜的義大利或中國民族，融合成一個比較純粹的民族：義大利人或漢人。且不說兩個民族各自建立了宏偉統一的帝國，民族形成本身，即是這時期的不朽成就。

註釋

❶ McNeill 1963: 316-8. Beckwith 2009: Ch. 3.
❷《史記》123: 1358。
❸ Ptolemy, *Geography*, Bk. I, Ch. xi.
❹《後漢書》88: 2919-20。見附錄一。
❺ Ball 2000: 400.
❻ Hansen 2012: 20.
❼ 趙汝清 2005。Thorley 1971. Elisseeff 2000. Hansen 2012.
❽ Gills and Frank 1993: 163-9. Teggart 1939.
❾《漢書》28 下 : 1640。
❿ Taagepera 1979: Table. 3.
⓫《聖經・路加福音》2.1.
⓬ Thorley 1981.
⓭ Toynbee 1965: Vol. 1, p. 450.
⓮ Hopkins 1980: 117-8. Potter 2004: 17. Bury 1958: 62.
⓯ Taagepera 1979: Table 2.
⓰ http://en.wikipedia.org/wiki/List_of_countries_by_population.
⓱ Crawford 1991: 16.
⓲ 何光岳 1996: 33-4。翁獨健 2001: part I.
⓳ Livy 1.9. Cornell 1995: 157. Scullard 1980: 94-5; 1973: 10.
⓴《詩經・生民》。《史記》4: 111。楊寬 2003a: 27-8。
㉑《詩經・小雅・常棣》。
㉒ Scullard 1980: 93-4. Cornell 1995: 299-300, 304-8.
㉓ Aristotle, Politics 1275b.
㉔ Davies 2004: 25. 參考 Whitehead 1989: 140.
㉕ 梁啟超 1996: 50-2。楊寬 2003a: 438-9。
㉖ Plutarch quoted in Edel 1982: 25. 參考 Strabo 1.4.9.
㉗ Walbank 1981: 63-6.
㉘《漢書》68: 2962。
㉙ Di Cosmo 2002: Ch. 3. Cornell 1995: 349.
㉚ Chua 2006.
㉛ Huang 1990: 20-4.
㉜ 許倬雲 1990: 7。
㉝ Skinner 1977: 8-11. Lewis 2009: 10-7. Scheidel 2009a: 12-3.
㉞ 許倬雲 1990: 1-9。
㉟ 翁獨健 2001: 23-35。呂思勉 2005a: 第十章。
㊱ 楊寬 2003a: 第 2-3 章。許倬雲 1990: 第 1-2 章。
㊲《左傳》哀 17。翁獨健 2001: 62-81。
㊳ Creel 1970: 203.
㊴ 楊寬 2003a: 92, 498。許倬雲 1990: 89, 109-10。
㊵ 楊寬 2003a: 374-82。錢穆 1940: 38-47。
㊶《史記》5: 193，194。楊寬 2003a: 844-54。童書業 2006a: 141-3。
㊷ 馬長壽 2006a: 6-13。
㊸《史記》40: 1692，1695。
㊹ 錢穆 1940: 59 引《公羊傳》。馬長壽 2006a: 2-9。
㊺ 童書業 2006a: 157-73。顧德融等 2003: 69，76-85。
㊻《論語・憲問》。

㊼ Wickersham 1994: 1-23.
㊽ 錢穆 1940: 59-63。呂思勉 2005a: 351-2。
㊾ 童書業 2006a: 9 至 11 章。
㊿ 顧德融等 2003: 95-101，114-123。
51 《禮記・王制》。楊寬 2003a: 383-4，582。
52 《史記》33: 1524；32: 1480。
53 Rawson 1999: 352-3, 448-9. Falkenhauser 1999: 451-3.
54 《戰國策・趙策二》。翁獨健 2001: 78-9。
55 馬長壽 2006a: 16-8。di Cosmo 2002: Ch. 3.
56 《國語》卷一。《左傳》僖 33。
57 《左傳》襄 14。
58 童書業 2006b: 27-8。《尚書》舜典。《史記》32: 1477；31: 1445。
59 Virgil, *The Aeneid*.
60 馬長壽 2006a: 16。楊寬 2003b: 291-2。
61 楊寬 2003b: 283-7。
62 Cornell and Matthews 1990: 10-7.
63 Cornell 1995: §§3.1-3.2, 4.3-4.4.
64 Forsythe 2005: 31-6. Scullard 1980: 20-5, 139f. Cornell 1995: 86-7.
65 Cornell 1995: 154-5, 293-297. Scullard 1980: 36-41.
66 Whitehead 1989: 143. Davies 1993: 78.
67 Dench 1995: 117-25, 130-3. Davies 1993: Ch. 1.
68 David 1997: 22-29. Cornell 1995: 305, 345-6.
69 David 1997: 14-18. Cunliffe 1997: Ch. 4.
70 Cornell 1995: 231, 144-5, 224-5.
71 Forsythe 2005: 116-7, 122-3, 186-7. Cornell 1995: 205-7, 283, 299-300.
72 Forsythe 2005: 188-190. Scullard 1980: 94-7.
73 Cornell 1995: 310-3. Forsythe 2005: 246-50.
74 Livy 5.20.
75 Forsythe 2005: 246.
76 Livy 5.36. Cornell 1995: 314-5. Forsythe 2005: 251.
77 Cornell 1995: 204, 331. Crawford 1993: 32-3.
78 Forsythe 2005: 252-3. Cornell 1995: 318-9.
79 Cornell 1995: 305, 345-7.
80 《戰國策・秦策一》。
81 Salmon, 1982: Chapter 2. Cornell 1995: 347-51.
82 Cornell 1995: 359-62. Forsythe 2005: 327-34.
83 Cornell 1995: 380-5. David 1997: 35-6.
84 Salmon 1982: 63-6. Cornell 1995: 301-4, 351-2. Forsythe 2005: 190-1, 308.
85 西塞羅語引自 Crawford 1993: 37f.
86 Scullard 1980: 113, 參考 149 頁。
87 Cornell 1995: 348-50. Forsythe 2005: 290-2. Salmon 1982: 71.
88 David 1997: 64-74. Gabba 1987: 221-3. Brunt 1988: 126, 128.
89 顧德融等 2003: 263-7。譚紅 2006: 27-31。王文光等 2005: 25-33，90-1。
90 《華陽國志・蜀志》。
91 David 1997: 177-81. Gabba 1987: 201-3. Hopkins 1978a: 7, 66.
92 Scullard 1976: 68-70. Syme 1939: 82, 284. Maddison 2007: 57.
93 《後漢書》85: 2809。翁獨健 2001: 70。
94 《史記》110: 2902。Virgil, *Aeneid*, 1.282.

第二章 建國立制

2.1 鐵、血、政治、思想

先秦和羅馬共和國正值中西古典文化的黃金時期。孔子授徒，蘇格拉底講學。以能取職在中國萌芽，民主政體在希臘盛行，影響至今的思想百花齊放。那年代也異常血腥殘暴，標榜自由的西方，更是奴隸充塞。人文學者應付醜惡現實的方式，透露他們言論的真實意義。啟發他們思想的環境，顯示道德的根源。那時的哲學思想隱約影響政治，不是脫離現實的純粹學術。這不意味著執政掌權者墨守某種偉大的指導思想；他們多急於當前事務，爭取成績。然而，摸著石頭過河並非沒有理想。傳統習俗、意識成見、可用的概念、普遍的褒貶，都左右判斷、掣肘抉擇。很多社會默契只可意會，但哲人嘗試著把它們部分言傳。分析辨解，明言點出潛在行動下的意向，正視行為的可能後果，可以提高價值取捨的理性，改良政策。意識形態對政治史的影響重大但微妙，本書只能略觸皮毛。

經濟發展與社會變遷也如火如荼。戰國期間，中國正進入鐵器時代，生產能力飛躍。羅馬此前已經完成了這技術革命。鐵在它的經濟史中，主要象徵鎖鏈，助它轉入奴隸生產模式。兩種變化都推進經濟，生產更多的盈餘，以資戰爭或奢侈，同時更導致牽連政治的社會動盪。獨立自耕的小農，在中國因工具改良和國家授田而崛起，在義大利因不能與奴隸操作的大農場競爭而衰落。擁有自己田地的農戶不啻耕稼社會的中產階級，不但是主要的生產者和納稅人，也是步軍的主要後備戰士。犁刃劍刃出政權。自耕小農的消長，改變了軍隊的社會成分、政治權力的分佈以及政府的結構，影響深遠。

受這生機勃勃的社會滋養，未來的皇朝、帝國日益壯大。在崛起的過程中，它們各自開擴疆土，陶鑄民族，營建能掌理大國的政治體制，發展經濟以改善廣大人民的生活，刺激了對種種劇變的反思。政治、軍事、經濟、民族和文化五項歷史因緣糾纏牽扯，每項的情況成為他項發展的因素。五項共同衍化，但進展的速度各自不同。政治時而領先，時而拖後腿，某些改革創新可能因為輔助因素尚未成熟而失敗。社會經濟自有潛勁，很多演變，即使現代的強大政府，也只能略加誘導，不能全盤控制。政治、經濟、擴張等方面並不同時驟變，而驟變發生的相對時機，影響到未來皇朝、帝國的特色。由於時機不同，類似事件的效果可能深烙後世，也可能煙消跡滅。時機的重要性，每每見於以下討論。

要研究互動演變的效應，我們不能把歷史拆散為孤立的靜態因素。不幸的是，動態的相互作用極其複雜。為求解釋明白，我分三章敘述。民族結構上章講過了，軍事武功留待下章。本章分析政治體制、社會經濟、思想文化。然而，它用對外戰事作背景和年月框架，因為外交壓力和領土擴展對內政大有影響。

引至西漢皇朝和羅馬帝國的五個世紀歷程，各分三期戰事，一把城邦帶到地域大國，二到帝國，三到穩健太平。第一期約莫概括中國的春秋時代（公元前七二二到公元前四七九年），或羅馬征服義大利時期（公元前五〇九到公元前二六四年）。第二期的終點，我們可以放在公元前二二一年秦統一中國，或公元前四十九年凱撒進軍羅馬城。這期約莫概括中國的戰國時代，或羅馬的海外擴張時期。第三期是內戰，止於公元前二〇二年垓下之戰，或公元前三十一年亞克興之戰，歷時不長，但凶殘最甚。

第一期戰事伊始，在未來皇朝、帝國的土地上，游移著各種畜牧民族，其間星散無數比城郭大不了多少的耕稼國家。考古家發現中西的城郭一般，喜歡長方形狀、棋盤格局❶。每城與周圍農村的社會經濟關係密切，連成一國。希臘羅馬世界稱之為「城邦」（city-state）。我避免把這名詞借用於東周的封建諸侯國，因為諸侯國與希羅城邦雖然規模相若，但在政治組織和意識形態上卻相差巨大，而且這起步的差異深深影響後代歷史。

春秋初，中國據說有一千兩百個諸侯國，其中一百七十個見諸《春秋》經傳，一百三十九個地址可考。它們的人口面積相差很大。一般來說，一國領土四百三十至一千七百平方公里不等。它的內城牆圈地約〇・五平方公里，但它的約三千戶國人多居城外，受一道外廓牆保衛，以降服四郊的野人❷。諸侯以戰車論國力。除御者外，一輛四馬戰車載一個弓手和一個矛手，初時領十個步兵，後來步兵逐漸增加。公元前七世紀鮮有千乘之國❸。齊、楚、晉、秦四個大國，規模與羅馬相近。羅馬共和國建立時，人口約三萬至四萬人，可發步兵六千人、騎兵六百人。它的城市面積約二・八平方公里，領土九百平方公里，在拉丁城邦中居首，但在維埃、坎普亞等大希臘或伊特魯里亞的大城邦之間，殊不出眾❹。請注意，這兒說的中西兵數，都不是常備軍隊，而是可徵發的軍隊後備。那時的戰爭多是季節性的。不動員出征時，後備軍人照常從事耕種生產。這些第一期戰爭的主角，其事跡上一章簡略提過了。

兩個世紀的征伐兼併改變了國際形勢。公元前四五三年韓、趙、魏三家分晉時，春秋初的百數諸侯國，已合併為十來個地域大國。戰國七雄，齊、楚、燕、韓、趙、魏、秦，每國的面積都及今天中國的一兩個省，大者比得上義大利半島。它們改戰車為步軍，政治變法後有能力者可出師數十萬❺。類似的十倍升級也在地中海一帶發生。公元前二六四年羅馬揮軍海外時，波河以南的義大利，有自由民約三百萬，能連年發兵十萬，對抗迦太基、希臘化王國和其他勢力❻。這些是第二期戰爭的主角，其事跡下一章詳細介紹。

很多史學家特別強調，歷史上戰爭對營建國家無比重要，尤其對現代歐洲的民主國家，其次對古代東方的專制國家❼。「戰爭是營建國家最大的激勵。」「戰爭造就國家，國家從事戰爭。」❽為什麼呢？

國家是種獨特的機構，有別於宗族、宗教和其他社會團體。在明確的疆域內，國家掌最高統治權柄，壟斷合法的暴力，要求國民對它忠貞。它有職責領導、團結甚至強制國民，保護集體安全，維持社會秩序，建立制度以轄治公眾事業，提供必需服務，並與其他國家進行外交。國家要履行權職，必須有動員人才、調控資源的能力。要有效地組織生產，有計劃地集合物資投入公共事業，以改善社會狀態和自然環境，需要複雜的管理系統。營建政府體制本就不易，抗拒使它更為困難。賦稅和兵役，國民的兩大負荷，即使有益公眾，也是讓人討厭。貴族土豪等勢力集團有意搾取資源，佔為己有，猛烈反抗國家干涉他們的既得權益，斥之為不道德。要導致讓步合作，最容易的是舉一個共同外敵，或不論真假高呼那敵人威脅大家安全，或默契擄掠外敵，大家分戰利品。戰火無情地淘汰庸碌無能，軍備競爭推動科技創新，大量軍需鼓勵經濟生產、提高集資效率、刺激金融機構。外戰能促進內部團結，因為它提供振奮民心的口號、某些人的牟利機會、統治者加強控制的理由。此外，它也可以作為安全活門，讓人民發洩怨氣，實行經濟學上所謂「排出代價」（externalization of costs，又譯成本外部化）。一如現代工業把污水廢氣排到外面，讓別人去承受環境污染的代價，國內人們為了緩和社會摩擦，同意諒解分歧，承認彼此權益，協力征服、支配外人，把解決矛盾的代價丟給他們。如是，歐洲十九世紀的開明哲學家們，同時提倡對內民主自由、對外帝國殖民[9]。古人不像他們般精於宣傳「進步」，但我們會看到，戰爭和他們的政治發展關係密切。

戰爭勝利，版圖擴張，國家的管轄職務隨之增加。新附民眾的數量大時，責任尤重，困難也越大。規模大小（scaling）是個重要、但常被忽略的因素。無論自然物體或人為組織，都不能避免規模的限制。一個複雜事物的設計不能無限放大。你絕不會發現昆蟲那般細長的腿，生在巨獸如大象身上。昆蟲的體型比例，如果長得太大太重，腿會折斷，除非你把它加粗如象腿，或用鋼筋代替骨骼。不管怎樣做，你都改變了它的設計。小國就像昆蟲，如果長得太大，它的政府機構，若不變法改制，就會崩裂。亞里斯多德深諳此理，所以說公民人口必須適中，城邦體制才能奏效[10]。類似對規模和體制的見解，中國從事改革的法家也有。可惜明白的人不多。羅馬人沒有理會，直到內戰的慘痛教訓使他們醒覺。儒家眷戀的先王世界，人口稀微，家國不分，政治不外親親尊長。千百年後，人口膨脹了千萬倍，儒生不顧規模巨變，堅持簡陋的大家庭模式足以統治龐雜的大帝國，不但桎梏政治思想，而且損國害民。

古代城邦侯國應付增長，初時用各種繁殖集聚的方法。希臘式的發放獨立殖民地最為簡單，但殖民地和母邦之間關係稀疏，妨礙凝結擴展⓫。比較成功的，是羅馬的雙層輻輳模式，和周代封建的自相似分形（fractal）模式。它們的示意見諸圖一，內涵分別在第2.6和2.7節討論。兩個模式最後都失敗了，封建制尤甚。要應付國家進一步的擴展，政府必須變法改制。

2.2 工技與經濟

科技進步是歷史最大動力之一。它提高生產效率，使人能用同樣的成本和勞力，生產出額外的物品。在經濟學中，這些額外的產品是科技進步為社會

(b)自相似分形模式

(a)雙層輻輳模式

圖一　早期政治結構

貢獻的「免費午餐」[12]。

工業革命之前，歷史上生產效率有兩個大躍進，分別得力於農業和鐵器。農業盛行，遠在我們故事之前。鐵器在西方開始傳播，在相傳用木馬計屠特洛伊城的邁錫尼（Mycenaean）王國滅亡後不久。到羅馬共和國成立時，這技術革命已經完成。希臘的哲學藝術繼續飛躍，但工技卻不然。羅馬的發明如混凝土有利工程，但這等變化只是演進，不是革命。其時技術創新多傾向公共建設，如高架渠、運軍路、神廟等大型建築。在私營部門，包括農業、紡織、物質能源，公元前五〇〇年到公元五〇〇年間的進步不大[13]。帝國統治下盛世和平，激勵商品和貨幣流通。然而在地中海一帶，經濟增長的來源多是散播已有技術，開墾更多農地；希臘羅馬發明的大規模奴隸生產組織強逼人們工作，加大生產的成本和勞力，但很少提高生產的效率。有些學者說羅馬的經濟停滯，未免太過。然而，即使最熱中古代經濟增長的學者也承認：「希羅世界是歐洲鐵器時代的成熟時期。」[14]發展成熟，增長速度自然減慢[15]。

歐洲的鐵器時代發展放緩時，東亞的社會起飛了。四大古文明中，中國最年輕。文字、等級社會、城市聚居、大型建築這些文明的特徵，公元前三千年左右出現在埃及和中東兩河流域。公元前一二〇〇年，在今土耳其的赫梯人（Hittite，或稱西台人）首先利用鐵器[16]。據考古，中國最早的甲骨文屬於公元前一五〇〇年代。冶鐵出現於春秋末年，稍先於公元前五〇〇年。中國自創的冶鐵技術與西方不同。古代西方一貫用塊煉法，從礦石開始保持固體，逐塊燒紅打鍛，很費工夫。把鐵礦石熔化成液體，倒模鑄造，便於大量生產，減低價格，有利廣泛使用。可是熔鐵必需很高的溫度，西方要到十四世紀才做得到[17]。中國人冶鑄青銅的技術高超，早已發明了增加煉爐溫度的鼓風技術，所以他們差不多同時製造塊煉鐵和鑄鐵，即生鐵。初時的生鐵脆而易碎，用途不大。長期實踐摸索培養柔化加韌技術，最後令生鐵能再受鍛造，甚至成鋼[18]。

戰國期間，鐵器逐漸傳播，但質量參差不齊。出土的多是農具，不少與石器蚌殼雜處同一遺坑[19]。這些生鐵質脆，又不能磨利，不宜作兵器。出土的戰國遺物，鐵劍不及青銅劍十分之一，而且多集中在幾個地點。除楚地的兩柄鋼劍外，就燕國的多。秦朝兵馬俑坑附近的工場，發掘出不少鐵工具。但守衛始皇墓的陶兵所持兵器，除少許箭鏃外，全是青銅做的[20]。

冶鐵技術不久就突飛猛進。西漢前期，長鐵劍完全代替了青銅短劍。中國的鐵沿著雛形的絲路西流[21]。一世紀中期，羅馬通才老普林尼（Pliny the Elder）記載：「我們比較所有品類的鐵，桂冠頒予塞里斯鐵，那是塞里斯人（Seres）連同他們的絲織毛皮一起輸給我們的。帕提亞鐵得二獎。」塞里斯人，意謂絲人，是羅馬人對中國人的稱呼[22]。

青銅貴昂，多用在兵器和奢侈品。沒有鐵，生產工具的主要材料是石和硬木。靠這些簡陋工具餬口的農民，掙扎在生存邊緣，鮮有盈餘。為了能捱度疾病、饑荒等天災人禍，人們共同生產生活，互相扶持；現代經濟學家看它類似買保險。青銅時代的共耕場面，可見於荷馬（Homer）史詩《伊利亞特》（*Iliad*）和《詩經．大田．噫嘻》等篇[23]。荷馬敘述的史前時代籠罩在神話裡；井田共耕仍然普遍的春秋時代，則早已進入歷史記憶了。重建井田成為儒家的復古理想。

戰車是青銅時代晚期的主要武器，東西方俱然。由於貴昂並需要高度操作技巧，它是貴族權益階層的專利。邁錫尼的墳墓壁畫就有它的圖像。可是當荷馬唱誦木馬屠城故事時，它久已絕跡沙場。詩人弄不清它的軍事用途，把它當作威風的交通工具，說英雄駕它到戰場，然後下車徒步而戰。羅馬人賽車，用戰車遊行慶祝勝利，但不用它打仗。反之，戰車密集衝擊，或作為流動發射台，風行春秋戰爭，《左傳》裡就有不少描述[24]。

步軍適用的鐵劍長矛，比戰車容易負擔得多。鐵器提高生產效率，使家庭農戶不僅能獨立過活、捱度荒年，而且能生產盈餘、添置戎裝。地中海一帶，鐵器傳播始於國家機構弱若無存的「黑暗時代」。希臘早期，擅長步戰的小農已經濟獨立、軍事活躍了。他們發揮團結性，不在農田上共耕，而在沙場上盾牌相連。史學家解釋：「當治金進步使鐵武器價格低落、供應充分時，有能力購置使用這種武器的人們，爭取到新的政治權力。重步兵成為雅典軍隊的主力。雅典的民主，尤其是克萊塞尼茲（Cleisthenes）的改革創建，就依靠他們的支持。」[25]服兵役是希羅城邦公民的首要義務，甚至公民的概念，也可能有軍事淵源。公元前六世紀羅馬開始抗拒國王時，操鐵器的自耕農早已普遍。自具戎裝的農民兼任步兵，在練軍場舉行民眾大會（popular assembly）。他們是民眾大會的根基，而大會則是羅馬共和國政府的民主部門[26]。

春秋列國裡，很多國人擔任戰車戰士，有些政治權力。然而，他們身居貴族控制的井田村社，仰公侯供給武裝，權力不及羅馬公民。與西方技術革命的時機相反，鐵器在中國傳播時，國家機構已相當強健。戰國七雄一面政治變法、集權中央，一面砥礪經濟、扶助小農戶，並改革兵制，發展主力步軍。中國的農民步兵操國有武器，在集權國家的贊助下成長，甚不利於沉醉在舊有權益的封建貴族。社會經濟激進，逼政府革新應變。另一方面，動盪中的社會，亦容易受政治干涉指引。政治、技術和社會經濟的變遷互相推動，在中國要比在羅馬複雜。

涉及土地改革的鬥爭，在先秦和羅馬共和國都是政治推動力之一。羅馬滅維埃，奪其疆域，一半留做公共屬地，其餘的割成四至七羅馬畝一份，分配給公民作為私有財產。一羅馬畝（jugerum）＝〇・二五公頃＝三・七五市畝。後來的邊區殖民地，分地較大，步兵可分得十至二十、騎兵三十至四十羅馬畝。但這般慷慨並不常見。考古證實傳統印象：義大利農莊小於七羅馬畝者，相當普遍[27]。

中國的宗法封建下，土地是王公貴族的權益。私人的土地擁有權，要到公元前四世紀列國變法時才得清晰。那時魏、秦等國推行授田制，有系統地劃分土地，按戶籍平均配給自耕小農，也按戶籍收稅徵兵。授田一般是一家一百畝，若土地瘦瘠，則增至兩三百畝。一畝的面積，因時間國度，相差甚大。秦和趙最慷慨，一〇〇秦畝＝一八・二羅馬畝＝四・六一公頃＝六九・二市畝。秦朝統一中國後，把自己的標準推行全國。漢隨秦制[28]。

羅馬人和中國人理智策劃、嚴謹測量。他們大規模劃地授田，在地貌上留下痕跡，至今不滅。義大利和故羅馬行省多處，空中攝影顯示出由方田組成的網絡。每塊面積兩百羅馬畝的方田，依據羅馬制度，分為一百個兩羅馬畝的長條[29]。戰國中，秦、趙、魏授田最廣。它們的故地，今陝西河南一帶，大規模的地形勘察顯示直線格局，到處東西或南北指向，覆蓋逾一千四百萬公頃。這現象不見於齊魯故地的山東[30]。

假設中國和義大利的土壤差不多肥沃，而中國的生產技術已經趕上，那麼從類似的典型小農莊面積看，兩地的餬口維生水準，大概也差不太遠。然而，要瞭解農民生涯，我們不能單看通常情形。無常的波動可能帶來恐怖的風險、無救的轉變。澇旱饑荒、病痛戰亂、苛捐暴斂，種種災難能逼一個農戶賣房賣地，或落入高利貸的魔掌中。假如徵稅不收穀物而收貨幣，農民必須變賣穀物交稅，還要看市場價格，連豐年都因穀賤而難過。耕稼是個危險的業務，尤其在沒有灌溉、保險、合理借貸的時代。戰國早期，李悝在魏國變法，審查農戶收支，估計一個百畝農莊（一魏畝=〇．八三秦畝=二周畝）平時夠養五口人。不過他仍然提倡政府行動，因為大天災能削減產量九成以上。幾年歉收，一家子就會陷入無法自拔的赤貧深淵[31]。比李悝的數字令人更難忘的，是羅馬辛辛那提（Cincinnatus）的傳奇。辛辛那提是個老牌貴族（patrician），公元前四六〇年任執政官。他的一個兒子帶領一班惡少去打擊政治改革，殺了人，犯了死罪，候審期間棄保潛逃。為了償還保釋金，辛辛那提變賣家產，離城找個五羅馬畝的農莊棲身。元老院的使者找到那兒時，他赤著膊在鋤地。聽到依媯人入侵，執政官被圍，羅馬召喚他出任獨裁者，領兵拯救國家，他呼道：「那我的田今年不能下種了，我們可能不夠吃呢！」[32]耕地是農民的生計。因為生活問題如此基本普及，土地改革左右政治，不足為奇。

李悝的寫作還顯露一個社會特色：他用穀物計算口糧，但用錢幣計算衣物和其他費用。金屬的價值較高，而且可以質量一致。硬幣是當權者發行合乎標準、帶有保證價值印記的小塊金屬，作為交易的媒介、記賬的單位、儲存財產的方法。貨幣流通、價格穩定，顯示商業活躍、政治成熟。中國和羅馬的硬幣流通，程度高於很多古代農業社會。在西方，公元前七世紀，今土耳其西部的呂底亞（Lydia）發明硬幣，用以收稅和支付外國僱傭兵，其中希臘人最多。希臘城邦馬上跟進，各自壓製硬幣，上載圖案口號，寓宣傳於商務。移民把竅門帶到義大利。羅馬早期用大塊青銅作貨幣，到與皮洛斯交鋒時，才因軍需而認真發行硬幣。最先的是青銅幣。公元前二六九年初壓製銀幣。公元前二一四年開始發行的小銀幣（denarius）一直通行到帝國中期。羅馬人記賬常用的單位是塞斯特（sesterces），價值四分之一小銀幣㉝。

公元前五二四年周王鑄「大錢」，諸侯國也跟著各自鑄造青銅錢。從大批的出土錢幣看，它們相當通用。很多戰國錢幣形像小型刀、鏟、鋤，也許因為金屬工具一度被用作商貿的媒介。統一後，歷代皇朝一直沿用秦的方孔圓錢，上示重量或鑄造年號㉞。這簡單的設計旨在實用，不管它是否象徵天圓地方或外圓內直。銅錢價值低，適合日常應用。方孔便利把錢穿成串，以助攜帶及清點高額交易。戰國時大量使用黃金，但並不壓成金幣㉟。

2.3 傳統與社會

家庭結合自然的血統和人為的教養，傳授遺傳因子、財產風格、知識技能、權力地位。某個社會對家族的重視程度，從其人名系統可見一斑。很多古代社會中，一個人只有一個名，最多扯上父親的名，例如耶穌、約瑟之子，很難從名字中獲取關於親戚的資料。中國和羅馬的系統就複雜得多。每個人有自己的名（羅馬的praenomen），上加家族的姓（nomen），貴族還有氏（cognomen），以區別宗族分支。出嫁的婦女以娘家姓見稱，例如陳家嫁出的女兒都叫陳氏，羅馬朱利（Julii）家嫁出的女兒都叫朱利婭（Julia），-a字尾有如「氏」字。一串的姓氏便利鑑認遠親外戚，建立族譜網絡，維繫歷代記憶，延長家族勢力㊱。由此可見家族在中國和羅馬何等重要。兩者都拜祖先，中國人尤甚㊲。

兩個社會皆尊崇父家長，但風俗稍異。羅馬法律賦予一家之長（paterfamilias）大權以支配其家庭成員，不論是否成年成婚，都得絕對聽命。早時家長對成年兒女有生殺之權，這權在帝國中期廢棄，但家長的權威繼續風行傳播，帝國亡後仍然不息[38]。中國的父權毫不遜色，但基於禮教多於法律。父親有權體罰兒女，即使兒子身任大官，仍然不免[39]。

在羅馬和中國，家教自幼訓練人們服從權威，維護長輩權益，也維護文化傳統。兩地的民風皆甚保守。現代學者指出：「羅馬人的民族性異常崇敬權威、先例、傳統。他們本能地厭惡變革，除非能證明這變革符合祖先規矩（mos maiorum）。」[40]效能與羅馬祖先規矩相似的是中國的禮，狹義指貴族君子的揖讓周旋，闊義指維護貴賤尊卑的風俗習慣[41]。簡言之，中國和羅馬的社會一般等級森然。各種身份地位都有禮或祖先規矩定下的行為規範。如果人人都安分守己，不敢妄想越規，那麼社會自然穩定。規範多是傳統慣例。有些得文字明載，具固定儀式，益增威勢。也有少數被編入法律，受國家支持。不論怎樣，它們都仗道德教條支撐。

禮或祖先規矩皆體現於實踐，包括政治實踐。貴族集體統治是一個深固的羅馬祖先規矩，體現於元老院這機構。羅馬貴族不乏個人野心抱負。為了團結數百成員，元老院設立審判法院以排難解紛，制定地位等級和進階規章，平均做官的機會，避免任何人功績過殊，危害整體[42]。狹窄妒忌可能抑制某些人的才華，但有約制的競爭和普遍的榮譽促進和諧，培養出一大群奉公守法、平均素質優越的貴族。他們的團體生生不盡，堅守傳統，成為共和國的骨幹主導[43]。

中國的禮教主張上下互敬，但強調下對上的尊崇順服。周代貴族缺乏團結力量的機構，但用繁文縟節維持尊卑秩序。公元前七七一年平王東遷後不久，周王的實力不及一個二等諸侯，但他的地位仍是天子至尊。蠻夷的楚不算，全權獨立、早有王者之實的華夏諸侯，要到公元前三三〇年代才互稱為王。禮教的制約，可見一斑[44]。

羅馬人和中國人一樣，皆標榜權貴人物的典範行為，炫耀其道德統攝力。羅馬的元老院很少官式權力（potestas）。它受尊重，全仗它基於顯赫地位、優秀成績的聲望（auctoritas）[45]。西塞羅說，平民只會模仿：「歷史證明，國家的性格來自它的首要人物。領導人的行為有什麼變化，民眾生活就會傚法。」[46]類似態度在中國更甚，其統治者宣稱他們的統治不重力而重德[47]。「德」屢見於《尚書》所收集的先王文書，如「德惟善政」。秦始皇的石刻也屢稱德，如皇帝「體道行德」[48]。

中西雙方都重視道德教育，但有一個基本分歧。羅馬人尊重元老院的聲望，但元老們帶頭尊重法律體制，以崇尚法治自傲。中國儒家認為聖賢單憑個人品德便足以平治天下，所以貶斥法治，提倡人治[49]。詳情將在2.9節和6.9節討論，但法治理想和人治理想引致種種社會和政策上的差異，本書中俯拾皆是。

人類交接的方式，可以粗略分為兩種：個人關係和社會結合。君臣之間講究前者，國家公民參與後者。嬰兒一開眼見到母親的笑容，個人與個人的關係就此建立。個人關係是相互的，但並不一定對稱；上下尊卑便不對稱。它容易扣人心弦；感情強弱，則因對象而異。我們每人都嵌在一面個人關係網中，它的中心德行是仁愛和義氣（圖2a）。這是人類最基本的聯結，海枯石爛不渝。可是它的接觸範圍不大。況且順得娘來逆爹意，個人關係時常互相牴觸，最多只能維持一個比較單純的小圈子。凝結一個人口眾多、龍蛇混雜的複雜社會，要靠通情達理洽談，互相瞭解讓步，解決糾紛，綜合各種協議，積聚長期經驗，逐步建立比較客觀的社會制度，每個人各自遵守，不需具體指明所涉及的其他人（圖2b）。交通法例便是人所熟悉的社會制度；依法而行，利己也利所有車子行人。社會結合的中心道德是公義和公平。它不如個人關係般溫情，但訴諸冷靜思考、理智分析，一面充實私人生活，一面創建法律政制等公共範疇。人類社會因而更闊宏豐富，就像一個三維空間，內嵌平面的個人關係，更有公共範疇所開拓的深度，大大增加了人類交接活動的餘地（圖2c）。個人關係和社會結合相接處，不免有摩擦。文明進步，不少在努力探索理性價值取捨，化解摩擦，琢磨社會結合，使能不損公義而容納更真摯的私情。

從家人親戚開始，個人關係世上無所不在。中國人和羅馬人一般珍惜家族，但家族之外，兩者分歧巨大。周代宗法封建的諸侯國無異公侯的家室，公卿大臣都是世襲，而且多是親屬，彼此論個人關係。扎根於宗法封建時代的儒家，視政治亦不外三綱五倫、上尊下卑的個人關係，如圖2a㊿。在羅馬，大家出身在競選中很具優勢，以致世家大族代代出高官。然而長官並非世襲；無論誰都必須經過競選。共和國的

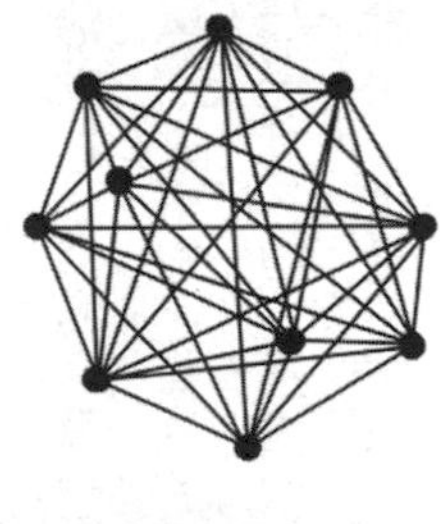

(a)個人關係網

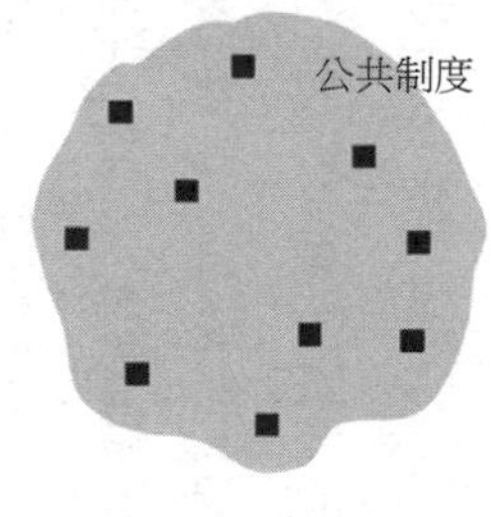

(b)社會結合

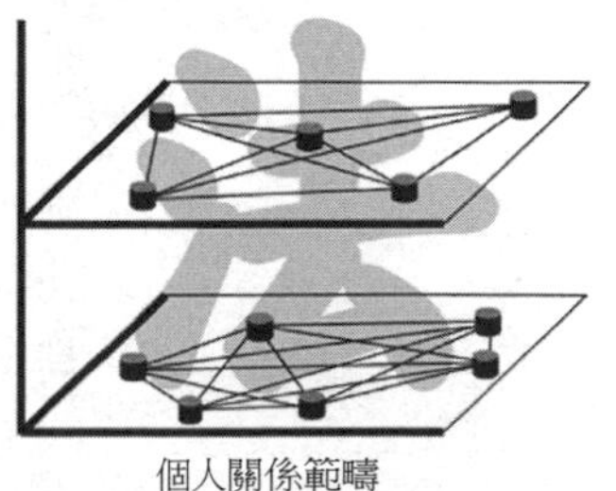

(c)社交世界

圖二　人際關係結構

法律清晰地劃分家與國，兼容個人關係和社會結合，如圖2c，而政治則以社會結合為根基。嚴格地說，現代所謂「政治」（political）概念，多指制度法律，有別於專注人事的權謀（politics）。以這嚴格的定義，儒家爭權，但於政治概念（political）甚弱。這是它與羅馬的一大不同。

儒家教人效忠君王，猶如兒子孝順父親。但共和國公民效忠的對象，不是一個人，而是「元老院和羅馬人民」（SPQR, Senatus Populusque Romanus）。中國古代沒有社會（society）的概念；春秋時代，「公」的意義還限於公侯，公田是公侯的田地，公事是有關公侯家室的事情[51]。相反地，羅馬共和國的名稱，已顯示出一個嶄新的範疇，即有別於私人生活（res private）的公共範疇。在群情活躍的練兵場、民眾大會和元老院中，公民們參與社會結合、討論公共福利。不屬於任何個人的法律和機構，代表公共範疇，伸張公義，養育公德心，塑造有異於家的國這一政治概念，甚得哲人深思。這些東周前期都沒有。到春秋末年，孔子還反對公佈明文法律[52]。

傳統的力量深固強韌。如以下描述，政治概念、公共範疇雖由戰國時改革政治的法家推行，但受復古守舊的思想束縛，在中國始終虛弱。羅馬共和國的公共精神，在帝國時期式微，但它的法律體制始終屹立。童年經歷塑造性格。在奉公德守法律上，中國比不上羅馬及其繼承人。

2.4 羅馬的階層鬥爭

公元前五〇九年羅馬共和國成立，但並未全盤改變政治法制。舊制原有三大部分：國王、元老院、以軍隊編制為名的百人隊（Centuriate Assembly）民眾大會。後二者的變化不大。共和國取締國王，但保留國王的極權（imperium），將之賦予兩名執政官。執政官每年由民眾大會選出，任期一年。李維解釋：「羅馬向政治自由邁出的第一步，不在限制執政官的權柄，而在限制他們的任期。」[53]

這不過是第一步。有時似乎唯一的變化，就是由一個人專斷，轉為一小撮人專斷，因為所有執政官全來自老牌貴族的小集團。更糟的是，自由並不保證繁榮安全。共和國初生，即面臨內憂外患，商業工技衰退，依嫣人和其他山民侵擾。災難逼得很多小農負債，甚至淪為債奴。平民要求減低債主的權力，以及政府分授田地，但遭受壓制。他們不甘挫折，在共和國需要他們的軍事力量時，揚言退出。公元前四九四年，大批平民撤離羅馬城，在附近山頭駐營，不受政府進攻依嫣人的命令。老牌貴族慌恐，答應談判。平民的抗議運動產生領導人物、組織機構，再接再厲，數度撤離。公元前二八七年最後一次撤離，是民眾勝利的里程碑。這兩百多年的經歷，史筆稱之為羅馬的「階層鬥爭」（Conflict of the Orders）[54]。

仔細分析，可知這長期鬥爭涉及三大事項。第一是全體公民的奮鬥，旨在建立合理的政治體制。第二是兩個地主集團爭權，即老牌貴族（patrician）和平民（plebeian）豪富搶奪競選高官的資格。第三是貧富之間的階級鬥爭，涉及社會經濟問題。至公元前二八七年，第一、二項問題基本上解決，但第三項僅得暫時緩和。貧富衝突將會再度激化，驅使共和國垮台[55]。

共和國初年，拉丁和伊特魯里亞豪富源源移民，聯結羅馬本土的平民大地主，不忿老牌貴族壟斷高官要職，力求分羹。他們利用普通平民的憤懣，組織大眾，助長自己爭權的勢力。公元前三六七年新法，兩個地主集團達成協議，每年平分兩個執政官位。平民豪富的經濟利益本與老牌貴族一致，得勢後馬上認同了他們的態度。兩個集團合為一個新的貴族統治階層。對他們來說，爭權以集團合併，大喜結局[56]。

普通平民爭取的，是免受政府或高官隨意壓逼的保障，以及土地改革、債法修訂。他們的私有農莊一般很小。為求溫飽，很多人必須從公共土地上獲取一些補貼。不幸大片公地為權貴霸佔。平民要求開放公地，權貴視為侵犯他們的禁臠。土地問題激化階層鬥爭時期的政治衝突。為公為私，平民豪富大加利用。他們爭到權力後，自可參與霸佔公地[57]。

我們以下會看到，中國周代的「國人」也時常抗議。與之比較，羅馬的平民運動勝在理智協商、遵守法制，有組織紀律。意氣用事者，氣消事息。反之，理性組織能從錯誤中汲取經驗，綜合經驗為知識，猶如建造階梯，使後來者能踏著上進，團結世代。羅馬平民和老牌貴族商討得出的協議，不比兩個家族間的私約。公開辯論，凝結大家同意的細節，日久化為公共法律制度。新制度是成功革命的標誌，因此史學家常稱羅馬的階層鬥爭為「不流血的革命」[58]。

以平民抗拒官員隨意逼害為例。「路見不平，拔刀相助」，這中國諺語表示個人見義勇為的熱血俠情。羅馬公民把它凝固為常設法制。平民受凌虐時呼喊求助，理應得到救援，遞演為「求公道的權利」（provocation）：公民遇到重刑案件，有權訴諸人民公開裁決。要之，這免受政府專斷壓逼的法治保障，不來自什麼聖王賢士的仁慈口號，而是人民自己踏實努力爭取所得。因此他們清楚為什麼這保障合理，為什麼它是人民應有的權利，值得大家團結維護。求公道的權利，屢經後來的法律鞏固增強，成為羅馬公民自由的基石[59]。

民眾意志凝結成形，以保民官（tribune）最為具體。起初，保民者不過是平民的領袖，並無官職或法律地位。他的唯一力量，落實在他不可侵犯的肉身。民眾發公誓，為他所受的任何傷害報仇。必信的誓言保護他去阻止官員濫權；即使面對手握極權的執政官，他也能以身作盾，拯救被凌虐的小民。發誓和報仇，世上常見。春秋時，晉國卿大夫爭權，幾個家族集體發誓立盟，詛咒背盟者。可是盟約隨人而逝，空留盟石讓考古家研究[60]。反之，羅馬平民有組織，與老牌貴族耐性商討。合情理的保民，最後升為國家的正式官職，不靠誓言而受法律保護。保民官抑制濫權的力量，發展成一個嶄新的政治概念：否決權（veto）[61]。

從第一次撤離開始，抗議的平民即舉行大會，每年選舉保民者，以及投票通過平民決議，宛如國家組織。這國中之國與國家當局抗衡，但並非事事相悖。二者時常為眾利而合作。羅馬首次公佈的法律——十二表法（Twelve Tables），就是合作的成就之一。基於對國事的貢獻，加上撤離的要挾，平民逐步獲取自由和權利，廢除了債奴。他們歷代栽培的組織，終於融入國家機構。平民大會變為共和國的部落民眾大會，與原來的百人隊民眾大會並立。公元前二八九年法定：部落大會通過的平民表決（plebiscite）即是國法，行於所有公民，老牌貴族也不例外[62]。

2.5 擴張的副作用

發展政治制度的同時，羅馬征服了義大利半島。公元前二六四年開始，它出兵海外，與迦太基較量。很多學者認為，公元前二〇二年第二次布匿戰爭（Punic wars）勝利，到公元前一四六年迦太基徹底毀滅，這半個世紀堪稱共和國的黃金時代。它的內政穩定，沒甚爭執。平靜的根源，不是高壓成功，而是上下同心向外取利。階層鬥爭期間，政府把征服得的土地，或分配給公民，或置殖民地，緩和平民對土地的渴求，以博取大眾協議。這些甜頭隨著義大利全部臣服而結束，不過不要緊，地中海西及西班牙，東及敘利亞，供給更大的甜頭。羅馬崛起成帝國，其兵團四出，征服、屠殺、掠奪。地中海東部的希臘化世界（Hellenistic），文明已久，富庶無比，安逸鬆懈，不堪一擊。征服這些文化堡壘，贓物無數。精神上的榮耀，更激長愛國自豪。帝國擴張似帶來無窮機會，剝奪戰敗者所得滿足所有公民，使社會和諧[63]。

經濟學有所謂利潤遞減律（law of diminishing returns），說容易的果實取盡，求利越來越難。羅馬也不免此律。隨著戰利品遞減，社會摩擦重現。在公元前一四六年一年內，羅馬以微弱的藉口屠兩大城邦，迦太基和科林斯。認為這是歷史轉折點者，不止共和國末年的羅馬史筆撒盧斯特（Sallust）[64]。此後，帝國疆域繼續膨脹，但增長率減慢，追不上人們的慾望。戰火依然，但羅馬逐漸從主動轉為被動，不是任意選擇目標，而是必須出兵鎮壓。最麻煩的是不甘被征服、決意奪回自由的強悍蠻人。公元前一六七年羅馬戰勝馬其頓（Macedon），光是掠奪伊庇魯斯一地，每個士兵就分得兩百個小銀幣，約等於兩年的薪餉。公元前一三三年屠西班牙的努曼提亞（Numantia），每人只得七個小銀幣，還可能來自將領的腰包。公民們開始埋怨兵役了。那些油水少、危險高的戰場，最惹牢騷[65]。

不論普通士卒分到多少贓物，與貴族所得相比，實在微不足道。出征軍的將領、統轄外省的總督，原本便是富豪，再在東方搶刮的大量財寶，奢侈用不完，經商不體面，最好買莊園。公元前一六七年，政府盆滿缽滿，豁免義大利的土地稅，更提高田莊的利潤。權貴們大肆圈地，甚至強買，欺凌貧弱鄰居。有了地，不愁沒有勞動力。戰勝品不止物質，還有大批奴隸。公元前二二五年，義大利的奴隸人數不過五十萬人左右。兩百年間上升至兩百萬至三百萬人。同期間，自由民的人口下降百分之二十九[66]。

小農戶難與役用奴隸的大農場競爭，多為之兼併[67]。缺乏男主出頭的家庭最脆弱。不少農民戰士赳赳隨師遠征，多年後復員返鄉，發現家破人亡[68]。不少失去耕地的公民移居羅馬城，在公共建築工程或供應奢華的事業裡打工餬口，後來領取政府分配的口糧。有些留在鄉村，或作佃戶，或找些不划算養專用奴隸的零星短工，生活更艱辛。帝國擴張帶來的繁榮中，貧困大增[69]。史學家總結共和國後期的社會狀況：「無論財產或生活方式，窮人和富人之間的距離日益加闊。城市裡的無產人士和鄉村間的無地散工最苦。不論絕對水準或相對於富人，他們的境遇顯著惡化。」[70]

以侵略排出去的憂患開始回籠，還帶來利息，威脅到共和國的軍政[71]。原來戰士自置戎裝，必須稍具資產，因此兵團的成員至少也是自耕農，可謂是中產階級。如今貧富兩極化，中間消沉，政府徵兵遂有困難。

公元前一三三年，保民官提比略．格拉克斯（Tiberius Gracchus）提案，要把國有公地分給貧民，重振中產小農，增加兵源。可是公地早被權貴們霸佔了。格拉克斯提議限制佔用公地；每個家長只能佔五百羅馬畝，外加兩百五十羅馬畝給每個兒子，額外的田地重新歸公分配。其時，十羅馬畝已可成一個殷實的小農莊了。格拉克斯的提案，公民表決絕大部分贊同，通過成法。然而多數元老，尤其那些已在公地上營建農場者，認為這法案有損他們的自由。格拉克斯競選連任，以便把分田的法案付諸實行。權貴們指控他有意一人專政，把他與擁護他的人一併打殺[72]。

十年後，蓋約．格拉克斯（Gaius Gracchus）出任保民官，擬立周詳的改革提案，比分地更進一步。他的命運與哥哥提比略相同，不經公審，與擁護者一起被殺。殺害他的人由一位執政官帶領，並得元老院的公開支持，理由是保護國家安全[73]。

格拉克斯兄弟出身貴族大家。他們針對的現實問題眾所周知。他們的提案並不新穎；限佔田、分公地，階層鬥爭時代已屬常聞。然而格拉克斯領導提案、通過立法程序的方式，頗有新意。他們鼓勵民眾大會，大膽運用其立法權和選舉權。學者爭辯他們的行動是否合法，因為在細節上，法律含糊。然而屠殺他們，絕不合法，卻毫無異議[74]。希羅史家阿皮亞（Appian of Alexandria）寫作羅馬內戰史，書中評說：有史以來，民眾大會上從不操杖動劍。屠殺提比略．格拉克斯開了殘酷罪行的先例，此後類似暴行，在政治會議上，遂不罕見[75]。

民主運動在共和國早年成功，為什麼在其晚年失敗？部分原因在政治科學所謂「提取菁英」（circulation of elites）：統治者從普羅大眾中挑選吸取菁英人才，使餘者缺乏領導人物，因而鬆散軟弱[76]。階層鬥爭時，平民豪富組織民眾，平民大會的功能猶如耐久的反對派。結束鬥爭的安排中，政府吸收了平民大會，統治階層吸收了平民豪富，把他們變為貴族。原應捍衛民眾的保民官，成為政府官員，任期一年，並受法規掣肘，無能把民眾散漫的力量組織起來，堅持不懈地與統治者協商，爭取權益。撒盧斯特指出，共和國晚年的民主運動有致命弱點，即改革派缺乏有效的組織[77]。就算個別保民官的責任心不泯，亦只能挑動民眾大會一時熱情，通過個別法案。格拉克斯兄弟的功績就是這樣，既不能有系統地變法，亦不能抵抗貴族的團結反動。他們鼓勵的民眾大會立法權，在野心家手中變為權謀工具，不去解決社會問題，只為自己求利。

格拉克斯兄弟犧牲，土地改革枯萎，有能力置軍備的中產小農日減。為了保持兵團實力，政府逐漸負起武器甲冑的責任，降低從軍的財產資格。公元前一○七年，憑戰功七次選任執政的新貴馬略（Marius），公開募用無產貧民（proletarii）[78]。徵兵制繼續，但越來越多兵員是從鄉間赤貧公民中招募而來。這些志願軍要求退伍時分得田地，以補償他們及其家人為捍衛國家而受的風險。保民官令他們失望，將軍的承諾實在得多。貴族們聞風起野心。公元前八十八年，蘇拉（Lucius Cornelius Sulla Felix）帶領羅馬軍隊進攻羅馬城，發動內戰，以爭取指揮肥美的外征。在東方，他分派豐厚的贓物，又答應日後分配從政敵奪取來的田地，收買得軍心，回義大利繼續掀起內戰。龐培（Pompey）、凱撒，亦步亦趨。土地改革演變為安置退伍軍人。土地問題始終存在，不過現在爭取田地的人手握權力的實質——劍柄[79]。

2.6 羅馬共和國有多民主？

羅馬共和國有穩健的政體，但無明文的憲法。維繫它政治體制的，除了通過正式程序設立的法律，還有不成文的規例，以及傳統的道德觀念、祖先規矩。它的主要結構歷數世紀演進而不變：行政官、元老院、民眾大會，始終鼎足而立。普里卜斯和西塞羅皆認為羅馬是個混合政體，結合了亞里斯多德所分析的三種政治制度：君主制（monarchy）、貴族制（aristocracy）、民主制（democracy）[80]。現代政治學家有個新術語：「在這有關世界各種政府的歷史中，羅馬是第一個『監察制衡』（checks and balances）的政制。當今世界中，這種制度最健全的是美國聯邦政府。」[81]

共和國有八十餘個選舉出來的長官，分別掌管政事、司法。兩位監察官（censor）最具權威。劃分公民、甄選元老外，他們還管理公地、授發大型建築工程的承包契約。其他高官，即兩名執政官和八名大法官，掌生殺極權，能統率軍隊、頒發敕令、施用強制手段以達目的。他們召集元老院和百人隊民眾大會，提出法案。通過了立法程序的決議，也靠他們執行。然而他們的極權不乏限制。在羅馬城內，執政官的兵權消失，他的強制權力也受到公民求公道的權利制衡。出了城，他的極權猶如專制國王，但只應用在元老院劃給他經略的區域。軍政經費，亦仰元老院配給。任內，他可以橫行而免受指控。卸任後，受他凌虐的土著可到羅馬依法起訴[82]。

監察官任期五年。其他所有長官都是任期一年。連任再任，限制極強。官位從不單設。每個行政官至少有一個權柄相等的同僚，同僚可以否決彼此的判定。十個保民官，職位不高，但權柄不低。他們召集部落民眾大會，提出法案。此外，他們有權否決任何官員的決定，即使最權威的高官亦不得免。同僚合治可以防止濫權，但會引致爭執不決。所以有危機、需要毅然定奪時，可以選任一名獨裁者（dictator），單獨掌權行事[83]。

元老院是共和政府的慎思審議機構。它每年集會約四十次，成員一向三百人左右，到了公元前八十一年才倍增。元老由監察官從貴族中挑選。一入元老院，若非行為不端，即終身任職。多數元老，尤其是勢力大者，皆是當任或卸任的長官。元老院猶如國家的知識庫藏，積聚政治軍事經驗，維持政策連貫穩定。它掌管稅收財政，治理義大利本土；確定外交細節；徵發軍隊，籌備糧餉；分授征轄區域給行政官，並指示策略。羅馬在海外設省後，元老院攬權任免行省總督。外交大事上，包括和、戰，元老院的建議必須得到民眾大會批准，但一般如其所願；民眾很少抗議。嚴格來說，元老院的正式功能只在諮詢，因為它沒有強制力量，必須靠行政官們執行它的意志。若執政官桀驁難馴，它亦無可奈何。不過執政官們一般依從：他們都是元老。貴族集體統治是羅馬深固的傳統，直到共和國末日[84]。

百人隊民眾大會選舉行政高官，部落民眾大會選舉低級官僚。每年的競選活動熾熱，候選人動員親友扈從，積極遊說選民。除選舉外，民眾大會還有立法權，投票決定宣戰、停戰、和約、結盟等事。它們通不通過某議案的表決，絕對生效[85]。

羅馬人民有無限權柄投票取捨。然而可供他們選擇的方案，卻事先被貴族圈定，有限得很。民眾大會本身既不能提案，亦不能修改議案，選民更無權在大會上單獨發言。民眾應執政官或保民官之召集合，聽他們提出議案，聽他們安排的正反辯論，然後投票表決，通過或駁回。他們所聽到的提案，一般已得到元老院認可。若有個別官員不守成規，不經元老院同意擅自向民眾大會提案，反對的元老大可以找人否決它；十個保民官都有此權。一個格拉克斯般的人物或可以偶然智勝元老院，但一年任期內，他幹不了多少大事。民眾大會能向政府爭取簡單的福利，例如免費的麵包和娛樂表演。遇到複雜的社會改革，它們無法克服元老院的團結反對[86]。

選舉讓民眾比較能夠罔顧貴族反對，推擁他們愛戴的英雄。然而，候選人的資格，也早受法律限制。羅馬政治有一大特色，即政治權利憑個人財富而定。政府定期調查人口，把全部公民因財產多寡而分為七等。在散工日酬略過兩塞斯特的時代，財產不足四千四百塞斯特的算是無產貧民。其上是五個等級的業主（assidui），頭等業主要夠餘錢購買重步兵的全副裝配。財產超過四十萬塞斯特的上層階級叫騎士（Equites）。只有騎士有資格進入元老院或競選任何行政官。即使軍隊裡，也極少低級軍官缺乏騎士那樣的家產[87]。

財富資格也是投票制度的基礎，不過只限於選舉高官的百人隊民眾大會。選民不均勻地分居一百九十三個隊。所有無產貧民，大約佔全體公民的半數，全擠進一個隊。騎士的人數不過兩千人左右，卻佔十八個隊。頭等富有的業主佔七十個隊。每個隊根據眾意而投一票。有錢的隊先投，一到半數通過或駁回，投票即刻停止。按此程序，除非有錢人之間的意見分歧，窮人無所置喙[88]。羅馬政治的精要，斯巴達人（Sparta）那比斯（Nabis）洞若觀火：「你們計財富以選騎士步兵，其實是提升小部分人，要大眾平民受他們的支配。」[89]

現代西方所謂民主自由，最重要的一是公開公平的定期普選，二是法律保障某些人權，使公民免受政府隨意壓逼。看表面形式，羅馬共和國似乎是個全民直接參政的民主政體[90]。揭開形式分析實質，現代學者多同意，大權抓在壟斷元老院和行政官位的貴族手中：「羅馬不是民主體制，不過其傳統觀念尊重公民。公民權利有公民的武裝力量作後盾，表現在民眾大會的投票和立法活動。」[91]投票立法使人民與政府利害相關，是讓人民發洩怨憤，讓統治者了解人民意向的常設管道。定期選舉使行政權柄能順利地在貴族之間轉移。人民依法律程序，仲裁貴族之間的競爭，避免衝突過火。這樣，民眾成為貴族統治的穩定因素。總而言之，羅馬共和國本質上是貴族統治，不過稍加民主色彩[92]。

共和政府帶領羅馬，五百年內從城邦攀上帝國。然而它終於崩潰了。為什麼呢？套用一個關於羅馬帝國衰亡的著名答案，與其問共和國為什麼衰亡，不如問它為什麼能維持這麼久。有政治學家指出，共和國的結構，說來自相矛盾。十個行政高官加上十個保民官，每人有權召集民眾大會提案。高官有權否決同僚或下級的決議，保民官的否決權更針對任何決議。民眾大會有絕對權柄拒絕或採取任何提案。制衡原為穩定政治，但各種權力互相掣肘，也可能形成僵局，使政府癱瘓。然而，在共和國末日之前，走火入魔很少發生。為什麼呢？政治學家解釋：因為羅馬人一般務實而不沉迷空想，重經驗而不死守教條。「共和國的機構奏效，與今天的英國憲法奏效，用同樣竅門。許多地方，不墨守成規，而靠合情理的默契，繞過死結。」[93]在這方面，他們雖然最後失敗，但還是比中國的儒家士大夫強得多。

羅馬的社會保守，元老院仗貴族的傳統地位威望，權勢無可倫比。民眾大會雖有正式立法權，但一向服從貴族領導。共和國的權力制衡成功，全靠雙方彼此尊重，各留餘步，不用盡正式權柄去克制對方。大家協力向外時，制度運行無滯。真正的制度考驗，在應付社會欠諧。共和國後期，貧富鴻溝益闊。利害衝突下，社會結合緊張，民主運動洶湧。可惜在這情形下，它們加深社會分化。保民官鼓勵民眾大會盡量運用其立法權，貴族盡力對抗民眾的要求，各趨極端[94]。撒盧斯特歎道：「人們各自成黨立派，紛爭不休。一向為大家同心愛護的共和國，就此被撕裂。」[95]

以上討論的是本土政治，其民眾全是羅馬公民。對付被征服的臣民，羅馬另有手段。在義大利，它的統治組織採取雙層輻輳模式（圖1a）。輻輳，指分而治之的霸權政策；雙層，指劃分富貧上下的財閥統治（plutocracy）。羅馬兼併的義大利中部，面積不過半島的五分之一。其他地區，它只任霸主，不直接統治；統治太麻煩。殖民地、盟國等各種形式的扈從政體，每個依據獨特的不平等條約，單獨地附屬羅馬，猶如輻條湊集在軸心。輻輳，但不成車輪，因為輪輞闕如。羅馬的附屬，彼此之間不能有任何外交關係。就算它們有傳統條約，羅馬亦統統毀掉，以免它們聯絡謀反。這樣，它把臣服的地域分割成許多孤立馴服的小扈從政體，分別賞罰。隨著它擴張，扈從的數字增加，但它分而治之的霸權形式繼續，到公元前八十七年同盟內戰結束才改變[96]。

羅馬對其扈從親疏各別，但兩項策略，卻少有例外。首先，扈從一般不需交稅，但一定要應召發兵，隨霸主出征。軍備及出兵的費用是間接稅項，但積極參與行動，比繳錢糧好受。更重要的是有利可圖；羅馬常勝，而且處理戰利品還算公平。它與扈從的條約常寫明如何分贓，包括如何瓜分土地、移民殖民。羅馬霸政下的聯盟，猶如一個搶擄分紅的軍事企業[97]。

羅馬的第二項策略是因財富而授權力，扶富抑貧。置拉丁殖民地時，它根據自己階級森嚴的社會結構，有系統地選擇富豪，賦予特權優惠。對待臣服的義大利盟國也一樣，它到處支撐土豪權貴，只要他們外事唯命是從，即能享受相當內政自主[98]。一位史家敘述羅馬征服塔林敦（Tarentum），然後按道：「這事件表露羅馬對臣服者的一貫作風。在義大利各處，它鞏固上層階級。土豪視羅馬為天然盟友，平民大眾則一般懷敵意。」[99]很多城邦的貴族俯首帖耳效忠羅馬，與之勾結互利。他們靠羅馬鎮壓平民，羅馬則利用他們為自己統治。羅馬做後台的手段強硬。公元前二六五年，沃斯尼（Volsinii）的平民爭取得政權，羅馬兵臨，毀掉城池，遷徙餘生者。殺雞儆猴，威懾其他附屬政體的平民[100]。

這制度下，一旦羅馬天下無敵的威望被漢尼拔擊破，被壓逼的人民積怨迸發，實不出奇。李維敘述：「義大利的社群全染上同一病症，即權貴和下等人分裂。各地的元老院支持羅馬，平民幫助迦太基。」[101]現代學者指出，這病症並非絕對普遍；而且我們也要小心，不要隨便把現代的階級鬥爭觀念加諸古人。然而李維引為例證的克若頓（Croton）和挪拉（Nola）城，亦非獨特意外，而是平民對羅馬高壓作風的一般反應。類似情況，日後在希臘重演。羅馬進兵希臘，助長富豪凶焰二十年，然後在馬其頓的坡斯爾斯（Perseus of Macedon）手下吃了個敗仗。「人民對坡斯爾斯的熱情，本來藏在心中，現在像火一般爆發出來」，普里卜斯形容[102]。不過兵團強大，反抗枉然。其時希臘的民主政體，本來已受寡頭勢力衝擊而式微；羅馬的來臨，更使它無可救藥。在希臘，同盟解體，民主不再是正常的政治體制[103]。

從城邦到帝國，羅馬統治有個一貫的成功秘訣，即結合政治權力和經濟利益。我們在上面談到，共和國用財富作準則，劃分公民階級，把政治實權集中在有錢人手中。富人說他們應有多點權益，因為他們負擔較大的稅務軍務。這理由在共和國晚年消失了，因為義大利的地產稅已經豁免，兵役也轉移到雇募的貧民身上。本來權益與義務相等的制度，遞變成不平等的財閥制度，即富人統治[104]。

上下分明的財閥統治，隨著羅馬征戰而延展為帝國政策。同盟內戰後，羅馬在義大利的霸政轉變為直接統治。地域性的分而治之結束，輻條軸心變成一塊蛋糕。不過這是塊雙層蛋糕：義大利以外，巨富土豪的網絡蔓延地中海一帶，維繫羅馬權力。到羅馬帝國全盛時期，公民和臣民一般，皆因貧富而被劃分為法定的尊貴者（honestiores）和卑賤者（humiliores）[105]。

2.7 周代宗法封建

公元前六六〇年狄人伐衛。其時衛懿公揮霍養鶴，早已大失民心。前來領取甲冑兵器的國人都嘰咕：「派鶴去打吧。鶴享有官祿，如何叫我們迎戰！」懿公領兵車出城，全軍覆滅。國人棄城逃跑，又被狄人趕上，大殺一場。幸虧鄰國的宋兵掩護他們夜渡黃河，但只能救出七百三十個男女國人[106]。齊桓公盡霸主的責任，派兵攜帶生活物資，援救衛人。過兩年又聚集諸侯卻狄，擇地為衛建築新城。衛收集城外兩邑的遺民，湊得五千人，草立三十乘之國。衛文公粗衣儉樸，務才訓農。狄人繼續侵犯，但國人拒絕文公讓賢之請，在他領導下振奮鬥志。到公元前六二八年狄人請和，衛已逐漸恢復到三百乘之國了[107]。

周室播撒在中原的武裝殖民地，經歷四百年，已成長為數以百計的獨立自主侯國。它們的政治組織與衛國大同小異。一個侯國涵括三個階層的人：以公侯為首的貴族，住在城郭裡或附近的國人，住在郊鄙的野人。貴族和國人是原來武裝移民的後裔，野人是當地土著[108]。

國人和野人多聚居村社，不過其村社的組織不同，國人依血緣，野人依地域。在井田制下，社人集體耕作公室的田，收成歸貴族。此外，社人必須為貴族服各色力役、貢獻紡織品等物。每家社人使用一塊分地，收成以維持自家生活。分地定期輪換，令人人有平均機會耕植沃田瘠地[109]。

野人和國人略似被羅馬征服的臣民和騎在他們頭上的羅馬普通公民。野人被摒棄在軍事和政治之外，國人充任後備軍。軍隊組織一般與村社組織結合；編在同一隊伍的戰士，多是親屬，「居同樂，行同和，死同哀。是故守則同固，戰則同強。」國人繳軍賦，不同羅馬戰士般自具戎裝。公室貴族置備及保養戰車兵器，發兵時授予戰士。不出征時，國人大部分務農，但也有些是工匠、商人和擔任守衛小吏等職責的士[110]。

基於他們的武裝力量和宗族組織，國人有相當政治實力。國家靠他們捍衛，國君怕他們動亂。碰上外敵侵擾、遷移國都、續立國君等大事，公卿常召集他們，詢問他們的意見[111]。貴族成派立系，互相傾軋時，國人的動向可以穩定局面，但其效果遠不及羅馬選舉穩定貴族競爭。國人有實力，但少實權，因為政府沒有類似羅馬民眾大會的法定諮詢機構。沒有法理體制支撐，實力不能持久凝固為權柄。公侯或自家喜歡，或逼於形勢，時而叫國人發言，但有權置若罔聞。假如統治者不聽怨言，國人唯一的辦法是武力反抗。他們驅逐過不少諸侯執政；他們的反叛潛力也阻嚇了貴族，防止過不少暴行。然而單憑實力參與政治，容易引致社會動盪不安[112]。

權力操在貴族手中。在青銅時代，貴族的家庭、經濟、政權，三者混沌未分。由宗法、封建和世官三大原則扭結而成的貴族統治，加上融洽貴族感情、標榜尊貴權位的詩書禮樂，就成為儒生眷戀的「先王之道」。

宗法是父系的血緣組織。大宗的宗主是一族之長，在族人中掌生殺大權。他的嫡長子承繼大宗主之位。其他兒子，不論嫡庶，各自成立小宗，服從大宗，但在本小宗內自為宗主。小宗主們照樣把地位傳給嫡長子，讓其他兒子建立小小宗。如此枝葉繁滋。宗主領導氏族，運用宗族財產，養孤恤寡，經營宗廟、墓地、學校，主持各種祭祀典禮，組織救災等活動。宗法制度利用血緣親情，有效地團結眾多人口。國人多採用它，貴族得益尤甚。東周後期，嚴格的宗法形式和勢力逐漸腐壞。然而聚族而居、注重血緣網絡的習俗，成為一個強大的社會凝聚力，歷久不衰。宋朝時更得道學家鼓吹，重振氣焰[113]。

《左傳》說周公旦「封建親戚，以藩屏周」[114]。「封」指堆土植樹以劃分地界，「建」指在界內設置政權。本書中的「封建」限於此義，即如秦始皇「廢封建，設郡縣」。武王伐紂，周公東征，侵佔得遼闊土地。為了統治，他們武裝殖民，大事封建。周王名為天下共主，但實際上只直接統治一個不大的王畿。其餘的疆域，他劃開分封給世襲貴族作為采邑，並要他們定期朝覲納貢。在自己的采邑內，諸侯是領主，有軍、政、財權。周王和諸侯之間的權力關係因時而異。周初王室強大，有權任免諸侯的卿大夫。到春秋期間，王室衰微，無能干涉。公侯實際上是獨立的君主，各依周王組織天下的模式，自行組織侯國。他留下公室直轄，把其餘土地分封給臣屬的卿大夫，讓他們做小領主。君主和地主一體，封建領主同時控制井田村社，命令轄下的國人野人替他耕作[115]。

管轄王畿或公室的官職多是世襲，高官重職則多由世家貴族壟斷。「暱近」是親親政治原則之一。強宗巨室世世代代把持國政，再加上血緣關係，常桀驁難馴。諸侯若任用外人，冒犯親親世官的制度，會遭受宗法攻擊，甚或致禍[116]。「公」是貴族的最高爵號，但不論爵位，諸侯在自己的國內都泛稱公，他們的直轄領域是公室，他們的兒子稱公子。兼任大官的卿大夫一邊管理公室事務，一邊掌管他們自己的采邑，喚作「私室」，有私軍。這是宗法封建下「公」、「私」的主要意義[117]。

據《左傳》：「天子建國，諸侯立家，卿置側室，大夫有貳宗，士有隸子弟，庶人工商各有分親，皆有等衰。」[118]國與家的組織和功能皆相同，都是家族政治混沌一體，唯一不同的是地位和規模。西周時說天子的國、諸侯的家，東周時說諸侯的國、卿大夫的家。這就是傳統「國家」概念的根源。

天子、諸侯、卿大夫，層層封建，等級而下，分割統治權柄。整個封建結構類似數學上的自相似分形。一個分形顯示許多規模層次，而不論大小，所有層次的基本結構都彼此相似。圖1b所示的分形，大小層次都符合一個基本典型：三個等邊三角形，包圍一個顛倒的三角空白，組成一個更大的等邊三角形。封建制度裡的基本典型就是政治家庭。試想一個大三角形代表一個家庭，其中的空白代表家長父君，小三角代表服從他的子臣（圖三）。每一個子臣的家庭結構也依照典型，由一個父君統領三個子臣，不過規模較小。最高級的父君是天子，次一級的父君是諸侯，再次的是卿大夫。每一個權力層次中，子臣對父君的關係都猶如兒女對父親的孝順。

封建與宗法息息相關。武王周公所封，絕大多數是同姓族人，乃姬氏小宗，尊周王為大宗

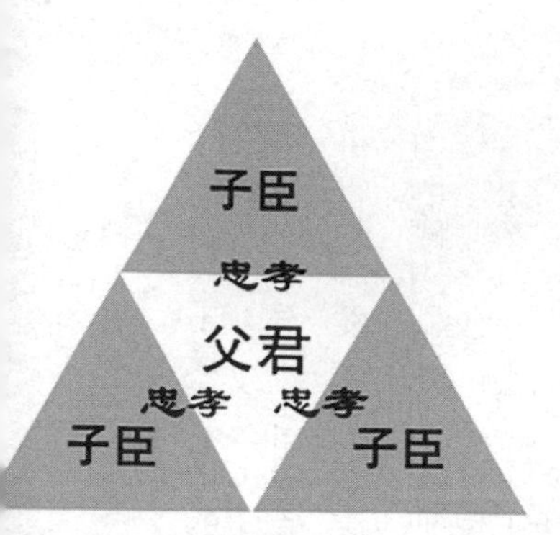

(a)王之國

(b)侯之家

(c)卿之室

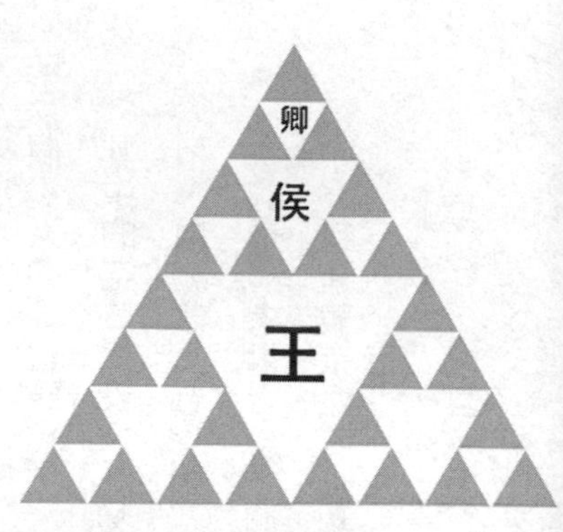

(d)宗法封建

圖三　封建結構

主。異姓諸侯如齊姜，亦多與周室締結婚姻。周王慣稱同姓諸侯為叔、異姓諸侯為舅。諸侯的卿大夫，亦多數是親戚，尊諸侯為宗主。就這樣，政治與血緣互成表裡，忠與孝同出一轍，「親親」成為政治的無上原則[119]。近代學者指出：「此種『家族本位的政治』，在當時利病如何，今不暇詳述。要之此為後此儒家政治思想之主要成分。」[120]齊家與平天下之別，不外圖3c與圖3a之別。難怪漢朝儒術獨專後，士大夫執政兩千年，大講「修身齊家治國平天下」，但對政治概念卻鮮有創建。

分形不同常見的枝幹系統（branching）（圖四）。現代人熟悉的中央集權政府，以及其他等級組織，例如軍隊或大企業的科層管理系統，都依枝幹原則。總裁率領各部長，部長率領各科長，層層分支。枝幹系統具有通達上下的指揮權柄，如軍長的命令可以直達團長、營長。同樣地，個人的忠貞也上下貫通，從而對整體有認識、有歸附。這整體觀念在分形結構中並不存在。封建的特色是層層分割權柄、截斷忠貞。權柄和忠貞所及，皆只限於一個層次。公侯的國裡，大夫奉公侯為主子。大夫的室儼然自成小國，家臣只奉大夫為主子，不認公侯。當大夫與公侯發生衝突時，這封建倫理最為顯見。齊大夫崔杼的

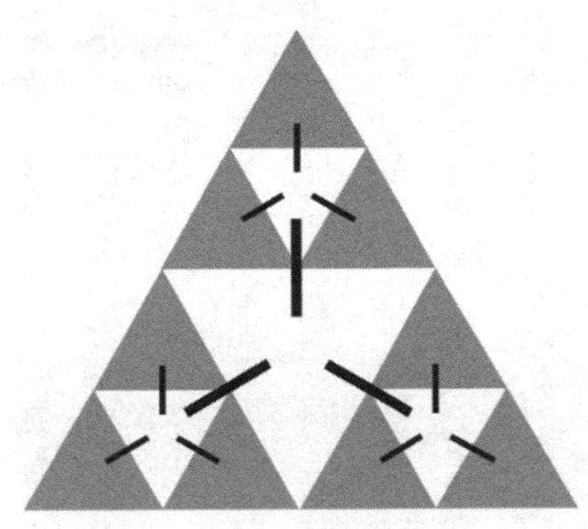

(a)宗法封建（分形式）

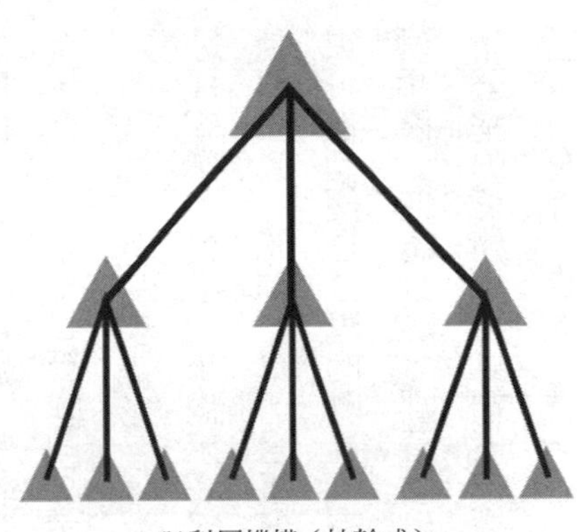

(b)科層機構（枝幹式）

圖四　權力組織（黑線代表權力和忠貞）

家臣擊殺齊莊公時說，自己奉崔杼之令，「不知二命」。這家臣知禮，南蒯便不如了。魯國的大夫季孫氏濫權威逼魯公，季孫氏的家臣南蒯謀助魯公加以抑制。時人斥責南蒯叛逆：「家臣而欲張公室，罪莫大焉。」史家解釋：「按禮，家臣必須效忠於主上，不得有貳心……因為家臣必須效忠於『家』，就只知有『家』而不知有『國』。」[121]這種狹隘的忠貞很適合全部由個人關係組成的封建制度。它把忠貞的範圍局限在一個家的模式中，免得個人因為關係太繁複而難為。因此國有亂時，人們坦然遵從禮教宣佈：「我，家臣也，不敢知國。」[122]封建制度崩壞了，但它的禮教倫理由儒家經典傳述，長具影響[123]。它在漢朝衰亡中所起的作用，見於第8.4節。

與羅馬統治義大利的輻輳模式相比，周代的分形模式較為繁複。周王和羅馬一樣，除了在直轄的區域內，其權力並不直接到達土著人民。羅馬只用一個層面，把間接統轄的義大利人分割成無數微小的扈從政體，並摧毀它們之間的關係。每一個扈從面對的，不單是羅馬本身，而是羅馬加上所有其他扈從。這樣，不論對誰，羅馬皆佔壓倒性的實力優勢。周的封建把間接臣服的人民放在幾個層次上分割。在最高的層面，周王面對少許諸侯。他們的權勢實力和他的差不多，而且可以聯合抗拒。他對諸侯的優勢，遠比不上羅馬之對義大利扈從。

宗法封建鞏固了周初征服的疆域，也鞏固了春秋前期的諸侯擴張。春秋時周王已有名無實。諸侯兼併弱小鄰國，同化畜牧民族，開墾荒地。為了有效地統治日益增長的人口土地，他們分封一批新的卿大夫。這些新貴們像蜂王般四出建巢繁育，致力於自己的宗族，一面循依封建統治，一面各自試驗，改進生產和管轄方法，以適應各地不同的環境風俗。他們的家邑規模不大，易於培建，使人留意細節、專注現實，提高行政效率。若創新奏效，他們便互相模仿採納，對政治制度和經濟發展，皆有貢獻。隨著經驗累積，民智日開，疆土闢廣，可開發的資源減少，侯國卿家之間的直接衝突增加。這情形下，封建制度的弱點畢露。春秋後期，很少新族受封，不少舊族消沉，甚至連公室也被強卿巨宗篡奪。封建變成了爭戰紛亂的泉源，大勢開始轉向政治集權[124]。

晉國的歷史最顯著，而且後果最大，但它的經驗在春秋並不罕見。公元前七世紀中期晉文公成霸業，封了十來個忠心部下為卿。這些新貴們學習禮儀，致力經營自己的采邑，此外更輪流執掌國政、統帥三軍，遇事聚會議論或爭吵。襄公死後的續嗣風波，便是一例。假設晉國是部戰車，他們便是拉車的駟馬。有強勁的晉侯執轡，他們合作抵禦楚，維護晉國的霸主地位。但若晉侯頹廢，四馬分馳，那晉國難免覆車之禍。這危機不小，因為除了他們自己的家外，諸卿更操縱了公室的機構，可以竊取公權以養私家。他們彼此勾結，被《管子》一語道破：「家與家務於相益，不務尊君也。」[125]

楚的壓力使晉卿暫時按捺個人野心。公元前五七五年，晉在鄢陵敗楚復霸，內爭隨即爆發。諸卿互相兼併，到公元前五一四年，尚存的六卿已不把晉君放在眼內了。他們改革內政圖強，蠶食公室，彼此侵伐。六卿減為三，公元前四五三年，韓、趙、魏三家分晉。那年一般被視為戰國時期的開端[126]。

晉國外，齊、魯等國也發生篡位奪權。對此等非禮行徑，道德家口誅筆伐，大眾人民卻處之泰然。季氏放逐魯君，魯國人民沒有反應。史墨解釋：「魯君世從其失，季氏世修其勤，民忘君矣。雖死於外，其誰矜之？」[127]

站在封建制度裡面看，權力不停下滑，從周王到諸侯，從諸侯到卿大夫。放大一點眼光看，囊括王、侯、卿的封建貴族，因無能力應付日益龐大的政治規模和日益複雜的社會經濟，整個衰壞[128]。貴族的權力，上受敵於集權的君主，下受敵於較為廣大的庶民。舊時的晉侯不外是諸卿貴族的大哥。新興的韓侯、趙侯、魏侯是雛形的君主，著意集中權力。他們有自己奪權的經驗，深諳貴族對君主的威脅，刻意過河拆橋。分封貴族太危險了，他們試驗起用受薪官員，直接統治。他們曾用種種方法收買人心以成篡奪。為了不讓別人青出於藍，他們帶頭改良政治、發展經濟。他們的時機大好：巨變到處發生。是否能抓住機會，就憑自己努力了。

2.8 社會劇變、百家爭鳴

公元前五三六年，子產在鄭國公佈法律，是為中國歷史上的創舉。二十三年後晉國跟進，並把刑法鑄在鐵鼎上。這是鐵器第一次見載可靠文獻[129]。兩個歷史第一的年期相近，想不盡是偶然。新技術帶來新財富、新活力，衝擊舊社會，引起動亂。政府的反應是推行各種改革，以導引動力，約制混亂。改革之一就是頒佈明文法律。

「古今一大變革之會」在春秋戰國之交來臨[130]。隨著鐵器傳播，勞動人民的生產效率上揚，個體農戶漸有能力開墾荒地，增加收成，儲蓄足夠盈餘以應付荒年。自立的信心強了，小農戶到處如雨後春筍，井田共耕開始衰敗。搾取無償勞力失效，不能滿足貴族的慾望。公元前五九四年，魯國開始徵收土地稅，列國先後傚尤。變動間，國人的政治實力遞減。他們的宗族村社殘破，他們的車戰技巧過時。在步兵揚威的沙場上，野人一樣能耀武。隨著城郭擴展為地域大國，國人和野人慢慢融匯成一般平民[131]。

政府仍然壟斷兵器和青銅製造業。冶鐵和其他新興工業，則不乏私營。不開仗時，列國務求市場開放、關稅降低、道路安全、河流通航。數百年後發展成為大運河的第一程，於公元前四八六年破土動工。原本重點在行政和駐軍的列國都城，兼成為消費中心，吸取四方土產。貨物流通，商業城市興起在交通樞紐旁。中國的人口膨脹，戰國期間便超過一千萬人[132]。

思想也和人口、貨物、錢幣一般，繁盛流暢。絡繹路上的不僅是軍隊、商人、外交使節，還有遊士。遊士們身世各異，或通詩書，或具治才；有些淡泊明志，更多的遍干諸侯求官祿，依附貴族作清客。士在以上敘述中已經出現過兩次：他們曾是大夫之下的低級貴族，也曾是擔任小吏護衛的高級國人。貴族一般教育其族人。支族繁滋，餘子孽孫堆積在貴族底層。家產破落、內爭外戰失敗，都可以把貴族貶為庶民。另一方面，經濟富庶，容許較多庶民有閒暇求學。列國競爭，為有才能的人開拓了伸展抱負的機會。社會巨變中，貴族和庶人的交匯處成為上升下沉的人才萃集地，孕育出一個新的階層——士[133]。士的地位較低，屬家臣一流，只知有家，不知有國。一旦其家室瓦解，他就失去了效忠對象，可以自由擇主而事。別國的君主也熟悉這傳統。在君主的立場，任用一個外來士人可能更安全，因為他沒有本國貴族的根盤勢力，對君主的威脅力不大[134]。於是士人們周遊列國，進出政府高層，傳播有效的改革創見，成為營建國家體制的主力。

「士農工商四民者，國之石民也。」始創四民之說的《管子．小匡》大概是戰國期間的著作。約莫同時，亞里斯多德也把群眾分為四類：「農民、技工、店主、散工。」[135]兩下比照，可見中西的三大行業位次相同。以日計酬的散工可能遍行全球，士卻很獨特。有知識文化的公民在希臘俯拾皆是，但他們並沒有像中國的士那樣，凝成一個政治性濃厚的權益階層。戰國的士人有文有武，思想才識多姿多彩。在未來的皇朝中國，他們將衍化為清一色的儒家士大夫。不論如何，士可謂是封建貴族的庶子，與政治權勢在胎中即結下了不解之緣[136]。

最偉大的士，孔丘，是公元前五世紀早期魯國的一個沒落貴族。他招收學生，只要繳學費，不論出身，有教無類，把本來王官之學傳播給平民。其時禮崩樂壞，自稱「述而不作，信而好古」

的孔子提倡復禮，更標榜支撐禮教的倫理。貴族認可的禮，注入了家庭生活中可以培育的道德，在民間獲得新活力[137]。原來指君王之子的「君子」，逐漸衍化為品格高貴的人，即使沒有貴族的出身地位，也不失其價值理想和抱負。孔子的道德著重感情、求人心共鳴，不同蘇格拉底（Socrates）的倫理著重分析、求理性明白。孔子的最高倫理原則是「仁」，他的門人加上「義」[138]。

孔子用以授徒的六藝本是王官貴族的傳統教材。他著的《春秋》記載封建貴族的全盛時代。據《春秋左傳》，貴族的政治應酬賦詩頻繁，顯示為什麼「不學《詩》，無以言」。「不學《禮》，無以立」更不用說了[139]。《尚書》是有關古代帝王最重要的歷史文獻。《詩》、《書》、《禮》、《春秋》，加上占筮的《易》，成為儒家五經[140]。

孔子開啟了中國思想史上最活躍的時期。諸子百家爭鳴，歷戰國年代不衰。孔子逝世於公元前四七九年。其後不久，三家分晉，田氏篡齊，國際政治形勢的轉變加劇。星散的諸侯國被吞併殆盡，頤指盟國的霸主亦隨小國消失而式微。十來個接壤大國分割一個文化相似的疆域。戰國七雄互相攻擊掣肘，維持一個國際勢力均衡。中立是夢幻，失敗的後果不堪設想。每國都感到危險，努力自強。公元前四四五年魏文侯上台，任用李悝等人改革經濟、政治、軍事，國勢首冠列國。齊、楚等國相競模仿。七國中秦最落後，被魏和韓侵佔了不少土地。秦孝公深知饒是山河環抱，秦國必須清除陋習，否則難以自保。即位後下求賢令，從魏國引來了商鞅。在秦孝公支持下，公元前三五九年商鞅開始一系列影響深遠的變法[141]。

商鞅是一長串改革家中最成功者。他的先驅，由魏的李悝、楚的吳起、鄭的子產，上溯助齊桓公一匡天下的管仲。與他差不多同時，申不害活動在韓，鄒忌在齊。後來的韓非、李斯，皆有功於秦統一中國。這些政治家著眼於國家人民的長遠利益，致力發展經濟，並建立行政機構，導引生產率增長所激發的巨大力量，富民強兵。他們日理萬機，雖有學識，但不是純學者，思想多體現在政策行動上。然而為了爭取君主的支持，他們有時亦分析政策，解釋它的理由，反駁貴族和守舊派的詬難，甚至建立自己的理論。商鞅的寫作尚有流傳，但《商君書》所收，不盡是他的手筆。篇幅龐大的《管子》，更非一個人或一個時代的作品。這些人的政策寫作，顯示大同小異的原則，皆著重緣法而治，後人統稱為法家。韓非長於理論，集法家大成[142]。

商鞅和吳起的命運相同，各自在其後台君主死後，馬上受貴族反擊，被殺害及誣蔑為卑鄙小人。楚國的貴族根深柢固，吳起變法的日子淺，收效不大。秦國的貴族勢力較弱。商鞅慘遭車裂，但他中央集權的政策倖存，不但把秦提升為一等強國，而且撒下歷時兩千年的皇朝政制的種子。

公元前三三八年商鞅死時，孔子的三傳弟子孟軻正在魏齊等地加強活動。孟子知言養氣，遊士三十餘年，名聲隆、禮金豐，官至齊國三卿、祿十萬鍾，但只留「上未能正其君、下未能濟其民」而辭歸之諷[143]。滕國採納他鼓吹的「仁政」，若果見效，事實可以駁斥迂闊空言的批評，可是《孟子》只記載滕文公擱下國事守久喪而令吊者大悅，沒提到澤及百姓的政績。孟子七十多歲辭齊卿時曰「如欲平治天下，當今之世捨我其誰也？」悻悻然抱怨不得重用[144]。可慰的是身後被捧為僅次於孔子的亞聖。《孟子》名列四書，並駕於孔子弟子的語錄《論語》和擇自《禮記》的《大學》、《中庸》。儒家的四書五經，支配皇朝士大夫的思想，直到一九〇五年廢科舉。

2.9 人治與法治

諸子百家雖然互相詰難，根源上皆受同一傳統薰染，共奉某些信念，一致以維護政治秩序為務。漢初史家司馬談評論六家：「陰陽、儒、墨、名、法、道德，此務為治者也，直所從言之異路，有省不省耳。」[145]無人想到人民能夠自主，但大家都知道人民是國家的基本、統治者的資本。爭取民心以圖治或爭權，春秋時早已是諸侯大夫的慣技。保民恤民的論調更是普遍[146]。孟子曰：「民為貴，社稷次之，君為輕。是故得乎丘民而為天子。」商鞅曰：「法者，所以愛民也……苟可以利民，不循其禮。」管子曰：「政之所興，在順民心；政之所廢，在逆民心。」[147]大家一致反對貧富不均。孔子曰：「不患貧而患不均，不患寡而患不安。」法家患貧，著力發展經濟，但一樣患不均。管子曰：「法令之不行，萬民之不治，貧富之不齊也。」[148]現代史家總結：「凡先秦諸子，無不以均貧富、使民豐衣足食為首務者。其方法則互異：主張恢復井田者，孟子也；開阡陌以盡地利者，商鞅也。」[149]方法不同，實際利民的效果也不同。

簡言之，儒、法都志在善治養民的權威政府，但對於這政府的性質，卻大相逕庭[150]。儒家主張人治，法家主張法治。這大前提可以分為三項討論。其一，儒家同情封建貴族，自命統治菁英；法家則致力建立君主集權的國家政治體制，約限貴族。其二，儒家的政府不外個人關係，政治原則不外家庭倫理的簡單延續，如圖2a所示；法家竭力開拓公共範疇及其支柱的法律和制度，創發政治概念，例如公義（圖2c）。其三，儒家著眼統治者的主觀心態，法家則顧及其政策的客觀效果。儒家的主觀理想常脫離現實，說來高遠漂亮，比務實處理醜惡問題的法家理論動聽得多。

君子與庶民

諸子爭鳴的時代，封建貴族雖然逐漸衰落，但仍氣勢洶洶，驕奢專橫。儒者謹守先王之道，渴望鞏固貴族，用「仁義」改良他們的禮教，乃至躋身統治圈子。孟子鼓吹加強世臣、優待巨室，把「仕者世祿」作為仁政的基柱之一[151]。反之，吳起曰：「封君太眾，若此則上偪主而下虐民。」[152]法家適時變法改革，致力建立制度，依法律抑制貴族、督察官吏，防止他們濫權欺君凌民。對權益階層的不同態度，是儒法兩家衝突焦點之一[153]。

有學者說，論政最大的分歧是，法家持君主的觀點，儒家持人民的觀點[154]。我認為此說有欠考慮。法家講制度，其重點不在君而在國，在君主集權的國家體制。這些待會再說。現在我們先看儒家的立場。

「人民」不是鐵板一塊。先秦或羅馬的社會，尤其等級森嚴。巨室、小戶的權益和渴望紛紜雜沓，而且常起衝突。因此讀者必須細心察看，政治文章裡的「人民」主要指誰。例如，學者分析普里卜斯和西塞羅的著作，發現討論政治權力分佈時，他們所說與元老貴族和執政官分庭抗禮的「人民」，只指騎士階層，最多算上買得起重步兵全身裝備的富農[155]。同樣地，討論「孟子貴民」，我們亦不妨追問：哪一類民？怎樣貴法？探索這等問題，看空言不如看遇事時如何作選擇。上述羅馬共和國的經驗顯露一個政治科學常說的現象：若社會豐裕、眾生滿足，統治起來容易；若資源緊張，爭執四起，則如何衡量輕重、取捨調協，就顯示什麼民為貴了。

「無君子莫治野人，無野人莫養君子。」「勞心者治人，勞力者治於人；治於人者食人，治人者食於人，天下之通義也。」[156]把人民分成操權益的君子和事生產的小人，並非孟子首創。但勞心君子應當擁有統治的特權和受供養的特利，則由他提升為天理，滋育恆久的知識分子自我優越感，在今天「民主」的議論中，尚隱約可見[157]。

與孟子同時的莊周形容儒者為「縉紳先生」[158]。他們承繼王官之學，在諸子中最為尊貴，雖然缺乏墨家、法家的歷歷功績，但得貴族隆禮豐贈。史筆稱「儒家近乎是貴族的清客」，「雖不必從政，但儼然以士大夫自居」[159]。這種大擺架子、不耕而食的作風，當時甚受批評。孔子時，齊國的賢相晏嬰已指出，儒家君子鼓吹的繁文縟節、厚葬久喪，對他們自己有利，但對小民則不是福而可能是禍[160]。

孟子憐憫當時「民有飢色，野有餓莩」，同時強調要諸侯厚養君子[161]。他自己到處接受黃金饋贈，葬母之厚，弟子和魯公皆認為太奢[162]。他無職責而「後車數十乘，從者數百人，以傳食於諸侯」。弟子擔憂「不以泰乎」，他堅持自己「如其道」，但這「道」是什麼，卻甚是含糊[163]。社會分工是他最有力的論據。然而從弟子「無事而食」之詰及其引用「君子素餐」的詩句，可見孟子未能解答三大質疑：為何勞心勞力的報酬判若雲泥，小民要供養君子揮霍？自吹自擂外，清客君子拿得出什麼實在功績貢獻，可以開脫長期白食之嫌？社會分工，以粟易帛，是民間自願的交換。為什麼君子要利用政府的獨特強制權力，搾取小人的勞力果實？[164]

老子指出，「民之飢，以其上食稅之多」，這政治經濟的因果，關注社會現實的人都應熟悉。墨家、道家指斥不少儒生「妄作孝弟，而徼幸於封侯富貴者也」[165]。法家罵拋詩書以自高身價、說仁義以博取官位的人為「虱」為「蠹」；他們不但自己浪費，而且打擊別人的幹勁，破壞勤懇的風氣。若空說「仁義」就能獲得高官厚祿，老百姓看見了都不願意耕田，轉向學文索官了。商鞅曰：「祿厚而稅多，食口者眾，敗農者也。」「農者寡，而游食者眾，故其國貧危。」[166]無功而要國家豢養，間接吸取民脂，正是法家力圖取締的權貴行徑。

人事與制度

孟子曰：「君子所過者化，所存者神，上下與天地同流。」[167]儒生自誇應受供養，因為他們奉人治思想，堅信聖賢君子只須身任高官，即大功告成，不消區區顧慮政策實踐，光憑個人的品德表率，天下自然平治，這就是他們所謂「教化」。權位最高的君主，教化力最大。孔子曰：「君子之德風，小人之德草，草上之風必偃。」又教君主：「政者，正也。子帥以正，孰敢不正？」[168]為了支持他們的人治主義，儒家標榜古代聖王的完美世界，從夏商周三代，上溯信史之前的堯、舜。孟子言必稱堯舜，並曰：「君仁莫不仁，君義莫不義，君正莫不正，一正君而國定矣。」[169]如此言語，不勝枚舉。結論是把全國的治亂命脈，繫在君王一個人身上，「其人存則其政舉，其人亡則其政息」。[170]聖賢人治的思想，經宋明道學再次發揚，大同小異地長存中國傳統文化，培育出崇拜偉大領袖的心理[171]。

儒家聖王賢臣表率的仁義，以家庭為要，以親親尊尊為上。孔子解釋從政，推孝道以及國政，也是治國，此外什麼是治理國政呢？[172]他的大弟子曾參明倡「以孝治國」，日後成為歷代皇朝的宣傳圭臬[173]。孟子貶清廉為小節，舉「親戚君臣上下」為最高大義。他反覆教誨：「親親，仁也；敬長，義也。」[174]「堯舜之道，孝弟而已矣。」[175]提出大同世界理想的《禮記．禮運》記孔子曰：「父慈、子孝、兄良、弟悌、夫義、婦聽、長惠、幼順、君仁、臣忠十者，謂之人義。」聖人明白它，就能「以天下為一家」[176]。五倫都是個人和個人之間的交接。儒家認為它們足夠勝任天下所有人類關係。牢牢嵌在個人關係網絡中，個人感到溫暖安全。

世界各地都有個人關係網，但很少像儒家般，堅持政府也是人事掛帥。孟子告訴齊宣王：「君之視臣如手足，則臣視君如腹心……君之視臣如土芥，則臣視君如寇讎。」[177]只見人際權謀，不見政治制度；只見君臣私交，不見國家公事。這種治國單方，在封建貴族那家庭般的寡民小國裡可能奏效，但這政治社會情境在孟子時代已經消失了。人口和國家規模已激漲了十倍，更別說中國統一後，規模龐大，社會複雜性更猛升了。儒家不顧社會劇變，脫離現實，固執「不愆不忘，率由舊章。遵先王之法而過者，未之有也」。[178]然則慣於眷顧百十親友的君子，怎樣管治億萬陌生人？親親尊尊的仁義道德，能不能夠幫助官吏避過裙帶朋黨、偏私腐敗之弊？

不能，法家回答。法家反對倚賴聖賢仁德的人治。就算聖王的表率教化力真如儒家所說般全善萬能，但堯舜百世一現，偽君子卻車載斗量，因此單靠君王品德，必然亂多治少。要社會穩定繁榮，政府必須有健全的法律制度，即使在平庸的君王下也能運行，顧及普羅大眾。換言之，它必須緣法而治（rule by law）[179]。

法家對中國思想的不朽貢獻，是客觀切實，發明較為抽象的政治概念，超越私人之間的交接，表達出普遍的社會結合。在他們的言文政策中，「公」逐漸滌去公侯公室公田的封建意義，衍化成我們熟悉的公平、公道、公義、公共、公享、公眾[180]。公開公平的法律制度，主持公道公義，開拓公共範疇這一新維度。「立體」的人類世界包涵五倫，但不束縛於它們，因而更宏闊、更豐富（圖2c）。

「生法者，君也。守法者，臣也。法於法者，民也。君臣上下貴賤皆從法，此謂為大治。」《管子》道出法家的共有思想[181]。很多具體法條源自社會習俗，因此法家強調立法必須察人情、觀時俗。「度俗而為之法」，「賞罰必於人心」，「順於理，合於民情，則民受其辭」[182]。法家認為法律應該順著社會演化，慢慢改變。不過修改法律必須謹慎；朝令夕改，會叫人民錯愕失望。法令頒行後，君主自己應該遵守不渝：「不為君欲變其令，令尊於君。」[183]法家未考慮到立法的機構程序，這是他們的大缺陷，但世事鮮能一蹴而就。他們的緣法而治，不及現代的循憲法治，但開啟了通往憲法的道路（第6.2和6.9節）。緣法而治超越君仁民順，培育人們奉公守法的公德心。「法者，君臣之共操也」是有限君權的制度的萌芽[184]，有可能成長為「國家是超越所有成員的體制」的現代概念。為什麼這思想屈死胎中？這是中國歷史上一個重要問題，可惜還得不到它應得的注意。

法律下人人平等，這法家思想在當時是一大革命。法家堅持「壹法」。韓非曰：「法不阿貴，繩不撓曲。法之所加，智者弗能辭，勇者弗敢爭。刑過不避大臣，賞善不遺匹夫。」[185]商鞅鐵腕，公子犯法都不得倖免。西方學者指出，法律的公平普遍性，與儒家禮教嚴守的上下貴賤尊卑，最相衝突[186]。以「刑不上大夫」為仁義的權益階層感到空前的打擊，猛力反撲，詛罵商鞅寡恩、法治殘忍（第4.5和6.9節）。

推行「壹法」要靠「明法」。韓非曰：「法莫如顯」；「法者，編著之圖籍，設之於官府，而布之於百姓者也。」[187]明法的理論基礎是人類智力平等，勞力小人並非沒頭腦。勞心君子炫耀深奧學問，法家不買賬，堅持普羅大眾也能明白法律，而政府有責任使法律詳細踏實、公開易明。商鞅曰：「賢者而後知之，不可以為法，民不盡賢。故聖人為法，必使之明白易知。名正，愚知遍能知之……為置法官，吏為之師，以道之知，萬民皆知所避就，避禍就福，而皆以自治也。」出土的秦簡證明，法家解釋法理，提供案例，回答問題[188]。他們努力貫徹商鞅的理想：「天下之吏民，無不知法者。吏明知民知法令也，故吏不敢以非法遇民，民不敢犯法以干法官也。」[189]法律明文公佈，不但為民眾撐腰，而且告訴他們，有了法律知識，你們可以自己挺起腰來，不怕官吏濫權欺逼。孔子敏銳地看到，法律加強庶民的自我尊嚴，威脅貴族的權勢。他見晉國把法律鑄在鼎上，歎曰：「民在鼎矣，何以尊貴？貴何業之守？貴賤無序，何以為國？」[190]

商鞅頒佈新法之前，懸獎十金，募人把都城南門前的一根大木移到北門。人民猶豫，他把懸賞提高五倍。卒之有人照令移木，拿到五十金，而所有人民都得知：政府不食言相欺[191]。法家強調立信：「信者，君臣之所共立也。」[192]法律是國家對全體人民公佈的公諾。人民奉信它，不啻翊載政府。君民共同堅信守法利家利國，日久公德心油然而生。政府要贏得人民長期信任，不能只靠口號空言，必須拿得出公平公正的行政成績。為了建立有效的政府，法家提出兩大政治原則以輔助法治：勢、術。前者指制度機構，後者指督察官吏[193]。

儒家法家一樣不諳民主，只有君主觀念。不同的是，儒家搞君主個人崇拜，法家建君主集權的國家制度。法家認為君主的權柄，不基於武力或個人聖德，而基於眾所敬畏翊載的政治體制。商鞅曰：「凡將立國，制度不可不察也。」勢就是制度中的名位所帶來的權柄。令人遵從的不是君王個人，而是他的王位，以及王位可以發揮的制度能力[194]。

制度比較抽象，但現代人不需古人「龍乘風」等比喻就會明白。侵犯警員是大罪，不因為警員特別高貴賢德，而因為他代表法律。被傷害和求公道的，不止是他個人更是整個維持社會治安的體制。這例子裡，警員是龍，治安體制是他所乘的風、他仗以理民的勢。政治勢位也盛行於宗法封建，但那兒它與血緣、財富糾纏不清。先秦改革家努力，把這些因素解結分釐，建立一個史合理的政治體制。

政治體制奠定政府的權力結構。商鞅曰：「得勢之至，不參官而潔。」制度健全，官員不多就能把政務辦理整潔[195]。立制度從定名分、設官職開始。政治體制中，每個官職都有它的名位權柄、功能責任。韓非曰：「使事不相干，故莫訟；使士不兼官，故技長；使人不同功，故莫爭。」[196]有效的組織，明確指定官位的名、權、職、責，協調各官職的功能，減低越職爭權、曠職卸責的機會。這些是現代所謂科層行政機構的特色[197]。

商鞅曰：「國之所以治者三，一曰法，二曰信，三曰權。」又曰：「不恃其強，而恃其勢；不恃其信，而恃其數。」[198]「數」即是術。請聽我解釋為什麼他兩處說「信」並不矛盾。任何國家，不論君主或民主，都必須授權予官吏以司法行政。授權基於信，但非盲信，因為權力具有很大的引誘力，就算掌權者本來不懷私心，也容易被誘而行差踏錯。官吏濫用公權，使政府失信於民。為了防患未然，政府不能光恃君子大人的私人信諾，必須釐定擇人和監督的程序以維持公道。現代很多警察局設有內務部以監察警員，就是這意思。韓非曰：「明主治吏不治民。」治吏的方法就是術：「術者，因任而授官，循名而責實。」「君以其言授之事，專以其事責其功。」在貴族橫行、君子驕倨的時代，查察官吏行為尤其重要，否則政府的努力都不免中飽私囊[199]。開始時很多治術的內容手段如密探等，值得批評。然而隨著治術改良成熟，很多內容成為明文監督規則，漸漸融會到政治制度中。西漢設州刺史，巡行郡縣，奉詔問五條官吏不軌，便是治術的體現[200]。

君主集權、法律平等、監督官吏，這些措施受到封建貴族、權益階層強硬反抗，鬥爭血腥而持久。君主在有才識魄力的法家輔弼下，逐步建設使用權柄的制度，削弱世襲勢力。國家繼續封賜新爵祿，但基於能力功勞，不基於親情血緣。同時國家收回所有官員的任免權，封邑的家臣也不例外。沒有國家的兵符，無人能擅自調動軍隊。所以貴為魏公子的信陵君，要偷得虎符才能發兵救趙。貴族封國喪失了人事權軍事權，遞削為純粹食邑，只供經濟收入，不能成為抗拒國家的根據地。政府授予的符、璽、綬帶等信物，清晰地標明有限權柄，而且可以隨時收回。管理行政的「上計」制度，指定某些統計數字，要求各部門年終彙報。上級考核，根據業績優劣升貶負責人員。地方大員必須經常巡視屬地，監視屬下，調查貪污。統一的度量衡便利會計，減少偷騙。規矩制度多從實踐中摸索改良而來。百多年的經驗累積，一個雛形科層行政機構，逐漸成形[201]。

封建勢力在地方政府最強大，地方改制也是變法的重大目標。春秋時期，楚、晉和秦已嘗試把新兼併來的土地設為直轄的縣，不給大夫作封邑。後來又在邊區置郡。郡的面積一般比縣大，但人口和經濟資源較少，軍事責任較重。郡和縣的行政機構，各國不同，彼此模仿，逐步改良。商鞅依一貫作風，汲取綜合他國的經驗。公元前三五〇年代，他有系統地普遍推行縣制，把秦國眾多的鄉邑，合併為三十多個大縣。每縣以縣令為首，下領管民政的縣丞和管軍事的縣尉，再下是定額俸祿的小吏。秦統一中國後，廢封建、設郡縣，把中央直轄的新制度，推行全國[202]。

在法家努力下，中國的政治體制從依血緣、圖4a般的分權封建式，轉軌到依功能、圖4b般的集權科層式。這建國成就世界領先。一位研究古代政治秩序的西方學者評說：「在啟發現代有限政府上，希臘羅馬的先驅極其重要；在發展國家體制上，中國的經驗更為重要。」[203]

仁義與功利

經濟發展與政治轉軌同時進行。儒法兩家都希望人民能生活富庶，不過他們衡量政策的觀點迥異。儒家主觀，著眼個人的心態，尤其是聖主賢臣的仁義意向。法家客觀，著眼行動的預期效果，尤其是推行政策將獲的社會功利。動機和後果當然有關聯，但由於自欺、無知、怠懶、失責、意外、環境不合等種種現實因素，一廂情願可能適得其反。政策涉及廣大人民，其失敗或不良副作用可能給人民帶來悲慘後果。這現實的可能性，負責任的政治家都必須顧及。大儒荀卿比較留意現實，試圖溝通主客觀點。可是荀子在歷史上備受儒家道統冷落，如宋儒朱熹謂「荀卿則全是申韓」[204]。道統尊崇孟子。下文也偏重孟子思想以與法家比照。

人治主義下，君子以為只要修養自己的仁義意念便成，少有理會如何去實行意向，進而鄙棄這些切實問題為小人之務。孔子曰「君子不器」，斥有意學農的樊遲為小人[205]。儒家承繼了封建貴族的傲慢，貶黜分析理性，以及農、法、經濟等經驗知識[206]。講經濟，少不了計算代價、效率、功利。孔子曰：「君子喻於義，小人喻於利。」孟子把相對的貴賤之分，提升為絕對的正邪之辨；把孳孳為利的人，統統打為盜跖之徒[207]。義利不兩立，遂成為儒家的道德教條。

孟子到魏國，見梁惠王。王曰：「叟，不遠千里而來，亦將有以利吾國乎？」孟子對曰：「王何必曰利？亦有仁義而已矣。」[208]東漢時王充已指出，答案的「利」和問題的「利」，意義不同[209]。梁惠王想知道孟子建議的有益功效，毫無證據顯示他有意罔顧仁義。孟子臆斷梁惠王說「利」是由於動機不良，於是實行正君心，灌輸仁義意念。

一個人，尤其是身負重任的執政人，面臨無數因素，心態動機複雜無比。孔子論仁，便從許多角度、深度、程度，探討其豐富的內涵、功夫的深淺。孟子看來，這變為「孔子曰，道二，仁與不仁而已矣」[210]。他以籠統的道德教條，把思想意念劃分為善惡兩極，把異己打入惡欄，危言其禍害。「楊墨之道不息，孔子之道不著，是邪說誣民，充塞仁義也。仁義充塞，則率獸食人，人將相食……作於其心，害於其事；作於其事，害於其政。」[211]同樣危言聳聽，孟子答梁惠王之問利國曰：「國危矣。」[212]

義利互不相容只是思想兩極化的一例，與它並行的是王霸截然對立[213]。王統治人民，霸領導獨立的盟國，性質當然不同。不過政治功能不在孟子眼下；他的劃分全基於教條。如第1.4節所說，「霸」通「伯」，原意諸侯之長，與希臘的hēgemōn一樣，是個帶榮譽的尊稱。春秋五霸之首的齊桓公，在艱難時局中主盟攘夷、救危國、繼滅國、造福人民，孔子也讚許[214]。當然，行為可能轉變。例如，雅典帶領希臘同盟擊退波斯侵略後，轉而欺逼屬下盟國，所以希臘人改口，不叫它霸主（hēgemōn），而叫它暴君城邦（polis tyrannos）[215]。相反地，孟子貶五霸為假仁義的惡霸，並不根據行為轉變。他扭曲孔子的評價，全盤抹殺齊桓晉文，連談一下都不齒，只因為他們不符合純粹仁義的王道[216]。管仲助齊桓公一匡天下，很得齊國人民愛戴，孟子卻毀他為功碑[217]。委身服務、力行惠民者，派頭不及君子般高貴，實績不如空想般完美，孟子罵為「妾婦之道」，猛踩以自高[218]。他對統治者說，正心而行仁政，易如折枝；仁政而王天下，易如反掌[219]。弟子抱怨：「道則高矣，美矣，宜若登天然，似不可及也。」[220]誰旁顧實踐問題而不正心求一步登天，孟子都痛加鞭撻：梁惠王救災，他譏為五十步笑百步；宋牼以利害關係勸說秦楚罷兵，他責為鼓勵不義；宋大夫減稅逐步推行，他諷為偷雞；墨家講兼愛功利，他罵為禽獸[221]。

義利、王霸之辨，常被類為儒法之辯。法家人物多實際執政，要為政策的後果負責，所以重視功利，認為王道迂闊、不切現實，會誤事禍民。他們討厭不負責任的理想家譁眾取寵，無暇爭辯不能驗證的人性論，但注重切實的世俗人情。食色聲望，人的好惡繽紛，但一般來說，好利惡害乃人之常情。利害的涵義很廣，不單指物質。文人好名，父母希望子女有上進的機會，大眾追求安居樂業，都屬趨利。人們無意冒險，怕惹鄉里蔑視，不願見人傷痛，都屬避害。利害與仁義並無基本上的衝突。商鞅曰：「法不察民之情而立之，則不成。」韓非曰：「凡治天下，必因人情。人情者，有好惡，故賞罰可用。賞罰可用，則禁令可立，而治道具矣。」[222]法家致力建設的制度，求使國家與人民的利害一致，大節上順民情立法，不順之處持賞罰二柄左右民情，驅使人民因為對自己有利，所以愛好農戰等富國強兵的行為；因為對自己有害，所以嫌惡私鬥等損害社會的行為。個人的好惡契合於團體的目標，所以樂於團結合力，從事利己利國利民的軍事政治、社會經濟建設，共圖富強[223]。

注重趨利避害的行為心理學，以及冒最低風險、求最高成益的理論，在今天的政治科學和理性期望經濟學（rational expectations economics）裡，司空見慣。它們著眼功利效果，但自有道德前提。應用在政治上，行為心理學（behavioral psychology）的基要是信賞必罰。法家強調立信。信基於實行，不生於空言。所以法家循名責實，監察防止官僚濫權、破壞政府信用。韓非曰：「明法制，去私恩，夫令必行，禁必止，人主之公義也。」[224]法令必行，不宥親貴的公義，守信於民之外更伸張公道公平，這些都是法治的道德前提。

法家講利害獎罰，罵它「非道德」的人沒弄清楚，道德不限於某家某派的道德教條，有道義也不同於整天把「道義」掛在嘴上。孟子曰：「大人者，言不必信，行不必果，惟義所在。」[225]這道德口號響亮，但可以文飾高官大人瞞上欺下、敷衍失責，因為它沒有涉及倫理的癥結問題：義何在？我們用什麼原則來判別，某類行為在某種情況下是對或是錯、合宜或悖理、義或不義？親親尊尊有價值，但公平公義、民富國強也有價值。政府面對廣大人民的龐雜價值，如何理性地衡量取捨，安排各種價值在各種現實環境中的先後次序，以求它們能和諧共處？現代倫理學中，舉足輕重的大體理論有幾個。其中效果論可引申為法家答辯，衍釋商鞅之「吾所謂利者，義之本也」[226]。效果論（consequentialism）認為，某行為或某類行為的對錯應否，應該由此行為所有後果的總價值來判斷。效果論中最出名的實利論（utilitarianism）以幸福來衡量效果，認為我們應該選擇能使最大多數人得到最大幸福的行為[227]。當然，效果論或實利論大可非議，但在倫理學辯論中，它與義務論（deontology）和品德論（virtue ethics）分庭抗禮。斟酌具體社會正義和公共道德時，它的理論尤為有力。近年有學者研究法家的道德基礎，駁法家非道德之毀，這翻案等了兩千多年了[228]。

自漢朝儒術獨尊、壟斷了「仁義」，士大夫自以為是，懶於深入探討複雜的倫理問題，但拋空疏的教條口號，排擠異己。按政治思想史學家觀察，皇朝儒士「一遇富強之言，即斥為申韓之霸道，不以聖人之徒相許」。宋朝道學家尤其堅持義利勢如水火[229]。客觀分析政策的效果，少不得實事求是，察看利害。只看主觀的仁義意念，容易流於人身攻擊，以反功利的教條作為權謀傾軋的藉口。思想不正確的大帽子威脅下，士大夫難於公開討論實際功效，坦誠地衡量社會公利，理性地商榷政策。宋朝王安石變法失敗，這就是原因之一[230]。在漢朝的例子，以下屢見。

孟子力倡「善戰者服上刑，連諸侯者次之，辟草萊、任土地者次之」[231]。戰國時代，把軍事外交人才都判了「大罪」[232]，何以保家衛國？孟子的萬能對策是「仁者無敵」[233]。例如他叫梁惠王不要猶豫，只要行仁政、得民心，就能使人民掣木棒去對抗秦楚的堅甲利兵了[234]。他對齊宣王說，農民困苦，皆因缺乏耕地。他仁政的中柱是重振井田，使民有份地。尊奉孟子最甚的朱熹也承認：「孟子說得粗疏，只說五畝之宅樹之以桑，如其禮樂，以俟君子，未見做得與做不得，只說著教人歡喜。」[235]挑動一時感情的漂亮理想從不考慮現實情況：使民有耕地當然好，問題是地從哪來？格拉克斯兄弟在羅馬土地改革所遭遇的棘手困難，在中國也一樣存在，我們將看到兩漢間王莽如何因恢復井田而引致天下大亂。孟子不像格拉克斯和王莽般因負責為貧民覓地而致禍。他的高調使仁政沒有實施的可能，因為他又要「不得罪於巨室」，又不准墾荒，攻擊「闢土地」

之臣為「民賊」[236]。

孟子要刑罰的是法家中人；他們又抑制巨室特權，又領導種種建設、開荒分地。法家圖富國強兵。儒生攻訐富國為賊民以富君：「天地不能兩盈，而況人事乎？利於彼者必耗於此。」[237]可能他們是君子不器、對經濟無知，或暗中把「民」限於仰君主豢養的君子。君主君子爭分固定的物資，當然是你贏我輸。可是法家思想中，「民」多指從事生產者，尤其是農民。法家重視經驗知識，更重視生產，知道一有生產，物資的總量就會因產量而增減。經濟政策優良，可以提高總產量，使國與民雙方都贏：「有益於國，無害於人。」[238]因此列國變法，莫不各顯神通，發展經濟，或墾闢荒地，或開渠灌溉，以提高生產力。趙、魏、秦等國「制土分民」，大規模劃分田地，有系統地分授給小農戶。大家都沿襲傳統理想的一家百畝，但魏國一畝的面積，比周畝大上一倍。秦和趙最慷慨，它們的大畝等於二．四周畝。商鞅鼓勵墾荒，並剷除舊有封疆，根據大畝開阡陌，均地授田予小農。授田制幫助家庭農戶獨立過活，開小農經濟的先河，成為後來幾代皇朝的典範[239]。

法家授田和孟子鼓吹的井田同具有平等理想。然而後儒竊取授田的功績以歌頌孟子，卻犯了基本錯誤。授田澤民見功，重振井田終成空論，原因不止孟子罔顧實施上的問題。授田引進一個新概念，促使井田瓦解，代之以一個嶄新的社會經濟制度。漢儒董仲舒說「商鞅之法，改帝王之制，除井田，民得買賣」[240]。不錯，可以私下買賣的地產權，是授田有別於井田的創建。說它「以貪狼為俗」，顯示漢儒的反功利思想。把它全算到商鞅頭上，卻不符史實。同一塊土地上可以三權並立：疆域統治權、地產擁有權、土地使用權。三權清晰，即可分別歸屬：國家統治、業主擁有、租客使用。井田制裡，村民有份地的暫時使用權。主權和產權，在西周混沌未分，即孔子所謂的「貴為天子，富有四海之內」[241]。春秋時代三權逐漸解纏，但尚未明朗。古時「田里不鬻」[242]。田地或有易手，但缺乏公認的買賣手續和保障。春秋戰國之交，趙襄子之時，有兩個人因學問而得官職，其鄉一半人「棄其田耘，賣宅圃而隨文學。」[243]地產權不比房產權清晰，耕地沒有市場交易，所以只好棄之。地產權即使今天也異常複雜，因為土地天然，要把它作為私人財產，必須有法律明確規定何謂佔據、利用、收入、買賣、處置，還要有可靠的地界測量，才能和平解決無窮紛爭。在逐漸建立這些制度上，法家功不可泯。私有地產制帶來巨大動力，推進經濟，富裕民生，井田共耕實在望塵莫及[244]。

農民的自由流動性，在井田制和授田制下也大有分別。耕地是農民的生計。私有地產制下，人民能買賣田地，因而有覓地遷居的自由，所以授田的政府同時設立戶籍。戶籍控制人口，但比之於井田制下世代被綁在土地上、孟子理想的「死徙無出鄉」[245]，農民的情況是顯著進步了。

井田授田的第三個分野，是政府收入的方式。孟子擁護的「助而不稅」徵收無償勞力，井田的村民必須無代價耕作公侯的田地。這制度下，農民的利益和公侯的利益對立。結果如時人形容：「民不肯盡力於公田」，「公作則遲，有所匿其力也。分地則速，無所匿其力也」[246]。難怪孟子大叫「上下交征利而國危矣」，要人改造思想，不曰利而曰義：「未有義而後其君者也。」[247]可是孟子雖然相信人性本善，但認為庶人「所以異於禽獸者幾希」[248]。到頭來，他的仁政還是訴諸強制，「公事畢，然後敢治私事」[249]。公田供養公侯君子。天旱爭水灌溉、風雨前搶收作物，逼村民先顧公田，顯示出最貴的是什麼「民」。

儒家灌輸教條，法家改良制度。法家察人情、諳經濟，重視農民的利益，設法把它與國家的利益相契合。商鞅曰：「訾粟而稅，則上壹而民平。」政府依照統一而平穩的稅率，根據每年所生產的粟量徵稅[250]。這制度類似現代的所得稅。經濟蓬勃時，全國總產量增加，人民富有，國家稅收也多。要刺激經濟，必須提供生產機會，鼓勵人民的生產熱情，這是法家的富國富民方針。韓非指出：「夫耕之用力也勞，而民為之，曰可得以富也。」人民熱心肯幹是為了豐裕自己的家庭。重斂使民勞而不富，打擊幹勁，可能導致經濟蕭條，產量減少，人民和國家兩下都窮。為了使人民「勤則富」，商鞅認為稅率要低而公平，稅收更不能用來獎勵花言巧語的寄生蟲，使生產者洩氣[251]。他的政策是重徵游手閒漢，輕賦勤力耕織、多產粟帛的人，優異者甚至得免稅。司馬遷的《史記》說，商鞅第一次變法，「行之十年，秦民大悅，道不拾遺，山無盜賊，家給人足」。第二次變法，「為田開阡陌封疆，而賦稅平……秦人富強」[252]。秦始皇石刻稱「上農除末，黔首是富」，並非全是虛誇。上下交相利而國富民裕矣。

《史記》還說，「商君相秦十年，宗室貴戚多怨望者」[253]。怨毒並不因殺害商鞅而息，因為法家所建設的制度不敗。權益階層如何反動，第五章再說。

2.10 從貴族統治到中央集權

從城邑到大國，從東周列國的宗法封建到中央集權，從羅馬共和國的貴族集體統治到貴族內戰。中西雙方，從迥異的起點，經歷數世紀，趨向中央集權的帝國。結局雖然同屬一山，但由於經驗歷程不同，兩方所達，猶如山之東陲西麓[254]。羅馬帝國和秦漢皇朝同中有異，起初兩百年間尤甚。羅馬以其龐大的常備兵團見著，秦漢則以文治政府見稱。皇室之下的統治階層，在羅馬是一色的巨富貴族，在漢初則是身家學識繽紛的平民。這些分歧是怎樣形成的？

政治衍化複雜。以上敘述涉及多方面，單是「貴族」一詞，已有政治體制、運作機構、社會身份幾種涵義。民主制、貴族制、君主制等體制，是指國家政治權柄的正式架構。操運權柄依靠人手和組織人手的機構。各種政府運作的機構形式，例如貴族系統、科層系統，組織和效果都不同。出任官職、輔助操運權力的人們組成國家的政治菁英。菁英的社會成分，如貴族、平民，對政治影響甚大。

權柄（authority），法家所謂「勢」，帶有合法合理、令人心服的意味，所以掌柄者常自稱有道有德。眾所認為，掌權柄者的命令理應受到遵從。如果掌權者的命令實際上被遵從，那他具有能貫徹命令的權力（power）[255]。現實中，權柄和權力不容易分清，一來因為二者常同聚一人，二來因為「理應」的涵義時常模糊。然而，從史籍所謂有柄無力的傀儡，或有力無柄的僭君，可見人們知道權柄和權力並不盡同。

政體制度把國家的最高權柄有系統地分配給各類國民。借用亞里斯多德的範疇，國民可粗分作「大眾」、「小撮」、「一人」三派。大眾掌權柄，叫民主制。小撮掌權柄，叫寡頭或貴族制。一人掌權柄，叫獨裁或君主制[256]。不管哪一種純粹的體制，都是理論中多，實際上少。普里卜斯指出，羅馬共和國是三者的混合品。周代宗法封建，更塞不入任何一個框框。有天子不一定就是君主制。周王只是諸侯共主，並無集權。關鍵在大眾、小撮、一人怎樣分權。而且權柄分佈，因時而變。

在我們故事的初期，三派或輕或重，都有點權，互相制衡。「大眾」不指全民，只指那些可以稍微參與政治討論、在決策中有點份量的平民：羅馬共和國中的自耕農，或春秋侯國中的國人。兩者都是社會的中層階級，並且是軍隊的後備，憑實力分沾權柄。身為一人的羅馬執政官或周王，雖然最為顯赫，但實際上只是貴族群中的大哥。權柄大部分落在小撮，即羅馬元老院，或世襲的諸侯大夫。粗言之，中西政局皆由貴族支配。

歷史進程中，貴族之間互相爭權，使政局紊亂，戰火頻燃，社會動盪，生民塗炭。一人脫穎而出，籠絡大眾的力量，用以制服小撮，重建安寧。權柄重新分配，改變的不只是政體，各派的本質也如脫胎換骨。羅馬自具耕地的小農受驅策奴隸的富豪壓逼，地位日減，退出軍隊。本來徵發中產公民的兵團，轉而募用貧民。野心勃勃的將軍，揮著銀幣和退伍後配地的諾言，收買兵團、煽動民眾大會，最後壓服了貴族主體的元老院。東周列國的國人村社崩潰、戰車技術過時，逐漸與野人混合難分。列國君主變法集權，分田配地，鼓勵自具耕地的小農，編他們入步兵隊伍。新型的政府機構有效地組織大眾人民，直接向他們徵稅徵兵，不再依靠貴族的中間人。封建貴族的政治功能消失，淪落為奢侈贅疣，權力也危危欲墮。中西雙方的權柄終於皆集中在一人，即繼承羅馬將軍或秦國君主的皇帝。

中西兩方營建君主集權，時在不同的軍事擴土階段。在征服地中海的整個過程中，羅馬始終保持共和國的體制。這城邦機構逐漸無力控制日益龐大的兵團，使貴族將軍能坐大專橫。內戰的慘痛經驗驅使贏家奧古斯都一面改組政府，一面不懈養兵。相反地，戰國七雄在大型戰事之前已各自變法鎮壓貴族。有效率的行政機構，一面動員人力、擴大戰事，一面緊執軍隊的籠轡。終於，變法最徹底的秦擊敗六國，把它的體制機構，推行全中國。政治改組的不同時機，部分解釋為什麼皇帝之下，羅馬帝國的權在軍隊，秦漢皇朝的權在文臣。

不論它屬什麼政治體制，一個政府必須有操作事務的管理機構。社會學把行政機構粗分為兩大類：家長式和科層式，前者偏重官員的性質，後者偏重官職的組織。兩者可以同時並存，而且爭做同一功能。

家長式的機構有世官、買官、蔭庇、包收稅款、收費聽訟等等。這些有油水的機構在歷史上常為貴族霸佔，所以也稱貴族式機構。它的特色是：坐領有政治功能的官位者，都是或出身顯赫、或有錢有名的家長式人士。官員不必領薪，但可以在行政中牟利，以資報酬，亦即可以利用職位來益增私人的威望，而且手段時常少受節制[257]。

科層式機構把繁雜的行政職位，因功能分科別類，因權責組織成階層系統。每個職位有明確的工作、經費、權柄，在系統中的上司下屬、任職者的資格和薪酬。官員的有限權柄來自官位。他依照章程辦事，除了規定的薪酬外，不得利用官位牟取私人利益。除了最簡單的管理外，科層機構的公平和效率，一般遠勝家長式機構（patrimonial）。在現代，不論政府或民營大企業，全部採納科層管理系統，大有道理。

家長式機構盛行於大部分古代政體，包括羅馬共和國、春秋封建侯國。法家創建以替代宗法封建的機構，即如秦漢的三公九卿制，是科層組織的雛形（第6.5節）[258]。羅馬帝國後來也走這條路。較為合理有效的行政機構，是秦漢皇朝和羅馬帝國的偉大成就，可惜似乎逢時過早，發育不得健全。今天科層系統司空見慣，使我們容易忘記，羅馬帝國滅亡後，它在歐洲要到十五世紀才重現，十九世紀才成熟。根深柢固的貴族為了保存自己權益，強硬反對。在中國也一樣。我們將會看到，漢朝儒術獨尊後，很多家長式的意念東山再起，瀰漫科層形式的政府機構。擺架子、拉關係、走後門、利用官位益增私人名利，不叫貪污而叫道德，成為皇朝官僚的運作風氣（第8.4節）。科層系統（bureaucracy）標榜科署部門（bureau），如財政科、警察局，皆指法定的服務職位，與法治互相配合。中國俗稱之為標榜人事、與人治相配的「官僚系統」，反映了法骨儒氣的特色。

君主制的權柄集中在皇帝手中。然而，一個人絕無可能運用無窮權柄。要統治奏效，皇帝必須得到小撮的輔佐，但這小撮不是強蠻的舊貴族，而是個順從皇室、與之互利的統治階層。在羅馬帝國和秦漢皇朝的興起史中，一人的集權，與小撮的馴服變化，相應並行。

古代的非宗教政治菁英泛稱貴族。世界各地的貴族，形形色色，未必正式世襲，但皆手操大權，高高在上，對低等人即不欺逼踐踏，也頤指氣使，生活講究出眾派頭；沾沾自滿，自以為人格品德也特別高尚。他們多維護現狀、排擠外人，保衛自己的既有權益，更不遺餘力[259]。羅馬和中國的貴族，不免傲慢保守的通性，但亦不乏各自的特色。羅馬共和國誕生於競爭劇烈的國際形勢，其貴族活潑剽悍，率直篤實，富公共精神，擅長理性協商、政治組織。春秋貴族享受了數百年的尊逸，雍容文雅，宴會或論政時常賦詩，這習慣羅馬貴族要待征服了希臘後才開始沾染[260]。封建貴族世襲爵位、采邑、卿祿；綜攬權力、財富、名望；對政治經濟等概念，則含糊不清。在日新月異的戰國情勢下，他們抱殘守缺，迂闊自大，逐漸脫離現實，無能與思想創新的法家競爭。然而他們的精神遺傳，日後造就儒家士大夫成為中國皇朝的「文化貴族」。

未來皇朝、帝國的統治菁英在一人之下、萬人之上，權益巨大。然而，比起封建或共和時代光是萬人之上的權益，卻大為遜色。貴族拚命反抗。東西兩方，君主派和貴族派爭權，終於大打出手。內戰殘酷，最受害的是普羅大眾。

2.11 奴隸與自由

一位西方馬列主義史學家說，中國和羅馬是截然不同的文明，基於明顯相異的生產模式：中國沒有像羅馬般採取奴隸生產模式[261]。中國也不像羅馬般盛行政治自由的概念。這兩大分野，是否有關聯？

名不正則言不順。我趕緊解釋，這兒說的「自由」不是逍遙自在的個人心境情態。意趣逍遙是中國人所熟悉的，如詞人李煜的〈漁父〉「萬頃波中得自由」。這兒說的是政治自由，freedom，liberty，含社會、人權意義。

這兒說的「奴隸」（chattel slave），指一種獨特的社會階級，並不包括泛稱的被奴役者。剝削壓逼風行世上所有社會，戰爭頻繁的古代尤甚。然而並非所有被壓逼的人們都組成一個獨特的階級。古來大批人被逼做苦工築城開礦，但即如羅馬人指出，他們要麼是戰俘，要麼是依法服刑的罪犯，不是奴隸[262]。要政府拍賣俘虜囚犯，他們的身份才改變。奴隸有異於農奴、門客、傭僕、徭役士、債務犯等身不由主的勞工，因為只有奴隸類屬貨品，主人對他有法律承認的財產權，可以隨意買賣。他不止像其他奴役者般喪失了勞力，而且更喪失了人格。亞里斯多德所謂「奴隸是活的工具，一如工具是死的奴隸」，是個切實的比喻[263]。希臘羅馬的法典詳細規定奴隸的非人地位，剝奪他們親戚婚姻等一切人類關係。奴隸制不是原始的暴力凌虐，而是基於文明的法定財產權[264]。

中國有信史以來，即記載戰俘和臣民所受的種種殘酷待遇。有些中國的馬列主義學者統稱之為「奴隸社會」，因為他們的定義廣泛，甚至把所有庶民都當奴隸，與本書的定義不同[265]。按上述定義，奴隸明確出現，要到戰國年代，與私有地產權成型差不多同時[266]。社會公認的奴隸階級和買賣隨意的奴隸制，與皇朝中國始終並存。奴隸多出身罪犯。三代已行的連坐，罪及家人，使更多人淪沒為奴。此外也有因負債、貧窮而賣身鬻兒的。除了礦、澤和各種手工業，奴隸多擔任家務。加起來，漢朝時他們的總人數不及全國人口百分之一[267]。

社會學區分兩種社會，一種有奴隸，一種基於奴隸。前者的奴隸人數少，而且沒有明顯的社會經濟作用。後者採取馬克思所謂奴隸生產模式，奴隸的人數多，佔全人口的可觀部分，負擔顯著的生產任務，供給菁英的大部分直接收入[268]。

有奴隸的社會，歷史上數以百計，皇朝中國便是一例。基於奴隸的社會，只有五個見載世界歷史。兩個在古代：雅典和很多希臘城邦（但不包括斯巴達）；羅馬轄下的義大利、高盧和西班牙（但不包括帝國全部）。三個在現代：內戰前的美國南部；西班牙在加勒比海的殖民地；葡萄牙統治的巴西。每個社會的奴隸人數，高峰時都超過全民三分之一[269]。

這短名單叫人奇怪。雅典和美國是自由民主的招牌貨，羅馬共和國雖非完全民主，但也以標榜自由見稱。「為什麼最大聲喊叫自由的人，不少也最熱中驅策黑奴？」一位目睹現代奴隸制的學者問[270]。史家發現這謎團自古而然。「公民自由最高揚的城邦，正是奴隸最氾濫的城邦；雅典便是首例。」[271]世界上第一個民主政體，正是世上第一個基於奴隸的社會。兩者的興起，又正值政治自由概念的誕生。這兩個巧合是否都是偶然？

這謎團令我們想到另一問題：為什麼傳統中國缺乏政治自由的觀念？一般歸咎於中國社會嚴守上下尊卑。這解釋無疑有點道理，但反面例證顯示它有漏洞。學者指出：「羅馬的社會等級森嚴。所有社會和政治生活都因身份而異：自由民與奴隸，公民與非公民，元老與騎士，老牌貴族與平民貴族，界線分明。這一點值得強調：每個羅馬人都自知其地位。」[272]然而羅馬人崇尚自由。解釋何以中國缺乏自由概念，是否可補充以另一在中國不見、但在羅馬及其自由先驅的雅典矚目的現象：蔚然成經濟基柱的大量奴隸？

概念的功能在辨別事物。沒有什麼好類別時，少有概念產生。「自由民」一項，若出現在今天的人口調查表上，非但多餘，而且頓成醜聞。所有人都生來自由，理所當然，何須「自由民」這範疇？在西方，自由民與奴隸對立。在中國，奴隸屬賤民，與良民對立。少許奴隸不吸引社會深思。歷史社會學家解釋：「只有當奴隸（在古代希臘）成為役附生產的主力時，與奴隸相反的自由概念才應運而起。人們遂發明新名詞以表達新概念。freedom一詞，沒可能直譯為巴比倫文或中文。」[273]巴比倫（Babylon）和中國不是基於奴隸的社會。

歷史上五個基於奴隸的社會，羅馬的規模最大[274]。它的法律有一大部分涉及奴隸的問題。會思想會說話的財產成為社會經濟上不可缺少的工具，自然激發人們積極反思，澄清「非奴隸」的意義[275]。古典學者解釋：「自由的意念，以及對它的評價，都因奴隸經濟發展而起。」[276]「在羅馬，一如在希臘，自由主要指與奴隸相對的法定地位。」[277]「奴隸負擔耕作，使自由小農有閒暇參與政治、運用其政治權；使貴族有資源生活奢侈、玩權謀以圖控制公眾事務。」[278]「團結公民的民主體制，有效地控制人數日益膨脹的奴隸……以自由為傲的公民小農害怕與奴隸為伍，提防他們擾亂，甘願為奴隸主效勞鎮壓。」[279]「簡言之，希臘歷史的特徵之一，是政治自由與奴隸制度，同步邁進。」[280]細看世界歷史上的民主先鋒，我們發現一群排外性特強的公民，協商成功，承認彼此的平等和自由，部分因為他們能大量抓外人作奴隸，把不平等、不自由丟到奴隸身上，以維持自己內部的輝煌民主體制。這是經濟學上「排出代價」的又一例。

同是人類，奴隸的悲慘命運難免激發奴隸主文過飾非。希臘詩人歐里庇德斯（Euripides）在一悲劇中說：

> 希臘人命中注定統治野蠻人，野蠻人不能統治希臘人。
> 他們生來是奴隸；自由在我們血管裡流動。[281]

亞里斯多德引申歐里庇德斯：「很顯明地，有些人生來自由，也有些人生來是奴隸。對後者，奴隸制非但有益，而且正義。」[282]這是當時的流行思想[283]。傷害上加侮辱，奴隸主責怪受害者，把自己強加在他們身上的苦難，說成是天生奴性的應得報償。奴隸既然道德低劣，相對的自由民當然道德高超[284]。於是踩在奴隸背上的奴隸主，高唱自由的優越。

現代自由主義民主政體中，最風行的概念從負面看，不說自由所有而說其所無：自由乃沒有拘束壓逼，尤其源自政治的壓逼。一位著名的自由主義哲學家解釋：「所謂壓逼，是我相信別人阻擾我的意向慾望，不論阻擾是直接或間接、有意或無意。這意念下，自由是不受別人干擾。不受干擾的空間越大，我的自由越大。」[285]

自由等於不受壓逼的想法，古人也有。「壓逼」的廣泛涵義，會幫助我們明白羅馬內政外交上的種種自由觀念[286]。作為小民抗拒權貴壓逼的盾牌，自由概念扶植平等的公民權，這是羅馬人民在共和國早期階層鬥爭中的輝煌勝利品。另一方面，權貴豪強希望為所欲為，凡是干擾他們橫行的，都視為壓逼：我要你的東西，你不肯給我，阻礙了我的慾望，侵犯了我的自由。於是自由成為羅馬侵略掠奪的理由。史學家發現：「很多古典文獻意味、甚至明言，自由之一種是自由地奴役他人。」[287]在自衛和掠奪兩極之間有一連串不同的自由，其道義對錯，必須逐個細心斟酌。「自由」的大口號和「仁義」的大口號一樣動聽，但深思熟慮的哲人警告：「我們最好記住，白由等於不受壓逼的概念，與巨大持久的社會罪惡，並不相悖；而且（在意念影響行動下）會助長凶焰……狼的自由常是羊的死刑。」[288]

註釋

❶ Chang et al 2005: 210-23. Potter 1987: 19-21, 71, 75. 圖片見 http://www.chinaandrome.org/Simplified/culture/housing.htm.

❷ 趙岡 2006: 43-5。楊寬 2006b: 35-9。

❸ 許倬雲 2006a: 78-9。

❹ Cornell 1995: 204-7, 283. Forsythe 2005: 116-7.

❺ 許倬雲 2006a: 79-85。

❻ Cornell 1995: 380. Scullard 1980: 207.

❼ Huntington 1968. Tilly 1975. Downing 1992. Rosenstein 1999, 2009. Hui 2005.

❽ Huntington 1968: 123. Tilly 1975: 42.

❾ Tilly 1985. Pitts 2005.

❿ Aristotle, *Politics* 1326a, 1276a.

⓫ Hopkins 1978a: 74-76.

⓬ Mokyr 1990: 3.

⓭ Mokyr 1990: 25.

⓮ Finley 1983: 108-9.

⓯ Drews 1993: 75. Cornell 1995: 33. Forsythe 2005: 25. Hopkins 1978b. Greene 2000.

⓰ Cotterll 1980: 14.

⓱ 楊寬 2004。Read 1934. Barraclough 1984.

⓲ 楊寬 2003b: 42-57。Barraclough 1984: 29-33. Wagner 1993: Ch. 7. Temple 1986: 42-44.

⓳ 楊寬 2004: 28-36。許倬雲 2006a: 137-8。Wagner 1993: 95, 206-7. Li, X. 1985: 327-8.

⓴ Cotterell 1981: 27, 67, 90. Portal 2007: 174-5.

㉑ Wang, Z, 1982: 122-3. Mokyr 1990: 23-4.

㉒ Pliny 34.41.

㉓ Homer, Iliad, 18.541-543. Fine 1983: 38-9.

㉔ Drews 1993: 106-25. Cotterell 2004: 3, 105-7, 128-131.《左傳》宣 12，成 3，成 16。

㉕ Lakoff 1996: 39. 參考 Mann 1986: 197-8.

㉖ Creveld 1999: 26. Crawford 1993: 29f. Cornell 1989.

㉗ Brunt 1988: 246. Hopkins 1978a: 21. Potter 1987: 106, 113. Kolendo 1993. Cornell 1989.

㉘ 楊寬 2003b: 160-1, 166, 176-7。Leeming 1980.《禮記 · 王制》。

㉙ Cornell and Matthews 1990: 49. David 1997: 71.

㉚ Leeming 1980. Lewis 1990: 63, 273.

㉛《漢書》24上：1124-5。
㉜ Dionysius, 引自 Hopkins 1978a: 4. Livy 3.13, 3.26.
㉝ Scheidel 2009b: 170-8. Mann 1986: 194-5. Cornell 1995: 288, 394-7.
㉞ 圖片見 http://www.chinaandrome.org/Chinese/culture/economy.htm.
㉟ 楊寬 2003b: 131-42。李劍農 2005: 49-67。Scheidel 2009b: 139-47.
㊱ 楊寬 2003b: 436-9。Flower 1996: 209-11. Steadman、Palmer and Tilley 1996: 68.
㊲ Steadman, Palmer and Tilley 1996: 68.
㊳ Hölkeskamp 2004. Arjava 1998.
㊴ 瞿同祖 2007: 27-31。Eastman 1989: Ch. 2. Fairbank 1992: 18.
㊵ Syme 1939: 314.
㊶ 馮友蘭 1944: 5-6。Schwartz 1985: 67-75.
㊷ Crawford 1993: 73. Beard and Crawford 1985: 52-53.
㊸ Astin 1989: 180. Brennan 2004: 43. 56.
㊹ Shaughnessy 1999: 318- 22, 331-2.
㊺ Brunt 1988: 43, 322.
㊻ Cicero, Laws 3.31.
㊼ 蕭公權 1946: 64-6。Nivison 1999: 749-50. Pines 2002: 125-9.
㊽《尚書・大禹謨》。《史記》6: 247。
㊾ 梁啟超 1996: 95-7。Yan 2011: 28.
㊿ 梁啟超 1996: 90-1。
51 錢穆 1989: 55。劉澤華 2004: 208-18。黃建躍 2013: 37-59。
52《左傳》昭 29。詳見 7.9 節。
53 Livy 2.1.
54 Scullard 1980: Ch. 3. Cornell 1995: Chs. 10 and 13.
55 Cornell 1995: Chs. 10, 13.
56 Raaflaub 1986a. Ste. Croix 1981: 332-337. Ungern-Sternberg 1986.
57 Cornell 1995: 268-70, 328-30. Scullard 1980: 81-83.
58 Scullard 1980: 84.
59 Brunt 1988: 309. Nicolet 1993: 20-21. Raaflaub 1986a.
60 呂靜 2007: 286-9，295。
61 Cornell 1995: 258-265. Scullard 1980: 84-86.
62 Cornell 1995: 276-278, 339-344. Raaflaub 1986a. Ungern-Sternberg 1986.
63 Millar 2002a: 98, 168.
64 Sallust, *Jugurthine War*, 41. Scullard 1973: 242. Brunt 1988: 69.

65 Crawford 1993: 75. Astin 1967: 169.

66 Hopkins 1978a: 4, 9, 38, 53-5, 67-8, 102-5. Scheidel 2012a: 90-5.

67 David 1997: 90-5. Rathbone 1981: 11, 19-20.

68 Brunt 1988: 73, 256. Beard and Crawford 1985: 4.

69 Hopkins 1978a: 40, 58-59. Brunt 1988: 73, 256.

70 Hopkins 1978a: 40.

71 Gabba 1976: 5-10. Crawford 1993: 96-8.

72 Astin 1967: 44, 186-225, 306-10. Boren 1968: 46-59, 60-70.

73 Crawford 1993: 116-122. Boren 1968: 124-6.

74 Astin 1967: 216. Riddle 1970.

75 Appian 1.17.

76 Finer 1997: 412, 416.

77 Sallust, Juthurthine War 41.

78 Gabba 1976: 3-12. Keppie 1984: 61-3.

79 Brunt 1988: 241, 253-5, 273. Gabba 1976: 17-8, 39-42. Crawford 1993: 125-6.

80 Polybius 6.18. Cicero, Republic 1.69, 2.54-65.

81 Finer 1997: 396. Lintott 1999: 1-2, 34.

82 Polybius 5.11, 5.12. Lintott 1999: Ch. 7, 192-5. Finer 1997: 397-407. Beard and Crawford 1985: 32-59.

83 Nicolet 1993: 18. Lintott 1999: Ch. 7, 121-29, 192-5.

84 Polybius 6.13. Lintott 1999: Ch. 6, 196-9. Finer 1997: 408, 414-6.

85 Polybius 6. 14. Millar 1998: 46-48.

86 Lintott 1999: Ch. 5, 199-208.

87 Beard and Crawford 1985: 42-45. Hopkins 1983a: 108-111.

88 Brunt 1988: 24-5, 145. Nicolet 1993: 27.

89 Livy 34.31.

90 Crook et al 1994a: 769. Millar 2002a: 111, 165.

91 Hopkins 1983: 114.

92 Astin 1989. Cornell 1995: 378. Gruen 1974: xi.

93 Finer 1997: 413.

94 Millar 1998: 8-11.

95 Salluts, *Jugurthine War* 41.

96 Cornell 1995: 348-50. Scullard 1980: 111-4. Forsythe 2005: 290-2.

97 Cornell 1995: 271, 301.

(98) Crawford 1991: 29.
(99) Cornell 1995: 363.
(100) David 1997: 21. Ste. Croix 1981: 519-21. Crawford 1993: 21, 35.
(101) Livy 24.2, 參考 23.14.
(102) Polybius, 27.9. 參考 Livy 35.34, 42.30.
(103) Derow 1989: 322-3.
(104) Beard and Crawford 1985: 42-45. Hopkins 1983a: 108-111.
(105) Wells 1992: 214-5, 246. Harris 2011: 19-20.
(106) 《左傳》閔 2。
(107) 《左傳》僖 18，僖 32。
(108) 楊寬 2003a: 395-7，423-4。杜正勝 1979a: 29-30。
(109) 杜正勝 1979a: 29-30，64-9，76-84。楊寬 2003a: 185-211。
(110) 《國語．齊語》。杜正勝 1979a: 33-5。楊寬 2003a: 396-409，422-424。
(111) 《周禮．小司寇》。杜正勝 1979a: 32-6。楊寬 2003a: 402-3。
(112) 杜正勝 1979a: 132-6。童書業 2006b: 312。顧德融等 2003: 354-356。
(113) 楊寬 2003a: 426-436，441-445。童書業 2006b: 133-6。
(114) 《左傳》僖 24。楊寬 2003a: 374-84。
(115) 《左傳》僖 24。童書業 2006b: 243-5。楊寬 2003a: 374-84。
(116) 杜正勝 1979a: 99-101。童書業 2006b: 147-8。蔡鋒 2004: 58-63。
(117) 劉澤華 2004: 208-10，238-9。黃建躍 2013: 33-59。顧德融等 2003: 286-7，312。
(118) 《左傳》桓 2。
(119) 許倬雲 2006a: 2，63-6。錢穆 1940: 42-5。
(120) 梁啟超 1996: 9。
(121) 《左傳》襄 25。昭 14。楊寬 2003a: 449。黃建躍 2013: 57-9。
(122) 《左傳》昭 25。童書業 2006b: 146-8。杜正勝 2003: 116-7。
(123) 梁啟超 1996: 48-9。余英時 2003: 359-60。Tan 2002: 167-75.
(124) 呂思勉 2005a: 194。許倬雲 2006a: 34-9，94-105。
(125) 《管子．明法》。童書業 2006a，174-5，183-194。顧德融等 2003: 101-7。
(126) 童書業 2006b: 95-7。顧德融等 2003: 356-8。
(127) 《左傳》昭 32。
(128) 許倬雲 2006b: 283-4。
(129) 《左傳》昭 6，昭 29。
(130) 王夫之《讀通鑑論》；楊寬 2003b: 4 引。
(131) 楊寬 2003b: 154-60。林甘泉等 1997: 19-23。

132 許倬雲 2006a: 139-52。楊寬 2003b: 42-67，102-29，131-44。
133 劉澤華 2004: 94-5。許倬雲 2006a: 106-8。余英時 2003: 7-16。
134 劉澤華 2004: 19-22。Bodde 1986: 48.
135 Aristotle, *Politics* 1321a.
136 蔡鋒 2004: 43-7。劉澤華 2004: 16-22。余英時 2003: 16-19。Pines 2009: 136，161-2，168.
137 《論語・述而》。錢穆 2000: 30，42，48，94-6。馮友蘭 1944: 80-2，92-6。
138 錢穆 2000: 70-8，100-7。
139 《論語・季氏》。何懷宏 2011: 131-40。
140 錢穆 1940: 93-101；2000: 48。馮友蘭 1944: 70-2，84-9。蕭公權 1946: 61，69，74。
141 楊寬 2003b: 188-211。
142 蕭公權 1946: 239-44。劉澤華 2008: 120-4。
143 《孟子・告子下》。
144 《孟子・公孫丑下，滕文公上》。
145 《史記》130: 3288-9.
146 劉澤華 2008: 52-6。張分田 2009。
147 《孟子・盡心下》。《商君書・定分，更法》。《管子・牧民》。
148 《論語・季氏》。《管子・國蓄》。
149 呂思勉 2005d: 88。
150 許倬雲 2006a: 109-10。宋洪兵 2010: 70-3，136-44。Pines 2009: 188，198-203.
151 《孟子・梁惠王下，滕文公上，離婁上》。杜正勝 2003: 99。
152 吳起語引自《韓非子・和氏》。
153 蕭公權 1946: 20，22。
154 馮友蘭 1944: 383。蕭公權 1946: 206。
155 Brunt 1988: 148. Wood 1988: 151.
156 《孟子・滕文公上》。
157 余英時 2003: vi。Perry 1992: 148, 151-56. Bell 2008: 14-8.
158 《莊子・天下》。《史記》74: 2343。
159 錢穆 1940: 107，101。蕭公權 1946: 22。
160 《史記》47: 1911。
161 《孟子・梁惠王上》。
162 《孟子・梁惠王下，公孫丑下》。
163 《孟子・滕文公下》。
164 《孟子・滕文公下，盡心上》。《詩經・伐檀》。

165 《墨子・非儒下》。《莊子・盜跖》。馮友蘭 1944: 73-5。
166 《商君書・墾令，農戰》。《韓非子・顯學》。
167 《孟子・盡心上》。
168 《論語・顏淵》。
169 《孟子・梁惠王上，盡心下，離婁上》。
170 《禮記・中庸》。
171 梁啟超 1996: 95-7。蕭公權 1946: 70-1。Pery 1992: 149-51. Schirokauer and Hymes 1993: 27-8, 43-4.
172 《論語》2.21。錢穆 1989: 124。
173 《孝經・孝治》。
174 《孟子・盡心上》。
175 《孟子・梁惠王上，告子下》。
176 《禮記・禮運》13。
177 《孟子・離婁下》。
178 《孟子・離婁上》。
179 《韓非子・難勢》。梁啟超 1996: 176-80，258-60。
180 劉澤華 2004: 208-18，233-41。宋洪兵 2010: 379-86。閻步克 1996: 177-8。
181 《管子・任法》。《商君書・修權》。
182 《管子・形勢解》。《商君書・壹言，算地》。《韓非子・定法》。
183 《管子・法法》。
184 《商君書・修權》。
185 《韓非子・有度》。
186 Bodde and Morris 1967: 29-30.
187 《韓非子・難三》。
188 《商君書・定分》。劉海年 2006: 61-3。鄭秦 1997: 79-81。
189 《商君書・定分》。《韓非子・八說》。
190 《左傳》昭 29。梁啟超 1996: 187-8。蕭公權 1946: 243。
191 《史記》68: 2231。
192 《商君書・修權》。《史記》68: 2231。
193 馮友蘭 1944: 389-91。宋洪兵 2010: 156-89。
194 《商君書・壹言》。《韓非子・功名，難勢》。薩孟武 1994: 113，130-2。
195 《商君書・禁使，開塞》。
196 《韓非子・用人》。
197 薩孟武 1994: 129-30。

198 《商君書・修權，禁使》。馮友蘭 1944: 389-91。
199 《韓非子・外儲說右下，定法，二柄》。
200 見第 7.6 節。
201 楊寬 2003b: 192-220，252-69。許倬雲 2006a: 110-3。
202 楊寬 2003b: 206，226-231。
203 Fukuyama 2011: 21.
204 閻步克 1996: 195 引。Xu 2011: 161.
205 《論語・為政，子路》。
206 錢穆 1989: 121-2。呂思勉 2005a: 272-3。
207 《論語・里仁》。《孟子・盡心上》。馮友蘭 1944: 162。
208 《孟子・梁惠王上》。
209 王充《論衡・刺孟》。
210 《孟子・離婁上》。
211 《孟子・滕文公下》。
212 《孟子・梁惠王上》。
213 《孟子・公孫丑上，盡心上》。
214 《論語・憲問》。
215 Thucydides 2.63, 3.37. Wickersham 1994: 4, 20. Münkler 2007: 43-4.
216 《孟子・梁惠王上》。
217 《孟子・公孫丑上》。
218 《孟子・滕文公下》。
219 《孟子・梁惠王上，公孫丑上》。
220 《孟子・盡心上》。
221 《孟子・告子下，滕文公下》。
222 《商君書・壹言》。《韓非子・八經》。
223 Schwartz 1985: 328-30. 許建良 2012: 217-30。
224 《韓非子・飾邪》。
225 《孟子・離婁下》。
226 《商君書・開塞》。
227 Schwartz 1985: 328-30. Scheffler 1988.
228 宋洪兵 2010。王興尚 2011。許建良 2012。郭春蓮 2012。
229 蕭公權 1946: 480。陳榮捷 1996: 65-7。
230 沈松勤 1998: 48-88。
231 《孟子・離婁上》。

232 《孟子·盡心下》。
233 《孟子·梁惠王上、下，公孫丑上、滕文公下，離婁上，盡心下》。
234 《孟子·梁惠王上》。
235 朱熹，錢穆 1971: 24 引。
236 《孟子·離婁上，告子下》。
237 《鹽鐵論·非鞅》。
238 《鹽鐵論·非鞅》。
239 楊寬 2003b: 166，176-181，204-5。王勇 2004: 55-60。許倬雲 2006a: 132-5。
240 《漢書》24 上 : 1137，1135；56: 2510。
241 《禮記·中庸》13。
242 《禮記·王制》32。
243 《韓非子·外儲說左上》。余英時 2003: 12。
244 林甘泉等 1997: 4-18。
245 《孟子·滕文公上》。
246 《公羊傳》宣 15 何休注。《呂氏春秋·審分》。
247 《孟子·梁惠王上》。
248 《孟子·離婁下》。
249 《孟子·滕文公上，離婁下》。
250 《史記》68: 2230。《商君書·墾令》。
251 《韓非子·五蠹，顯學》。《商君書·說民，壹言》。
252 《史記》68: 2231-2。楊寬 2003b: 203-4。
253 《史記》68: 2233。
254 Scheidel 2009: 13-20.
255 Lucas 1985: 16.
256 Aristotle, *Politics* 1279a-b.
257 Max Weber, quoted in Bendix 1977: 429.
258 Fukuyama 2011: Ch. 6.
259 Aristotle, *Politics* 1279a-b, 1294a. Stone 1967: 5-6. Mann 1986: 170.
260 余英時 2003: 18。Hopkins 1978a: 76, 79.
261 Anderson 1974: 419.
262 Wiedemann 1981: 7, 120.
263 Aristotle, *Ethics*, 1161b.
264 Finley 1980: 73-7. Wiedemann 1981: 1-13. Gardner 2011.
265 楊寬 2003a: 283-6。白壽彝 1994 卷三：250-2，289，315-8。

266 呂思勉 2005a: 276-8。Pulleyblank 1958: 193.

267 瞿同祖 2007: 140-64。Hulsewé 1986: 525.

268 Hopkins 1978a: 99-101.

269 Hopkins 1978a: 99-101. Jones 1964: 196-8. Finley 1980: 9, 82. Schiavone 2000: 111-3. Scheidel 2012a.

270 Samuel Johnson quoted in Brunt 1988: 289.

271 Finley 1983: 114.

272 Crawford 1993: 40.

273 Finley 1968.

274 Scheidel 2012: 89, 108.

275 Wiedemann 1981: 4-6. Gardner 2011.

276 Patterson 1991: xiv.

277 Brunt, 1988: 283.

278 Davies 1993: 89.

279 Patterson 1991: 80.

280 Finley 1983: 115

281 Euripides, *Iphigenia in Aulis*, 1400-1.

282 Aristotle, *Politics* 1252b, 1254b, 1256b.

283 Hunt 2011: 41-4. Schiavone 2000: 115.

284 Brunt 1988: 287.

285 Berlin 1969: 123.

286 Brunt 1988: Ch. 6. Crawford 1993: 146. Nicolet 1980: 322-23.

287 Finley 1983: 128.

288 Berlin 1969: xlv.

第三章　征伐兼併

3.1 邊陲勢力伺機而動

在中國戰國和羅馬戰士之國的時代，人類的圖強意志在戰事中表露無遺。殺戮之烈，要到發明「帝國主義」的現代歐洲才能超越[1]。其時歐亞大陸的兩端，各有一個火爆的國際系統。齊、楚、燕、韓、趙、魏、秦爭雄於眾小國之間。羅馬、迦太基、希臘的亞該亞聯盟（Achaean League）和埃托利亞聯盟（Aetolian League）、希臘化王國馬其頓、敘利亞、埃及等大國，周旋於眾城邦之間。兩百年的戰火把每個系統鎔鑄為一個巨幅國度：秦朝和羅馬帝國。

假如我們想像東西歷史是兩場大動作的戲劇，那麼傳統史籍留下的劇本相映成趣。在西方，一盞強烈水銀燈始終射在羅馬這獨家主角身上，其他國家只有與它交手時才得亮相。在東方，多盞舞台燈一開場就照亮了代表中原的整個戲台，其上東周列國像一班兄弟親戚逐漸成長，從吵鬧進至砍殺。秦屈居一隅，要到最後一幕才爭取到水銀射燈。劇情的差異不光是史筆手腕，主要是基於史實的不同局勢。

有學者用美國的擴張經驗比喻羅馬歷史❷。一如歐洲列強無暇干礙美洲的新興國家，地中海東部列強對遙遠的義大利甚無興趣，由得羅馬坐大。它們更缺乏聯盟抗敵的傳統。除少數例外，羅馬對任何一個敵手都佔軍事優勢。它主動選擇靶子，逐個收拾外國，養成單方行動、獨發號令的對外習慣。也有學者認為，戰國的局勢，堪比現代歐洲早期的勢力均衡❸。五七個關係密切、實力相若的國家深諳軍事外交，熟知即使首席強國也不敵幾個次國聯手。戰國七雄實行多方談判，合縱連橫。單方、多方的外政作風，到帝國、皇朝時代猶自不衰。

兩個帝國創建者的早期環境頗有相似處。秦於公元前七七一年受封為諸侯。羅馬傳說在公元前七五三年建城、公元前五〇九年成立共和國。兩者都是後起之秀，各自誕生在一個蓬勃文明的西陲。地中海東部，希臘人於公元前七七六年舉行第一次奧林匹克運動會。在中國東部，首創平民教育的孔子死於公元前四七九年，先希臘哲人蘇格拉底生日十年。這些人文知識分子處身的社會，經濟以稼穡為主，參以商貿，工巧藝術顯財富、競奢華。

躲在一個偏僻的河谷中或半島上，秦和羅馬的文化經濟都遜於其東鄰。它們對高級學問沒甚興趣，工技也不見特長。秦的弩和鐵劍都較落後❹，羅馬的兵器也常比敵人的差❺。然而在組織上，它們獨有建樹，能發展有效率的政治機構，動員人力物資。秦人和羅馬人一般地生活質樸，思想踏實，以戰士風骨整合堅韌農民。七國中，秦獨倡農戰。羅馬人認為迦太基之所以失敗，其咎在把商業放在軍事之上。秦和羅馬各自征服其東鄰，但馴服於其文化。秦的高卿宰相多來自東方諸國。羅馬轄下的希臘人很少學拉丁文，反而羅馬人摹習希臘文學，正如羅馬詩人賀拉斯（Horace）所謂：「囚徒希臘制服了它的俘獲者，把野蠻的拉丁人帶入文明。」❻

秦和羅馬的崛起，切合一個最古老、亦證據最多的歷史模式：一個原處文明邊陲的勢力奮起，其劃時代的征戰使世局改觀[7]。或部族或小國的邊陲政體多如牛毛，絕大部分無聲無息地沉沒於歷史長河，可是偶然有幾個隆立，使長河改道。兩河流域文明東陲的波斯（Persia，阿契美尼德王朝（Achaemenids）），希臘文明北陲的馬其頓，各自崛起成為大帝國。在東亞，中國北陲的游牧民族不斷地向中華文明挑戰。蒙古人征服了中國及東歐大部。十七世紀清兵入關，建立中國最後的皇朝。秦和羅馬的勁敵，楚和迦太基，本身就是邊陲勢力[8]。

邊陲勢力介於高文化與未開化民族之間，可以採取前者的知識，發動後者的活力。累積的知識文化提高發明力，然而無論多精巧的發明，也有可能被保守思想窒息、僵硬制度羈縛，淪為小玩意，不能轉變為創新，大規模地應用於改善社會的創建。中國發明火藥、羅盤，便是例子。邊陲人民縱使劣於發明，但可能更擅長創新。他們沒有陳朽的思想包袱，能接受新事物，靈活把握時機。他們未被奢華逸樂腐化，生活樸素，富耐勞幹勁、冒險精神。他們簡單的機制有發展餘地，未開發的資源可以投入新的建設，不像已發展社會的資源被綁在舊建築物內。歷史進展多是實踐摸索，先行者的錯誤可以帶來新知識，但不免留下自己的疤痕。新興國家有前車可鑑，避免錯誤，選擇新知識發明，大膽創新，後來居上。這些都是史學家所謂「落後的有利因素」。再者，緣邊的位置有戰略益處，它夠近以汲取先進知識，夠遠以免惹列強注意干涉。邊陲勢力可以韜光養晦，靜靜地發展四周窮鄉、建立機構，直至它能與列強一較高下。

秦和羅馬的崛起看似突然，其實因為它們的東方對手已在衰退途中了，一如黃昏時明月好像突現天頂，只因掩蓋它上升的日光暗淡了。在中國，六國彼此征伐已現疲態。在地中海，希臘式的王國已忘掉了亞歷山大的創建，例如令軍隊所向披靡的步騎協同❾。東方諸國皆感到危險。六國視秦為大鳥，面東而立，垂喙中土。希臘人視羅馬為低垂西天的風暴烏雲❿。兩區都有團結抵抗的呼聲，但都無能抗拒苟且偷安的引誘，最後都自取其咎。

秦朝和羅馬帝國一樣以積極征戰崛起稱帝。它們消極的末日也很相似；兩者都沒有認真自衛，幾乎是不戰而亡。別若天淵的是它們的壽命。秦祚十五年，不到一代的時光就散了它的無敵軍隊，羅馬帝國要四百年功夫才做到。為什麼秦的軍備削減得這麼快，以致兵臨咸陽城下時，它要赦免囚徒作戰自保？漢隨秦制，為什麼漢初寧願屈膝求和、進貢給匈奴，而羅馬內戰一完，奧古斯都馬上發動大規模的征戰以擴張帝國？西漢皇朝和羅馬帝國的迥異外政，是否反映了兩種不同的文化和統治階層特色？假如是的話，這些特色是否在先秦和共和國時代已隱約可見？

3.2 秦與六國合縱連橫

西方China之名稱源自「秦」，譯作「秦那」也許比「支那」更適合⓫。秦在東周列國中位置最西。統一中國之前，它盤踞涇渭盆地五百年之久，把守中國到中亞的天然通道、即後來成為絲路東段的河西走廊的門戶（地圖二）。西方人民與中國交往，都經過秦地，因此把東方之國喚作「秦那」，原不足奇。漢朝時匈奴猶稱中土人為「秦人」，到三國時仍有人把秦人和胡人並稱⓬。

涇渭盆地，八百里秦川，披山帶河，號稱關中（地圖三和地圖七）。黃河屏障它的東北，黃河南面秦嶺迤邐，時而逼近黃河，形成險要關隘。函谷關、崤關、潼關經歷了中國歷史上一些最慘烈的戰爭。戰國時人已認為關中的戰略優勢是秦得勝的因素之一。秦漢間張良的評語最中肯：「關中左殽函，右隴蜀，沃野千里，南有巴蜀之饒，北有胡苑之利，阻三面而守，獨以一面東制諸侯。諸侯安定，河渭漕挽天下，西給京師；諸侯有變，順流而下，足以委輸。」[13]邊陲勢力據關中形勝之地，可以安然發展其南北資源，壯大自己。即使兩千年後其他地區更為富庶，關中北邊的延安，仍然保護培育了中共革命。漢朝先發制人，雖然君臣都喜愛中原，但毅然建都關中，不讓別人利用。它汲取了歷史教訓：秦就靠關中起家；秦以前，周也一樣。

關中是西周的王畿。居住在它西陲的嬴族世與西戎雜處。嬴非子養的馬蕃息。周王賞識他的才能，公元前八七〇年封他作附庸，賜他秦地為邑，因此號曰秦嬴。公元前七七一年，烽火戲諸侯的周幽王為犬戎所殺，尊優貴族皆隨平王棄國東奔。秦將護駕有功，平王封他為侯，獨自留守關中，答應如果驅逐了戎狄，土地就歸秦。秦襄公伐戎戰死。其子奮鬥不休，終於平息戎亂，收撫留下來的周民。就這樣，秦立國就承繼了西周的土地人民，但沒人預料它能在公元前二四九年滅東周，承繼其天子之位[14]。

公元前六五九年即位的秦穆公伐戎，益國十二，開地千里，遂霸西戎。戎狄的威脅減少，但未消失。秦未能建立適當的統治機構前，戰敗投降的戎狄不久就再肆侵擾，反覆不休。要到了公元前二七二年，秦才能徹底解決最強的戎國義渠。與羅馬收拾強悍鄰居的堅決快速手法相比，秦還算慢悠悠[15]。

霸西戎不過是安慰獎，插手中原是秦穆公的野心。他兩次大規模運粟到晉以救荒濟饑，三次幫晉平息爭位之亂。可是當秦越晉伐鄭時，晉斷然結合姜戎出兵，敗秦師於殽。險要的關津猶如兩刃劍，能為關中抵禦東來攻擊，也能阻止關中勢力東進。一旦它們落在晉強有力的手中，秦就只能禁閉在一隅。穆公後秦不振，只能旁觀晉楚爭霸[16]。

公元前四五三年韓、趙、魏三家分晉，局勢為之改觀。三家積極變法，淘汰陋規。國富兵強的魏西越過黃河，略取秦的大片河西土地。不過秦還算幸運。公元前三六一年魏王遷都，從鄰近秦的安邑東遷到大梁，故稱梁惠王。東方前景光明：新進技術能夠開發肥沃的沖積平原，中原那些腐朽的封建貴族也容易取替。把戰略重心轉移到經濟興旺、外交活躍的地方，本是一個有為國家明智之舉。但從事後看，魏犯了個大錯。它低估了秦，忽略了防衛。此後魏與齊等東方諸侯爭戰，消耗實力，卻把它空虛的西部去養肥秦[17]。

一連串的昏君庸貴爭權奪位，使秦積弱百年。久居晉的秦獻公返國，深知就算外來壓力因魏東顧而稍減，秦若不自強就無法自保。孝公承其遺業，即位後下令求賢，從魏國引來了商鞅。在他支持下，公元前三五六年商鞅開始變法維新。然而，要到公元前三二八年，秦才能從魏手中收復所有失地，可見它以前落後的程度[18]。

公元前三一六年，秦惠王放棄伐韓立威，寧願攫取蜀貴族內訌求援的機會。征服巴蜀只須十個月，置郡統治卻費了三十年。秦安撫經營不遺餘力，把四川盆地建設成一個富饒的地區，為日後統一中國打下物質基礎。這是邊陲勢力有發展空間的好處[19]。

公元前四世紀後期，戰國逐漸擺脫宗法封建的束縛。經濟蓬勃，內政轉軌，外事改型，世局一新。春秋期間大國兼併小國、爭取中等盟國以爭霸的國際局勢，因小國消失殆盡而過時。代之而起的是近十個大國彼此掣肘、互相攻伐的均勢局面。戰國諸雄爭取疆域人口。新式的政治組織使國家更能動員物資人力，戰爭規模隨著升級。大隊步兵代替了小隊戰車，強弩、騎兵等新武器新兵種相續出現。兵法家講究靈活的野戰，輔佐傳統陣戰。防禦工事與攻城技術互鬥神通。各國築長城相拒，此外燕、趙、秦更築城拒胡。戰國期間，嫻熟弓馬騎射的草原游牧民族開始強大，漸成威脅[20]。

戰國七雄中，南方的楚吞噬了春秋末期稱霸的吳、越，疆域最大，也要秦用兵最多才能征服。然而楚雖然地大物博，表現卻只平平。它根深柢固的貴族廢除了大部分吳起的新法，所以政府的組織效率較低，無法動用資源抗敵。

燕國的都城在今北京附近，地較偏僻，春秋時無聞，七雄中最弱，但留下最多鐵劍給考古家發掘[21]。中國歷史上最有名的刺客，也自此出。荊軻在送別會上高歌「風蕭蕭兮易水寒，壯士一去兮不復還」，表現燕趙慷慨之風。他通過守衛森嚴的秦廷搜身，匕首藏在手捧的地圖卷中，可是他的目標注定要將來統一中國[22]。燕痛恨秦，但實際上卻因削弱秦的大敵而成全了秦。它的襲擊使齊一蹶不振。它和趙也是鷸蚌相爭，秦人得利。

趙可謂有雙重性格。它的首都邯鄲洋溢著音樂舞蹈等雅致文化，同時它受北地風光陶養，兼具豪爽痛快的性格。公元前三〇七年趙武靈王發展騎兵，令軍士穿胡服、習騎射。除了征服草原游牧民族，趙更兼併了位在河北、胡人所建的中山國，收編了他們的軍隊，躍為一等強國。齊為燕創而萎縮後，趙是秦的最大敵手[23]。

地位居中的韓和魏四面受敵，也容易四面倒，在國際均勢中常定輕重。韓的疆域最小、地理最險。坐跨黃河，秦東伸必經之路，它滅亡前早已被秦蠶食。魏先是七雄之首，雖被齊敗而氣焰大減，但仍不容輕視。它的人才濟濟，但不能好好任用。曾助魏文侯改良政治、略取秦地的吳起，便遭貶黜而跑到楚去了。商鞅、張儀、范雎入秦。這些軍政治才為敵國策劃，是魏倒楣[24]。

在棋盤東西兩端的齊和秦，顯露華夏文明同中之異。農業是所有國家的經濟基本。秦專心一務，齊卻兼營漁、鹽、商業。秦都咸陽簡樸。齊都臨淄領戶七萬，口當逾三十萬。街上車輪擊、人肩摩，到處吹竽鼓瑟、鬥雞走狗。秦商鞅貶斥文學遊說之士，齊威王、宣王卻喜歡他們。齊壤接孔教大本營的魯，臨淄的稷下學宮多至千人。威王、宣王開康莊之衢，建高門大屋，尊寵七十多個稷下先生，更授孟子以高卿厚祿[25]。

數百年的世局互動演化，造成軍事競爭的漩渦。戰國七雄溺陷其中，單方裁軍形同自殺，多方和議猶如春夢。弱國割地求和，得到的不是太平，而是更多凌逼。戰勝的強國不敢鬆懈；稍一疏忽，別人便有可乘之機。各國戒備，使局勢益加緊張。

眾多國家同時並存的情景，世界歷史上比比皆是。少見的是由數個強弱相若、文化相同、地位平等、外交密切的接壤大國，形成國際平衡均勢。多頭勢力很難保持勢均力敵，所以大國均衡鮮能長久。最後其中一國脫穎而出，或成霸主，或把均勢變為帝國，即如秦滅六國。還有，邊陲勢力壯大也會造成威脅，就像東地中海系統被羅馬征服。

歷史上勢力均衡的局面是少，不是沒有。一個例子是中國的戰國時代，另一例子是公元一六四八年終止三十年戰爭的《威斯特伐利亞和約》（*Peace of Westphalia*）後的現代歐洲。英國、法國、奧地利、普魯士、俄國就像戰國七雄，各自全權獨立，野心勃勃，好戰成性。它們同屬基督教，羅馬教廷的勢力比周王還大。動員打仗是歐洲列強改革政治的大動力[26]。它們的外交較有制度，譬如長駐大使。但若論外交頻繁或勾心鬥角，它們與戰國的合縱連橫不相上下。「奸詐的不列顛」不擇手段地防止歐陸諸國統一。與戰國最大不同的是，當歐洲均勢失衡而大勢一面倒時，有局外的美國參戰。結果是歐洲繼續分裂，而秦統一中國[27]。

3.3 從均勢到統一

戰國均勢的首次大調整，是魏遷都大梁後被齊挫鋒芒。先是趙入侵魏的附庸衛。魏不忿，聯同韓圍攻趙都邯鄲。趙向齊求救。齊卿合議道，假如不救，魏取邯鄲而壯大，對齊不利。假如出兵解邯鄲之圍，魏、趙兩全，對齊也不利。於是他們決定先讓魏和趙在邯鄲打個你死我活，然後趁魏的精銳在外，命齊軍直奔大梁，圍魏救趙。魏果然中計，回師救大梁時被齊在桂陵伏擊。

桂陵之敗對強大的魏只是小挫。魏與趙講和，鎮壓了秦的乘機蠢動，公元前三四二年進攻它以前的盟友韓。韓向齊求救。齊故技重施，先讓魏和韓打個夠，然後揮兵大梁，逼魏回師。這次齊把魏軍引到馬陵狹道，伏兵萬弩齊發，魏軍覆沒，將軍戰死，隨軍的太子被擒。馬陵之前，魏惠王自稱為王。之後，公元前三三四年，魏惠王與齊威王在徐州相會，互稱為王[28]。

秦乘魏敗，大展宏圖。它看中了楔在它本土關中和新佔巴蜀之間的戰略要地漢中。漢中屬楚。楚與齊盟。秦用張儀，一面挑撥齊、楚，一面拉攏魏、韓。擊敗楚奪得漢中後，秦轉而欺凌盟友。魏、韓投靠齊，秦便和楚修好。

這幾個例子凸顯戰國瞬息萬變的外交。一國特別強時，別的國家就合縱對抗。強國要拆散合縱聯盟，便與成員個別談判獨家連橫。無數縱橫家周遊列國，提供各種「合眾弱以攻一強」或「事一強以攻眾弱」的外交策略㉙。沒有人用「勢力均衡」（balance of power）的字眼，但實際行動並不一定需要抽象概念。在個體眾多的場合，每人敏捷地因看顧自己的利益而互相交易，可以形成均衡大局。用在經濟學上，這喚作市場的「無形之手」。

公元前三一六年秦不伐韓而伐蜀，其決策顯示均勢的竅門。秦臣眾議。張儀提倡秦聯結魏、楚，伐韓以臨周境，逼周獻九鼎：「據九鼎，按圖籍，挾天子以令天下，天下莫敢不聽。」司馬錯的反駁更有力：「劫天子，惡名也，而未必利也，又有不義之名。而攻天下之所不欲，危。」㉚秦的確垂涎九鼎，但按捺到公元前二二五年才滅周。它容忍韓的耐心更大，因為它明白，不必要時不宜去挑惹敵意。吞食巴蜀那樣的邊沿小國沒問題，蠶食中土大國的疆域也可以。但如果佔取大國，打擾均勢，就會犯天下大忌，到處樹敵。

在洞察外交要旨上，文學之士充斥的齊不及務實的秦。原來燕王搞禪讓，太子不服，傚法堯舜的結果是公元前三一四年的燕貴族爭權內亂。司馬遷熟悉《孟子》，但衡量所有史料，寫《史記》時採用了《戰國策》：「孟軻謂齊王曰，『今伐燕，此文、武之時，不可失也』。」㉛《孟子》透露此說當時的確流行。它五條自辯之詞分散各章，雖然模稜，但承認孟子讚許「燕可伐」，並且為了戰事而繼續留任齊卿，有言責㉜。齊宣王派孟子的多年摯友匡章為將，取燕勢如破竹。然而諸侯謀救，燕人不堪齊兵暴虐而叛。齊想學武王伐紂的美夢落空，兼且後患無窮。燕人恨齊乘己之亂，蓄意報復，使蘇秦反間，慫恿齊伐宋。公元前二八六年齊滅宋，激發諸侯更強烈的反應。本來與齊合縱抗秦的趙、魏、韓三國倒戈，聯秦殲滅齊軍。樂毅乘虛領燕軍從北直入，夜下齊城七十。齊雖能收復失地，但元氣大傷，此後只望孤立自守[33]。

三國孔明責怪六國不肯團結抗秦。在戰國最後二十年，此責有理。但此之前，六國的外交戰略複雜，並無黑白取捨可言。對每一國來說，秦皆不是唯一的威脅。列國各懷私心，不到生死關頭，很難長期結盟。唇亡齒寒的忠言逆耳，息事安人的高調好聽。為了鞏固合縱，幾國有時同任一個共相，雖然蘇秦配六國相印以合縱伐秦的故事多半誇大。共相或能統一最高指揮，但不能改變各國軍隊組織不同、缺乏合作訓練的困難。企望盟友首當其鋒、自己不勞而獲的揩油心理，阻礙聯軍呼應配合。公元前二九三年伊闕之戰，秦將白起就利用敵人你推我讓的心理，大敗兵力倍勝於己的韓魏聯軍。他用疑兵增加韓軍的踟躕，集中精銳擊破魏軍，再回頭收拾韓軍[34]。

秦昭王（即秦昭襄王）公元前三〇六到公元前二五一年在位。這個長祚君王能得位，全得力於太后及其弟穰侯。昭王前期，貴族權力熾盛。秦破楚侵韓犯魏，斬獲甚豐，唯有趙能挫其鋒芒。穰侯攫取遠離秦境的山東商業城市陶，作為自己的采邑。為了擴大陶邑，他屢次越過敵國去攻打魏的大梁，但都被燕趙援軍擊退。公元前二六六年，魏國僕人范雎入秦，向昭王指出，穰侯所為其實是消耗國力以圖私利。攻取遙遠的土地一定會徒勞無功，因為不能守，終必會被逼拋棄：「王不如遠交而近攻，得寸，則王之寸；得尺，亦王之尺也。今捨此而遠攻，不亦繆乎？」[35]擴張必須凝結鞏固所得的疆土，這在我們看來是營建帝國的常識。「遠交近攻」的政策這麼晚才被明確提出，而且這麼膾炙人口，可見封建割據的思想在戰國時代仍然強大。

齊衰後，與秦平衡勢力的重量落在趙。趙數次敗秦。為了爭奪原來屬於韓的上黨，秦、趙在長平對峙了三年。公元前二六〇年，白起以兩萬五千奇兵抄趙後路、斷趙糧道，並以五千名騎兵把趙營割分為二。餓了四十六天的趙兵終於投降。白起坑殺降卒，據說超過四十萬人。這樣懸殊的軍力的數字，實招誇大的嫌疑，但在中國史籍中並不罕見。不論如何，軍力巨損的趙國仍不乏抵抗力，使秦圍邯鄲三年而不得逞。列國君主懾於秦威，不敢救援，貴族們奮起行動。趙平原君赴楚說服楚王，魏信陵君偷魏王虎符發兵八萬人。魏楚聯軍配合邯鄲內應，不但解圍，而且擊潰秦軍，收回大片失地。遲至這地步，合縱還有可為。不幸六國不乘機鞏固同盟，反而互爭小利。公元前二四一年它們最後一次合縱抗秦，雷聲大而雨點小。它們滅亡，實難單怪秦暴力[36]。

熟觀國際形勢的《管子》說：「強國眾，先舉者危，後舉者利。強國少，先舉者王，後舉者亡。」[37]戰國初年，秦不經意地耽擱，待先舉的齊楚三晉疲於互伐，收後舉之利。兩百年來運轉局異，六國皆弱而秦獨強。公元前二三八年弱冠親政的秦王嬴政挑起天下大任，決意以戰止戰，結束這血腥的戰國局面。秦廷君臣有雄心但不粗心，不忘戰國歷史上無數失足成恨的可鑑前車。他們派大批間諜滲透六國，收買權臣，麻痺腐化，防止合縱，以便逐個擊破敵人。受秦賄賂的齊相閉境自安，不肯幫助五國抵抗，直到禍難輪到齊的身上。在秦準備周詳、行動迅速的戰役中，六國如狂風敗葉。公元前二二一年，秦統一中國，掀開了歷史新的一頁[38]。

同年在地中海區，羅馬接到消息，漢尼拔被迦太基軍隊選為統帥。

3.4 羅馬爭雄迦太基

羅馬征服義大利期間，亞歷山大的帝國像煙花爆竹般一飛沖天，隨即爆裂為三個王國，注定後來亡在羅馬手上。在抵抗能力上，它們遠不及羅馬的第一個海外大敵，迦太基。

迦太基位處戰略要地，領導公元前八世紀在地中海西沿殖民的許多腓尼基城邦。迦太基人擅長航海，熱中經商賺錢，領土野心不外非洲北部。在別的地方，他們只希望擴展壟斷商貿。商港最看重安寧，而維持和平也是他們對西班牙、撒丁島（Sardinia）和西西里島的一貫政策。西西里的眾多希臘城邦在敘拉古（Syracuse）的領導下，與迦太基均勢相安[39]。

亞里斯多德分析政體，認為迦太基與斯巴達相似，還略勝一籌。普里卜斯說迦太基和羅馬一般，都是個混合式政體，不過羅馬偏重貴族，迦太基偏重民主[40]。西塞羅評說：「迦太基的統治明智，否則它不能維持霸主之位六百年之久。」[41]

羅馬和迦太基數百年來關係良好。兩個共和國曾簽訂不下三份條約，承認彼此的勢力圈子。現代學者提供有力旁證，推測有一條約規定「羅馬不涉西西里任何一處。迦太基不涉義大利任何一處」[42]。分隔兩者，只是狹窄的馬薩那（Messana）海峽。

西西里島北端有馬薩那城，當時被馬梅亭（Mamertines）人強佔。這些凶殘的義大利僱傭兵搶掠附近的希臘和腓尼基城邦。敘拉古出面干涉。一個馬梅亭集團向羅馬求救，另一集團呼援於迦太基。迦太基出兵，留戍馬薩那。羅馬元老院猶豫不決，理由想不止因為馬梅亭人臭名昭著。

不論如何，執政官一面以豐厚的戰勝品利誘，一面以迦太基可能佔領西西里為恐嚇，勸服民眾大會投票開戰[43]。公元前二六四年，羅馬首次出兵海外。三次因腓尼基人（Phoenician）而名的布匿戰爭，止於公元前一四六年迦太基毀滅。第一、二次大戰，連同其間二十三年的休戰期，是兩強歷時六十二年的長期較量。較為短暫的第三次衝突，是一個解除了武裝的人民，面對一個超級大國的垂死掙扎。

第一次布匿戰爭

「自衛性的帝國主義是羅馬外交政策的主導」，一位現代學者如是評論羅馬入侵西西里[44]。這論調相當普遍；在歐美帝國主義橫行全球的時代，西方學府風行以自衛粉飾羅馬侵略。帝國主義收斂，自衛的藉口也受到批判。今天大部分西方學者認為，迦太基對羅馬實在無客觀威脅。假如羅馬主觀上有遠憂，它並沒有尋求和平的解決途徑，例如外交談判，或與敘拉古結盟抗衡。它只斷然入侵西西里。這政治分析，可與軍事行動相對證。

第一次布匿戰爭中，迦太基自始至終都是被動。戰略和運軍的主動差不多全由羅馬操縱[45]。羅馬大軍越境，迦太基和敘拉古齊吃驚，倉卒間並肩抵敵，難免敗北。假如羅馬旨在防衛義大利，那麼佔領戍守馬薩那就夠了，但它並不停手。第二年，它倍增遠征軍。敘拉古被逼作城下之盟，淪為扈從。西西里南沿的希臘城邦阿格堅騰（Agrigentum）容許迦太基新募的軍隊集合，因而慘遭羅馬屠城，餘生的希臘公民全被賣作奴隸[46]。

羅馬的陸軍無敵，但無法攻陷西西里的海港城邦，因為它們有迦太基的海軍補給支持。膠著三年後，羅馬知道必須改變策略。外行水手奮志，三個月內建造一百二十艘戰船。海軍首航即報大捷，從此獲得海上優勢。公元前二五六年，羅馬的海軍擴建三倍，載大軍渡地中海，登陸北非。遠征軍敗於希臘僱傭將軍指揮下的迦太基陸軍。艦隊載殘兵回家，又因司令不顧天氣環境而在暴風雨中全數沉沒。羅馬不氣餒，重建艦隊，但只看著它重蹈覆轍[47]。普里卜斯解釋：「一般來說，羅馬人凡事以力取，認為他們只要立志力行，即無堅不摧，無所不能。他們的堅毅意志常使他們成功……不過當他們面臨天威海怒，也一味仗力蠻幹，結果難免吃大虧。」[48]

此後，西西里成僵局。羅馬海上無能；甚至陸上優勢，也受挫於迦太基的新任統帥漢米卡·巴卡（Hamilcar Barca）。最後羅馬咬牙，第三次建造艦隊，摧毀迦太基的海軍，逼缺乏補給的海港城邦投降。公元前二四一年，迦太基認輸。回顧第一次布匿戰爭，普里卜斯評道：說勇氣，羅馬戰士穩佔上風。論雙方將領，最偉大的無疑是漢米卡[49]。公元前二四六年升任西西里統帥時，漢米卡首獲麟兒，命名為漢尼拔。虎父無犬子。

二十多年戰事淘空了雙方國庫。為了建造第三個艦隊，羅馬發行公債，說明必須戰爭勝利才得償還。為了避免加稅，迦太基企圖折扣它所拖欠的僱傭兵費。結果羅馬人的愛國心奏捷，迦太基人的貪婪惹禍。僱傭兵嘩變。更糟的是，羅馬趁火打劫，不顧新簽的和約，趁迦太基要對付叛兵，強佔了富庶的撒丁島[50]。普里卜斯分析：「關於撒丁島，實在找不到任何理由甚或藉口，可以開脫羅馬的行為。」迦太基之喪失撒丁島，「違反了所有公道正義」。他認為這是後來戰事的主要起因[51]。

第二次布匿戰爭

迦太基失去了西西里和撒丁島的資源，還要付大筆戰敗賠款。鑑於形勢，漢米卡說服國民，重振並擴張他們在西班牙的霸權，以開發那兒的豐富礦藏。漢米卡渡直布羅陀海峽，經略西班牙，直至陣亡。公元前二二六年與羅馬的條約，以西班牙北部的依布羅河（Ebro）為界。條約並無提及迦太基境內的薩貢圖（Saguntum）[52]。

公元前二二一年，迦太基政府確認軍隊的選舉，任命漢尼拔為西班牙統帥，加強統治。薩貢圖不服，訴諸羅馬。詳情甚模糊，但大多數現代學者同意，羅馬沒有合法的理由去阻止漢尼拔攻打薩貢圖，事實上它也沒有為此採取任何軍事行動。薩貢圖城陷；漢尼拔的屠城手法，一如羅馬之屠阿格堅騰[53]。

薩貢圖被圍八個月，羅馬袖手旁觀。城破後它又等了三個月才向迦太基發最後通牒。一位現代學者形容羅馬海外外交的一貫作風，強調說：「羅馬故意把條件提得極高，與指責的損害完全不相稱，使對方無法接納。」[54]漫天開價，但只給對方兩個選擇：接受或開戰。據普里卜斯敘述，忿怒的迦太基元老院反駁，引證各項條約，力陳自己的行為合法。羅馬一口拒絕討論任何辯解理由。這般交涉，以前也試過。第一次布匿戰爭中，羅馬登陸非洲時，迦太基求和，羅馬統帥的態度，就像自己已經是主宰了[55]。那時迦太基人保持自己的尊嚴，現在也一樣。就這樣，第二次布匿戰爭在公元前二一八年開幕。

戰爭摧毀戰場；無論誰贏，當地的老百姓遭殃。自從羅馬擊退入侵的山民後，它一貫到別人的領域裡去打[56]。這次依然，它早已準備好了，宣戰後馬上調派兩支軍隊，一取西班牙，一取非洲。意外的是，這次它棋逢對手，能以彼之術還治彼身。漢尼拔不愧其姓；「巴卡」有閃電之意。他迅速安排西班牙和非洲的防禦，遣使前往各處借道，並與高盧人接頭聯盟，招募多民族的大軍，由西班牙向義大利進發，開始史詩般的戰役。途經今法國馬賽附近，他與開往西班牙的羅馬軍擦肩而過。羅馬軍在制海權下享受海運，他則千里跋涉長征。行軍和突破沿路阻攔消耗巨大。漢尼拔縱容逃兵，只留精銳。初冬雪暴中翻過阿爾卑斯山，更死傷累累。到達義大利時，軍隊只剩下一半[57]。

普里卜斯記載：「羅馬及其扈從盟國總共有後備步兵七十萬人、騎兵七萬人，隨時應徵。漢尼拔則以兩萬名軍士，入侵義大利。」[58]步軍外漢尼拔還有六千騎。艱難的進兵路線意味他既不思退路，也不思增援。在義大利轉戰十五年，他只接到一次海外增援，共四千名士兵。額外的軍隊他必須在義大利從羅馬的附盟中招募。然而，即使波河流域的高盧人，剛被羅馬征服，巴不得報仇，但對這備受雪山折磨的憔悴小軍隊，仍將信將疑。要鼓舞軍心、爭取支持，漢尼拔必須打贏仗，而且是贏而少受傷亡；他的骨幹部隊死一個就少一個。

漢尼拔孤軍深入敵巢，所持的並非自殺性的狂熱，而是個冷靜的有限政治目標，即削減羅馬的海外擴張。按普里卜斯記載，他後來與馬其頓立約，設想強逼羅馬放棄一列城鎮，然後講和[59]。羅馬轄下的義大利是個聯盟，羅馬公民只佔全人口三分之一，軍隊大半出自扈從盟國[60]。假如能挑動扈從反叛，那麼羅馬的勢力將大為削弱。漢尼拔企圖擊碎羅馬的無敵威望，使扈從有膽造反[61]。

從義大利半島北端，漢尼拔提兵南下，數度與羅馬交鋒，擊敗越來越強的對手。先幾次他迂迴埋伏，使羅馬人大叫詭計。然而，公元前二一六年的坎尼會戰（Battle of Cannae），卻是兩陣對決的正規仗，並在羅馬挑選的戰場上進行。漢尼拔領四萬名步軍和一萬名騎兵，其中半數是高盧人。羅馬及其扈從共發步軍八萬人，騎兵六千人，企圖以泰山壓頂之勢全殲狡敵。他們動用有史以來最大的軍隊，卻打了個最大的敗仗。漢尼拔在眾目睽睽下設陷阱，擺個新月形的中凸陣線，減弱自己的中軍。中軍的輕步兵邊戰邊退，慢慢把敵人吸引到兩翼重步兵的虎鉗之間，讓騎兵有時間把羅馬騎兵打敗，然後回師撫敵之背，來個戰術大包圍。差不多七萬個羅馬兵躺在沙場，漢尼拔的傷亡大約六千人。坎尼之戰是世界戰史上名仗之一[62]。

漢尼拔每次得勝，部將皆慫恿他乘勢拔取羅馬城。坎尼大捷，他們踴躍之情沸騰，然而他約束部下盲動。孫子所謂「其下攻城」，在西方也有道理。七十年後強弱懸殊，羅馬仍須三年才能攻陷迦太基城。而今羅馬城牆堅固，政治清明，隨時應徵的後備軍遍佈義大利。漢尼拔的兵少，長於野戰。若要攻堅，具重器械，難免喪失活動的優勢，長期被綁在一地，受敵人內外夾攻，勝算不大。他堅守自己分化羅馬聯盟的策略，每次勝利後，都把戰俘分為羅馬公民和扈從兵。他善待扈從兵，毋需贖金釋放，告訴他們，他的來意是恢復義大利人民的自由，幫助他們從羅馬手中奪回喪失的土地城池。[63]坎尼會戰之後，漢尼拔更對羅馬戰俘說：「他與羅馬之戰，並非生死之爭。」他選擇戰俘陪送使節，把這訊息，連同講和的提議，帶返羅馬城[64]。

有限戰爭的觀念並非漢尼拔獨創；民族主義要兩千年後才誕生。西塞羅同樣認為羅馬和迦太基所爭的是榮耀和權勢，這類戰爭應該不比生死掙扎凶殘[65]。日後羅馬便乘勝與迦太基、馬其頓等締結和約。鑑於當時國際習俗，漢尼拔重創敵人後主動商協，企望合情理的和約，並非異想天開。可是他低估了羅馬人異常堅定的意志。他們根本不讓迦太基的使節接近城門。公民上下一心，絕不談判，連戰俘都不贖，殺賣隨便，不勝利則戰死[66]。全面戰爭的決心，終於使羅馬獨步天下。不過義大利的人民，付出慘痛代價。

羅馬實行焦土政策，不肯與漢尼拔交鋒，讓他摧殘本土，只是堅壁清野，緊緊尾隨，伺機騷擾，等漢尼拔一轉背便設法奪回投降的扈從，痛加懲罰。漢尼拔贏得盟友土地，也增加了負累。要保護它們，他不得不犧牲機動優勢。在這長期的消耗戰中，羅馬用義大利的社會骨肉，磨損漢尼拔的軍隊。雙方相遞增強恐怖手段以資控制[67]。

羅馬的聯盟崩裂，但沒有崩潰。漢尼拔在義大利南部贏得許多附盟，不過羅馬直轄的領土橫切半島，隔絕南北，阻止他領導北部的高盧人配合行動。義大利的中北部穩固。各地海港受到海軍保護。平民多數寧願與漢尼拔講和，不願為羅馬的榮耀犧牲，不過掌權的富豪多能控制他們，效忠羅馬。羅馬的財閥主義、分而治之政策奏效，它的軍國主義同樣見功。公元前二一二年羅馬最低潮，喪失了百分之四十的附盟，但仍能發海陸軍二十四萬人[68]。

服兵役是羅馬公民和扈從人民的最大職責。相反地，迦太基的公民只操戈自衛，外戰一貫募僱傭兵，而且錙銖必較。政府並不團結，反對漢尼拔的黨派強硬。整個戰役，迦太基只遣發了八萬兩千名士兵與羅馬在西班牙、西西里等處周旋；又不肯花錢重建艦隊，讓羅馬海軍任意襲擊沿海城鎮、快速運送軍隊[69]。

公元前二一〇年，羅馬在西班牙的戰事失利。人民選舉西庇阿（Publius Cornelius Scipio

Africanus，即大西庇阿）為西班牙統帥。西庇阿曾兩度體驗漢尼拔用兵，第二次在坎尼。到西班牙後，他奇襲新迦太基（Carthago Nova）；這沿海大城不僅是西班牙的首都，而且是半島對外的重港。他又採用漢尼拔的戰術，訓練兵團，教他們攻守更靈活。五年間，他把迦太基勢力驅出西班牙。之後他說服元老院，出征非洲，動用漢尼拔對付義大利的同樣手段。迦太基的鄰國努米底亞（Numidia）以騎兵見長，其王企圖勸羅馬和迦太基講和。西庇阿乘機把他誘殺。迦太基召回漢尼拔以保家園[70]。

公元前二〇二年，扎瑪。漢尼拔與西庇阿在陣上會面，前者再次提和無效。然後短兵相接了。雙方的兵力如何，眾說紛紜，不過一致同意西庇阿的騎兵較強，因為他收服了努米底亞。一位軍事家評論：「真奇怪，兩位歷史上頂尖的將軍，以往的戰績滿是別出心裁的神機妙算，但在扎瑪對手時，卻不外死打硬拚。」[71]或許扎瑪之役象徵了兩次布匿戰爭。軍事天才縱然耀目，但終不能掩蓋戰爭的底蘊，即兩大勢力各自堅意立志，動員資源，長期硬拚。所有歷史學家都注意到，羅馬在人力軍力上優勢巨大[72]。一位歷史學家說：「實力相拚，羅馬明顯地能拚贏迦太基。」[73]

漢尼拔與西庇阿各自在二十五歲時，因戰士們不理元老反對、被推舉為統帥。兩人生辰相隔十二載，死日卻同在公元前一八三年，而且都在流放中。除軍事天才外，他們在政治上也高瞻遠矚[74]。漢尼拔對義大利人宣傳自由，對羅馬提出和議，以行動駁斥了他是個仇恨狂的誣蔑。扎瑪敗後，他有胸襟接受現實，約束好戰派，解釋羅馬的條件不太苛刻，要小心遵守。戰後國庫竭蹶，人民選他為執政以應付危機。他細查賬目，宣佈迦太基能夠支付對羅馬的賠款，不用加重人民賦稅，只用叫貪官污吏把偷去的錢吐出來。他說到做到。李維形容漢尼拔壓制權貴濫權的改革：「他因此而贏得人民的愛戴，相等於他受到權貴的痛恨。」[75]權貴和貪官向他們的天然盟友投訴。羅馬派來一隊大員。漢尼拔悄悄離開祖國，在羅馬人抓到他之前，飲毒自盡[76]。

西庇阿大捷後並不逞兇，反而約束羅馬人報仇的慾望，安排了合情理的和約，能有效地抑制迦太基，但不刻毒得叫他們懷恨記仇。迦太基保留了在非洲的地盤和內政自主權，不過必須付巨額賠款，而且不得羅馬允許，不准作任何武裝行動，自衛也不准[77]。這和約帶來半世紀的和平繁榮。西庇阿成為人民的英雄。與他對待迦太基適可而止同出一轍，他力爭理性外政，尊重希臘城邦王國的權利。最後他也不免被褊狹妒嫉的政客排擠，結束政治生涯，自我放逐。他的大政敵之一是非洲戰役時在他手下理財的加圖（Marcus Porcius Cato）。日後年邁的加圖將會用一句口號煽動羅馬人民：「迦太基必須被毀滅。」[78]

第三次布匿戰爭

迦太基人戰敗後可能更快樂：他們可以和羅馬人一樣，一心專務情所獨鍾了。羅馬在地中海東部贏得一連串勝利時，迦太基生意興旺，甚至有人說它成為世上最富有的國家[79]。作為柔順的羅馬扈從國挺愜意，除了一件事：國家安危全得看羅馬面色。這錢買不通的事真是要命。

努米底亞在羅馬的羽翼下坐大，欺迦太基不能還手，日益大膽侵佔其土地城池。兩個非洲國家時常上羅馬打官司。其時普里卜斯住在羅馬，與很多達官貴人相交。他注意到「迦太基總是吃虧，並非它不合理或做錯了，而是因為仲裁的法官偏袒，認為判它輸對自己有利」[80]。

不公平和受屈辱的感受日積月累，怨恨下的迦太基人選舉強硬的民主派領袖。公元前一五一年，抵抗努米底亞的入侵升級成戰。迦太基大敗。最糟的是，它第一次觸犯了與羅馬的和約，而且揀了個壞時機。自從兩年前羅馬的視察團稱讚迦太基繁盛，監察官加圖就不停地鼓吹要毀滅它[81]。普里卜斯說，羅馬人早就立意出兵了，「不過他們在找機會，找好向其他國家宣傳的藉口」。現在迦太基把藉口送上門來了[82]。

迦太基的請罪團到羅馬，見到它厲兵秣馬，絕望下無條件投降，任羅馬處置。元老院誇獎迦太基人識時務，許他們保留自由、法律以及全部領域，只要他們聽令而行。同時，比常規大一倍的遠征軍登船向非洲，其中不少是嚮往劫掠的志願軍。迦太基人乖乖交出所有兵器甲胄，有些頭面的公民都送兒子到羅馬做人質。然後羅馬命令他們交出迦太基城池以被爆毀。他們可以在領域內自由擇地而居，但必須離海十哩以上[83]。

迦太基人賴航海經商為生，需要靠近海邊的居址[84]。被逼移居內陸，生計枯竭。四周的努米底亞人虎視眈眈，無城壘保護，又不准武裝自衛，他們的自由，何異擱淺的鯨魚。衡量前景，他們收回投降之諾。

迦太基城裡所有公眾場地都改作日夜開工的武器製造場。不分階級貴賤，男人參加勞動，女人剪下長髮做投石機的絞索。自從與羅馬較量以來，迦太基人第一次同心協力，鬥志不下坎尼敗戰後的羅馬人。兵臨城下，太遲了。然而憑著牆高意堅，他們抗拒了無敵兵團三年。到公元前一四六年羅馬兵才能破城，還得六日六夜慘烈巷戰，才清除負隅頑抗的敵人。他們把城市洗劫一空後，縱火燒為平地。所有附屬迦太基的城鎮遭受同樣命運。只有五萬人餘生，被賣作奴隸。羅馬終於徹底解決掉迦太基[85]。

羅馬統帥西庇阿．埃米里亞努斯（Publius Cornelius Scipio Aemilianus Africanus Numantinus，即小西庇阿），文化修養深湛，是開明貴族中之佼佼者。凝視著迦太基被自己下令燃放的火焰吞沒，他低吟荷馬的木馬屠城詩句，潸然淚下，抓著身旁教師之手說：「啊，普里卜斯，這真是個輝煌的時刻！不過我有種不祥的預感，恐怕有一天，同樣的命運會降臨我自己的國家。」[86]

莫非西庇阿在火焰中見到迦太基英傑之魂？扎瑪之戰後不久，漢尼拔對他的同胞說：「一個大國很難長期保持太平。沒有外患時，內敵會滋生；即如人體，雖然沒有外症感染，內在緊張也會引發病痛。」[87]以外敵威脅作內政戒律的意念，羅馬人和中國人也有[88]。四百年前，晉楚相持。晉卿范文子主張退兵，不與楚戰：「吾先君之亟戰也，有故。秦、狄、齊、楚皆強，不盡力，子孫將弱。今三強服矣，敵楚而已。惟聖人能內外無患，自非聖人，外寧必有內憂，盍釋楚以為外懼乎？」無人聽他的勸告。晉敗楚於鄢陵。兩年後，兩個晉卿合謀刺殺晉厲公。晉國從此步上分裂之途[89]。

羅馬至今聳立為「永恆之城」。六百年後從重建的迦太基出發、接受羅馬城不戰而降的蠻人，殺掠手段遠不如羅馬人野蠻。配受西庇阿淚汪汪預感的，不是羅馬城，而是羅馬共和國的政體。十三年後，正當西庇阿清理另一迦太基餘眾，焚毀西班牙的努曼提亞城時，提比略．格拉克斯因推行土地改革而被殺，表露共和國的衰落。認為毀滅迦太基是共和國盛衰之交者，不止撒盧斯特一人[90]。

3.5 標榜自由的帝國主義

一位現代學者形容羅馬毀滅迦太基：「我們必須知道，它的凶殘性質無異於羅馬一貫的戰事行為，相差只是屠殺的量度。」[91]迦太基是宿敵，科林斯不是，但同在公元前一四六年遭受一樣待遇。它被焚燬，餘生者全被賣為奴，只因它侮辱了前來命令削弱亞該亞聯盟的羅馬大使。科林斯的廢墟位在地頸津要，震懾戰慄匍匐的希臘。羅馬繼續宣傳希臘自由自主，不過半世紀前它在科林斯運動比賽會上宣傳「自由希臘」所引起的幻夢，想必已破滅了。

地中海東部是希臘世界。公元前三世紀後期，其國際系統的重心在瓜分亞歷山大帝國的三大王國，位於巴爾幹半島的馬其頓、中東的敘利亞、非洲的埃及。此外，希臘許多內政獨立的小城邦，組織成強大的亞該亞聯盟和埃托利亞聯盟，協同外交以及其他約定項目[92]。列強大致勢力均衡，一如早百來年的中國戰國七雄。不同的是，這兒的失衡是由外來者造就。

公元前二〇〇年，剛打敗漢尼拔，羅馬即揮軍指向馬其頓王腓力五世（Philip V），不經談判便燃起戰火。普里卜斯記載元老院給腓力的信說：「如要和平，必須如此這般。如不聽令，那與羅馬開戰，在所不免。」這唯一通牒所提的要求，全是當時情況下腓力絕無可能接受的[93]。現代學者指出，這是羅馬的特色：「服從或不服從，是羅馬一貫給予希臘世界的僅有選擇。」[94]馬略表演羅馬特色，對米特里達提（Mithridates Eupator Dionysos）王喝道：「除非你能比羅馬強，否則閉嘴聽令。」一個羅馬使者傳遞元老院的通牒，在敘利亞王的腳下畫個圈子，叫他答覆了才踏出圈外[95]。羅馬人粗魯，不過他們的強權外交是希臘人慣熟的。文化深厚的希臘人更能闡論現代叫作「帝國主義」的內涵。公元前五世紀的雅典帝國（Athenian Empire）內政民主鼎盛，對外橫行霸道，一意壓制斯巴達崛起爭雄，引致希臘城邦間的長期血腥大戰。雅典對斯巴達宣稱：「弱者必須服從強者是世上的一貫規律。」島國米羅斯（Melos）要求中立，訴諸公義，雅典叫它別太天真：「實力相若才有道理可講。強弱懸殊時，強者任意而為，弱者必須順服。」[96]親身經歷的修昔底德（Thucydides）記載戰事及自由辯論，他的《伯羅奔尼撒戰史》（*Peloponnesian War*）成為強權外交的經典，今天也常為政論家提及[97]。暴力就是理由的現代歐美帝國主義「炮艦外交」（gunboat diplomacy），本是西方傳統，古代的武器不同而已。傳統不變，時移勢轉。羅馬興建帝國，希臘遇上更強的對手，屢戰屢敗，只得接受帝國主義的必然邏輯。公元前一六八年彼得那（Pydna）一戰，羅馬敗坡斯爾斯，決定性地征服了馬其頓。普里卜斯按道：「從此世人普遍接受現實：無人能避免歸順羅馬，俯首聽令。」[98]

鞭策屈服同時，羅馬宣傳自由。希臘人並不感到諷刺；這一招原來是他們自己發明的。征服者習慣一面宣傳「自由民主」以安撫戰敗者，一面加以鐐銬。「解放人民」的口號為侵略戰爭、傾覆政權披上合法的外衣[99]。羅馬青出於藍。矛頭東向，即展開「解放希臘」的宣傳攻勢，以分化挖取馬其頓的附盟。戲劇化的高峰，是公元前一九八年羅馬擊敗腓力後，執政官在科林斯運動比賽大會上宣佈，支持所有希臘城邦的自由，包括位於小亞細亞的城邦。言下宣稱：羅馬的勢力範圍直達敘利亞王國門前。不出十年，敘利亞本身也被征服[100]。

羅馬擊敗腓力後，不留駐軍而撤退。希臘人歡呼，不知主子所賜的自由，主子喜歡時隨意收回。兵團三年後重臨，此後再三再四，終於長留。彼得那戰役後，羅馬把馬其頓分割為四個隔離的政體，關掉它們興隆的礦場，吃掉它們一半的稅收；但要等二十年才兼併它們。羅馬是個標榜自由的帝國。「馬其頓的人民一定自由！」它宣揚：「所以世界上的自由人民都應知道，他們的自由在羅馬人民的保護下，永遠長存！」同樣地，兵團宣佈將從馬其頓的舊盟國伊庇魯斯撤退，讓伊庇魯斯的人民「像馬其頓人民一樣自由」。用同一口氣，軍隊命令伊庇魯斯人交出金銀，隨著展開有系統的洗劫。十五萬名剛受到自由保證的伊庇魯斯人，發現自己身陷奴隸拍賣場[101]。

無論民主或寡頭，希臘城邦一般包含多個黨派集團。公元前一八〇年開始，羅馬積極介入城邦內政以鎮壓反抗。官將巡察自由的城邦，表示知道誰熱心擁護羅馬、誰只是敷衍應付，宣布敷衍者與叛徒同罪。於是人人膽戰心驚。羅茲島（Rhodes）的反羅馬人士多數身亡，不少是自盡。一千名亞該亞聯盟的首席公民被送到羅馬作人質。十六年後，只有三百名倖存回鄉，其中之一是普里卜斯。從另一方面看，通敵賣國的希臘人也是不少。政客為了加強自己的地位，求外人介入內政權力鬥爭，是希臘民主政體的一個傳統[102]。譬如，亞該亞聯盟的卡里卡拉提斯（Callicrates）堅持，凡是羅馬的要求，都必須盡忠執行，不顧法律、盟約、誓言，不理對錯，不管一切。他們之流，儘管被希臘學童在街上罵作「賣國賊」，在羅馬翼下卻跋扈囂張[103]。有現代學者按道：

「羅馬的枷鎖，是由希臘人的手，加在希臘頸上的。」[104]

只要它們服從羅馬的命令，別的事希臘城邦可以自由辦理。它們習慣性的爭吵給予羅馬不少藉口去扶友鋤敵。亞該亞聯盟想勸止斯巴達退出。羅馬不但命令聯盟讓斯巴達去，而且命令科林斯及一些珍惜聯盟的城邦脫離。在科林斯集會的亞該亞議員不忿羅馬削弱他們的聯盟，侮辱了羅馬的傳令使者。羅馬再遣使者，說無意削弱聯邦，但重複同一命令。亞該亞盟國決定保衛它們的聯盟。廣泛的人民支持不抵羅馬兵團之鋒。科林斯變為廢墟[105]。

「文字不能表達海外人民對我們的仇恨，因為我們派遣去管轄他們的人，行為貪婪橫暴得可恥」，西塞羅告訴羅馬人[106]。難怪米特里達提大受歡迎。他不過是個波斯種希臘化邊陲小國之王，但公元前八十八年起事，即贏得大部分希臘城邦擁護，連雅典都投過去了。有了撐腰，希臘人積怨並發，約八萬名僑居的義大利人罹難。羅馬雖然內政紛爭，仍然重手鎮壓。蘇拉不惜發動內戰，搶做統帥去教訓米特里達提。米特里達提敗北，喘口氣捲土重來。最後龐培四年東征，剪除米特里達提，改革政治，公元前六十四年把敘利亞組織成行省。至此，一個有明確統治疆域的羅馬帝國成型（地圖八）[107]。

地中海西部的野蠻人剽悍，數次打敗羅馬兵，不過沒有人能抵擋羅馬堅毅的求強意志。地中海平定後，羅馬北越阿爾卑斯山，侵佔今天的法國。凱撒征服高盧是羅馬最出名的帝國戰役，也可謂是征服希臘的縮影。凱撒始而宣傳解放高盧人民，終而剝奪了他們的自由。他並無全盤計劃，只是不放過任何挑釁的機會，無論是盟友是敵人，或是隔著海峽的不列顛，只要有可能就打；說是保衛義大利安全，並受到羅馬人無窮讚美。八年征戰，他為共和國贏得一大行省，也為自己贏得巨大權力。至於高盧原來的居民，三分之一被殺，三分之一被賣為奴。這些由普魯塔克提供的數字可能誇大，但虎口餘生的老弱孤幼殄瘁枯竭，則毫無疑問。凱撒率兵去後，沒有大規模的叛亂爆發。輝煌的戰役不但征服而且綏靖了高盧[108]。

3.6 義戰與聖戰

「高盧人為自由而戰，但那是什麼自由？沒什麼證據顯示，假如由得他們，他們會化解彼此紛爭。如是，一代人流血、受苦、死亡，但後代享受和平，全得感謝他們先人的犧牲，以及偉大征服者的英明安置。」這對凱撒征戰的評價，來自鼓吹自衛性帝國主義的現代學者[109]。「他們擄寇、屠殺、掠奪，謊言美譽為帝國王權。他們製造了荒無人煙之地，叫它和平。」生逢帝國全盛時代的羅馬首席史筆塔西佗（Tacitus），把這針對羅馬征戰的名句放在一位抗戰領袖口中[110]。

「竊鉤者誅，竊國者為諸侯。諸侯之門，而仁義存焉。」戰國時莊子道破虛偽面具[111]。凱旋的侵略者撰寫歷史，歪曲事實，以仁義粉飾強權，使正義受到雙重打擊。詆毀敗家，於暴力傷害上加道德冤枉。正義之名也被僭稱玷污，一如名牌被假貨連累。

秦始皇為自己滅六國辯護，數戰國時各國的暴行，總結曰：「寡人以眇眇之身，興兵誅暴亂，賴宗廟之靈，六王咸伏其辜，天下大定。」[112]他不得響應。秦朝十五年而亡，歷史當然由反叛它的對頭來寫。司馬遷的評述比後世公允：戰國七雄皆「務在強兵併敵，謀詐用而從衡短長之說起，矯稱蜂出，誓盟不信」。在這詭譎暴戾的時代，「秦取天下多暴，然世異變，成功大」[113]。

按照羅馬帝國的大詩人弗吉爾（Publius Vergilius Maro）所說，羅馬到處征討乃奉行四大使命：扶弱、鋤強、統治天下、以法律輔治太平[114]。羅馬帝國的自我宣傳比秦始皇要成功得多，而且得後世模仿。十九世紀中葉，歐美帝國主義威風，高級知識分子發明自衛性帝國主義論以開脫侵略：「羅馬只希望隨其所好、自由行動，不意成為時局的犧牲品。」[115]此論主導學府逾一百年，到一九七〇年代才開始式微。新一代的學者揭發羅馬深固的軍國主義，指責其帝國主義之旨不在自衛而在掠奪[116]。然而世情如轉燭。二〇〇三年美國入侵伊拉克，帝國鋒頭復勁，自衛性帝國主義論又死灰復燃[117]。歷史評論所暴露的，不止評論的對象，還有評論家本人的性質。

自衛性帝國主義論的一個論證，是羅馬征服別國後，往往要等很久才吞併它的領土。不錯，而且戰國也一樣。秦在公元前三五二年首次攻取魏的安邑，六十六年後才兼併它。它取蜀後三十一載才廢去蜀侯，設郡統治，耐性比羅馬之待馬其頓還長[118]。秦這麼做，理由主要在軍政，不在道德，羅馬也一樣。兩者都不輕率，知道毀滅敵人的軍隊，不過是擴張的第一步。鞏固政權的漫長路程更艱巨危險，更需要資源。佔領敗國會冒險讓起義者潛心伺候，窺隙而動。守軍不足，徒供給義軍攻擊的目標，甚或讓他們奪得軍庫。強大的駐軍又容易誘發將領割據的野心。國家的人力資源有限，無所不守則無所不寡。與其分散兵力，到處佔據駐守，讓義軍操主動，不若退而保留強大的機動軍隊，自己暫時羈縻，抓緊主動，隨時可以降臨，痛加懲罰，以阻嚇不軌。此外，機動軍還可以征伐新的地域。羅馬勝利後退兵，戰爭勝利後歸還土地，並非正義仁慈，而是摒棄呆板守勢，採取靈活攻勢。它們自己選擇時機重臨敗國以加強控制。羅馬之對付迦太基，便是好例子。

希臘羅馬和東周列國雖然侵略性強，但皆有義戰的思想，而且不只用作粉飾宣傳；顯著的無道猖獗會引起對自己不利的公憤抗意。楚莊王所謂「止戈為武」，並不單指「武」字的結構：「夫武，禁暴、戢兵、保大、定功、安民、和眾、豐財者也。」此等義戰思想，即使在兵法和主張富國強兵的法家論著中也常見。公元前五九七年楚莊王剛在邲地勝晉，登上霸主之位，但長篇檢討自己行徑，結論曰「武有七德，我無一焉」[119]。孟子說「春秋無義戰」[120]。司馬遷認為戰國更糟，史學家一般同意。

亞里斯多德說，在三種情況下，戰爭是正義的：「其一，防止我們被別人奴役；其二，使我們取得霸主hēgemōn的領導地位：領導是為了照顧臣民的利益，而非為了奴役他們；其三，讓我們成為那些天生奴隸的主子。」[121]西塞羅說羅馬的征伐是為了生存，保護盟友，或建立帝國，三者都合義。毀滅迦太基和努曼提亞，肯定屬正義；毀滅科林斯，或可斟酌[122]。

防衛性帝國主義論說羅馬出兵海外是為生存而戰；當沒有實在威脅的時候，羅馬人想像自己有危險，部分因為他們對東方政事無知[123]。此論被詳細踏實的研究推翻。史實證明希臘世界自己困難重重，無暇也無興趣去理會遙遠野蠻的義大利[124]。而且羅馬人也不是那麼無知，不過別有居心而已。很多羅馬貴族學習希臘文化，因而相當熟悉東方情況。不過他們的知識，被摒棄在軍政決策之外[125]。貴族渴望榮耀，用嚇唬手段博取統帥之職；政客危言聳聽，煽動人民宣戰。存心不看事實，連年發兵攻擊遙遠的國家，哪有半點自衛的意味？

預防之戰（preventive war）並不同戰事上先發制人（preemption），前者主觀，後者客觀。若對方積極備戰，隨時進攻的證據確鑿，先發制人可算是先見的自衛。預防之戰卻既無目前威脅，又無客觀證據，只憑主觀猜想，空說將來可能有問題，便發兵打人，例如美國入侵伊拉克。不論國際法律或義戰理論，都認為預防之戰無異於侵略之戰[126]。

防衛性帝國主義論與羅馬人一般，把預防之戰當作自衛。加圖鼓吹毀滅迦太基便是一例。加圖翻五十年前的舊賬煽動民情，但毫無客觀證據顯示歷史可能重演。據普里卜斯觀察，扎瑪敗後的迦太基人一直對羅馬俯首帖耳。他們本身居富柔弱，傳統的僱傭兵源又被羅馬封閉。連努米底亞小國都打不過的膿包，怎能如加圖所說，危害到超級強大的羅馬？無數類似例子引致學者總結說，羅馬一貫認為世界上只要存在一個真正獨立的國家，或一個將來可能會強大得有力攻擊自己的國家，都是威脅，都值得開戰抑制[127]。把這等橫蠻態度算作「防衛」，是否反映評論者本身侵略成性？

要把救護盟友作為開戰的理由，我們必須注意結盟的條件。戰國盛行合縱連橫，但這等聯盟一般被認為不過是權宜手段，不成義戰的理由，如《呂氏春秋》說：「不別其義與不義，而疾取救守，不義莫大焉。」[128]同樣地，討論義戰，必須研究羅馬盟友的身份及其要羅馬救援的理由。羅馬為救援馬梅亭人進攻西西里，因而引發布匿戰爭。且不論馬梅亭人凶殘，幹下許多羅馬法律不容的暴行。問題癥結是，馬梅亭人在與迦太基和敘拉古交戰之前，與羅馬根本沒有任何盟約。羅馬蓄意選擇一個身陷戰火的新盟友，以救援為挑釁的藉口。現代學者評按：「公元前二六四年的事件開明顯先河，後來成為羅馬的標準手法。羅馬在沒有任何盟約束縛下，明知後果是對兩個新敵人開戰，仍欣然接受馬梅亭人為新盟友……這手法可以提供守信赴盟的道德大旗，用以掩飾任何侵略擴張。」[129]

亞里斯多德的第三類正義戰爭（just war）關乎自由和奴隸：「狩獵是應該的，不單是對付野獸，而且對付那些自然注定要受人控制、但卻不肯服從自然法則的人。此等戰事，自然正義。」[130]希臘人多以非希臘人為野蠻，更認為野蠻人的天性與奴隸無異[131]。雅典人推衍自由和奴隸的概念，用以推廣「正義戰爭」的範圍。他們說小亞細亞的希臘城邦一度投降給波斯，所以永遠淪為奴隸，不配自由，應受攻擊。雅典自己民主興旺，是最自由的城邦，因此應該控制他們，享受無窮的自由權益[132]。現代學者研究古典希、羅世界的自由概念，發現它有三大根源，民主和奴隸之外，第三就是帝國強權[133]。三者都是雅典在世界歷史上領先，把「自由」變為壓逼別人的手段、實行帝國統治的理由。熱愛自由與熱愛強制支配別人密切相連，成為希臘的特色之一[134]。自由地壓制別人這一思想，最合羅馬性情。西塞羅論說，羅馬人比世上所有其他人都優越，獨得諸神青睞，授予統治世人的自由。「自由是帝國王權的特權。」[135]以強權的自由為「義戰」，中國並無此思想。

羅馬人把其帝國王權歸溯至天神。西塞羅說：「我們能征服所有國家民族，皆因我們謹嚴地遵奉宗教，明智地把握最高真理，即所有事物，全屬諸神主宰。」[136]羅馬人堅信他們的帝國是諸神的旨意，凡是諸神站在他們一邊的戰爭，都屬正義，因此不遺餘力討好諸神，一絲不苟地執行祝福戰事的宗教禮儀。不過這些宗教禮法並不理會面臨的戰事是否合乎道德。諸神的意向明顯：羅馬戰勝，即證明諸神意許、戰事正義。敗仗或許不正義，但為下一仗提供好理由：報仇雪恨，贖回榮譽[137]。

羅馬的正義之戰訴諸神意，亞里斯多德正義之戰的第三準則訴諸自然規律。撇去羅馬宗教和希臘自然規律的細節，留下的是個較為抽象的通用理念：戰爭有天職，它的最終理由是執行超越人類的神聖使命。這普遍性的理念，應用到另一神祇，盛行於地中海另一民族[138]。《聖經．舊約》裡，上帝命令以色列人：「主上帝賜給你們承繼的城鎮中，你們不能讓任何有呼吸的生物活著，必須完全殺掉他們。赫太人、亞莫里塔人、迦南人、庇里茲塔人、赫維提人、耶布斯梯人，統統殺盡，如主上帝命令。」「現在你們去攻打阿馬力，把它一切全部毀滅。不要放過什麼，要殺盡所有男人和女人、小童和嬰兒、牛和羊、駱駝和驢子。」[139]以色列人一一遵令：若不趕盡殺絕，上帝即嚴加懲罰[140]。基督教成為羅馬國教之後，有歷史學家引用上帝之命以訓誡容忍野蠻人[141]。影響更深遠的，聖奧古斯丁結合希臘羅馬思想和猶太基督教的意念，啟發了西方「正義戰爭」的傳統理論，包括讚許有超越使命的聖戰。聖戰的例子，莫如從十一世紀開始，基督教國度對伊斯蘭教徒的十字軍東征。聖戰的目的並非可觸摸的事物，而是絕對的理想，所以無情可講，比一般戰爭更血腥殘酷[142]。

很多戰爭有宗教意味，但並非聖戰。聖戰基於神的偏向：我們的行動是神聖的，因為它是神的意志。正義之戰基於道德：神祐我們，因為我們善良，或我們的敵人邪惡。後者一例，是周人發明以申辯伐商有理的「天命」。上天監視四方，見殷商惡待人民，所以把天命轉授文王，同時加以警戒：「天命靡常」，「宜鑑於殷，駿命不易」[143]。滅商後，周封殷室賢良之後於宋。中國的超越意念，像蒼天般覆蓋兼容萬物，沒有肅清異教的聖戰意念。西方學者發現義戰的概念洋溢《武經七書》及其他軍政經典；「然而在中國文獻中，我找不到像《聖經．舊約》般證明殺盡整個民族的聖戰是正義的」。[144]

3.7 戰國與戰士之國

國際舞台多數是無政府狀態。國與國之間競爭露骨，卻又難知彼此底蘊。若怨憤積聚，憂患感會驅使各國自強，甚至被捲入軍事競賽的漩渦。然而，即使環境艱難，仍有不少方法態度去衡量風險、制定對策。有人覺得打仗是樂趣，也有人不得已而打仗，但既做一件事就要負責做好它；狂暴的漩渦籠罩著歐亞大陸東西兩端各數百年，顯示出兩種觀點。

一位傑出的古史學者說：「值得注意的是，對帝國強權，雅典或羅馬的內部均無抗議。在雅典，我找不到半點反對意見。在羅馬，只有一絲微弱呼聲。」[145]羅馬人認為任何欲振威德的國家都必須從事戰爭，因為戰爭是高貴的行動。羅馬海外征戰不斷之時，文獻中差不多沒有渴望和平的意念[146]。相反地，戰國時儒、道、墨家異口同聲譴責他們無法阻止的戰亂。羅馬人凱旋遊行，老子提議「戰勝，以喪禮處之」[147]。這不止是無權勢者的呼籲。力圖強兵的法家，以及寫兵書的將軍，都同意戰爭不及政治，最好不戰而勝。在秦都咸陽城門上公佈的《呂氏春秋》便明言：「凡兵，天下之凶器也；勇，天下之凶德也。舉凶器，行凶德，猶不得已也。」[148]這中國特色頗惹西方學者矚目：「與希臘羅馬相反，中國傳統文化視戰爭為無可奈何的凶事，別無選擇才採取的行動。」「這兒我們看到中國傳統的和平主義傾向。戰爭很難獲得榮譽，因為理想上它根本不應該發生。所有道德全向和平一面倒。」[149]

不論理想如何，現實無情。空說仁者無敵，以為讓人民掣木棒便能打敗敵人之堅甲利兵，其實沒有認真關心人民的死活，只會導致原可避免的傷亡。軍備國防是政府不可卸的責任，不過它是否凌駕所有其他責任之上，則看各國的價值觀念而定。秦的農戰政策「兵動而地廣，兵休而國富」[150]。羅馬本身的公民兵團也兼顧軍事和經濟，但它聯盟下的義大利扈從卻專注戰爭。羅馬所索的唯一「稅貢」是自備武裝的軍隊，因此只有領導扈從出征才能得聯盟之益。一年和平，等於豁免扈從一年稅，所以學者說「征戰是羅馬義大利聯盟的命脈」[151]。

義大利本土在第二次布匿戰爭中飽受摧殘，亟望重建。然而甫勝漢尼拔，元老院即驅使筋疲力倦的人民開闢新戰場，進攻馬其頓[152]。長平不在秦本土，然而大捷後，秦昭王因為人民疲憊，拒絕白起乘勝滅趙之請，休兵九個月。秦王政決意統一中國，戰事緊張時，猶聽取韓國水工兼間諜鄭國的理性分析，抽調人力完成灌溉農田的鄭國渠[153]。對「槍或牛油」的輕重取捨，可見兩下黷武窮兵的程度不同。

初讀古典文獻，即得不同的印象。關於羅馬共和國的史籍滿載勇猛戰役、光榮勝利，實寫細描。這些熱血豪情的大場面，使記載帝國昇平的塔西佗眼紅：「他們的題材是輝煌大戰、交刃屠城、滅國擒王……我的題材，唉，真是狹窄而不光彩。和平難得間斷，有時簡直無止無終。」[154]相反地，中國史墨對戰事無甚興趣，寥寥數筆，難得提一下戰術[155]。由於史筆選題不同，我們知道羅馬人實際上怎麼打仗，遠過於我們知道中國人怎麼打。

中國沒有近乎凱撒《高盧戰記》（*Commentari de Bello Gallico*）的戰史，但在軍事理論上卻勝一籌。漢初張良、韓信整理歷來兵法，凡一百八十二家，刪取要用，定三十五家[156]。孔子同時的孫武所作的《孫子兵法》最為精到。然而高妙的理論不能保證勝利。雄辯的學者，或有經驗的將軍，你寧願與誰對敵？秦明智地選擇前者。為了打破長平僵局，秦用間，使趙王以飽讀兵書的趙括替代老將廉頗。趙括送掉趙軍，帶來一句成語：紙上談兵。韓非曰：「藏孫吳之書者家有之，而兵愈弱；言戰者多，被甲者少也。」[157]羅馬人聽了大概會點頭稱是。羅馬壯男人人披甲，普通士兵所受的尊敬，比秦以外的中國士兵高得多。兵團以自己的傳統和主動性為榮，使戰士有歸屬感。羅馬人一般認為在城邦神祇的護佑下，兵團自能取勝，個別將領的戰術戰略只屬次要，所以共和國戰績浩然，卻名將無幾[158]。

「羅馬人似乎是手握兵器出娘胎的。他們訓練不輟，從不待危機才臨急備戰。」這一世紀史筆約瑟夫斯（Titus Flavius Josephus）的評述，得到現代學者同意：「羅馬整個社會，從高到低都黷武窮兵，其程度遠過任何希臘城邦，包括斯巴達在內。」[159]農民戰士是公民大會的主幹，操和戰之決定權。他們欣然忍受沉重傷亡，從事艱苦的海外遠征百多年，顯露羅馬的軍國主義，扎根在廣大人民心中[160]。一位史家把美國冷戰時的口號贈予羅馬，說它是個「戰士之國」，其公民「真心情願為國家『負任何重擔、作任何犧牲』。」[161]

戰士不同角鬥士或武術師；後者各自為政，缺乏培養戰士團結紀律的共同目標。中國不乏個人英雄主義，戰國時的壯士豪氣，尤其蓬勃。荊軻、豫讓等刺客凜然赴難捐軀，以報知遇之恩，不過其中之佼佼者[162]。東周列國莫不利用當時士氣，但所用的手段不同。齊國訓練技擊之士，不論戰事勝負，誰斬到敵首誰就得賞，好像僱散工，士卒雖然個人武功高，但軍隊遇到強敵容易渙散。魏國選擇勇猛之士，通過嚴格考試者免徭役、利田宅；雖得銳卒，但龐大的費用腐蝕國力。荀子比較各國的軍事制度，發現齊和魏皆不及秦[163]。

秦的法治尚公共精神。荀子注意到，秦人本性酷烈好鬥。商鞅變法，嚴禁私鬥，以農戰為上進的唯一管道，組織全民，集中勇氣，用於國事[164]。其結果今天尚歷歷見諸始皇墓側的兵馬俑。雖是陶製，戰士們風骨傲然，不愧他們所受的尊榮。巧手工匠賦予七千多名戰士個個不同的獨特性格，充分表現對普通士兵的敬意[165]。日後皇朝重文輕武，士卒所受的可恥待遇，如宋時要像罪犯般在臉上刺字，與此真有天淵之別。

變法後的秦和羅馬共和國早中期一樣，軍隊主要是徵發農民。現代國家賴以動員國力的全民徵兵制，它們早已爐火純青。法定每個男子一生有義務在適齡期內服兵役若干年月，然而國家未必需要人人都盡此義務。很多人只入伍部分限期，很多從未被徵發。不應召時，兵冊上的後備人員照常生活，從事生產。國家以可徵軍力計算國力。把可徵兵冊的人數錯當作常備軍，是宣傳家誇大譴責黷武的手法。

秦人的兵役年期約在十五到六十歲之間。每人一生要服役兩年，不一定連續。出土秦簡顯示，兩年的期限不一定準確，但去事實不遠[166]。長平膠著三年、秦斷趙糧道後，秦昭王親自跑到前線，盡發附近十五歲以上的男子，各賜民爵一級，令他們去阻擋趙軍增援。這次地區性的全民動員為時不足兩個月[167]。譴責秦兵役暴酷的儒生可以看看羅馬。羅馬男人在十七到四十六歲的年齡之間有兵役義務，法定的一生限期是十六年，危機時可以再加四年。新近的研究顯示，羅馬海外擴張後，不少人就算不服足限期，但亦不止以前推測的六到七年。公元前二〇〇到公元前一六八年間，每年平均百分之十六的公民在海外服役。公元前一世紀的戰役，三分之一的壯男連續入伍數年。軍人脫離生產，要靠別人供給軍餉。若非羅馬的軍費有搶掠和奴役補償，它長期的高度徵兵率足以拖垮經濟[168]。

秦和羅馬各有詳備的獎罰系統以激勵軍心。秦軍野戰斬首兩千人，或攻城斬首八千人以上，各級將吏皆得獲獎升爵[169]。羅馬軍一次戰役殺敵超過五千人，將領獲得貴族最嚮往的榮耀，凱旋遊行羅馬城。帝國擴張年間，平均每年皆有一次凱旋遊行[170]。

個別秦兵斬得甲士之首，即升爵一級，並得田宅，由地方官吏配發。「富貴之門，必出於兵。是故民聞戰而相賀也。」[171]羅馬兵團有規定程序，令士兵掠奪得酬報。為了洗劫投降了的伊庇魯斯，軍隊配合在七十多個城鎮同時行動，使人無處可逃。他們先收集人民依令交出的金銀，然後在同一時間，發訊號開始搜奪[172]。劫掠摧殘人民，但若有紀律地進行，能訓練士兵合作。劫得的財物聚在一起，然後公平分贓，加強兵將團結，不像秦的首功，有時會引發士兵為搶首級而自相殘殺。

對不願為賞冒險的人，秦和羅馬擅長施肉體上和精神上的壓力。秦兵攻城時怕死退避，即在城下眾前受黥刑或劓刑。一伍中一人逃亡，其他四人皆判兩年苦工。秦法務使人民不敢怯戰，「父遺其子，兄遺其弟，妻遺其夫，皆曰『不得，無返』，又曰『失法離令，若死我死』。」[173]羅馬士兵在嚴格訓練下養成深刻責任感。任何人守夜時瞌睡或擅離，即在全營前被杖殺。集體犯法者面臨十一抽殺：一隊人潰退，即任意挑十分之一人，營前杖殺，餘者罰任危險低賤的職務。普里卜斯記載「仗敗時，不少戰士縱能僥倖，亦寧願戰死，以免日後忍受無可逃避的恥辱和親友奚落」[174]。

3.8 戰事與軍紀

有些學者引東周列國戰事頻繁，說中國比羅馬好戰。其實他們以蘋果比橙，犯了範疇上的錯誤。東周時，中國並非一個國家，而是一個國際系統，類似整個地中海區域。西方缺乏《春秋左傳》般的詳細編年史可供統計，但無紀錄並不等於無戰事。從零散史籍可見，古典地中海區的大小戰爭，數也數不清。

可與羅馬相比的，不是中國，而是個別諸侯國。春秋時代，最繁忙的是晉國，平均大約兩年中一年有戰事。公元前四五三年三家分晉，到公元前二二一年秦一統天下，兩百三十二年間，秦至少有一百一十四年動兵[175]。自從羅馬兼併拉丁鄰居以後，近三個世紀，它差不多每年都開戰。說精確一點，公元前二六四年兵團入侵西西里，到公元前四十九年凱撒進軍羅馬城，兩百一十五年間，羅馬至少有兩百零三年動兵。它習戰為常，即使在黷武的古代也屬罕見。雅典在波斯戰爭後的一個半世紀，也不過是三年裡兩年赴戰而已[176]。不過請注意，即是雅典，也比中國最好戰的秦國勤於動兵。

戰爭的規模比較難說。寫成西方第一部詳細戰史的修昔底德注意到：「當事雙方所提供的數字根本不可靠，因為誇大自己的兵力是人之本性。」[177]羅馬的軍力比較容易估測，因為其兵團編制劃一，執政領兵有常規，而且史筆注重實力，資料較為齊全。共和國最大型的長期外戰是與漢尼拔較量，高峰時它每年發兵二十四萬人。共和國末年的內戰，最大一仗在公元前四十二年的腓力比（Philippi），雙方共出動二十萬名羅馬公民兵，以及數目相若的附屬兵[178]。

中國的「萬」最容易被濫用。「十萬軍」常見戰國史籍。長平對峙三年，據說趙國喪失了逾四十萬精壯，但它還有餘力強韌保衛邯鄲，使秦攻三年不下。鑑於其時的生產力，要有盈餘長期給養大軍，不是文墨渲染那麼容易。一百多年後中國統一，人口增長，鐵器盛行，生產力高揚，經濟繁榮，漢武帝傾全國之力擊匈奴，興師十三萬到三十萬人，《漢書》說弄得「天下虛耗，人復相食」。說戰國七雄，隨便一個能動輒發兵數十萬，實在令人懷疑。《史記》載楚漢相爭時，「項羽兵四十萬，號百萬；沛公兵十萬，號二十萬」。《三國志》載曹操下江南，把軍力誇大了五倍。《漢書》載霍去病勝匈奴，「降者數萬人，號稱十萬」[179]。誇大兵力以事宣傳的習慣，是否戰國時代已經養成？

中國的戰術重視攻心及出其不意，所以《孫子兵法》能成為今天西方商學院的讀物。戰術之一是能而示之不能，佯弱驕敵，使其大意犯錯。公元前三四二年齊伐魏救韓，軍師孫臏設計，命令齊軍入魏境後逐日減少行營的灶。在隨後的魏將龐涓眼中，灶稀顯示兵士逃亡，加強他鄙視齊兵怯弱的主觀。他輕騎追趕，結果在馬陵中伏，全軍覆沒[180]。羅馬將領中，西庇阿和凱撒是例外；其他人喜歡直截的列陣交鋒，咒罵漢尼拔的伏兵奇襲[181]。不過，對他們有利時，他們也樂施詭計。公元前二〇七年，哈斯杜魯拔（Hasdrubal Barca）翻越阿爾卑斯山到義大利，企圖與其兄漢尼拔連上。羅馬結集兩個執政官領的軍隊，又怕哈斯杜魯拔見敵軍太強而拒絕會戰。於是命令後到的軍隊，在夜色掩護下潛入先到者的行營。兩支軍隊擠住一個營，騙住了哈斯杜魯拔，直到每個軍隊各自依規律吹宣揚其執政官的喇叭[182]。

破壞敵人的策劃能力，使其不戰自亂，是中國兵法原則之一[183]。《孫子》有用間篇，並曰「上兵伐謀，其次伐交，其次伐兵，其下攻城」[184]。戰國勤用間諜，秦亦不例外。范雎向秦昭王解釋怎樣圍陘城以使韓國就範：「今王將攻韓圍陘，臣願王之毋獨攻其地，而攻其人也。王攻韓圍陘，以張儀為言。張儀之力多，且削地而以自贖於王，幾割地而韓不盡。張儀之力少，則王逐張儀，而更與不如張儀者市。則王之所求於韓者，言可得也。」[185]一如羅馬利用希臘叛徒，秦在敵國中找尋迂闊貪安的卿大夫交易，誘他們暗中賣國。有耿直能幹的官將就設法用間剷除。趙的名將廉頗和李牧，就沒死在沙場而死在朝廷權謀。

間諜陰謀是血腥，但與沙場上的殺戮不可同日而語。有西方學者斷章取義，把范雎的「毋獨攻其地，而攻其人」歪曲為「a policy of mass slaughter」（大規模屠殺的政策），以示中國崇尚暴力[186]。恐怕是情人眼裡出西施，凶人眼中出暴政。伐謀用間正是要減低戰事傷亡，避免大型屠殺。戰國相爭，一般不求趕盡殺絕。孫子謂「圍師必闕，窮寇勿迫」。商鞅曰「潰而不止，則免」[187]。避免窮追猛打，也避免自己因敵人困獸之鬥而損傷。這種軍事想法與西方不同。一位世界軍事歷史學家寫道：「無論會戰、攻城或消耗戰，西方戰略的宗旨一貫是全部摧毀殲滅敵人。這與世界上其他社會的軍事行為相反。希臘甲兵和羅馬兵團斷然殘酷，很惹古代作家矚目。現代早期，意味『絕不留情』的『羅馬之戰』（bellum romanum），成為歐洲經略海外的戰術標準。」[188]

人們圍觀行刑或欣賞角鬥士互砍的時代，戰爭殘酷，並不出奇。無人因武器大殺傷而不安。水火無情。火是古人普遍喜愛的武器，如羅馬兵攻入迦太基後四處縱火，清除殘墟以便巷戰進展。躲在房屋中的老幼多被燒死，也有隨樓塌而墮，頭焦足折，壓在瓦礫下哀呼[189]。中國的地理宜用水。戰國常堵河破堤，引水淹沒敵人的田地，或浸蝕城池堡壘。公元前二七九年白起伐楚，楚軍堅守鄢城。白起築長渠，引洪水沖破城牆。水從城西灌到城東，百姓隨水流，死於城東者數十萬，城東皆臭，因名為臭池[190]。大水就像地毯式轟炸。或許白起意在楚軍，百姓不過是附帶犧牲品，並非國家實行恐怖主義的對象，但對淹死者來說，這不過是宣傳空話罷了。

搬取敵國宮殿的庫藏，不同搶劫老百姓的家室，摧毀他們的生計。然而軍隊要紀律嚴明、補給充分，才能分清二者。理想中，《呂氏春秋》說義兵「不虐五穀，不掘墳墓，不伐樹木，不燒積聚，不焚室屋，不取六畜」[191]。實際上，受孟子多年友情教化的匡章領齊軍伐燕，尚不能勒止部眾暴虐，使燕人叛變[192]。其他戰國軍隊的行為如何，可想而知。

軍與民的界線，在中國模糊不清，在希臘羅馬世界幾乎不存在。在那兒，蓄意屠殺，司空見慣。希臘有記載的戰事中，約四分之一涉及屠殺俘虜，賣俘為奴同樣普遍[193]。雅典擊敗同文同種的米羅斯後，即把男人殺盡，婦孺全沒為奴[194]。殘忍如希臘人，見到羅馬人的凶暴，仍不免膽戰心驚。羅馬法例擔保，凡在攻城開始之前未投降者，都難免有屠城之災，但它不擔保投降者安全[195]。普里卜斯形容公元前二一〇年攻陷新迦太基：「西庇阿估計有足夠的兵眾入城。於是依照羅馬慣例，派大部分去對付城中居民，命令他們見人就殺，一個不留，不聽到開始洗劫的訊號，不許止殺務搶。他們這麼做，我想是為了散佈恐怖。所以在羅馬人攻佔的城鎮中，常常可見不單是人，連狗也被砍作兩段。這種屠殺，在新迦太基非常巨大。」[196]他們有權這麼做。柏拉圖、亞里斯多德、李維等都證實，根據希臘羅馬的戰爭法律，「戰勝者對其勝利的成果，自然地取得無條件的絕對財產權……不論人或物，他們有權毀滅，亦有權保留以自利」[197]。不盡用這權柄的勝利者贏得仁慈的稱譽。奧古斯都在其《功績錄》（*Achievements of Divine Augustus*）裡寫道：「當外國民族能被安全地赦免時，我喜歡保存他們甚於根絕他們。」[198]寬容的微笑同時宣揚自己毀滅別人的權柄。現代學者評說：「他所表現的坦然良心，比危言恐嚇更可怖。」[199]

注重事實的學者指出，古代史籍所述的大整數，億億萬萬，一般不可靠，必須廣徵旁證，細心分辨。大傷亡數字，尤其不可靠。人們慣於為了逞威而誇大自己軍力，為了爭功而渲染敵人傷亡。戰場混亂，更使統計無比困難[200]。以今天的計算機和高級情報科技，統計二〇〇三年美國入侵伊拉克以後六年間伊拉克人民的死亡數字，結果落差甚大，由九萬八千一百七十到一百零三萬三千人不等[201]。記住這警告，我們可以看一下常舉的數字，以領略古代暴力。中國統一之前的一百三十年間，戰火達頂峰，秦據說共殺了一百五十萬名敵人。有「人屠」之稱的白起最兇猛；他三十年間四大戰役，包括滅鄢，殺人逾一千萬名。其時，全中國的人口約兩千萬人[202]。秦以暴稱。凱撒有寬厚之譽；有時他不殺掉所有戰俘，只砍掉他們的手。他八年高盧之役，據說殺敵四十萬人到一百萬人之間。其時高盧的人口約三百萬人。加上內戰和東方之役，一說他的兵團結束了一百二十萬條生命[203]。所有數字都包括士兵和平民、在種種情況下死於刀劍水火者。這樣的大屠殺，要到由宗教引發的基督教歐洲三十年戰爭，才得超過。那次列強的陣亡共達兩百一十萬人，全民死亡逾五千萬人。第一次和第二次世界大戰，列強的陣亡分別達七百七十萬人和一千三百萬人，那還不計平民傷亡，不計中國和其他不算列強的國家[204]。

凱撒報導說，征服阿土亞土刺（Atuatuci）後，他把城中男女老幼，共五萬三千人，一批賣掉。整個高盧戰役，他所賣的奴隸，高達一百萬人，收入滿足了他的將領士兵[205]。他得益於高效率的奴隸買賣市場。白起沒有這便利，長平勝後，為大批戰俘頭痛。他盤算：「趙卒反覆，非盡殺之，恐為亂。」三年後，他因不肯指揮圍攻邯鄲而被貶。接到自裁之劍，他呼道：「我何罪於天而至此哉？」良久，曰：「我固當死。長平之戰，趙卒降者數十萬人，我詐而盡坑之，是足以死。」遂自殺[206]。

註釋

❶ Parker 1996: 1-3.
❷ Starr 1991: 456-7.
❸ Hui 2005.
❹ Hui 2005: 95. Li, X. 1985: 327f.
❺ Luttwak 1976: 2. Yates 1999: 29.
❻ Horace quoted in Hopkins 1978a: 76, 79.
❼ McNeill 1982: 148. Mann 1986: 161-165.
❽ Collins 1978. Mann 1986: 161-165. 呂思勉 2005a: 144.
❾ Fuller 1965: 88-9.
❿ 《史記》40: 1731。Polybius 5. 104。
⓫ Bodde 1986: 20. 張分田 2003: 686-7。
⓬ 唐長孺 2011: 238-9。
⓭ 《史記》55: 2044；6: 277。《漢書》43: 2120。
⓮ 《史記》5: 177-9。祝中熹 2004: 80-7，132-40，166-80。張分田 2003: 12-28。
⓯ 祝中熹 2004: 158-64。楊寬 2003b: 356-7，407。
⓰ 《史記》5: 185-92，202。童書業 2006b: 54-5。
⓱ 楊寬 2003b: 292-303。勞榦 2006: 46-9，60-1。
⓲ 張分田 2003: 41-53。楊寬 2003b: 343-4，347-8。
⓳ 楊寬 2003b: 354-6，401-2。譚紅 2006: 27-31。
⓴ 楊寬 2003b: 303-40。
㉑ Li, X. 1985: 327-8.
㉒ 《史記》86: 2532-5。
㉓ 楊寬 2003b: 371-3。
㉔ Hui 2005: 60-3.
㉕ 《戰國策・齊策一》。《史記》46: 1895；74: 2346-8。楊寬 2003b: 120，464-5。
㉖ Tilly 1975.
㉗ Hui 2005. Kissinger 1994: 21, 98.
㉘ 楊寬 2003b: 341-7。
㉙ 《韓非子・五蠹》。
㉚ 《戰國策・秦策一》。
㉛ 《戰國策・燕策一》。《史記》34: 1557。
㉜ 《孟子・梁惠王下，公孫丑下》。
㉝ 楊寬 2003b: 381-401。
㉞ 《戰國策・中山策》。
㉟ 《戰國策・秦策三》。楊寬 2003b: 397-7，409-11。
㊱ 《史記》73: 2333-6。楊寬 2003b: 412-9。
㊲ 《管子・霸言》。

㊳ 張分田 2003 : 137-79。
㊴ Whittaker 1978: 85. Bagnall 1990: 37-38.
㊵ Aristotle, *Politics*, 1272b-1273b, 1265b. Polybius 6. 51.
㊶ Cicero, quoted in Scullard 1980: 164.
㊷ Polybius 3.26. Toynbee 1965: 522, 542-51. Scullard 1989: 534-5. Forsythe 2005: 311-2.
㊸ Polybius 1.10-11.
㊹ Scullard 1980: 167.
㊺ Bagnall 1990: 104-5; 41-5. Harris 1979: 182-90.
㊻ Polybius 1.19-20. Bagnall 1990: 49-59.
㊼ Bagnall 1990: Chs. 4 and 5. Scullard 1980: 167-74.
㊽ Polybius 1.37.
㊾ Polybius 1.64.
㊿ Bagnall 1990: Ch. 9. Scullard 1980: 177, 183-6.
51 Polybius 3.28, 3.10.
52 Polybius, 3.27.
53 Scullard 1980: 199. Harris 1979: 200-5.
54 Bernstein 1994: 65.
55 Polybius 3.21, 1.31.
56 Cornell 1995: 268.
57 Lancel 1998: 6. Connolly 1981: 147-71. Bagnall 1990: 155-67.
58 Polybius 2.24.
59 Polybius 7.9.
60 Scullard 1980: 151. Brunt 1988: 126, 128.
61 Polybius, 3.77, 3.85, 7.9. Livy, 22.7, 22.58, 22.61. Walbank 1981: 232. Bernstein 1994: 67-8.
62 Polybius 3.112-118. Bagnall 1990: 171-95. Connolly 1981: 166-88.
63 Polybius 3.77, 3.85.
64 Livy 22.58, 61.
65 Cicero, *Obligation* 1.38.
66 Livy 22.58, 61.
67 David 1997: Ch. 3.
68 Brunt 1971: 422. Finer 1997: 412f. Scullard 1976: 18. Lazenby 2004: 87-8.
69 Polybius 2.23. Lazenby 2004: 235, 239.
70 Bagnall 1990: Chs. 6, 7.
71 Bagnall 1990: 295.
72 Connollly 1981: 203-6. Liddell Hart 1926: 164-90. Bernstein 1994: 83-4.
73 Lazenby 2004: 235.
74 Livy 21.3-4, 26.18-9. Liddell Hart 1926.
75 Livy 33.46.
76 Livy 33.46-7, 36.4. Polybius 15.19. Lancel 1998: 180-2.

77 Polybius 15.18.
78 Plutarch, Cato the Elder, 27. Liddell Hart 1926.
79 Polybius 18.35.
80 Polybius 31.21. 參考 Livy 42.23-24.
81 Harris 1989: 149, 153. Plutarch, Cato the Elder, 27.
82 Polybius 36.2.
83 Polybius 36.4, 36.6. Harris 1979: 234-40. Astin 1967: 270-81.
84 Plato, *Laws* 704b. Harris 1979: 239.
85 Harris 1989: 156-162. Scullard 1980: 311-7.
86 Polybius 38.21. Astin 1967: 302-3.
87 Livy 30.44.
88 Putarch, Cato the Elder, 27. Harris 1979: 266-7.
89 《左傳》成 16，成 18。
90 Sallust, *Catiline* 10; *Jugurthine War* 41.
91 Gruen 1984: 155.
92 Finer 1997: 372-9.
93 Polybius, 16.34. Errington 1989: 264.
94 Derow 1979: 5. 參考 Bernstein: 1994: 64-5.
95 Plutarch, Caius Marius 31. Livy, 45.12.
96 Thucydides 1.76, 5.89.
97 Garst 1989.
98 Polybius, 3.4. 參考 Scullard 1980: 288.
99 Walbank 1981: 92-4. Scullard 1980: 288. Gruen 1984: 142.
100 Errington 1989: 270, 266-8. Walbank 1981: 232-3. Gruen 1984: 143-4.
101 Livy 45.18, 34. Polybius 30.15. Derow 1989: 317-9.
102 Rhodes 2007: 37. Gruen 1973. Derow 1989: 316-20.
103 Polybius 24.9, 30.29.
104 Toynbee 1965: 508.
105 Derow 1989: 322-3.
106 Cicero, *On the Command of Cnaeus Pompeius* 22.
107 Kallert-Marx 1995.
108 Brunt 1978: 178-83. Sherwin-White 1957. Goldsworthy 2006: 355, 469.
109 Scullard 1976: 138.
110 Tacitus, *Agricola* 30.
111 《莊子・胠篋，盜跖》。
112 《史記》6: 235-6。
113 《史記》15: 685-6。
114 Virgil, *Aeneid* 6.851-3. Brunt 1978: 175-6. Gruen 1984: 275-8.
115 撮要批評，見 Garnsey and Whittaker 1978: 1-3. Gruen 1984: 5-7.
116 Bang 2012: 200-3.

117 Madden 2007.
118 楊寬 2003b: 355-6。
119 《左傳》宣 12。中國軍事史編寫組 2007: 52-3。
120 《孟子．盡心下》。
121 Aristotle, *Politics* 1333b, see also 1333a-1334a .
122 Cicero, *Obligation* 1.35, 1.38, 2.26; *Republic* 3.34-36.
123 Holleaux 1930: 239-40.
124 Gruen 1973. Brunt 1978. Harris 1979. North 1981.
125 Gruen 1984: chapter 6.
126 Walzer 2006: 74-85.
127 Brunt 1978: 170, 183. Gruen 1973: 274.
128 《呂氏春秋．孟秋紀》。
129 Harris 1979: 189-90. 參考 Brunt 1978: 176.
130 Aristotle, *Politics* 1256b.
131 Aristotle, *Politics*, 1252b. 參考 Finley 1983: 104-105. Schiavone 2000: 115.
132 Thucydides 6.76-80; 6.82. Raaflaub 2004: 172-3, 189-92. Rhodes 2007: 28-9, 35.
133 Patterson 1991: Chs. 3-6.
134 Walbank 1970: Polybius 5.106. Raaflaub 2004: 180.
135 Brunt 1978: 183; 1988: 312, 292-3. Richardson 1991: 4, 8.
136 Cicero in Brunt 1978: 165.
137 Harris 1979: 170, 119-20, 166-75. Brunt 1978: 178, 165; 1988: 58, 293, 302. Beard and Crawford 1985: 31.
138 Collins 2003.
139 Deuteronomy 20: 16-17。1 Samuel 15: 3.
140 Judges 1 and 3.
141 Goffart 1989: 2.
142 Orend 2006: 12-14.
143 《詩經．文王》。梁啟超 1996: 23-33。
144 Turner 1993: 304-5. 參考 Johnston 1995: 69. Strobe 1998: 175-8.
145 Finley 1978: 5. Garlan 1975: 68-72.
146 Campbell 2002: 12. Garlan 1975: 68-72. Harris 1979: 35. Mattern 1999: 162-6.
147 《老子》31。參考《孟子．離婁上》。梁啟超 1996: 201-4。
148 《呂氏春秋．仲秋紀》。參考《孫子兵法．謀攻》。《商君書．戰法》。
149 Loewe 1999: 1020. Fairbank 1974: 7. Strobe 1998: 168-72. Turner 1993: 297-8.
150 《戰國策．秦策三》。
151 Cornell 1995: 367. 參考 North 1981: 7. Brunt 1978: 173. Beard and Crawford 1985: 74-5.
152 Crawford 1993: 56, 61-4.
153 《戰國策．中山策》。《史記》73: 2336；29: 1408。
154 Tacitus, *Annals* 4.32.
155 Di Cosmo 2009: 8.

156 《漢書》30: 1762。
157 《史記》81: 2446-7。《韓非子・五蠹》。
158 Rosenstein 1999: 205; 2009: 34-5. Fuller 1965: 74-5.
159 Josephus, quoted in Keppie 1984: 198. Crawford 1993: 46.
160 Hopkins 1978a: 30. Harris 1979: 41-2.
161 Bernstein 1994: 61.
162 《史記》86；124。
163 《荀子・議兵》。
164 《荀子・議兵》。《韓非子・初見秦》。《史記》68: 2230-1。
165 Portal 2007: 144-53, 167-70.
166 《漢書》24 上 : 1137。楊寬 2003b: 247-9。Hulsewé 1986: 537-8.
167 《史記》73: 2334-6。
168 Harris 1979: 44-7. Astin 1967: 169-70. Hopkins 1978a: 35. Finley 1978: 4.
169 《商君書・境內》。楊寬 2003b: 251。
170 Hopkins 1978a: 26. Sherwin-White 1980: 178.
171 《商君書・境內，賞刑》。
172 Livy 45.34. Polybius 6.39, 10.15-6. Crawford 1993: 75. Harris 1979: 49-50, 74-5.
173 《商君書・畫策，境內》。
174 Polybius, 6. 35-38. Bernstein 1994: 60-1.
175 我根據以下資料的統計：顧德融，朱順龍 2003: 529-564；楊寬 2003b: 696-722，葉志衡 2007；Hsu 1965a: 56, 64; Hui 2005: 242-8。
176 Harris 1979: 9-10. Bernstein 1994: 57-60.
177 Thucydides 5.68.
178 Brunt 1971: 422. Osgood 2006: 95.
179 《史記》8: 364。《三國志》54: 1262。《漢書》55: 2482。
180 《史記》65: 2164。
181 Polybius 36.9. Walzer 2006: 225-7.
182 Livy 27.46-47.
183 Sawyer 2004: Chs. 3, 8, 10.
184 《孫子兵法・謀攻篇》。
185 《戰國策・秦策三》。此張儀不是常與蘇秦並稱者。
186 Lewis 1999: 639-40; 2007: 38.
187 《孫子兵法・軍爭篇》。《商君書・戰法》。
188 Parker 2005a: 5.
189 Appian, quoted in Bagnall 1990: 319.
190 楊寬 2003b: 403-4。
191 《呂氏春秋・孟秋紀》。
192 《孟子・梁惠王下，離婁下》。
193 Garlan 1975: 71.
194 *Thucydides* 5.116.

195 Veyne 1993: 354-5. Harris 1979: 51-3.
196 Polybius 10.15. Bernstein 1994: 63-5.
197 Garlan 1975: 68-70.
198 Augstus 3.2.
199 Veyne 1993: 354.
200 Brunt 1971: 694. Bodde 1986: 98.
201 http: //en.wikipedia.org/wiki/Casualties_of_the_Iraq_War.
202 楊寬 2003b: 423，9。林劍鳴 1992: 534-5。Bodde 1986: 99-100. Lewis 1999: 626-8.
203 Suetonius, Julius Caesar 74. Gelzer 1968: 284. Goldsworthy 2006: 353, 355.
204 Tilly 1990: 166.
205 Caesar, *Conquest of Gaul* 2: 33. Harris 1979: 74-5.
206 《史記》73: 2335，2337。

第四章　初建太平

4.1 帝國內亂

乾卦象徵天道剛健，是《易經》六十四卦之首。它的六爻採用龍的進程，從下爻的「潛龍勿用」，經「見龍在田」及戰國時代也似的「群龍無首」，進至第五爻「飛龍在天」，九五之尊，德配天下，常用以喻帝王。不過乾卦並未完，它的上爻是「亢龍有悔」。

取勝只須克服別人，要和平必須克服自己，克己最難。征伐擴土在秦始皇和凱撒手下登峰造極，中國和羅馬即面臨最難應付的敵人。歷史上對外所向披靡的帝國，不少敗亡或分裂於內亂的災星。中國和羅馬挺過凶殘的內戰，但各自為贏得太平付出沉重的代價。

帝國擴張過火而引發內外危機，世界史上屢見。被征服的人民雖然暫時忍氣吞聲，但敵意不滅，有機會便會爆發叛變。若沒有適當的政治機構以治理人民、凝固勢力，戰勝帶來的可能不是穩定的帝國，只是短期佔據或長期動亂而已。掙不到利，還可能虧本。戰勝者禍起蕭牆：軍費龐大，可能耗斁經濟；新人口帶來複雜的管理問題，可能錯亂政府；勝利品分贓不均，可能增加社會摩擦。研究現代帝國主義的學者叫這現象為「反燎」（blowback）：征服別人的後果，負面反饋，使征服者自受其害❶。這樣看來，最大的危機是時局變遷太大太速，征服者的統治菁英自滿腐敗，使政治社會制度乏能應變。

羅馬和秦朝的戰績異常巨大，所受的反燎，也同樣巨大。征服得的遼闊疆土上，民族駁雜，風俗萬殊。怎樣治理各地方？怎樣羅致地方官吏？中央政府怎樣控制地方政府，不讓它們演化為地方割據？統治一個宏偉帝國，需要政治宏觀遠矚。但新意念難免牴觸舊勢力，尤其是褊狹的元老貴族或封建諸侯。日後羅馬帝國和兩漢皇朝悠久資深，可能會令我們忘掉它們立國時的革命性創建以及鞏固創建所經歷的戰火洗禮。以為帝國昇平理所當然的人，可以回顧一下亞歷山大的帝國。

「帝國」這翻譯名詞容易引起兩個意念：一是專制，所謂「帝制中國」；二是統一政府下的地域大國，地圖上的同色一塊。兩個意念都不盡正確。帝國並非一定由皇帝統治；雅典帝國便是個民主政體，羅馬的帝國也是共和國打下來的。此外，雅典和羅馬共和國都沒有兼併很多它們控制下的疆域，說它們是「霸權」也許更適合。此說也較為符合名字的淵源。Empire一詞源自羅馬的imperium。羅馬人眼中的imperium首要是無上權力。Imperium populi Romani指羅馬人民支配別人的權力，不論羅馬是否兼併了他們的疆域。要到公元前一世紀中期，羅馬共和國末年，行省逐漸建立，領土觀念才顯著，imperium Romanum才開始具有我們熟悉的「羅馬帝國」之意義❷。

羅馬共和國的權力廣及，但管治拙劣。統治遼闊的領土需要許多管理人才。秦大量起用平民。相反地，羅馬貴族一要維護統治小圈子，二要防止圈子內任何人太出眾、攬權專政。統兵的地方大員最容易擅權。與其冒險設行省置省督（proconsul），共和國喜歡利用土權貴、賣國賊或承包收稅人替他們刮削。這些人只顧營私利，又沒有政府監督，對人民刻毒無比，對國家的效率也低。儘管這樣，大部分貴族仍然滿意，只有龐培、凱撒等幾個大政治家看到這情景不能持久，但在強硬的反抗中倒台。直到奧古斯都才找到辦法，建立君主集權的帝國政體，令羅馬長期享受征服的成果，然而不免為此而犧牲了無價之傳統共和精神❸。

古人說秦蠶食諸侯。蠶蟲只顧啃食，不知桑葉整體。戰國忙於侵蝕鄰國，也沒有統一整體的觀念❹。後來儒生斷章取義，挖兩個不著邊際的三字真言「大一統」、「定於一」，不理這「一」是指日曆、觀念或什麼，矯情爭功，冒認政治統一的先驅。孟子說「不嗜殺人者能一之」，此外並無任何發揮「定於一」之語❺。它至少有兩種讀法。一是聖人改造世人思想，使列國一致厭戰，因而天下安定。二是不嗜殺人者能奇蹟般席捲天下。即使我們採取第二種政治統一的說法，從孟子一貫強調先王之道、擁護世官世祿，可見他憧憬的「一」不外是周初般的盛世，如圖4a般的宗法封建❻。法家對壹言、壹法、壹務等政治概念有踏實的闡釋，應用於建立圖4b的集權制度。不過即使商鞅、韓非，以至秦王政親政前一年發表的《呂氏春秋》，眼光也只限於一國，未及混同七個獨立國家的統一皇朝體制。這革命性的政治構想，是在年輕秦王的朝廷上，在李斯等大臣輔佐下，綜合法家百多年努力的經驗，逐漸成形。

用凱撒征服高盧差不多長短的時間，秦兼併了人口六倍於己的疆域。秦始皇不但停止了爭戰局面，而且廢除了宗法封建制度，代之以緣法而治、科層管理、君主集權的皇朝，徹底改變了「統一」和「中國」的意念。然而封建復辟的勢力，不是焚書所能制止。秦為大膽創建而亡。更大的犧牲品是法家的理性思維、法治精神，在「法家亡秦」的黑帽子下，兩千年來黯然埋沒於儒家的人治教條。

戰國七雄數百年培育的兵將遊士，轉瞬間復員失業。舊貴族君子在中央集權下喪失特權特利，恨入骨髓。統一皇朝急速的政治改革，使社會一時難於適應。難怪九百戍卒在大澤鄉起義，即能燃起反秦的大火。與秦不同，羅馬有能力鎮壓地方的動亂。不過被征服的人民看到從他們身上搾取的錢財，支付羅馬人大規模自相殘殺，也算報仇雪恨了。東西兩地的帝國反燎，皆導致統治階層暴力內訌。為了追求穩固的政府結構，或擁護君主制、或擁護貴族制，始而派系鬥爭，最後割據內戰。

凱撒或秦始皇死後內戰爆發，荼毒羅馬或中國的社會人民，甚於擴土戰役。它們也打擊了頑固的舊勢力，發洩了怨恨，鋪下日後和平的條件。大動亂的恐怖使殄瘁骨銷的人們大開眼界，接受以前不可思議的事物。被征服者無心再反抗，按捺不甘，成為帝國省郡的子民。刺殺凱撒的元老貴族一蹶不振，不得不向奧古斯都及後來的皇帝俯首稱臣。被秦始皇廢除的封建貴族，漢初重振，終不能持久，不過它已把思想價值遺傳給儒家，造就日後皇朝的統治菁英。權力鬥爭在內戰期間達高潮，到帝國、皇朝時大為收斂，但未煙消，變為政治暗流。

三十年大動盪是羅馬或中國歷史上的轉折點。站在兩個大時代之間的過渡期，可以偏向前或偏向後。凱撒結束舊世代，秦始皇開創新紀元。羅馬的舊政治體制失效，無能統治征服來的龐大疆域，其引發的內戰，可謂是共和國的黃昏。劃時代的政體改組要待贏家奧古斯都。秦是皇朝中國的黎明。秦始皇一統天下，創立了劃時代的持久政治體制，傳統史學稱以往歲月為「先秦」，以別於「秦漢」。按歷史邏輯，秦朝應該放在本書的第二篇，我也把它的制度留待那兒分析。本章探討秦朝興亡的因果，以資與羅馬的過渡期比較。

4.2 共和式微

公元前五十九年，朱利烏斯・凱撒出任執政官，向元老院提案，要分配田地給復員軍人和貧苦家庭。小加圖竭力反對。元老院如常膠著，不能投票表決。凱撒下第二步棋，召集部落民眾大會，邀請龐培和克拉蘇（Crassus）演說。他問龐培肯不肯支持提案，抗拒反對派。龐培回答：「若有誰膽敢拔劍，我亦將舉盾相拒。」民眾喝彩，很多元老貴族打顫。投票的日子定下了，龐培的老兵集合參加。大多數元老慫恿執政同僚畢布魯斯（Bibulus）去否決投票，但兜頭一桶糞便把他趕回家去了。凱撒的提案通過成法。鬥爭繼續，終於元老發誓遵守法案[7]。

凱撒在民眾大會上表露他與龐培和克拉蘇聯手干政。日後史家回顧，認為三頭同盟（triumvirate）是導致十年後內戰的第一步。不過當時來說，最得益的似乎是人民。共和國後期，形式上是民主勢力增強：投票改為匿名，使選民免受庇護人的壓力；沒有財產分野的部落民眾大會成為立法的主將；執政官或保民官時常不待元老院批准，逕自提案要它表決；很多居住在羅馬城的公民獲得糧食津貼，甚至免費供應[8]。然而，陰影也重重：收買選票的賄賂流行；人民有結合的自由，政府無維持治安的警察，所以街頭幫派滋生，左右政治；控制演說投票的廣場，成為民主政治的重要手段。政府癱瘓，無能解決戰勝擴土帶來的問題。暴力逐漸抬頭⑨。

號稱民眾派（populares）的政客常避過元老院，直接到民眾大會推行事項，一面振興人民的立法主權，一面加強自己的勢力。凱撒的土改法案為人民爭取到田地，他自己也得益不少，因為受田者按傳統奉他為恩主，日後成為西塞羅所謂「凱撒的軍隊」，大量響應他的招募。與民眾派對立的高貴派（optimates），堅持傳統的貴族平等、元老院集體統治。兩派的分界並不明確，牆頭草也不少：龐培至少兩次倒戈⑩。他們全是貴族，既定利益相同。一位現代史家按道：「民眾派政客，不論他是龐培或是凱撒，一得權就馬上盡力抑壓人民的自由。民眾的自由是危險的；抑制它是每個羅馬統治者的首要職責。」⑪

公元前八十三年蘇拉從東方回師，指揮飽受海外賦物賄賂的羅馬遠征軍，對付民眾派的政客，尤其是人民英雄馬略。龐培和克拉蘇每人自資招募軍隊，主動加入蘇拉的高貴集團。蘇拉勝利後獨裁，大肆屠殺放逐政敵，壓制保民官，增強元老院。改革完畢，他自動放棄權力退休，被凱撒譏為「權謀文盲」⑫。他的措施有些長期奏效，但他壓制民眾派的宗旨，卻被手下違背。公元前七十年，龐培和克拉蘇同選為執政官，恢復保民官全權，因而獲得民眾的愛戴⑬。

羅馬征服地中海的社會經濟後果，總的算來，到此時還有害無益。譬如，海上治安本來由羅茲維持。羅茲被毀後，海盜橫行，甚至威脅到羅馬城的糧食供應。公元前六十七年，羅馬人民任命龐培剿盜。他只用三個月便肅清地中海，顯示他組織大規模行動的天才。人民因此再授特任，讓他全權對付老敵人米特里達提。四年東征，他徹底消滅米特里達提，抑制羅馬代理人濫權，安撫地方，設置行省。他的政治改革使當地社會安寧，人民喜悅。此外，因為裁制了中間人貪污，使羅馬每年的稅收增加百分之七十。這政績向羅馬證明，行政管理有效，大家都得益。龐培本人也成巨富，贏得大批附從[14]。

龐培大捷回師，羅馬忐忑。蘇拉獨裁的歷史會不會重演？幸而龐培登陸義大利即依法遣散軍隊。不知凱撒有沒有暗笑：又來一個權謀文盲！龐培是個精明的將軍和政治家，但卻是個幼稚的政客，長於管理，而短於權謀。在帝國各地，從西班牙到敘利亞，他的影響巨大。但在羅馬城，他卻不行。他出身新興家族，走外圍路線，沒入元老院便選任執政官。權力躍進使他缺乏高層政治圈子裡的門路，雖得民眾擁戴，但他在元老院處處碰壁，無法勸它批准認可他的東方措施，或配發田地給他的老兵[15]。

凱撒的朱利世家屬老牌貴族，自稱諸神後代。凱撒按照元老院常規，等到法定的四十二歲才競選執政官。耐心上爬的經驗積聚了人事關係，訓練出高超的政客手腕。凱撒的姨媽嫁給馬略，他本人的民眾派傾向也惹高貴派猜疑，小加圖尤甚。小加圖一口拒絕龐培向他侄女的求婚，凱撒卻利用獨生女兒朱利婭（Julia），把比自己老六歲的龐培變作女婿。貴族政客的花費大。凱撒負債累累，一向感激克拉蘇的經濟支持。凱撒、龐培、克拉蘇結為三頭同盟。他們幫助凱撒競選執政；當權後凱撒認可龐培的東方措施、優惠克拉蘇的承包收稅人。凱撒本人獲得特任，即時開始，五年內掌山南高盧軍政全權。碰巧山北高盧的省督去世，在龐培的提議下，民眾大會把凱撒的特權延展到阿爾卑斯山之北[16]。

每年任派兵團統領和行省省督，本來是元老院的職責，因為它有知識經驗和督察能力。民主風氣把它放到民眾大會手中；那兒政客煽動民意，一時熱情，可以作出後患無窮的決定。正如李維指出，執政官的權力無異國王；共和國約制濫權，主要在任期短暫[17]。不受元老院督察的長期軍政全權一向罕有，而且都是為了明確實在的軍事需要而設。龐培的特任，便指定為了對付糾纏不休的米特里達提。凱撒的特任史無前例：高盧無事，五年特任純粹是為了凱撒個人的政治野心。民主的形式為獨裁開路；凱撒一拿到兵權就利用它來鎮壓元老院。據羅馬傳記家蘇維托尼烏斯記載，凱撒警告政敵，「他會踩在他們身上」。山北高盧有大片可以征服的土地。「不管怎麼無理或危險，對善意盟友或敵意蠻人，凱撒有機會就找茬兒，開戰進攻。」[18]凱撒從人民手中獲取無限權力去打仗，並藉此建立他自己的威勢[19]。

凱撒在高盧征戰，同時也必須應付在羅馬的政敵。為此，他加強三頭同盟。公元前五十六年，他放麾下士兵的假，讓他們到羅馬投票，選龐培和克拉蘇為執政官。他們當政，即把凱撒的高盧特任再延長五年，並安排特任結束時，凱撒將再任執政。他們也各自獲五年特任，克拉蘇在敘利亞，龐培在西班牙。普魯塔克所謂「破壞政府、分割主權的陰謀」，如願進行。唯一的問題是，公元前四十九年凱撒堅持不到羅馬競選便出任執政，成為內戰的直接導火線[20]。

西塞羅為三頭同盟的提案奔波，宣傳它「將使高盧全部臣服於我們」，鼓勵人民因愛國而支持它[21]。凱撒從前線送來的精彩書信《高盧戰記》，使人民沉醉於勝利的榮耀。龐培留在羅馬附近，讓部下去經營西班牙。克拉蘇決意模仿凱撒，從敘利亞進攻帕提亞。入侵帕提亞與入侵高盧的情況相若，不過克拉蘇打敗了，所以他的戰爭不正義。公元前五十三年，在幼發拉底河上游的卡雷（Carrhae），羅馬全軍覆沒，鷹標軍旗被奪。在那兒，羅馬人首次嘗到游牧民族的騎射本領[22]。他們也詫異於在陽光下閃爍的帕提亞旌旗。有學者說那些是絲旗。無論如何，中國絲綢確在那時左右傳到地中海[23]。

克拉蘇之死，比朱利婭之死，更損害凱撒和龐培之間的關係。三頭權威相若，或有希望保持共和均勢。沒了克拉蘇的斡旋，凱撒和龐培是友是敵，調協餘地日消。憑著輝煌的戰績、高盧豐厚贓物買來的政治資本以及百戰成鋼的忠貞軍隊，凱撒權傾政府。元老院在威逼之下，無奈向龐培靠攏。龐培先是猶豫，逐漸想到若凱撒再任執政，共和國會被毀，自己的勢力也會受損。派系紛爭下，元老院終於採取小加圖之見，堅持要凱撒依法放棄兵權才能競選執政。在凱撒看來，這無疑是權謀文盲自尋死路：他一放鬆兵權便馬上會因以往的非法行為而受指控。無人要內戰，但每人都有他不能妥協的理由。宣傳口號滿天飛，淹沒理智判斷，互相猜忌扼殺了合情理的協商[24]。

4.3 鷙鷹自殘

「骰子擲下了」，公元前四十九年凱撒跨渡魯比肯河（Rubicon）時說。魯比肯河是高盧和義大利的分界。凱撒進軍義大利發動內戰相當冒險。義大利的人民可以挺身捍衛共和國，但他們沒動。龐培撤退，到東方召集資源。大多數資深元老跟隨他，卻又深懷戒心。他們三心兩意，使龐培指揮無效。滾動的骰子九個月後在馬其頓的一個平原上停下來。凝注著法薩魯戰場上死傷累累的羅馬人，凱撒說：「他們咎由自取。」[25]龐培不在其中。他東奔，在埃及岸邊被人謀殺[26]。

凱撒寫道：「龐培不願任何人與他分佔威望的頂峰。」他更剖明自己的心聲：「我一向認為威望最重要，珍惜它更甚於珍惜生命。」[27]論野心，西塞羅認為他倆一樣猖狂，但他最後選擇加盟龐培。一位現代學者解釋：「龐培不值凱撒所為，因為他仍能從元老集體統治的觀點著想，感到不妥。」[28]事情對凱撒來說就簡單得多了。他明言：「共和國空有其名，其實根本什麼都不是。」[29]假如龐培病在眷戀傳統，那麼凱撒病在小看了共和國。

凱撒收服東方，其輕易處顯露於他的名語：Veni, Vidi, Vici。（「我來臨、察看、征服。」）他重建迦太基和科林斯，大量設置海外殖民地，安撫老兵，緩和義大利的恐慌，又凝固了帝國。差不多所有元老都接受他的寬恕，復任公職。西塞羅外，最重要的是布魯圖和開思阿斯（Cassius），未來刺客集團的首領。只有小加圖寧願自盡，不肯事奉暴君。西塞羅作頌詞，讚美他為共和國殉難，表現出真正的羅馬節操。《加圖》風靡一時，使凱撒領會到，一如他自己熱愛威望過於生命，也有別人熱愛自由過於生命[30]。

共和國的實質與形式分歧，使政府癱瘓，無能解決迫切問題，然而共和國還未落到徒具虛名的地步。憎恨君王專制的傳統猶存。凱撒任獨裁者之位，掌無限權柄，差點受祀為神，其實不過依仗赤裸的兵力，坐鎮共和國的失效機構、桀驁貴族。他虐待保民官，禁止政治聚會，玩弄投票程序，不諮詢任何人而發一連串指令[31]。就算一向因為戰功榮耀、田地恩賞、競技表演而崇拜他的大眾公民，也開始埋怨他的專橫。凱撒時常說：「假如我有不測，別想羅馬會享受和平。新的內戰會爆發，而且比前一次更糟。」[32]他明知危險，卻不設法防免。在羅馬獨裁兩年，沒留下任何計劃使政府不單是自己的應聲蟲。放著必要的政治改革不理，卻忙著準備可免的戰爭，去打帕提亞。公元前四十四年，凱撒正式賦予自己終身獨裁之職，無異國王。此舉把仁慈寬恕所贏得的好感付諸東流。忠貞於共和國的元老貴族把他刺殺。

那年，觀察天象的中國古人記載客星。白晝可見的彗星在追悼凱撒的競技表演上空出現，被認定是凱撒之靈魂升天[33]。不久凱撒便正式被奉為神。羅馬曆書一致把彗星看作吉兆。它們大錯特錯：凱撒之星帶來的歲月，滿是凶暴死亡[34]。

凶暴歲月由三月十五日開始。刺客集團聽從布魯圖，放過凱撒的首將安東尼（Mark Antony）。他們自稱捍衛共和國，但深知共和國的制度依然沒法阻止安東尼或其他野心家重走凱撒奪權之路，尤其他們已有凱撒的舊屬軍隊作後盾。羅馬城中交涉密謀熾熱。在義大利和帝國各地，招兵買馬、叛變交易、接刃衝突，如雨後春筍。談判失敗，布魯圖和開思阿斯跑到東方去招募。他們去後，談判期間避離的西塞羅回到羅馬，自以為手持秘密武器，一個十八歲的「孩子」。「看看他的姓名和年齡」，西塞羅寫道。他圖謀利用凱撒的繼承人去幫凱撒的刺客打擊凱撒的將領。到頭來，老狐狸被小狐狸擺佈了[35]。

史筆叫他屋大維以免混淆，可是終其政治生涯，凱撒的義子從不用自己生父之姓。凱撒之姓是他的資本，安東尼說。不錯，但不是他唯一的資本。屋大維承繼了凱撒龐大遺產四分之三，其餘四分之一足夠分賜每個羅馬公民七十五個小銀幣。他有為義父復仇的忠孝理由。也許他最大的資本是冷靜的頭腦、冷酷的心腸和承繼凱撒政治權力的熱忱。他一面聯絡凱撒的舊心腹，一面針對西塞羅的自負虛榮，大寫恭維書信。憑西塞羅的幫助，他利用共和集團，當上執政官。獲得與凱撒集團巨頭平等談判的實力之後，凱撒之子合邏輯地倒戈，與凱撒舊屬安東尼和雷比達

（Lepidus）聯手。公元前四十三年，三人大吹大擂，領軍進入羅馬城，設立權力無限的新三頭同盟[36]。

凱撒的寬仁不再，蘇拉的恐怖重演，只是更凶殘。新三頭決意剷除共和集團，清算所有政敵。公敵的名單高掛；捕殺公敵者得重賞，幫助公敵者與其同罪。西塞羅並不因為對屋大維有恩而倖免，他的頭和手被懸在廣場示眾[37]。

很多人遭受流放，只因懷璧之罪。他們富有，三頭急需錢財。內戰時各集團皆自稱正義，但都難令人心服。嘩變投敵，習以為常，因此募兵的價格特別高。屋大維當上執政後的首務就是淘空國庫，分給自己部下每人兩千五百個小銀幣，二十倍於凱撒前的士兵年薪。銀子不過是定金，田地是士卒的最大嚮往。三頭劃定十八個最富庶的義大利鄉鎮，答應將來驅逐居民，安置老兵。目前他們用專制權力沒收財產，橫徵暴斂。凱撒集團必須努力；共和集團在東方也忙著幹同樣勾當。於是羅馬人紛紛動員，一邊喊忠孝，一邊呼自由。義大利的自由男民，四分之一以上入伍參戰[38]。

公元前四十二年，腓力比。操戈相向的羅馬軍隊三倍於凱撒與龐培之對陣。安東尼指揮凱撒集團，屋大維臥病帳中。戰役歷時二十多天，兩場大仗，搏殺慘烈[39]。投身共和集團者知道這是他們的最後立場。命運果然。馬庫斯．布魯圖（Marcus Brutus）和很多共和將領戰敗自盡。安東尼取過自己最珍貴的紫袍，為布魯圖掩蓋遺體。屋大維命令將布魯圖的頭割下，丟在凱撒像前[40]。一位現代學者歎道：「在腓力比陣亡的戰士為原則捐軀。他們的階級傳統狹窄陳腐，但儘管有其缺憾，仍是羅馬的精神靈魂。」「這是自由國家的最後掙扎，定局再也無可挽回。此後一切，不過是暴君們在自由的屍體上爭權奪利而已。」[41]

「羅馬初建城時，統治者是國王。後來路起斯・布魯圖（Lucius Brutus）創立了執政官和其他自由共和國的體制。」塔西佗的《編年史》（*Annales*）開篇，一段短文追述了五百年羅馬歷史，直到奧古斯都的「個人統治」。自由共和始興終亡，氣數將盡。它的晚期亂者為王：「法律道德無存，罪行不受懲罰，正直常能致命。」[42]政府裡，黨派集團各自肅清政敵。社會中，內戰的軍隊此退彼進，軍紀鬆弛以縱士兵剽掠。這情形下，免受隨意壓逼的自由成為空話。雅典所發明「壓逼別人的自由」，原來為了文飾對外征戰，但用作內政口號，同樣響亮[43]。現代學者確定塔西佗的觀察：「他們當然用動聽的藉口，高唱自由解放。有意奴役別人的暴君沒有一個不擅長此等口號。」[44]蘇拉宣傳他引軍進攻羅馬是「為了把它從暴君手下解放出來」[45]。凱撒說他向共和政府開戰是「為了恢復他自己以及羅馬人民的自由」。凱撒的刺客們自稱「解放者」。為義父報仇的屋大維做了皇帝後在其《功績錄》裡宣揚：「我使國家恢復自由。」[46]那是個人專制下的自由。

自從凱撒揮兵解放羅馬，大約二十萬名羅馬公民經常從伍，非公民輔助軍的數字也不相上下[47]。各地行省因軍費而被搜刮一空。政治積極分子把共和國當作他們野心的自由競技場，不惜破壞社會，蹂躪生民。隨著他們自相砍殺，自損聲勢，時局變了。聽厭了政治口號的普通人民寧可選擇實際昇平。逐漸地，人們認識到，「自由」名義下的實質其實不值生死鬥爭的犧牲[48]。

公元三世紀的希羅史家狄奥（Dio Cassius）把羅馬歷史分作三大期。第一期民主，從共和立國到公元前四十二年的腓力比戰役。第三期君主集權，始於公元前二十七年奧古斯都即位。兩者之間的軍閥時代，先是三頭同盟，續之以屋大維對敵安東尼與克莉歐佩托拉（Cleopatra）[49]。

腓力比戰後，安東尼與屋大維勉強合夥統治帝國。安東尼本來較強，有兩次機會剷除屋大維，皆不忍下手。他留居東方，在紛雜的行省、附庸國、隸屬盟友間，維持秩序。兩次與帕提亞交手不勝，改變了他的命運。安東尼犯了不少軍事失算、政策錯誤，但通俗傳說他被克莉歐佩托拉色迷，卻可能性不大[50]。

克莉歐佩托拉在公元前五十一年登上埃及王位，時年十八歲。埃及是亞歷山大帝國遺產中最長壽者。她是馬其頓人，但採取本地臣民的習俗。公元前四十八年凱撒進軍埃及，她鞏固了自己的地位，並且與他生了個兒子。凱撒和安東尼都沒有兼併埃及，讓它繼續做羅馬最富庶的扈從盟國。公元前四十一年，安東尼召克莉歐佩托拉到敘利亞，責問埃及為什麼不幫凱撒集團攻打共和集團。那年，他到亞歷山大港過冬，與她得雙生子女。他倆四年後才在敘利亞再次會面，又得一子[51]。

屋大維從腓力比回到義大利，快速為老兵覓得田地，贏得軍隊擁戴，卻激怒財產因而被沒收的地主。義大利人最後一次起義。屋大維殘暴鎮壓，使義大利人熟知他的手段，日後他變為仁慈的國父時仍然難忘。他本身無甚將才，但依仗大將如阿格里帕（Agrippa），打敗所有敵人。他又以減稅免債、修建公共建築等措施贏取民心。殘餘的貴族稀落回籠，垂頭喪氣，侍奉新主子。帝國的心臟基地開始痊癒。安東尼在海外，獨踞羅馬的屋大維有優勢任派元老執政、操縱政府，制衡中漸佔上風[52]。

公元前三十二年，三頭同盟的法定期結束。屋大維主動備戰，他知道羅馬人不願與羅馬人為敵，因此不向安東尼宣戰，把矛頭指向克莉歐佩托拉，說她蓄意做「羅馬人的女王」。羅馬權謀一向尊重言論自由，但屋大維無所忌憚的誣蔑，仍屬空前。他的宣傳涵蓋軍事政治、宗教文化，從每一方面荼毒埃及人，煽動民族仇恨。如是，屋大維小心遵行羅馬宣戰的宗教禮儀，領導愛國的義大利人，向禽獸般的埃及人展開聖戰[53]。

安東尼不負克莉歐佩托拉。他是否深陷戀愛，我們無從得知，但誠信一向是羅馬人的氣節。他們那一面之敘述，早已失傳。在敵人的片面之詞中，安東尼在亞歷山大港住了兩年，本土化了，而且懼怕老婆[54]。

公元前三十一年，雙方會戰於希臘北部的亞克興半島。屋大維海軍大捷，只是沒抓到兩個敵方主角。他逼近亞歷山大港時，安東尼置晚宴，對含淚的部下說，他嚮往明天在沙場上光榮陣亡。那天晚上，城內酒神聖歌四起，傳言是諸神遺棄安東尼的凶兆。黎明，先是海軍，繼而陸軍，隨諸神投向屋大維。安東尼誤以為克莉歐佩托拉已死，自刺，但挺到運至她跟前，在她懷中嚥氣[55]。

屋大維控制了埃及，設警衛看守克莉歐佩托拉。然而安東尼死後第九天，她在金榻上盛裝安躺而逝。她怎樣逃過監視，眾說紛紜。有人說是暗藏毒藥，因為她身上不見任何齒噬刀創的傷口。屋大維的凱旋遊行展示她蛇附身的圖像，呼應戰前「崇拜爬蟲的卑鄙埃及人」的宣傳[56]。不論如何，埃及最後一位法老王，擊敗了羅馬第一位皇帝的意圖，不受其驅趕遊行示眾之辱。克莉歐佩托拉被葬在安東尼側。她莊嚴的死，堪配為高貴王族的休止符[57]。

4.4 秦朝興亡

嬴政在趙國出世。其時趙人初遭長平之痛，對秦人切齒。嬴政童年，想非好過。他的父親異人是個庶出王孫，被秦昭王丟在趙做人質。到邯鄲經商的呂不韋見異人落魄，認為奇貨可居，於是投資大量黃金，設法把異人立為太子的嫡嗣。他下重注希望贏無數倍，手法高，運氣也好。太子登位三天便一命嗚呼，異人繼位為莊襄王，呂不韋封侯拜相。四年後莊襄王去世，嬴政才十二歲，呂不韋便以相國輔政[58]。

秦王政幼時，掌大權的除了呂不韋外，還有太后及其面首嫪毐。呂派嫪派各樹羽翼，勾心鬥角，權傾朝野，然而屆時都不是年輕君主的對手。公元前二三八年秦王親政後馬上平定內亂。太后被遷，嫪毐伏誅，免相後的呂不韋畏罪飲鴆。不到兩年，秦王政便為外政宏圖建立了穩定的內政基礎[59]。

嫪毐、呂不韋，及呂氏的三千名賓客多是外國人。水工鄭國又被發現是韓國派來的間諜，意圖轉移秦的人力物資去建渠，以減輕對韓壓力。在秦的宗室大臣慫恿下，秦王下令逐客。被逐者中有李斯，原為楚小吏，入秦後由呂不韋推薦給秦王。李斯上書力諫，數歷代客卿對秦的貢獻：「王者不卻眾庶，故能明其德，是以地無四方，民無異國。」秦王受諫，除逐客令。李斯成為秦王最得力的輔臣。他指出秦勢「足以滅諸侯，成帝業，為天下一統」[60]。活力充沛的秦廷君臣決定不放過這萬世一逢的時機。

公元前二三〇年秦滅韓，宛如凱撒跨過魯比肯河，把舊制度拋在背後。此後統一中國的新策略掛帥。秦的方針明確，意志堅定，迅風疾雷，使列國無法合縱；南征北討，公元前二二五年到公元前二二一年四年間，相續滅魏、楚、燕、趙、齊[61]。

「天下和平」是秦始皇帝自認的最大功績，屢見於他的石刻：「禽滅六王，闡并天下，甾害絕息，永偃戎兵。」[62]他收集熔化六國的兵器，拆除城牆關隘等防禦工事，使地勢開朗，到處通途。即使盡力詆毀秦的漢儒亦承認：「元元黎民得免於戰國，逢明天子，人人自以為更生。」[63]險阻夷平，馳道、驛道從咸陽四向伸展，運河使交通網更暢達。今天仍供航行的靈渠連接湘江和漓江，溝通長江流域和珠江流域。漢儒指責秦朝工程輕用民力，其實基層建設對公共社會大有貢獻。秦的驛道運河和羅馬帝國的大路網絡一樣，不單有軍事用途，而且聯結廣大疆域，加強統一，便利商旅，促進經濟，廣澤民生[64]。

怎樣統治空前的疆域人口？政府應如何組織？中央政府與地方政府應是什麼關係？面臨政府體制這重大決策，秦始皇聆聽眾議後，毅然採取李斯的提議，廢封建、設郡縣。官僚式的機構，把權力集中在以皇帝為首的中央政府。全國劃分為三十六郡，皆聽令於中央。郡下設縣。郡縣的組織劃一，中央任免郡守縣令，由他們各自選用地方人才為副，行政治理。郡縣在戰國時已經出現，但與封邑侯國並存。把郡縣劃一推行全中國，全盤取締諸侯國和封建貴族，是中國歷史上的轉軌創舉。假如優勝劣敗的進化論也應用於政治，那麼此後兩千多年，封建屢次復辟皆引致禍民戰亂，中央集權體制屢遭打擊但屹立不倒的紀錄，實示孰優孰劣。然而，當時秦始皇的措施，受到擁護封建的復古派道德譴責、頑固反抗，引起焚書事件，關及秦亡。這些以下再說[65]。

中國人說多種方言，常有互相聽不懂的。方言可能衍化為不同的語言，就像拉丁話衍化為羅曼語系（Romance languages）中的眾多言語。中國話能避免分化，因為說不同方言的人書寫同一形重於音的文字。東周時有數種相似而不盡同的文字並存。李斯等努力推行統一而易於書寫的文字。文字外，秦更致力統一法律、貨幣、度量衡，甚至車輪之間的距離，使全國的車輛都能使用同一轍軌。一位美國史學家說：「全國通行的標準在今天看來是理所當然，所以我們必須運用豐富想像力，才能認識它們在公元前三世紀時的新意。很多秦的創建在歐洲要待兩千年，到法國大革命時才出現。」[66]

據《史記》所載官方紀錄，秦滅六國後六年無大戰事，雖然山間或有零星的肅清行動。公元前二一五年秦始皇巡視了北疆後，下令戍邊的蒙恬發大軍，把匈奴驅逐出陰山以南的河套地區，築城建縣以保衛邊境。次年又開拓南方，徙謫移民，設桂林、象郡、南海，奠定中國的恢廓版圖（地圖九）[67]。

秦始皇在位的最後三年大興土木。原來燕、趙、秦三國的長城，修建加長，連接成一個綿延萬里的邊防系統。軍需由從咸陽通北境的新築直道補充。中國的路夯土而成，工程少於羅馬厚石鋪砌的路。比長城直道更奢侈的是咸陽一帶的建築，據說動用了七十萬名囚犯。從未落成的阿房宮外，驪山的始皇墓也進入密鑼緊鼓的階段[68]。首都建築宏偉壯麗，毫無疑問。可惜它們毀滅了，所以我們無法把它們與奧古斯都留在羅馬的「大理石之城」相比。

為了撫省士卒和綏靖遠方黎民，秦始皇五次長途出巡，並行帝王祭天地的封禪典禮。他在各地留下石刻，自我歌頌外，也顯示他注重道德和經濟，針對地方特情加以建樹。會稽石刻記載改正當地的淫佚風俗，碣石石刻記載決通從前戰國用以浸淹鄰國的水堤。巡行中他順便遊覽江山，尤其喜愛海洋，甚至出海射鯨魚[69]。

公元前二一〇年，秦始皇死於第五次巡狩途中。他諱言死，未立太子，到病危才作璽書賜予當時同蒙恬監軍的長子扶蘇。書未發而皇帝崩。隨行的宦官趙高說服丞相李斯，陰謀竄改璽書，賜扶蘇、蒙恬死，立少子胡亥為二世皇帝。

秦二世的昏瞶暴虐，有如羅馬城大火時唱戲的尼祿（Nero）皇帝，加上被獲釋奴隸擺弄的克勞迪烏斯（Claudius）皇帝。秦始皇有過分處，二世變本加厲。他聽信趙高，殘殺宗室大臣以鞏固自己陰謀奪得的皇位，李斯亦不倖免[70]。

二世即位後十個月，九百名開往漁陽的戍卒被大雨困在大澤鄉，料想必會誤期報到，要依秦法受罰。兩個隊長陳勝、吳廣商量：逃亡也是死，舉大計也是死，與其等死，不如為稱王立國拚一下。做了一番心理準備工作後，他們殺掉統領的秦軍官，用衛戍的苦況煽動士卒起義[71]。陳勝「率罷散之卒，將數百之眾，而轉攻秦。斬木為兵，揭竿為旗，天下雲集響應，贏糧而景從，山東豪俊遂並起而亡秦族矣」[72]。陳勝攻佔曾為楚首都的陳作為根據地，自立為王，號張楚，派手下周文等兵指咸陽。

消息很快轉到咸陽。博士叔孫通諛言動亂不是反，僅是盜。二世愛聽，懲罰據實報告的使者，直到周文的兵逼近咸陽，才赦免和武裝在驪山工作的囚徒。章邯率領這隊免刑徒軍擊潰周文，跟著進攻楚地。陳勝敗退，被自己的車伕所殺。然而秦的時機已失[73]。憤恚秦的山東豪俊早已各殺其郡守縣令，相立為侯為王。六國的舊貴菁英紛紛復出，草莽英雄乘機而起，劉邦奪取沛縣，項梁項羽殺會稽郡守而發其兵。趙王等聚居鉅鹿，章邯圍攻。項羽領楚軍渡黃河，破釜沉舟，只帶三天糧，救鉅鹿，破秦軍。章邯求援兵不得，終於投降。項羽在中原廝殺時，劉邦直走咸陽。公元前二〇六年，秦降而亡[74]。

新星也似的大帝國，即如亞歷山大的帝國或蒙古汗國，一時燦爛，震撼寰宇，但轉瞬湮滅，影響膚淺，數世紀後便只留下遺跡讓考古家去研究了。秦朝是例外：它不是個短暫帝國，而是一個耐久帝國的始祖皇朝，祚雖短但影響深遠。它灌輸不可消磨的統一觀念，遺留有遠矚效率的國家體制，為中國帶來革命性的變化。此前「中國」只是個地理文化的概念，之後「中國」更是個政治概念，指有中央政府的強大國家。借用生物進化論的比喻，秦使中國的政治基因變異。它新的觀念制度基因，漢朝繼承下來，略加修改以適應環境，遺傳下代。百代演化後，秦基因的功能，至今尚有表露[75]。

4.5 亢龍有悔

為什麼秦朝覆亡？為什麼後代一面詬病秦，一面承用它的體制？秦朝興亡是中國歷史轉折點。它涉及的權益爭奪、思想衝突，繼續兩千年尚存。正因如此，對於它興亡的原因，宣傳多於分析。

歷史興衰，因素繁雜，但少不了運氣和個人得失。某些處，秦始皇頗似凱撒。兩人都有與其無窮自負相配的精力、與其龐大帝國相稱的責任心。凱撒看競技時也不斷寫信；始皇每天不批閱完一定重量的書簡，不肯休息[76]。元老博士說他們勤政無非貪權。這些元老博士可能自己貪權不逞而發牢騷，但他們的批評也非無理。凱撒和始皇凡事親理，使決策機構因缺少工作訓練而虛弱，政府過分依賴自己個人。兩人都不願準備後事。凱撒五十六歲遇刺，始皇五十歲病逝。不計劃好權力轉移是他們最大的失誤。

權力轉移是任何政府的重要關節。非常規的繼位最容易引起政治動亂，因為越規使別人不服，並提供反抗的理由。篡弒者心虛猜疑，逼害政敵，使眾叛親離，自取滅亡是小事，大弊是誤國殄民。世界史上例子無數，秦二世便是一顯著者。

和平無疑甜美，但戰後大規模遣散復員，可能為很多人帶來一時苦難，造成嚴重社會問題。第一次世界大戰的後遺症引發第二次世界大戰，便是今人熟悉的例子。內戰後羅馬保留大量軍隊，努力為解甲者覓田，大開海外殖民地，仍不免義大利本土暴動[77]。秦朝寢兵引起的社會問題更大，尤其在六國地區。戰國七雄每國帶甲逾十萬，專業武卒優養於魏，技擊之士興隆於齊。將領外，中下級軍官無數，全臨失業難題[78]。長期的國際競爭培育了大量幹才，因能取職的機會把上進心散入社會低層。縱橫家周遊列國，貴族的食客動以千計。遊士以投助別國為要挾，謀取權益。戰國七雄遽變為統一中國，這些發戰爭財的人前途渺茫，他們的坎坷助長被征服之痛。響應陳勝的山東豪俊，不少屬於這類人，有的如周文更在歷史留名。銷甲兵是為了和平，但漢人評論，卻把它數作秦之暴政，可見當時的問題[79]。

秦一統天下後，必須剎住戰亂歷史火車般的衝勁，還得剷除封建勢力的牢固大山。邊陲的秦在戰國七雄中屬新起暴發戶。資歷深文化高的東方諸侯一向歧視它，以「夷翟遇之」，敵國也常宣傳它是「虎狼之國」[80]。六國各有八百年的歷史，文化、風俗、方言獨特，齊人和楚人在那時就像英國人和法國人在今天一般自然。想像一幅政區地圖，幾年之內，東亞地區從現在西歐般的雜色拼湊變成純色一片，你就認識秦幹了什麼[81]。齊人和楚人不詛恨老敵人所變的新主子才怪。長久戰爭中，多少人的父兄親友喪生在這老敵人手中？積怨這麼深，不是一時所能消解。統一後九年，扶蘇還指出：「天下初定，遠方黔首未集。」為了爭取民心，陳勝標榜楚國最後保衛戰中犧牲的項燕，項梁尋找楚室後人立為楚懷王[82]。他們的行動凸現人民懷念故國故君。與其說他們在反抗統治者，不如說他們要趕跑佔據家園的外國敵人。所以山東六國故地動亂蜂起，秦本土卻安然。

漢儒誇染秦亡的驚奇，以宣傳秦朝特別凶暴。其實他們漠視歷史。吳起曰：「戰勝易，守勝難。」荀子曰：「兼併易能也，唯堅凝之難焉。」[83]這些從戰國經驗中提煉出來的智慧，普世皆然。重創的戰敗者無法不屈服，但經過一段生聚休養，積怨會像火山般爆發。佔據者措手不及，常吃大虧。例如齊乘亂取燕，易如反掌，但縱有孟子為三卿，受他教化多年的匡章為統帥，也難免後來被燕人踢出來[84]。我們將看到羅馬擴張史中遇到的類似叛變。今天德國的條頓堡（Teutoburg）樹林中屹立巨像，紀念日耳曼人起義，把羅馬帝國席捲回萊茵河（Rhine）西[85]。

堅凝難，急促堅凝更難，急促堅凝廣大疆域難若登天。堅凝鞏固新政權需要行政治理，而大批忠貞幹練的人才需要時間培養。新組織靠經驗改進，運作在實踐中圓熟，凡事不能一蹴而就。要克服風俗歧見、爭取民心，新統治者不單要管理清明，還必須有耐心。一位歷史學家總結秦朝、羅馬帝國和英國統治印度的經驗：「一舉成功的帝國創建者，最有理由懼怕他們的功業會一朝被暴力推翻，尤其如果帝國兼併了地方觀念深刻、土豪勢力深固的國家。」[86]秦的情景恰恰如是。它的體制優越，歷史將會證明。假如它像後來漢朝般逐步貫徹政策，可能軟化封建權益勢力的頑強抵抗。秦始皇一下子推行種種改革，即如疾拗一根鋼條，難免被反彈所傷。

統一後發生叛亂不稀奇，奇的是秦不能平息它。傳統解釋歸咎於秦的殘暴不德，多引漢初賈誼〈過秦論〉之語：「仁義不施而攻守之勢異也。」[87]這說法過於籠統。秦怎樣不仁不義？我不同意秦的一般行徑特別殘暴；假如它真的那麼黷武，它的鎮壓手段應該強硬得多。以下辨正的旨要是：秦所觸犯的是宗法封建道德中的仁義。它的新政體把家與國分開，觸犯了封建貴族在政治上親親之仁；它堅持法律下人人平等，遺棄了封建制度嚴守貴賤尊卑之義。我的解釋近乎一位現代國學大師之見；細察秦末群雄的言行，他總結：「封建之殘念，戰國之餘影，尚留存人民之腦際。於是戍卒一呼，山東響應，為古代封建政體作反動，而秦遂以亡。」[88]不同的是，我進一步認為封建道德鐫刻在儒家經典中，支撐持久的「法家亡秦」論調以維護皇朝統治菁英的權益。

「天下苦秦久矣。」誰最苦？古代的普羅大眾從不好過，但統一戰役的餘震外，沒有什麼可靠證據顯示他們的生活水準下降。我認為最苦的不是大眾，是舊貴族君子。他們在封建政體裡享受的權益地位，因秦廢封建和堅持法律公平而消滅，苦也。秦不能籠絡統治階層，包括它政府內的官吏，使它乏力應付帝國驟然膨脹、大量裁兵所帶來的危機。秦亡後，統治菁英製造輿論，誇大甚至捏造它的缺點，拉「王道」的大旗以掩飾自己造反禍國殃民，警告威脅新皇朝必須照顧自己的特權特利。

研究起義原因，不同以現代標準作道德褒貶。秦無疑殘暴，但它處身殘暴的時代。我們用來與秦比照的，應是當時流行的現實情景，不是絕對道德或空想。譬如，秦建阿房宮、驪山墓等工程備受譴責，但驕恣在戰國貴族中本是習以為常。齊宣王「為大室，大益百畝，堂上三百戶」，逾三年而不能竣工。孟子與宣王相處甚歡，提及建巨室求大木，但沒有批評其揮霍[89]。阿房宮殿「東西五百步，南北五十丈，上可以坐萬人，下可以建五丈旗」[90]。秦殿奢侈，但與齊宮相比，作為統一中國的廷議場所，是否過度得會激發造反？秦朝二世而亡，是否因它比舊六國殘暴得多？若是，為什麼在長期競爭中，秦比六國更能發動人民的力量，至能取勝？

大儒荀子原籍趙，久居齊、楚，並在范雎當政時訪秦，報告在秦所見：「入境，觀其風俗，其百姓樸，其聲樂不流污，其服不挑，甚畏有司而順，古之民也。及都邑官府，其百吏肅然，莫不恭儉敦敬，忠信而不楛，古之吏也。入其國，觀其士大夫，出於其門，入於公門，出於公門，歸於其家，無有私事也；不比周、不朋黨，倜然莫不明通而公也，古之士大夫也。觀其朝廷，其間，聽決百事不留，恬然如無治者，古之朝也。故四世有勝，非幸也，數也。是所見也。故曰，佚而治，約而詳，不煩而功，治之至也，秦類之矣。雖然，則有其諰也……則其殆無儒邪。」[91]儒家以古代為理想。荀子認為秦的行政類似古代的最佳統治，然而秦仍然恐懼六國合縱，遠不及王道，因為它缺少儒者。齊魯儒士眾多，可惜荀子未將它們的政績與秦比較。楚漢相爭時，魯國兵臨城下猶絃歌不絕[92]。儒風教化盛矣，但為什麼不能贏取民心，與秦抗衡？

荀子認為秦能四個世代相續得勝，不是幸運，而是因為它的清簡治術。他所見到的秦是個奉公守法的社會。秦人的恭儉忠信無非道德實踐，可見秦所缺乏的不是道德，而是儒家的繁文縟禮、倫理教條。儒家教條要人絕對服從長者尊者，不能容忍法家政策稍為年輕人和卑賤者撐腰。法律平等外，秦鼓勵分家及配田給小家庭。經濟獨立增強了年輕人的自尊。兒子借農具給父親時面有得色，媳婦居然有時敢反駁家姑。漢儒視此等行徑為禽獸狼俗，舉為秦亡原因之一[93]。其實秦從未摒棄孝悌。湖北睡虎地出土的簡牘實證秦律優待老者病人，並尊重父權，不接受兒子對父親的控訴[94]。研究證據的學者早已推翻詆毀秦的宣傳樣板[95]。從秦始皇的石刻，到睡虎地的《為吏之道》和《語書》，秦一貫提倡傳統倫理、改風正俗，對官吏進行德育[96]。張家山出土的《奏讞書》實例，除斷事精明外，秦還以廉潔敦厚、公平端正升任法官，以作其他官吏的典範[97]。眼光闊大、對秦有所針砭的《呂氏春秋》在咸陽市門上公佈[98]。《史記・禮書》記秦朝「悉內六國禮儀，采擇其善」。秦始皇設博士官，就算不採納，也先聽取他們的意見。後來他認為復古派反對廢封建太頑固，威脅政體穩定，危及社會安寧，所以才焚書。但博士官並不因此而廢。偽解情報諂媚二世的叔孫通，便領儒生弟子過百，後來叛變，遍事群雄，終於為漢朝制定禮儀[99]。

司馬遷注意到，儒生博士懷恨，秦一亡便散佈謊言壞話。「學者牽於所聞，見秦在帝位日淺，不察其終始，因舉而笑之，不敢道，此與以耳食無異。」[100]客觀研究的西方學者警告：漢朝文章不宜輕信，「因為它們常常包含明顯的反秦偏見，所以讀者必須極小心地探討衡量」[101]。誣蔑秦對漢有利。漢以暴力繼承秦，要為自己的叛逆辯護，但要阻止別人學樣。要宣揚反秦有理，但否定造反有理，莫如痛詆秦。《漢書》有許多記載，敘述漢儒討論政事時「借秦為喻」，把種種惡行隨意加在秦頭上，說秦因此而亡，跟著諫說類似行為萬萬不可[102]。誇大是常規，證據就難說了。有政客用自相矛盾的故事，推銷兩個不同的政策[103]。同仇敵愾者你拋我引，重複得多，假也當真。「暴秦」成為至惡的樣板，一如「堯舜三代」是至善的樣板。其實兩者都真偽混雜，是虛構的教條，不算歷史。西方學者總結：「考古發掘和歷史文獻的證據，揭露很多批判暴秦的論調，其實是漢朝牟私利的宣傳，與秦的政策和過失無甚關係。」[104]

秦的賦稅便是在謠言中越誇越重。六國的賦稅原本不輕，例如《左傳》記載齊國一度「民三其力，二入於公，衣食其一」[105]。孟子並非唯一高呼要減稅者。統一後人民的負擔是否增加？司馬遷列舉秦的措施，並沒有提到加稅。秦末義軍很少怨秦重斂，更沒有用減稅的口號來贏取民望。論秦亡原因，身歷秦世的陸賈沒責賦斂，賈誼把它列在長長的過失清單之末。那麼，暴斂之說何來？漢武帝時淮南王劉安謀反。謀臣伍被力諫的主調是：從前劉邦看著秦朝越來越壞，但屢次說還未能造反。他等秦壞透了才舉事，所以成功。漢朝現在不算壞，你舉事很危險。別想吧。伍被的說辭情文並茂，滿是明顯的虛構故事。《史記》把它放在〈淮南王傳〉以記其造反陰謀本末。班固不舉旁證，抄了幾句伍被的說辭，放在《漢書·食貨志》，當作財政史實。其中秦「收泰半之賦」，注家解為「三分取其二」[106]。〈食貨志〉成為責秦重斂的最權威資料，傳統學者沿襲不疑，有的甚至說它是根據《史記》的「記載」。西方學者從歷史證據、社會情況各方面研究，卻認為「泰半之賦」是無稽之言，並且與董仲書所謂秦小民「或耕豪民之田，見稅十五」牴觸。若地主向佃戶收一半，卻要交大半給政府，誰要做地主[107]？這不過是一個例子。〈食貨志〉謂秦稅使「男子力耕不足糧餉，女子紡績不足衣服」。類似的動人心弦但模糊籠統的指責，常見於後世秦史。假如你追溯它們的來源，你會發現很多是漢朝政客推銷己見的說辭。

漢初的地稅是十五分之一[108]。稅率怎樣降到這麼低，應是漢朝史筆熟知之事。司馬遷沒提及高祖減稅。班固〈食貨志〉承接上文秦「收泰半之賦」，謂高祖「輕田租，十五而稅一」。從《史記》開始，正史中記載軍國大事，最重要可靠的是皇帝本紀，因為它們根據政府編年紀錄，而且常收集官方文獻。《漢書・高帝紀》的篇幅長，詳細記載劉邦的各種稅務措施，連豁免小撮人幾年稅都不漏。它更記載高祖廣播自己的恩惠，但偏偏就隻字不提全面大幅減稅這最得民心、最值得吹擂的大仁政。這缺漏很明顯，尤其比諸文帝景帝「賜天下租稅之半」，把地稅減到三十取一的細節記錄。如果〈食貨志〉所言屬實，那麼班固在〈高帝紀〉刪去除秦重斂這仁政的證據，真是有負漢恩。

古今史家和考古學者一致同意漢承秦制[109]。董仲舒更指出漢初的稅制也是隨秦制[110]。最有力的證據是新出土的秦簡漢牘。秦漢收地稅的形式同是粟、芻和藁，芻和藁是餵牲口的草料。據公元前二一七年，即秦統一後四年入土的田律：「頃入芻三石，藁二石。」公元前一八七年，即漢朝建立後十五年公佈的田律是：「頃入芻三石，上郡地惡，頃入二石；藁皆二石。」[111]假如稅收的粟也一樣不變，那麼漢初十五取一的稅率很可能是承秦舊制。以資比較：孔子時魯稅十分之二，孟子的井田理想抽九分之一[112]。

賦稅外，徭役是人民的最大負擔。秦漢規例是每年一個月。戰國時修建軍用工事的人力，統一後調為民用建設。徭役是否因而增重，沒證據，不能說。據湖南里耶出土的秦簡，統一後次年洞庭郡守下令各縣：傳送運輸，必先動用各類刑徒及債務犯。急事不可留，才興徭役。田作季節，不欲興發普通人民[113]。這文件與《史記》一致，凸顯秦盡量用刑徒及社會上的「賤民」。譬如，遣發去守嶺南三郡的人或行賈、或入贅、或企圖逃避戶籍徭役[114]。遷徙良民，如始皇四次遷戶數萬，皆或免他們賦稅、或拜爵一級，以資撫恤[115]。大型建築多用刑徒，以致於管工程的司空常被叫「主刑徒之官」。始皇死後，為陵墓覆土的不是服徭役的人民，而是原來營建阿房宮的刑徒[116]。秦制固然壓逼「賤民」，但有利普羅農民，漢亦沿用。從明文法律看，秦興發徭役頗有分寸規定[117]。當然，行政實踐中難免濫權，但是否比六國差？里耶文書督促勿礙農時。如果齊、魏慣於不礙農時，孟子何須疾呼力勸？

比較兵役容易得多。戰國後期的大戰每國動輒出兵數十萬。七國合一後最大的是蒙恬擊匈奴之役，發兵三十萬人[118]。所有數字都可能誇大。然而從一個大帝國的國力看，這短期兵役不算過分；羅馬帝國的常備軍就有三十萬人。秦的徵兵制因軍情所需而發兵，事畢便遣兵復員，減低養兵費用。睡地虎秦簡實例，統一戰事高峰期間，名叫喜的男子三次被徵入伍，第一次服役八個月，第二次十一個月[119]。法定役期最高兩年，所以要長期維持大軍，政府必須要不斷徵發新兵補充。

蒙恬逐匈奴的戰事歷時兩年。勝利後堅凝疆土，軍民措施並用。民事移民實邊，將河套一帶發展為後稱「新秦中」的富庶農區，我們不去談它[120]。軍事上和平時戍邊，兵力一向很少；漢朝的經驗最是顯見[121]。在大澤鄉起義的戍卒不過九百人，領隊的陳勝、吳廣還不是同縣人，而且也未聞其他戍卒響應嘩變。那麼公元前二一五年始皇令下、蒙恬所發的三十萬人的大軍，維持了這兵力多久？這是個謎。蒙恬負責建長城直道，但為什麼公元前二〇九年政府急需軍隊去平亂時，沒人提起調回築城之兵？為什麼李斯等為了安撫人民，提議二世停建他心愛的阿房宮，而非他無所謂的長城[122]？是否因為長城已經差不多竣工，大部分士兵已經遣散？這很可能。秦的夯土長城，規模遠遠不及我們熟悉的明朝磚石長城，建築工程也不是那麼巨大，大軍一年左右就可以成事歸田（見附錄三）。詆毀秦特別黷武窮兵的人忘了一個事實問題：性命交關時，秦的兵在哪兒？

總結上述，洗去宣傳看真面目，秦朝對大眾人民的壓迫不比東周列國更厲害，不能解釋為什麼它二世而亡。可是，對操縱輿論的特權階層，情況就不一樣了。築長城是戰國秦漢的常事，如「齊宣王乘山嶺之上築長城，東至海，西至濟州千餘里，以備楚」[123]。一樣的工程，在燕趙齊楚漢，皆處之泰然，只有在秦朝惹來令人髮指的故事，不無緣故。秦不單徵發普通百姓；始皇依法判治獄不直的官吏去築長城，觸怒了權貴[124]。國家和權益階層的牴牾，是秦的最大憂患。

封建貴族和集權君主的勢力此消彼長，但爭權奪利，終戰國而未鬆弛。即使在秦，也有穰侯等貴族長期擅政，各搶封邑，家中珍寶多於國庫。到范睢助秦襄王重新杜私門，已是商鞅變法後九十年了[125]。六國的貴族更強橫。戰國末年魏信陵、楚春中等公子顯赫，養士以千計。可見貴族勢力雖然衰退，但仍經常伺機反撲。

統一的中國應採取什麼政府體制？這重大問題把君主與貴族的權力鬥爭帶到決戰關頭。朝廷辯論，群臣都擁護丞相王綰的提議：重事封建，皇帝封多個兒子為王，分別統治六國故地。李斯力排眾議，指出周王封的諸侯多是子弟同姓，到後來還不是勢如仇讎，互相誅伐，糟蹋人民。現在天下一統，不宜再置諸侯，宜設郡縣統治全國。諸子功臣用國家賦稅重加賞賜就夠了。秦始皇同意李斯：「天下共苦戰鬥不休，以有侯王。賴宗廟，天下初定，又復立國，是樹兵也。」[126]

「廢先王之道」是賈誼、董仲舒、班固等異口同聲譴責的秦頭號過錯[127]。秦始皇並非如儒生所說般不顧歷史，而是採取法家的歷史觀。孟子的「遵先王之法而過者，未之有也」，認為歷史靜止不變。李斯的「時變異也」重視歷史的動態；固執周王之道會重蹈戰國的覆轍[128]。秦始皇的決定並非如漢儒指責般只是「立私權」；他提出為天下和平的客觀理由，歷史證明正確。楚、漢恢復封建，引致他所預料的戰亂惡果，賈誼和班固都熟知，可是都不肯諒解秦廢封建，怪它無尺土之封：「子弟為匹夫，內亡骨肉本根之輔，外亡尺土藩翼之衛。」[129]他們的心理矛盾，有道德教條和自利權益的雙重根源。兩者都是亡秦的動力。

公元前二一三年，即廢封建後八年，博士齊人淳于通提倡恢復先王之道：「今陛下有海內，而子弟為匹夫……事不師古而能長久者，非所聞也。」始皇命朝廷議論。李斯駁道：時代不同，為什麼一定要走三代的老路子？諸生道古害今，虛言亂真，惑亂人民。為了制止他們結黨造謗，危害安定，他提議焚書。始皇採納[130]。他們的目的主要是政治統一，保護國家的體制和穩定，所以保留博士官藏的書籍，也保留醫藥卜筮種樹等實用知識；燒的主要是六國歷史以及民間所藏的《詩》、《書》，因為它們是鼓吹分封諸侯、政治復古的憑藉。諸子百家語雖然名列焚書令，但不屬重點，也少執行，所以無甚損失。思想繼續活躍；很多託名先秦諸子的文章，例如《大學》、《中庸》，其實是秦漢年間寫成。要到漢朝儒術獨專，戰國自由思想的活力才被扼殺[131]。

焚書次年發生坑儒事件。原來始皇受東方文化熏染，欲興太平，博士官外，還召集了大批儒生方士。方士們抓住皇帝的心理弱點，進仙家長生之術，大發橫財。其中有侯生、盧生二人，攛掇皇帝做了不少蠢事，交不出仙藥，怕受法律懲罰逃走，又罵這貪權暴君不配長生。始皇大怒，令查究妖言亂眾。諸生互相告引。始皇坑殺在咸陽犯禁者四百六十人，不顧扶蘇之諫言：「諸生皆誦法孔子，今上皆重法繩之，臣恐天下不安。」[132]扶蘇有眼光。三年後，魯的縉紳先生們手持孔子禮器，趕著歸附陳勝。孔子的八世孫孔甲為陳勝博士，儒士陳餘勸陳勝復立六國之後[133]。王充已注意到漢儒渲染，把坑咸陽四百六十人一案，誇大成秦皇坑盡天下儒者。現代研究發現這誇大並無事實根據：儒生在秦漢年間甚為活躍，單姓名可考的就不少[134]。

焚書意圖制止封建復辟派搞顛覆，坑儒緣起騙局。然而「焚書坑儒」常混同一體被稱為秦朝的最大罪行，不無道理。君主貴族爭權外，它們透露了儒、法之辯[135]。表面的是儒生法吏爭寵奪權，如侯生盧生埋怨秦始皇「專任獄吏，獄吏得親幸。博士雖七十人，特備員弗用」。深一層的思想衝突，影響更長遠。賈誼的〈過秦論〉為《史記》、《漢書》引用，表現士大夫對秦亡的一般看法。清儒概括其大旨：「謂秦尚法律，不施仁義，以至一夫作難，天下土崩。」[136]

以守法為道德的西方人會莫名其妙：為什麼法律和仁義截然對立？客觀分析必須探討「法律」和「仁義」的內容：壞秦的是什麼法律？秦缺的是什麼仁義？探索端倪，莫如漢初司馬談所言儒、法兩家的主旨及其政治影響[137]：

「儒者以六藝為法。六藝經傳以千萬數，累世不能通其學，當年不能究其禮，故曰『博而寡要，勞而少功』。若夫列君臣父子之禮，序夫婦長幼之別，雖百家弗能易也。」

「法家不別親疏，不殊貴賤，一斷於法，則親親尊尊之恩絕矣。可以行一時之計，而不可長用也，故曰『嚴而少恩』。若尊主卑臣，明分職不得相逾越，雖百家弗能改也。」

法家把家與國分開，我們今天認為在政治上是理所當然。可是在儒家君臣父子的思想中，它卻是賊恩不仁。「家庭生活就是政治生活，家庭理想就是政治理想」，這兩千年來的士大夫意識形態，產生於家國不分的時代[138]。親親原是宗法封建的紐帶，儒家將之蒙上仁義聖光，奉為普行天下的政治圭臬。孔子論政曰：「仁者，人也，親親為大。」他列親親為治國九經之一：「尊其位，重其祿，同其好惡，所以勸親親也。」[139]孟子發揮「親親，仁也」，舉舜為例。舜是仁人，他封不仁不義的象為侯，只因為象是他的弟弟：「身為天子，弟為匹夫，可謂親愛之乎？」[140]淳于通提倡恢復封建的論調、甚至字句，同出一轍。儒家的人治講究君主典範。秦始皇身為皇帝，子弟為匹夫，立不仁的榜樣，難怪「去仁恩」之斥責盈耳[141]。

「仁義」的口號掩飾了君子追求的權益。秦時有人在隕石上刻字：「始皇帝死而地分。」裂土封侯是權益階層的普遍渴望[142]。反秦的領袖莫不稱王稱侯，跟隨的人如張良所說：「日夜望咫尺之地。」漢高祖鑑秦覆轍，見封賞不夠快，功臣不滿意，於是加緊行動，大肆宣傳其恩惠：「其有功者上致之王，次為列侯，下乃食邑……吾於天下賢士功臣，可謂亡負矣。」[143]

秦滅六國，舊貴族大夫怨恨。它廢封建，天下士人因自身利益受損而失望。戰國貴族盛行養士之風。廢了貴族，清客的出路大減。出仕的性質也變了。貴族的人治思想下，君子大夫空談眄視，以為自己只要出任高位誇道矜德便大功告成，不必為政績負實在責任。在科層機構工作的是國家的職員，不論為君主或為人民，他們是服務者，必須負責任、呈成績。身份降低了，工作要求高了，沒人樂意。政府不斷地需要大批官僚。要培養有責任感、有行政能力的人才，並不容易。傾向教育的儒家絆腳多於推助，因為它把「仁義」局限在親親尊尊等個人關係。培育公德心、發展公平公正的思想，到今天還是問題。秦用法律制約行政實施，督察官僚負責，只引起自命治人者的反感反動。

賈誼之前，儒生陸賈已把秦亡歸咎於「任刑法不變」。董仲舒責秦「師申商之法，行韓非之說」，以致大壞天下[144]。類似的「法家亡秦」論調歷來屢見，到二十一世紀不衰[145]。儒生的論調多基於他們「法等於刑」的思想，不知法律的範疇遠不止刑罰（見第6.9節）。我們分開討論。

秦的刑罰的確酷虐。血淋淋的形容最易挑動感情，但它們是不是秦的獨家發明，使六國遺民不能忍受？很多秦的酷刑西周已設，春秋戰國時沿用[146]。大罪連坐，奴戮及子孫，《尚書》屢見，出土簡牘證明盛行於齊國[147]。秦法，偷竊罪一般罰幾年徒刑，輕重因竊量而異。秦囚徒穿紅褐色制服。班固的「赭衣塞路」可與晏嬰的「屨賤踊貴」比照：春秋時齊國因為受斬足之刑的人多，假足賣得比鞋子還貴[148]。睡虎地秦簡實證：秦始皇統一戰爭熾盛時，赴役若不能準時報到，「失期三日到五日，誶；六日到旬，貲一盾；過旬，貲一甲」[149]。是二世把罰盾甲等物加重到死刑，還是要起事的陳勝等誇大？軍法較嚴，出征會戰失期當斬，但當斬的是將領，還是所有士兵？陳勝煽動戍卒說：「失期當斬，藉弟令毋斬，而戍死者固十六七。」[150]若法令真是全斬，他不用以戍邊的凶險為恐嚇。秦的實情，資料不足。《尚書》對周代的記載，卻不模糊。聖人周公旦之弟發兵時詔告魯國人，凡是不帶著乾糧準時報到、或不預備好築堡工具、或不供應足夠餵馬飼料的人，全部死刑[151]。周公宣佈王令：周人聚眾飲酒者，統統押回京城殺掉。對那些造謠惑眾、損害君王以獲取聲譽的人，最要緊殺無赦[152]。現代學者總結：「周初之果於殺戮實可驚。」[153]殺氣不止於周初。《禮記．王制》載：「析言破律，亂名改作，執左道以亂政，殺。作淫聲異服、奇技奇器以疑眾，殺。行偽而堅，言偽而辯，學而非博，順而非澤以疑眾，殺。假於鬼神時日卜筮以疑眾，殺。此四誅者，不以聽。凡執禁以齊眾，不赦過。」不聽審便殺無赦，不論那真是周朝的王制，或是儒家的理想，對付孟子喻為洪水猛獸的「邪說」、「淫辭」[154]，酷烈不下秦始皇之焚書坑儒。這儒家思想在漢朝「經義斷獄」中實踐，一案所殺者以萬計（見第6.9節）。

嚴刑重罰，周和秦相若，不過只是對大眾人民而言。對權貴，則有天淵之別。漢儒崇周貶秦，不盡是虛偽；他們的重點不在刑而在規約用刑的法。周禮優惠權貴：「禮不下庶人，刑不上大夫。」秦堅持法律下人人平等：「刑過不避大臣，賞善不遺匹夫。」[155]賈誼衡量二者，認為周禮遠勝於秦法，而它們之分別，是解釋周祚長、秦祚短的關鍵。君主、群臣、眾庶，尊卑等級森然。要安定長久，最要緊是優待籠絡大臣，因為他們環繞君主，同操權力。「里諺曰『欲投鼠而忌器』，此善諭也。鼠近於器，尚憚不投，恐傷其器，況於貴臣之近主乎？」一言而蔽之，「安定者貴順權」。秦王仗法令，投鼠不忌器，貴臣犯法與庶民一般處理，終於「怨毒盈於世，下憎惡之如仇讎，禍幾及身，子孫誅絕」[156]。

督責官僚執法清明，保護了老百姓。罰貪官污吏去修長城，卻難免權貴菁英切齒大叫任法不仁。儒生埋怨秦法繁密。《周禮》、《儀禮》、《禮記》的禮教教條，何嘗不是繁若秋荼。不過繁密的教條摒棄庶人，維護菁英的特權，菁英甘之如飴。從出土秦簡看，秦律多有官員行政服務的規例、曠職濫權的懲罰。權貴菁英為自身利益，視若砒霜，口誅力抗。賈誼注意到「群臣之不信」滲透秦政府上下[157]。陳勝懼罰起事。劉邦做亭長押送刑徒，因為路上有人逃跑，情知要受罰，索性把大家都放了，一起入山為盜。沛縣令和會稽郡守一嗅到機會就謀反，其他秦官也是盡忠的少，棄職的多。孟子教誨：「為政不難，不得罪於巨室。」「君之視臣如土芥，則臣視君如寇讎。」[158]秦不聽，不肯縱容群臣枉法，不肯用封邑收買巨室，得罪了統治階層，要為政長久，難矣。視君如讎的官僚各牟私利，使政府無效應付小災，卒成大禍，黎民塗炭。

秦失其鹿，天下共逐之。逐鹿者的社會背景沓雜。曾做傭耕的陳勝出身最低微，但仍識字而不乏新聞知識。劉邦應秦試，得任地方警長似的小吏。地位高的有世代為楚將的項氏。類似他們的舊貴族大夫，構成秦末群雄的主體。六國王室之裔都趁機復立[159]。

項羽本是群雄中最強者。秦亡後他不負眾望，恢復周制，自立為西楚霸王，其餘十八個王，分封各地。秦始皇的預言應驗了：「又復立國，是樹兵也。」諸王割據，迅速淪為軍閥混戰。受封在四川漢中的漢王劉邦，待項羽一轉背便奪取了關中。賴秦的政治經濟建設，劉邦在歷時五年的楚漢戰爭中有穩固的基地。

項羽和劉邦之爭，有點像安東尼和屋大維之爭。項羽與安東尼一樣，將才高，貴族淵源深，雄霸富庶的東土，有機會殺害對頭，但不忍下手。劉邦和屋大維同屬暴發戶，較少舊貴夙習的暮氣，能汲取發揚平民社會的活力和新思。屋大維控制義大利，劉邦佔領秦故地，都是軍政皆優的基地。劉邦初時屢敗，遂避免大戰，旁襲側擊，略奪兵餉，逐漸削弱項羽實力。又用封王為餌，聚各路大軍合圍。

在垓下圍困項羽的漢軍奉令學唱楚歌。本已糧盡的楚兵聞歌，懷家四散。項羽以為唱的是楚人，與諸將置酒帳中，自作歌曰：「力拔山兮氣蓋世，時不利兮騅不逝，騅不逝兮可奈何，虞兮虞兮奈若何。」虞姬作歌和曰：「漢兵已略地，四方楚歌聲。大王意氣盡，賤妾何聊生。」[160]

項羽騎上隨他轉戰五年、名叫騅的駿馬，領八百名騎士突圍，到達烏江畔，所餘無幾。烏江亭長預備好船，並告知江東安然未失。項羽把騅交託給他們照顧，但自己不肯渡江，說領了八千子弟出征，如今無一而還，實在無臉見江東父老。他徒步再戰，殺漢兵無數，自己也身受重創。

最後他在敵軍中遇到故人，說，漢懸獎千金、萬戶封邑要我的頭，送給你吧。自刎而死。

4.6 斷裂與延續

風雲際會三十載，歐亞大陸東西兩端的政治局面各自煥然一新。述說凱撒建三頭同盟到奧古斯都奠立帝國的那段歷史，《羅馬革命》（*The Roman Revolution*）想是現代作品中最具影響力者[161]。一位西方史學家評鑑：「秦朝改變中國，無論質或量之大，皆無可比擬，實在不愧『革命』之稱。」[162]

羅馬和中國的革命，皆立君主制以取替共和制或封建制。從此遼闊的疆域劃分為行省或郡國，統治權柄集中在皇帝手中。革命的輸家是舊制度的統治階層，共和國的元老貴族、宗法封建的諸侯世卿。他們反抗劇烈，天生痛恨國王的羅馬貴族尤甚。中國的天子一向世襲，但政治菁英不忿秦朝廢除封建貴族。凱撒被刺。秦始皇遇到荊軻行刺、張良主使的大鐵椎、高漸離三次襲擊，難怪他要行動保密[163]。凱撒曾寬恕布魯圖，秦始皇一度放過高漸離，不過這些是例外；無情鎮壓是常規。凱撒禁止所有政治團體，他的繼承人清算的黑名單包括大約一百三十名元老和兩千名騎士[164]。秦始皇焚書，並坑殺約四百六十名方士儒生[165]。這些屠殺的損害，遠比不上腓力比的沙場或秦末群雄的混戰。

羅馬貴族吶喊自由，儒生舊貴呼籲衛道。教條口號醉人，使他們看不到自己的自私自大、脫離現實、顢頇無能。凱撒的刺客說要解放羅馬，結果陷它於大難，因為他們完全沒有計劃如何為自己的行動善後。儒生炫耀學問，但提不出任何踏實可行的答案，以資秦始皇所問的封禪典禮或漢相曹參所問的治國原則[166]。

雖處下風，菁英們仍穩拿一張王牌。皇帝要順利統治，必須倚靠他們輔佐。雨過天晴，和平重降羅馬帝國和兩漢皇朝時，他們的思想會部分重振，在新政體裡延續舊傳統。元老說的自由，儒生說的仁義，最大的功能是維護權貴君子的利益，所以終會被政治菁英採納。凱撒和秦始皇失敗在不能籠絡權貴菁英，他們的繼承者會成功。羅馬元老將會放棄集體統治的理想，參與財閥統治，自由地剝削人民。儒家士大夫將會任職科層機構，以親親等私誼腐蝕公平的法治制度。東山再起的政治菁英將會蠶食革命的效果。

與貴族爭權的君主能向比較廣闊的社會開放。凱撒接納很多義大利人和非貴族進入政府，秦始皇的功臣多有出身寒微的外國人。他們的繼承者更進一步。屋大維和劉邦本身暴發，前者的將領多是「上流社會之敵」，後者手下「多亡命無賴之徒」[167]。這些形容雖不全面，但指出觸目的特色。政運步步高陞時，自然吸引到身世顯赫的謀臣。屋大維得伊特魯里亞的巨富馬克拿，劉邦得五世韓相之後的張良。不過朝氣最盛的，仍是他們的早期班底，出身草莽但忠誠能幹，無夙習束縛而思想活潑。普林尼評鷺屋大維的同年夥伴阿格里帕：他粗魯不文，但身具傳統羅馬農民戰士的優秀品德。西班牙大捷後，他能貴族之所不能，放棄凱旋遊行的榮耀，以免反襯屋大維戰敗之恥辱[168]。漢朝的首任宰相蕭何原是秦朝沛縣的小吏。劉邦入咸陽，諸將忙著搶金帛爭府邸，唯有蕭何收藏秦的律令圖書。他又識英雄，向劉邦推薦家貧無行、不得為吏的韓信，拜為大將[169]。

民間臥虎藏龍，無數人才因缺乏機會而被埋沒。未來的集權君主有用人的胸襟眼界，大受其益。

不顧元老貴族怨恨、縉紳之儒牢騷，中西的革命把政府之門向兩方面略為開放；中國的開放程度較大。一方面，帝國向外發展，征服者向被征服者伸手，逐漸消除中央對外圍的地域歧視。另一方面，政府向下伸展，突破貴族階層，引用低一層的人才，豐富統治菁英的社會成分，增強社會的上進流動力。羅馬革命打碎了舊統治階層。義大利人和無意干政者，戰勝了羅馬人和熱中干政的貴族[170]。秦漢之間，更是「天地一大變局」。平民天子之下，千年來的世侯世卿變為「漢初布衣將相之局」[171]。不著絲綢文繡的布衣，不單指社會出身。漢初將相的思想切實，重經驗知識，質勝於文；不似儒家獨尊後文章刺繡，君子不器，埋頭古代貴族的經典。

歷史變局中，婦女的才幹也稍得賞識。巴蜀有生產丹的家族，寡婦清守業，不受侵犯。秦始皇築女懷清台，以獎勵貞婦。劉邦做亭長時娶的妻子呂氏，佐夫定天下、誅功臣，更以太后身份支配惠帝，惠帝死後自己臨朝稱制[172]。屋大維做三頭、玩權謀時，與生育獨女的妻子離婚，以便娶利維婭。利維婭出身顯族，前夫克勞迪烏斯亦屬老牌世族。屋大維因她而獲得不少貴族支持，利維婭亦漸插手政謀[173]。呂后和利維婭是最顯赫的皇室女性。

凱撒與共和國格鬥，終於不敵。秦始皇鎮壓封建貴族復辟，身死則事敗。奧古斯都與漢朝承繼他們的事業，成功奠立穩定的君主集權體制。一位經歷過拿破侖時代的德國大哲，回顧凱撒父子說：「縱觀世界歷史，政治革命若反覆重演，即會獲得民心認可……首次革新，人們以為不過意外偶然。再來一次，人們目睹事實，認為理所當然，欣然接受。」[174]重演的歷史也能得益於經驗教訓，避免前人所犯的錯誤；而且行事成熟，緩和傾覆先驅的雷厲風行。奧古斯都和漢高祖有前車可鑑，比較肯與舊勢力妥協。前者口頭上敷衍共和，後者大封諸侯王。

假如顛覆共和國或滅六國是罪過，那咎責的擔子凱撒和秦始皇挑了。奧古斯都坦然宣稱合法承繼，漢朝攻訐秦朝以宣傳自己造反有理。他們也得益於暴力和時光的洗練。內戰殺戮頑固勢力，教餘生者屈服；糟蹋社會，使人人亟盼和平。挫折凱撒的共和黨人多在腓力比陣亡，餘者跟隨安東尼，再遭損折。秦亡後，六國宗室紛紛復國，但都不敵新興的民間力量。軍閥割據的最後一幕，是齊王田橫及手下五百壯士不願臣漢而全體自殺[175]。人死不能復生，時光消磨記憶。到戰火熄滅時，新的一代對共和國或先秦舊事，逐漸忘懷。目前的集權帝國、皇朝，顯得合理自然。

凶殘的混戰使人領會到，比起無政府內亂的恐怖，什麼政府秩序都容易忍受。羅馬軍閥沿用蘇拉對付政敵的手段：戰、火、屠殺。雖然內戰的主要戰場在馬其頓，但一說它對義大利的損害，更甚於漢尼拔入侵。凱撒有心約制部下，不令搶掠。不過當敵方高價招募逃兵時，軍法嚴明的危險，不止被道學家咒罵為峻刻不仁。凱撒的軍隊若無他親臨，即難以管束[176]。從大澤鄉起義到垓下之戰，八年軍閥割據，摧殘社會遠過於秦的統一戰役。亂軍烏合之眾，不比國家軍隊有紀律訓練，又常缺乏經濟基地以供應糧草，士兵多就地覓食。群雄大軍往來，人民無異屢遭蝗災。漢初，天子也找不到一色駟馬。公元前二〇〇年，即秦始皇死後十載，漢高祖路過曲逆，見其屋室壯大，地方官告訴他：「始秦時三萬餘戶。間者兵數起，多亡匿。今見五千戶。」[177]曲逆還不算最糟；它地處北方，避過中原最慘烈的戰火。難怪中國人聞亂心驚，但這並非他們的獨家心理。塔西佗解釋奧古斯都的勝利因素：「他帶來最受歡迎的禮品——和平，因而贏得所有人的好感。」[178]

羅馬公民數世紀來一貫每年投票選舉首領。然而鑑於現實，知道在某種情形下，民主普選並非最好的政治制度，因為它會致亂。人民放棄主權，接受了君主集權。至於帝國取締了的議政權、議院言論自由，那不過是千多名政治活躍分子的特權。為了這些權貴的理想，廣大人民流夠了血。政客鼓吹自由尊嚴，老百姓渴望安寧安全[179]。「他們一心只顧他們的田地、房屋、錢財」，西塞羅嗤鼻[180]。他小看了這些簡單慾望的力量。高貴的政客侮弄沒有政治野心的人，但從那些人的行列裡，屋大維羅致了他的最初班底。奧古斯都和以後皇帝所最信任的，也是他們。他們不吶喊政治口號，只為皇帝或政府服務供職[181]。

天為民而立君。政府存在的理由，是長期有效地看顧社會的需求。實際慾望無窮，無法完全滿足，每個社會因其獨特的經濟文化為自己作取捨。人生有許多意向範疇，如健康、自尊、親情、財富、正義、參與政治。每個範疇內有高下之分，但範疇與範疇之間，卻常難以衡量，因為每個範疇都具無價之寶。皇路清夷，人們容忍一些不相稱的價值，以求和諧。例如現代民主社會為了適當保安，稍微限制公民自由。時窮節現，選擇不免痛苦。難題不在正邪不兩立，而在一個範疇之正與另一範疇之正，兩者不可兼得。深入探討正與正的衝突，表現出重如泰山的取捨，是西方文學之冠的悲劇（tragedy）精華[182]。羅馬人民終於想到，共和民主誠可貴，穩定治安價更高。《羅馬革命》的作者總結道：「人生有比政治自由更重要者。政治權利只是手段，並非最終目標。那目標是生命財產，其安全羅馬共和國的制度將無法保障。飽受內戰混亂折磨的羅馬人民，終於捨棄災禍重重的自由，順服於嚴厲統治。」[183]

羅馬共和國在歷史上留下光輝典範，深遠影響政治思想，例如美國憲法和法國大革命[184]。它的某些原則，如定期的普選，保護小民的民權自由，防止濫權的政府內部權力制衡，在很多現代人眼中無疑是天理。然而，那個顛覆這些原則的人物卻贏得高譽讚美。德國的皇帝尊號Kaiser，俄國的沙皇Czar，都源自Caesar，凱撒。美國人也喜歡喻其總統為凱撒。一位美國國父說：「有史以來，最偉大的人物是朱利烏斯．凱撒。」[185]

創立統一中國的人，與顛覆羅馬共和國的人，獲得截然相反的評騭。秦始皇奠基的政治體制繼續為國家服務，但他本人卻被妖魔化。士大夫製造樣板教條，使「暴秦」成為邪惡的同義詞[186]。

宣傳粉飾減輕過渡期的崎嶇。奧古斯都宣稱保持共和國，私下卻以自己的專權取代共和制度。漢朝大聲貶斥秦，但悄悄地沿用它的集權制度。歪曲事實是否有歷史代價？

註釋

❶ Johnson 2000.

❷ Kallet-Marx 1995: 25-7. Richardson 1991: 1, 6-7.

❸ Brunt 1978: 174-5. North 1981: 2-3. Sherwin-White 1980: 179.

❹ Pines 2009b: 82-7.

❺《孟子・梁惠王上》。

❻ 蕭公權 1946: 100-1。

❼ Gelzer 1968: 72-4, 78. Millar 1998: 126-7.

❽ Nicolet 1980: 386-7. Millar 2002a: Ch. 6.

❾ Brunt 1988: 54, 306. Millar 1998: 125.

❿ Lintott 1999: 173-5. Brunt 1988: 32-3, 61-4, 329-30. Gelzer 1968: 13-4.

⓫ Syme 1939: 154, 51.

⓬ Suetonius, *Julius Caesar* 77.

⓭ Ward 1977: 60-4, 69-70. Seager 2002: 26-37.

⓮ Millar 2002a: 223. Seager 2002: 44-50, 60-2. Scullard 1976: 107-8.

⓯ Seager 2002: 76, 79-81. Syme 1939: 30-3.

⓰ Gelzer 1968: 19-21, 31-2, 69. Goldsworthy 2006: 164-7, 174-81.

⓱ Livy 2.1.

⓲ Suetonius, *Julius Caesar* 22, 24.

⓳ Crawford 1993: 84. Gelzer 1968: 86-7, 95-6, 103, 108.

⓴ Gelzer 1968: 119-23.

㉑ Cicero quoted in Crawford 1993: 157.

㉒ Mattern-Parks 2003: 387. Bivar 1983: 48-56.

㉓ Boulnois 2005: 2.

㉔ Gruen 1074: xix, 449-97. Scullard 1976: 124-7.

㉕ Suetonius, *Julius Caesar* 32, 30.

㉖ Seager 2002: 162, 165-8. Gelzer 1968: 238, 240.

㉗ Caesar, *Civil War* 1.4, 1.9.

㉘ Gelzer 1968: 79. Seager 2002: 169.

㉙ Suetonius, *Julius Caesar* 77.

㉚ Gelzer 1968: 243, 287-320.

㉛ Gelzer 1968: 287-8, 290, 298-9, 310-2, 317, 319-20.

㉜ Suetonius, *Julius Caesar* 80, 86.

㉝ Ramsey and Licht 1997: 61-94. Syme 1939: 117.

㉞ Osgood 2006: 136.

㉟ Syme 1939: 113, 142-3; 163-7. Rawson 1975: 278-9, 288-9.

㊱ Southern 1998: Ch. 2.

㊲ Syme 1939: 190-2. Osgood 2006: 62-4. Rawson 1975: 296.

㊳ Syme 1939: 187, 192-6. Osgood 2006: 45, 48-9, 51, 82-3, 88-9. Brunt 1971: 512.

㊴ Osgood 2006: 95. Huzar 1978: 124-7.

㊵ Plutarch, *Brutus* 53. Suetonius, *Augustus* 13.

㊶ Syme 1939: 205.

㊷ Tacitus, *Annals* 1.1, 3.27.

㊸ Nicolet 1980: 322. Crawford 1993: 146. Brunt 1988: 263-5, 308. Raaflaub 2004: 179-80, 192.

㊹ Tacitus, *Histories* 4, 73. Syme 1939: 155.

㊺ Tacitus, *Histories* 4.74. Appian 1.57.

㊻ Caesar, *Civil War*, 1.22. *Augustus Achievements* 1.

㊼ Nicolet 1980: 322-3. Brunt 1988: 255, 327-30. Wirszubski 1960: 88-91.

㊽ Wirszubski 1960: 95.

㊾ Dio Cassius 52.1. Eder 1990: 74.

㊿ Syme 1939: 216, 220, 226, 263-6. Huzar 1978: 139, 176-83.

(51) Syme 1939: 260-1, Huzar 1978: 153-4, 167-8.

(52) Southern 1998: 65-77.

(53) Osgood 2006: 338-9, 353-6, 368-9. Huzar 1978: 200-1.

(54) Huzar 1978: 208, 215-5. Syme 1939: 274.

(55) Plutarch, *Antony* 75-7. Huzar 1978: 219-26.

(56) Osgood 2006: 355. Huzar 1978: 227-8.

(57) Plutarch, *Antony* 85.

(58) 《史記》85: 2506-9。《戰國策・秦策五》。

(59) 《史記》6: 227。張分田 2003: 97-103。

(60) 《史記》6: 230；87: 2539-46。

(61) 張分田 2003 : 137-79。楊寬 2003b: 429-33。

(62) 《史記》6: 247，250。

(63) 《史記》112: 2958。錢穆 1957: 14。

(64) 張分田 2003: 524-9。錢穆 1957: 15-6。

(65) 《史記》6: 239。錢穆 1957: 12-14。

(66) Lewis 2007: 55. 錢穆 1957: 27-9。
(67) 《史記》6: 252-3，256。張分田 2003: 179-86。錢穆 1957: 17。
(68) Cotterell 1981: 55-81. Hiromi 2007: 92-3.
(69) 《史記》6: 241-63。錢穆 1957: 16。
(70) 《史記》6: 264。張分田 2003: 667-74。
(71) 《史記》48: 1950-3。
(72) 賈誼《過秦論》，載於《史記》6: 281-2。
(73) 《史記》6: 269-73；48: 1954；99: 2720-1。
(74) 《史記》7: 304-10。錢穆 1957: 30-4。
(75) 傅樂成 2002: 103。張分田 2003: 686-94。
(76) Millar 2004: 8-9. 《史記》6: 258.
(77) Syme 1939: 207-11.
(78) 《荀子．議兵》。楊寬 2003b: 309-11。
(79) 《史記》6: 281。《漢書》64 上 : 2796。
(80) 《史記》5: 202。《戰國策．楚策一》。
(81) 圖見 http://www.chinaandrome.org/Simplified/culture/emperors.htm.
(82) 《史記》6: 258；48: 1952；7: 300。
(83) 《吳子兵法．圖國篇》。《荀子．議兵》。
(84) 《史記》34: 1557。《孟子．梁惠王下，公孫丑下》。
(85) Todd 1992: 265-7.
(86) Toynbee 1957: 6. xxv. 3.
(87) 《史記》5: 282。
(88) 錢穆 1957: 30。
(89) 《呂氏春秋．驕恣》。《孟子．梁惠王下》。
(90) 《史記》6: 256。
(91) 《荀子．彊國》。
(92) 《史記》121: 3117。
(93) 《史記》48: 2244；56: 2504，2510。
(94) 劉海年 2006: 69，84-6，364-77。王子今 2006: 102-3。于振波 2012: 10，268-70。
(95) Hulsewé 1975: 182-4. Kern 2000: 183-96.
(96) 劉海年 2006: 69，84-6，364-77。王子今 2006: 102-3。于振波 2012: 10，268-70。
(97) 蔡萬進 2006: 80-3。
(98) 《史記》85: 2510。
(99) 錢穆 1957: 23-6。《漢書》43: 2124。

100 《史記》28: 1371；15: 686。
101 Bodde 1986: 59.
102 《漢書》51: 2327，2338；36: 1954；45: 2171，2174；51: 2369；56: 2504；64a: 2783，2800；64b: 2811；67: 2918。
103 《史記》112: 2954，2961。
104 Lewis 2007: 71. 參考 Bodde 1986: 85-6; 95-102. Dull 1983: 285-6. 張分田 2003: 708-9。
105 《左傳》昭 3。許倬雲 2006a: 135-6。
106 《史記》118: 3086，3090。《漢書》24 上 : 1126；100 上 : 4207。
107 Dull 1983: 286-94.《漢書》24 上 : 1137。
108 《漢書》2: 85，87。
109 《史記》23: 1159-60。《漢書》19 上 : 722；100a: 4207。錢穆 1957: 41。
110 《漢書》24 上 : 1137。
111 曹旅寧 2005: 130。高恆 2008: 134。于振波 2012: 70-1。
112 《論語・顏淵》。《孟子・梁惠王下》。
113 李學勤 2004: 71。于振波 2012: 144。
114 《史記》6: 253。Hulsewé 1978: 216；1986: 533-4.
115 《史記》6: 244，256，259。邢義田 2011: 69。
116 《史記》6: 253，268-70。高恆 2008: 7。
117 于振波 2012: 144-6。Dull 1983: 289-90. Hulsewé 1978: 216; 1986: 533-4.
118 《史記》6: 252；110: 2886。
119 楊寬 2003b: 248-9。
120 田昌五，安作璋 2008: 57 。
121 《漢書》24 上 : 1137。
122 《史記》6: 269-71。
123 《史記》40: 1732，注引《齊記》。
124 《史記》6: 253。
125 楊寬 2003b: 377-8，410。
126 《史記》6: 238-9。
127 《史記》6: 280，283。《漢書》23: 1096，56: 2504，2510；64a: 2796。張分田 2003: 702-3。
128 《孟子・離婁上》。《史記》6: 254。
129 《漢書》14: 393。《史記》6: 284。
130 《史記》6: 254-5。
131 錢穆 1957: 20-1，26-7。馮友蘭 1944: 38-40。

132 《史記》6: 258。

133 《史記》121: 3116；89: 2573。《漢書》32: 1830；88: 3592。

134 王充《論衡・語增》。周芳 2013: 22-31，47-9。

135 閻步克 1996，第 5、6 章。

136 趙翼《二十二史札記》卷一。

137 《史記》130: 3290-1。

138 錢穆 1989: 124。梁啟超 1996: 48-9。

139 《禮記・中庸》。

140 《孟子・盡心上，萬章上》。

141 《漢書》48: 2244，63: 2754，64a: 2796。

142 《史記》6: 259。雷戈 2006: 42-8。

143 《漢書》40: 2030，1 上 : 61，78。

144 《史記》97: 2699。《漢書》56: 2510，2504。徐復觀 1985: 99。邢義田 2011: 24-5。

145 《漢書》23: 1096；48: 2253；63: 2754；64 上 : 2796。李玉福 2002: 48。汪榮海 2010: 117。

146 《尚書・呂刑》。《漢書》23: 1079，1091。徐祥民，胡世凱 2000: 25-6，37。

147 《尚書・甘誓，湯誓》。劉海年 2006: 39，260。

148 《漢書》23: 1096。《左傳》昭 3。

149 劉海年 2006: 81。楊振紅 2009: 12。

150 《史記》48: 1952。

151 《尚書・費誓》。

152 《尚書・酒誥，康誥》。

153 梁啟超 1996: 60。蕭公權 1946: 67。

154 《孟子・滕文公下》。

155 《禮記・曲禮》。《韓非子・有度》。

156 《史記》6: 283；《漢書》48: 2253-7。

157 《史記》6: 276。

158 《孟子・離婁上、下》。

159 錢穆 1957: 31。

160 《史記》7: 333-4，注引《楚漢春秋》。

161 Symes 1939.

162 Bodde 1986: 90.

163 《史記》6: 249，55: 2034；86: 2534-7。

164 Gelzer 1968: 287. Osgood 2006: 63.

165 《史記》6: 255，258。

166 《史記》6: 242；28: 1356；54: 2029。

167 Syme 1939: 130, 201. 趙翼《二十二史札記》卷二。

168 Pliny 35.26. Syme 1939: 341, 231.

169 《漢書》39: 2005-7；34: 1861-3。

170 Syme 1939: 8.

171 趙翼《二十二史札記》卷二。錢穆 1957: 32-4。

172 《史記》129: 3260；8: 346；9: 395-6。

173 Syme 1939: 368.

174 Hegel 1965: 313.

175 《史記》94: 2648-9。

176 Brunt 1971: 285, 287, 289.

177 《史記》56: 2058；30: 1418。錢穆 1957: 39-40。

178 Tacitus, *Annals* 1.2.

179 Wirszubski 1960: 92. Lintott 1999: 40, 199-200. Brunt 1988: 13. Nicolet 1980: 322-3.

180 Cicero, quoted in Crawford 1993: 189.

181 Syme 1939: 513. Meier 1990: 67.

182 Bradley 1962.

183 Syme 1939: 513.

184 Sellers 2004. Millar 2002b.

185 Alexander Hamilton, quoted in Freeman 2008: 362.

186 Lewis 2007: 70, 72.

下篇　秦漢皇朝與羅馬帝國

第五章 國運歷程

5.1 偃兵生息

他們從此幸福過活。這是常見的奮鬥故事大結局，但並不限於童話。二十世紀末，蘇聯解體、冷戰結束後，便有勝利主義者宣稱世界已發展到「歷史終點」❶。此種興奮即非虛妄，亦難持久。擺脫動盪的歷史就像從山谷衝到平原的河流，影湛波平，容易使人沾沾自喜，忽略藏在水面下湧動的暗流或等在河灣後的激流。

兩漢皇朝和羅馬帝國各有一個雄才大略的皇帝。奧古斯都在位四十一年，還不計他在屋大維名下獨裁的歲月。漢武帝統治得更長久，足足五十四年。他們開疆擴土、武功蓋世，但最大的歷史影響卻在政治制度。奧古斯都承繼了凱撒的無敵軍事機構，而且與富有的元老貴族協議成功，駕馭他們，共同統治帝國。漢武帝承繼了法家設置、秦始皇推行全國的科層行政系統，但罷黜百家，讓儒生霸佔系統中的職位，啟迪了世界史上最成功的非宗教灌輸教條機構。秦皇、漢武常並稱為皇朝中國的塑造者，即如凱撒和奧古斯都並稱為羅馬帝國的塑造者。他們以後，龍與鷹的性格，逐漸成形。

皇朝、帝國偉大鼎盛，贏得大量歌功頌德。然而即使日正中天，也不免投下陰影。為了籠絡統治菁英，為了安享繁華，它們各自拋棄了奮鬥時代的創新進取的精神。陋習復蘇，撒下頹廢腐敗的種子，其弊在日後歲月艱難時滋生。

羅馬公民的政治權力和自由，因共和國覆沒而大跌，到帝國時喪失殆盡。富人與貧民之間的分界，逐漸代替了公民與被征服臣民的分野。帝國建立後兩百多年，皇帝把羅馬公民籍賜予帝國的所有自由民，但並沒有激發愛國熱情，因為那時公民籍早已有名無實。貧窮公民也許遭受奴隸般的待遇，比中國的臣民還少政府保障。這種政策培養公民對政府的冷漠，在帝國末日表露無遺。即使羅馬城的居民，長期享受皇帝供給的麵包和娛樂，亦不肯捍衛國家，不戰而投降蠻人。

中國法家提倡君臣共守法、法律下人人平等的意念，是法治精神的萌芽，開拓革命性的思想範疇。然而它被控為深刻寡恩，導致秦朝滅亡，而屈死胎中。儒家獨尊，人治主義掛帥，把一切寄望於統治階層君主君子的個人品德。公德概念因求社會功利而受思想不正確的攻訐。復古聲浪下，政治思想重新被壓扁，行政從此被局限於人事關係的框框。儒臣沉酣經學，引經斷事。然而他們的「道德」常與羅馬帝國後期的「公民」一般空洞。其脆弱在西漢末、東漢末暴露無遺。滿口明道救世的士大夫，兩度變為亂世殃民的軍閥。

滋生危機的因素在繁盛時代已露端倪，然而拖垮皇朝、帝國的癌症要經長遠時間才慢慢發展而成。人孰無過。本卷開章即道及末日，只是居安思危，不應掩蓋龍與鷹偉大之處。

本書下篇第二卷敘述秦漢皇朝與羅馬帝國盛衰，各自歷時五百載。其中堪稱昇平的，雖有間斷，仍有三百年。它們的疆土，各自廣大得猶如覆蓋整個文明世界。維持如此大帝國穩定如此長久，確是曠世奇功。

巔峰時，羅馬帝國涵括地中海沿岸地區以及大塊歐洲，西臨大西洋，北至萊茵河和多瑙河（Danube），東達幼發拉底河和底格里斯河上流，南抵撒哈拉沙漠。從不列顛到埃及，距離約四千公里（地圖十一）。漢朝從今天的朝鮮到越南北部，覆蓋中國的遼闊腹部；東與東南臨海洋，西南入群山峻嶺，北瀕草原沙漠。它中間沒有大海阻隔，距離較小。從玉門關到交趾（越南），縱橫三千公里。西出玉門關，位居新疆的西域都護府再延伸一千公里（地圖十二）。

地域規模對統治帝國造成的困難，單說距離，很難明白。古代的通訊和運輸技術簡陋。傳訊最快速的是煙火系統，希臘悲劇裡有形容❷，但遠不及漢朝的進步。大漠孤煙直；漢代的煙火傳訊速度，比馳馬郵亭快十一倍。從深入內蒙古的居延要塞，到位於甘肅的郡會張掖，距離五百四十七公里，煙火傳訊十三小時可達。居延的警報抵達長安，只要三十五小時❸。不過煙火通訊的費用高，可傳的訊息比較簡單，只能應用於軍需急務。

秦漢與羅馬皆勤力築路。學者估計公路網的長度，在羅馬帝國達七萬八千公里，在東漢（不計西域）達三萬五千公里：其中約十分之一屬幹線❹。政府官員出幹公事，有權徵發沿途的人力車馬，兩地一樣。政府經營的郵驛系統，秦朝已建樹，羅馬要三世紀時才置設。快馬傳檄，驛站交替，晝夜馳騁兩百多公里，邊郡急訊數天便可達京師，但因貴昂不宜輕用。行海可以快，但要看天時氣候。一般來說，敘利亞的書信，要兩星期、甚至兩個月，才到達羅馬。不論紙上怎麼談中央集權，地理現實限制下，很多措施決定，必須由地方政府擔任❺。

阻礙政治統一的，除了通訊緩慢，還有運輸困難造成的經濟隔膜。中央政府所在的長安或羅馬城，人口密集，非靠遠方出產的糧食不能生存。輸送京師是政府要務；其次是供應軍隊。三世紀末的羅馬皇帝戴克里先（Diocletian）為了抑制通貨膨脹，制定各種運輸方式的價格。現代學者把它與十八世紀英國的運輸資料比較，得下列結果[6]：

價格比較

	海運	河運	陸運
戴克里先的價格規定：	1	6	55
羅馬帝國的資料：	1	5	28
十八世紀英國的資料：	1	5	23

中國古代運輸一樣依靠風力、水流或筋力，所以我們可以假定以上比例同樣適用。陸運需要牲口飼料，價格因地形而異，比河運貴五到九倍不等，難怪羅馬帝國的兵團多沿大河駐紮，取其漕運之便。中國努力通河鑿渠，但因為缺乏南北河道，所以委輸北疆，負擔倍重。海運比河運便宜五倍。地中海雖然增大了羅馬帝國內的距離，但提供海運，足以抵償。日後中國南方富饒，漕運北方，但寧願靠運河，不肯發展海運，可見保守思想的惰力。

羅馬城是帝國利潤的最大消費者，其人口超過一百萬。其他大城相形見絀：亞歷山大港與重建的迦太基人口各自不過五十萬[7]。羅馬城的規模紀錄要到七世紀才被長安打破：其時長安為唐朝京師，人口將近兩百萬。作為西漢首都時，戶籍記長安有民戶八萬，民口二十四萬，但這不包括朝廷貴族及其附屬的大批人口[8]。考古家根據居住遺跡，估計總人口接近八十萬。此外京城附近的先皇陵墓周圍，也移居了大批人民，如高祖長陵近十八萬口、武帝茂陵二十七萬口，其中有不少豪富[9]。

羅馬和長安繼續邊陲起家、征服世界的精神，踔厲風發，各自抽調領土東部、先進地區的資源，投向較落後的地區，努力開發大西北。戰略上，羅馬俯視北歐的前沿，長安雄踞通往西域的要津。進取精神消退時，帝國、皇朝的重心逐漸東移。由於皇帝時常居留別處，羅馬城的政治影響日益暗淡。公元三三〇年建立的君士坦丁堡（Constantinople），位於多瑙河與波斯前沿的樞紐，不僅應戰略需要，而且象徵經濟文化深厚的東方重振政治勢力。作為帝國東都，君士坦丁堡的人口約五十萬，與東漢京師洛陽不相上下[10]。公元二十五年東漢決定把首都撤離前線，遷至中原，消極看是戰略退縮，積極看是重視長江三角洲的經濟潛力。首都所在的變化最為顯著。從這層面，即可見帝國、皇朝的不停演變。

公元前二〇二年項羽死，中國開始偃兵。公元前三十年安東尼死，羅馬內戰平息。兩地的戰勝者皆將才平平，演技高超，自編自導一場稱帝活劇。劉邦再三推辭，最後才在七位諸侯王的懇請下同意做皇帝，以「便於天下之民」。然後急不及待，在戰場附近的氾水北岸草草行即位大典，離垓下之戰不過兩個月。屋大維卻要等亞克興之戰三年後，才施施然降臨羅馬元老院，名義上交出權力，恢復共和國；實際上在不同外衣下，不但取回交出的權力，而且篡取更多，包括奧古斯都的尊號。屋大維稱奧古斯都時，年僅三十五歲，比劉邦變漢高祖時年輕了二十歲，但年齡不是他行動悠暇的原因。他拖延，並非他缺乏信心像劉邦般快刀斬，或他的勝券不比劉邦的穩。事實恰恰相反。

身為漢王的劉邦所恃，只是比其他諸侯王較強的軍力。他趁戰勝項羽之威、諸侯王首肯，馬上攫住天下的最高尊號。新皇帝連首都也未定。他的核心集團喜歡洛陽。拉車的卒士婁敬求見，陳說戰略上洛陽遠不及秦都咸陽，後來改名長安。擇地建都這般大事上的猶豫，可見劉邦集團的政治經驗不足。秦始皇滿懷信心天下太平，拆除城防工事。漢高祖卻擔憂動亂，令天下縣邑加建城牆。他稱帝後仍然戎馬生涯，凝固其脆弱的新皇朝。但有了趁熱打鐵攫取的帝位，他此後剪除功臣諸侯王，可以名正言順，不是兼併，而是平定「叛逆」[11]。

屋大維身為三頭之一而掌獨裁權力，已不止十年。他大為成熟，早已擺脫屠殺元老、焚燒義大利珀魯斯亞城（Perusia）的年輕恐怖分子形象。亞克興戰役之前，義大利已開始修好復原。內戰勝利後，安東尼的東方附庸又蜂擁投降。他全盤控制大局。深厚經驗培養出來的手腕和耐心，使他滿懷自信可以「氣定神閒，營建急務」[12]。

5.2 共和外衣下的專制

公元前二十九年，即亞克興戰後兩年，屋大維返回羅馬城，舉行三天盛大的凱旋遊行。歡騰的人海中，有只能言渡鴉高叫：「優勝的最高統帥凱撒萬歲！」屋大維喜愛這「忠心的鳥」，賞給養鴉人一大筆錢。然後那人的夥伴，分不到錢，透露他們有另外一隻渡鴉。奉令被交出，那鳥盡忠叫道：「優勝的最高統帥安東尼萬歲！」⓭

這種中立立場，內戰中並不限於平民，但也不是普遍。數百名元老投奔安東尼。兩個對手的觀點和政策都不同。安東尼承繼了凱撒涵容世界的大度。假如他得勝，說拉丁話和說希臘話的帝國兩部分，在政府中可能有較平等的地位，合作統治，整合疆域。與他打對台的屋大維倡導「主宰世界的羅馬人」⓮。拉丁勢力因他勝利而佔支配地位；希臘諸省雖然文化經濟皆優，但要等幾百年才能形成政治均勢⓯。

凱撒的養子當然不是權謀文盲。奧古斯都絕不放棄兵權，他維持龐大的常備軍，要將士都對他個人宣誓效忠。返回羅馬後不久，他開始第一次清算元老院，開除異己，安置心腹。又把當元老的財產資格大幅提高，若非極富，別想問津。前二十七年，一切安排好了，他召開元老會，戲劇化地「還政共和國」⓰。他宣稱把自己的權力交還元老院和羅馬人民。現存奧古斯都時代最詳細的歷史，出自狄奧。他所記與奧古斯都所稱恰恰相反：「在此情形下，人民和元老院的權力，全轉移到奧古斯都手中。嚴格來說，君主集權的制度，在這時奠立。」⓱

奧古斯都不任執政官的職位，但終身掌執政官的極權，在羅馬城至高無上，在行省高於任何省督。他不任保民官的職位，但掌其權柄，包括否決權。有兵團屯駐的行省全由他操控，元老院只能任免無兵行省的省督。塔西佗解釋：「他逐漸攫取權力，直至全部控制元老院、執政官，甚至法律的功能。」⓲

奪權的結果是個「披著共和外衣的無上君主」⓳。奧古斯都究竟是什麼？看實際權力功能，人們認識到他是羅馬的第一位皇帝。但這皇帝有實無名：職銜太危險了。奧古斯都取個私人名字叫Imperator。優勝統帥imperator原本是軍隊所賦的最高名譽尊稱，要到一百年後才成為皇帝（emperor）的正式職銜。奧古斯都自稱princeps，意謂首席公民。這個不是職銜，而是名譽尊稱，而且並非獨享，共和國裡多個德高望重的政要常同時稱為首席公民。名銜掩蓋了奧古斯都統治的獨特處：有權無位[20]。公元前二十二年，人民鼓噪要求奧古斯都出任獨裁者之職，他戲劇化地撕毀衣服，表示堅決拒絕。狄奧解釋：「他知道自己手中的權力，早已超越以往任何獨裁者，並明智地提防職位會引起的妒嫉敵意。」[21]凱撒升任終身獨裁之職，激發刺客動手，他的養子不會蹈其覆轍。專注憲法形式的學者說得不錯，理論上，奧古斯都的政府並非君主制，因為它既無君主之位，也無明確制度。全國的權力都落在奧古斯都一個人手中。他在法律上不過是個無職公民，實際上獨裁政治、統率軍隊，名譽上被尊為國父。元老、將士以及全國人民，都宣誓盡忠於他個人以及他的家族[22]。與他同時的羅馬詩人奧維德（Ovid）一針見血：「凱撒．奧古斯都即是國家。」[23]

名義上，元老院授權予皇帝。實際上，皇帝選擇元老，從他們之間挑派官員。他們管理例行事務，但遇上重要政策，從不違抗皇帝的旨意。形式上操主權、實際上是應聲蟲的尷尬地位，激發元老們的忿懣。就算他們一時不敢陰謀造反，但心懷不軌，長使皇帝擔憂恐懼[24]。奧古斯都有大批蠻人保鏢擁簇，仍感威脅，於是創建禁衛軍（Praetorian guard），選義大利精壯擔任，駐守羅馬城或附近，威鎮元老貴族，保護自己安全。禁衛軍是皇帝的親信，駕馭臣下的利劍。不過劍有雙刃，終有一日，它會干預皇位繼承[25]。

共和的外表下，是一個掌極權但懷懼心的皇帝、一個無權而懷恨的元老院、一支強大而日漸認識到自己力量的職業軍隊。貴族婚嫁多有政治因素，涉及多個世家大族。宮廷糾葛、王室內外爭權，雲譎波詭。假如公元前二十三年病重的奧古斯都駕崩，很可能內戰再次爆發。不過天憐羅馬，他奇蹟般痊癒，而且長命百歲，活到未經歷過共和國、只知道一人統治的新一代成長。即使如此，他年邁時亦不得不加強鎮壓。思想不正確的書籍傳單常遭焚燒，誹謗可獲謀反叛逆的大罪[26]。

世襲權力為共和虛名所不容，但卻是君主實質的精要。奧古斯都繼承凱撒的朱利家族，盡快殺掉凱撒和克莉歐佩托拉的兒子。他自己只有兩個血親，妹妹屋大維婭（Octavia）和女兒朱利婭（Julia，奧古斯都之女）。他把她們嫁來嫁去，無情地操縱她們的後裔，一心弄個有血緣的繼承人，顯示名實相悖的代價。可是，即使羅馬皇帝也敵不過天意，他的外甥和兩個外孫都短命。奧古斯都宣稱自己極端失望，無奈收養利維婭帶過來的繼子提比略（Tiberius），但指定提比略日後必須傳位給屋大維婭之孫日耳曼尼庫斯（Germanicus）。提比略本姓克勞迪烏斯。因此奧古斯都的後代稱為朱利–克勞迪亞皇朝。它的血腥慘劇，實肇端於奧古斯都製造的一本錯綜鴛鴦譜[27]。

公元十四年，五十五歲的提比略登基。他出生世家貴族，對共和制度不乏同情，更知道做皇帝艱難，非自己能勝任，所以上台後提議與元老院分權。塔西佗記載提比略本末，把它當作偽君子的權謀，但現代學者卻相信提比略的誠意：「假如實際行動比口頭形式重要，那麼提比略即位後的措施，比奧古斯都之宣稱光復共和，很多處更為真實。」[28]提比略失敗了。他管治帝國適當，但節約典禮表演，使慣受皇帝豪華恩賜的人民失望。他模仿奧古斯都安撫元老，初時還可以。不幸公元十九年時，日耳曼尼庫斯英年早逝，提比略的親子接踵去世。皇儲無人，惹人覬覦，野心家蜂擁結黨密謀。提比略受不了，公元二十六年退居卡普里島，靠書信統治。他留在羅馬的代理人，禁軍司令塞揚努斯（Sejanus），利用皇帝害怕叛逆的心理，鎮壓或真或假的陰謀，殺害皇親貴族。提比略除掉了他，但沒終止叛逆獄。他公元三十九年駕崩時是元老貴族痛恨的暴君[29]。

日耳曼尼庫斯娶了朱利婭的女兒，因此他倆的兒子兩邊都有奧古斯都的血統。孩子小時穿軍裝，深得部隊喜愛，暱名為卡里古拉（Caligula），意謂小靴子。提比略死時卡里古拉二十五歲。他的繼位，讓羅馬如大旱逢雨，全民歡騰。元老院不理提比略要兩皇同僚的遺囑，把極權全部賦予他[30]。可是授權的形式並不能排除人治的危險。一反前兩位皇帝的勤政作風，卡里古拉不屑行政瑣事，只愛自大。他把提比略歷年積蓄在國庫的盈餘一揮而盡，然後隨意賦斂、殺戮、沒收財富。最後刺客結束了他的四年恐怖統治[31]。

皇帝的死訊猝然傳來，兩種政見顯露。一邊是元老們歡言共和自由；另一邊是禁軍將士搜索宮廷，尋求皇帝的血緣親屬。禁軍找到卡里古拉的叔父克勞迪烏斯，正躲在窗簾後發抖，當場擁立他。他們得到大筆酬報，從此認為每逢新皇帝即位，他們都應該得到賞賜。就這樣，克勞迪烏斯紫袍加身。他那時五十歲，但因為自幼有弱智之病，一向被摒棄在政治圈子外，不知權謀風險。初生之犢不畏虎，但也不那麼惹人戒備，所以皇帝和元老的關係比較緩和。克勞迪烏斯開放元老院，容納行省人士。他委派的將軍征服不列顛，為他贏得威望。為他管理皇室的獲釋奴，逐漸發展專長財務和別種功能的部門，日後成長為政府機構。不過他也像別的皇帝一樣擔憂陰謀，因而被手下欺騙玩弄。他在位十三年，死於侄女兼妻子阿格里帕娜（Agrippina）的毒蘑菇。朱利—克勞迪亞朝的皇帝，奧古斯都以外，只有他死後獲祀為神[32]。

尼祿幼時，皇太后阿格里帕娜臨朝。大詩人塞內加（Seneca）任帝王師，與禁軍司令布魯斯（Burrus）聯手，約制太后。羅馬安寧五年，直至少年皇帝得志。公元五十九年，尼祿主謀殺死母親，然後屏退塞內加與布魯斯，代之以諂媚貪污的專家。他以叛逆罪名殺盡皇室舊貴的首要。朱利—克勞迪亞朝在他手下的遭遇，猶如秦朝之於二世。公元六十四年羅馬城大火，眼看著皇帝在災毀民居的遺址上營建新宮殿，人民的怒氣，不是慷慨救濟金所能平息的。尼祿有藝術家氣質，真心熱愛音樂戲劇[33]。他巡遊希臘，參加各種文化競賽，贏得一千八百零八項獎品。同時，帝國各地亂端紛起。不列顛造反，猶太叛亂增強，亞美尼亞（Armenian）差點失控。更糟的是，防衛帝國的軍隊開始騷動，部分因為功高望重的將軍無辜被害。到了公元六十八年，所有人都遺棄了皇帝，只剩下幾個獲釋奴助他自刎。尼祿死年三十一歲，屋大維奏捷亞克興時也是三十一歲，那是九十九年前的事了。朱利—克勞迪亞，羅馬帝國最長壽的皇朝，就此而終[34]。

5.3 靖世的軍國主義

職業軍隊猶如猛獸，圈養猛獸者常冒反噬之險。中國的文治機構早熟，多能控制軍隊，羅馬的問題就大得多了。奧古斯都建立強大的常備皇軍，不停地出兵擴土，使士兵鍛鍊筋骨、將領沒空暇胡思亂想。提比略開始放緩征戰，但兵團一貫佈置在萊茵河、多瑙河和東方的邊境，遠離義大利本土。皇帝們堅決把兵權握在個人手中，一切賞賜出乎自己，一切榮耀歸於自己；逐漸地，軍事決策也全收歸中央。由於這些措施，軍隊要等兩百年才大規模干預政治[35]。

禍患不乏先兆，第一次發生在公元六十九年。在尼祿的刺激下，皇軍嘩變。內戰短暫但猛烈，一年內換了四個皇帝。先是高盧的部隊擁立高巴（Galba），元老院馬上批准。可是高巴「我選擇部下，不收買他們」的態度不合時宜，不久就被謀殺[36]。然後奧托（Otho）在禁軍和多瑙軍團的支持下稱帝。萊茵軍團不服，奉維特里烏斯（Vitellius）為帝，南下擊敗奧托。多瑙軍團轉和東方軍團聯手，推舉剛剛平息猶太叛亂的韋帕遜（Vespasian）。韋帕遜讓部下助次子圖密善（Domitian）在羅馬對付維特里烏斯，自己留在亞歷山大港催糧，十五個月後才降臨羅馬[37]。

塔西佗寫得乾脆：「元老院把全套權力賦予韋帕遜。」同一套權力，元老院一年內賦予四位皇帝，一個死掉馬上給第二個，即日可以辦妥，比自動打印機還快。韋帕遜追溯帝位，從他受軍隊擁立那天開始，比合法獲得皇帝權力，早了六個月，顯示連元老院批准的形式都屬多餘[38]。

四帝之年透露兩個趨勢。一是皇軍取代元老院，成為皇帝決策行政的場合。二是權力流出羅馬和義大利。變化不快，但三世紀時已後果昭然。更不用說帝國後期，軍人專制，權力中心移到君士坦丁堡[39]。

塔西佗道破高巴踐祚所暗示的帝國秘密：羅馬皇帝不一定來自羅馬城[40]。韋帕遜出身義大利小鎮；他的皇朝結束後，皇帝們來自西班牙、高盧、非洲、敘利亞、巴爾幹。這些羅馬皇帝都熱中傳統的義大利精神價值，但比較能照顧各地行省的需求，開放中央政府。公元二世紀末年，義大利人在元老院已屬少數。兵團中的義大利籍比例跌減得更快；韋帕遜時已是少數，一百年後幾乎絕跡[41]。

公元二三五年之前，所有皇帝都是元老出身，韋帕遜也不例外。雖由軍隊擁立，他需有元老院合作才能統治有效，所以表面客氣，但保持距離以減少摩擦。他沒有奧古斯都的血統，也不屬世家大族。暴發兼篡奪，當然遭受不少敵意。然而他比較能處之泰然，因為他有令大部分羅馬皇帝羨慕的資本：兩個成年能幹的兒子。他公然立長子提圖斯（Titus）為皇帝的同僚及皇儲，設立世襲的法拉維皇朝（Flavian）。權力轉移落實，野心枉然，陰謀洩勁。皇帝心安，就能稍微放鬆管制，容忍反對派一些言論發洩。韋帕遜、提圖斯父子共在位十二年，修整內戰損傷。他們開始的政治改革，十多年後成熟，奠下帝國黃金時代的基礎。他們興建的羅馬大圓形競技場（Colosseum）和其他大型公共建築，顯露帝國的自豪自信[42]。

公元八十一年即位的圖密善是法拉維朝的末路皇帝。他繼續父兄的政策，更注重吏治清明，嚴懲貪污枉法。現代學者評按：「帝國各地的人民甚受他的實惠，但元老院卻既怕且恨。」[43]就如中國士大夫一樣，元老權貴憎恨國家依法監督他們的行政作為，大叫暴虐。他們反對圖密善清理元老院、開除愚昧無能的成員、起用非元老人士當官。公元八十九年的武力叛變雖被撲滅，但嚇壞了圖密善，驅使他鼓勵告密，興叛逆獄。一邊蓄意造反，一邊堅決鎮壓，各自不擇手段。恐懼恐怖，彼此滋饋，相遞升級。三年暴政，權貴結黨營私、自相構陷，大長皇帝的氣焰。殺戮並不因圖密善遇刺身亡而止；權貴們繼續彼此報仇[44]。歡欣的元老們詛咒圖密善、搗毀他的塑像，並推選無兒孤老涅瓦（Nerva）為帝。涅瓦涉嫌謀殺圖密善，為了平息禁軍和皇軍的震怒，趕快指任萊茵軍團的統領圖拉真（Trajan）作為皇儲。這選擇可謂他在位十五個月的最高成就[45]。

圖拉真被譽為僅次於奧古斯都的賢君。奉多神教的羅馬皇帝裡，只有他逃過基督教的地獄。然而現代學者深入研究，發現圖拉真的權力和政策，都顯著地延續圖密善所為，就如漢隨秦制一樣：「與元老憎恨的圖密善相比，圖拉真的專制，非但沒減輕，恐怕還要加重。很多圖拉真致力推行、日久見功的政策措施，與圖密善所定，無甚分別。」[46]圖密善暴力剷除反對改革的勢力，圖拉真坐享其成。圖拉真寬待貪污，禮遇元老，也助長其賢明聲譽；操縱輿論的就是那些受恩得益的權貴。君主集權實施了百多年，終於可以摘下面紗了。塔西佗和小普林尼（Pliny the Younger）是當時元老中的佼佼者。他們的歌功頌德，顯露貴族心服於君主制。奧古斯都和提比略譴責別人稱呼他們為「主子」（dominus）。小普林尼在書信中一貫稱圖拉真為主子，雖然他公開說這稱呼只配暴君[47]。

圖拉真在公元九十八年至公元一一七年在位，開始了羅馬帝國的「黃金時代」。他無後而終。遠親哈德良（Hadrian）繼位，一上台就殺了四名首席元老，透露芥蒂。公元一三八年駕崩的哈德良也沒有親兒，臨死前安排了兩代繼承者。他收養時年五十五歲但無後的安東尼努斯（Antonnus Pius），條件是安東尼努斯收養馬可．奧勒略（Marcus Aurelius Antoninus），他心目中的傳人，但時年十七歲，尚未成熟。奧勒略公元一六一年至公元一八〇年在位，傳位親子康茂德（Commodus），羅馬進入「鐵銹時代」[48]。從圖拉真到奧勒略四帝，帝國輝煌鼎盛，享受「無限威風的羅馬和平（Pax Romana）」。唯一的瑕疵是哈德良鎮壓公元一三二年至公元一三五年的猶太起義，屠殺了五十八萬人，使奴隸市場人滿，猶太地區變成廢墟[49]。

羅馬人認為自己受命於神，強逼世界上的民族和平共處，順服者仁慈對待，反抗者壓制撲滅，因此他們「和平」（pax）一詞的涵義常少不了征服，或至少是強制別人[50]。圖拉真重振奧古斯都的擴土雄風，征服了兩大地區：達契亞（Dacia）和帕提亞。他御駕親征，自己贏得榮耀，更影響深遠。皇帝長期遠出，顯示帝國的權力樞紐並非一定在首都，羅馬城並非那麼重要。他立典範，使親征成為後代皇帝的責任，因而政治中心漸轉移到軍營。帝國的邊界漫長，一旦戰火數燃，皇帝分身乏術，無法處處親征，使野心家有篡奪機會。第三世紀以降，這情況時常引致內亂[51]。

多瑙河北面的達契亞多金礦銀礦。圖拉真征服掠奪達契亞，利物豐富，足夠支付圖拉真廣場的宏偉建築。他與民同樂的排場，奧古斯都望塵莫及。單為了慶祝第二次凱旋，就演出一百四十八天競技，殺掉一萬一千四百八十三名角鬥士、無數野獸。「所有皇帝中，圖拉真最能捉摸到羅馬人民的心理。他知道，要使自己的權柄無人爭議，最有效的不是嚴肅的軍國政策，而是麵包和表演，娛樂尤其重要。」這評價出自奧勒略年輕時的導師法隆托（Fronto）[52]。不論奧勒略學到了什麼，他花不起偌多錢去效仿。圖拉真的帕提亞戰役透支帝國資源。日後奧勒略面對蠻族騷擾，必須籌措軍費以捍衛圖拉真征取的達契亞時，只得在圖拉真廣場拍賣皇家珍寶[53]。

軍隊一貫效忠有血緣的皇儲。奧勒略的親子康茂德十八歲專政，表現猶如一個二流的尼祿。一班可能包括他姐姐的權貴密謀，刺殺不逞，引起反撲恐怖。康茂德讓宵小親信管理國政。自己如同尼祿一樣，堂堂皇帝，喜歡登台娛眾，使貴族噁心。不過尼祿演希臘戲劇，還算文雅；康茂德偏愛武功，下場與角鬥士過招，更為人不齒。最後禁軍司令串通他的家奴，把他幹掉[54]。

公元一九三年可謂是公元六十九年的歷史重演，不過這次的內戰持久激烈得多了。禁軍在羅馬公開拍賣帝位。兩位元老講價還價時，三大軍區分別擁立自己的皇帝。多瑙河區的軍團離羅馬最近。兵臨城下，元老院趕緊背棄了自己的選擇，把紫袍轉加於塞提米烏斯・塞維魯（Septimius Severus）。從公元一九三年到公元二三五年的塞維魯皇朝，頭四年輾轉征戰，應付不列顛和東方軍團[55]。

義大利的政治權力衰退，始而緩慢，在塞維魯朝間加速。以往的羅馬皇帝，就算在行省出生，但都是拉丁種。塞維魯是第一位非拉丁種的皇帝。他是腓尼基種，來自非洲，祖先可追溯到迦太基時代的貴族。到他時，皇軍士兵差不多全來自行省，只有禁軍由義大利人擔任。他上台第一件事就是解散舊禁軍，然後從自己的兵團裡挑選精壯，重組擴大禁軍。自此以後，義大利的青年免受兵役之苦，可以安享皇帝恩賜的麵包和表演、甚至嘯聚山林的自由。不過他們同時失去武事帶來的權力。他們形式上的優越亦於公元二一二年結束。塞提米烏斯之子卡拉卡拉（Caracalla）下詔，把羅馬公民籍賜給帝國的每一個自由民[56]。

5.4 羅馬內亂復平

內戰最殘酷。照韋帕遜估計，尼祿死後，公元六十九年一年的內戰，損失達四百億塞斯特，略等於五十年的正常政府稅收。這估計可能誇大，但仍顯示破壞的程度[57]。康茂德於公元一九三年死後，內亂長達四年，蔓延帝國各地。塞維魯及其兩個對手到處爭取或強逼人們支持，報復政敵，連累許多城鎮[58]。

奧古斯都建立龐大皇軍的主旨原是保護皇權。雖然國防的需要漸重，但內戰一旦爆發，鎮壓即成為軍隊的首務。攘外必先安內的口號下，矛頭轉向內部政敵，以致邊防空虛，引誘外敵蠢動。這危機在公元六十九年和公元一九三至公元一九七年的內戰已露端倪[59]，不過比起第三世紀的內外戰事牽連，還微不足道。公元二三五年塞維魯・亞歷山大（Severus Alexander）遇刺。軍隊擁立馬西米努斯（Maximinus），那是第一個行伍出身的非貴族皇帝。元老院和另外兩個皇帝合謀，宣佈他非法。內戰爆發，到戴克里先登基為止，延綿四十九載，經歷二十四位皇帝，外加幾十個僭君。僭君之不同皇帝，只在未能控制羅馬城而已。國內紛亂，萊茵河、多瑙河、幼發拉底河彼岸的外族乘機而入。皇帝不能同時親征，更增動亂。公元二六〇到公元二七四年間，羅馬帝國分裂為三[60]。那時中國也正值鼎足三分。

波斯人入侵東疆，日耳曼人滲透北疆。要抵禦他們，尤其要對抗覬覦帝位的羅馬人，少不了增兵。為了籌集軍費，政府一面加稅，一面減低貨幣的含銀度。結果是銀幣崩潰，通貨膨脹，經濟衰頹。元老院每況愈下；公元二六〇年代開始，元老貴族退出軍隊，不再出任將領。行伍出身的軍人源源升任皇帝。羅馬城在形式和心理上保持首都地位，但政治上卻徒有虛名，因為權在皇帝，而皇帝外居已成慣例。

歷史學家稱公元二三五至公元二八四年為「第三世紀的危機」，但羅馬人一向以韌力見長。陳腐的元老貴族退落，使新人有機會露頭，在艱難歲月中展才，扭轉殘局。公元二六八年，加里恩努斯（Gallienus）重組軍隊，擊敗蠻族。他的承繼人克勞迪烏斯二世（Marcus Aurelius Claudius Augustus Gothicus）平定多瑙河邊境。公元二七四年，外號「手不離劍柄」的奧勒里安（Lucius Domitius Aurelianus）統一帝國，雖然達契亞是丟掉了。這些軍人皇帝精力充沛，但在位不過三五年，無暇全盤策劃，只能隨機應變，處理眼下急務。然而他們幹練踏實的措施，集腋成裘，為日後有系統的改革打下基礎，助戴克里先和君士坦丁（Constantine）奠定後期帝國[61]。

出身卑微的戴克里先在公元二八四年登位。他的眼光和胸襟一樣闊大，看到大帝國的事務繁雜，非一個最高元首能夠獨攬處理得當，與其無法無天地爭權，不如建立穩定的制度，分權交權。他的制度是一位號奧古斯都的皇帝，指任一位號凱撒的同僚兼繼承人，後來每位成雙，成為四君統治。一對奧古斯都—凱撒統治帝國東部，另一對統治西部，各有其政府軍隊。官僚機構是膨脹了，但皇帝們能緊密管治自己的區域，抵禦外敵，免除紛爭。慘淡經營二十載，帝國復興。公元三〇五年，戴克里先與其同僚的奧古斯都成為歷史上唯一自動退位、和平轉移權力的羅馬皇帝。他們希望自己的行動成為制度典範，可是低估了權力慾。

君士坦丁是西部奧古斯都的兒子，但並非凱撒。不過他罔顧法律制度，拉攏父親的部隊，自稱皇帝。六年權謀軍爭，終結於羅馬城外的米維安橋（Milvian Bridge）。公元三一二年的激戰，君士坦丁打著基督教的大旗，血染台伯河。他又處心積慮十二年，終於海陸大戰，毀滅東部皇帝。自此到君士坦丁在公元三三七年駕崩，羅馬帝國再次獨帝專制。

君士坦丁繼續推行戴克里先的創建改革。分割行省，削弱省督將領的兵權，降低他們篡奪的機會。新發行的金幣穩定了貨幣和物價。軍隊壯大，文職機構同時加強。賦稅加重。社會等級僵化[62]。細節我們留待與中國比較。

東風壓倒西風是君士坦丁的一大成就。羅馬帝國的重心東遷，古城拜占庭（Byzantium）迅速變為新羅馬：宏偉的帝國東都君士坦丁堡。君士坦丁襲用東方專制暴君的浮誇排場。更重要的勝利是東方信仰基督教成為羅馬國教。一度被逼害的基督徒，得勢後盡力去逼害異教徒。有皇帝作後台的教會風生水起，攫取特權，成為皇帝以外的最大地主[63]。

君士坦丁血腥奪權，為他的後代留下榜樣。他才嚥氣，兒子君士坦提斯（Flavius Iulius Constantius）二世就主謀殺盡家族中的成年男子，只留下兩個親弟弟。然後三兄弟自相殘殺。僭君蜂起，內戰四處，直到公元三五三年，君士坦提斯二世碩果僅存。他死後，帝位落到因年幼而逃過屠殺的遠親朱利安（Flavius Claudius Julianus）。朱利安是個傳奇人物，有學問，有將才，有治才，憑其希臘文化修養，意圖重振多神教。可惜他在位不到兩年，出征波斯時死於一處來歷不明的矛傷。基督國教的地位穩定了[64]。

公元三六四年朱利安之死結束了君士坦丁家族，也結束了羅馬帝國一元統治。此後直至公元四七六年西帝國滅亡，除了幾個月外，羅馬帝國東西皇帝，各領其政府軍隊，同時統治。第一對是東帝瓦倫斯（Valens）和西帝瓦倫提尼安一世（Valentinian I）。這兩個軍人皇帝鞠躬盡瘁，堵塞蠻族的進路。瓦倫提尼安一世被傲慢的蠻人使者激怒，中風死去。三年後，即公元三七八年，羅馬軍在哈德良堡（Hadrianople）被西哥德人殲滅，瓦倫斯陣亡。羅馬帝國和蠻族的勢力，此消彼長，肇端畢露[65]。

內政也是症候繁滋。瓦倫提尼安一世死時，兒子格拉提安（Gratian）才十六歲。少年即位的昏君時代，從此而始。文弱腐朽的財閥貴族東山復出，霸佔文職機構。哈德良堡戰役後，皇帝不再親征，同時亦不能直接控制軍隊。權力逐漸由皇帝轉移到將軍或權貴手中。他們在幕後爭權奪利，不知帝國末日將至。

5.5 漢初復古分封

垓下會戰之前十個月，韓信寄書劉邦，報告他已平定齊地，並要求做「假王」以安撫鎮守。劉邦剛要大罵，被張良和陳平踩了一腳，改口道：「大丈夫定諸侯，即為真王耳，何以假為！」韓信將才超卓，為劉邦取關中、略燕趙，做了齊王後，更努力攻打項羽。然而權謀上，還是劉邦棋高一著。垓下戰事一完，他馬上衝入兵營，剝奪了韓信的兵權[66]。

韓信是擁劉邦即帝位的七個諸侯王之一。他本是漢王手下，但其他諸侯王多是有獨立實力的軍閥，可以附漢，也可以附楚。劉邦用王位和分地的諾言拉攏他們，共伐項羽，共享天下。然而他一當上皇帝，馬上動手誅除這些利用價值已完的功臣，鞏固自己的政權。六七年內，七個諸侯王都被剷除。功績最高的韓信第一個被誣陷謀反，滅絕三族。他之歎成為中國成語：「蜚鳥盡，良弓藏；狡兔死，良狗亨」。[67]

秦始皇未見枉殺一個功臣，但背上「寡仁恩」之名。漢高祖大誅功臣，卻沒有戴上這頂黑帽子。他恢復先王之道，勸親親之仁，不讓子弟為匹夫，封他們為王，以代替那些被誅除的功績異姓諸侯王。十個同姓王各治一方，其封土加起來覆蓋全國三分之二，多是人口稠密的東方故六國之地。他們的王國各有高度軍政、人事、經濟實權，但必須進貢中央和服從它的命令。中央設郡縣直轄秦故地。乍看政局與戰國末年差不多，不同的是諸侯王臣服皇帝，共掌劉家天下[68]。

同姓王各自撫恤其民，發揮地方特長，以癒戰亂創傷。呂后死後，他們也有功幫助安度續位之難。然而這並不證明封建體制優越，只意味戒毒要慢慢來，以減低退癮的痛苦。隨著經濟復甦，王國強大。諸侯王始而驕縱，繼之謀亂，威脅政體穩定。文帝時匈奴內侵，濟北王乘機造反，使政府不能全力應付外侮。秦始皇所憂慮戰國重演的預兆日顯。幸而漢初的布衣將相沒有抱殘守缺的陋習。他們重實際、見識廣、眼光長，先發制人，避免大禍。晁錯指出諸侯王遲早要反，不如趁其羽翼未豐，削弱他們；若他們因此而反，平息也較為容易。景帝聽了他的話，公元前一五四年下令削藩。七個王國舉兵作反。景帝斬晁錯以安撫，但反叛並不因之而息。於是朝廷發兵，三個月平定叛亂，收回大片封地。中央政府信心增強，繼續削藩，擴大直轄疆土。諸侯王掙扎無效，公元前一二二年淮南王等謀反，未舉先潰。公元前二二一年秦第一次統一全國，事隔百年，中國再度在中央政府直轄下統一。廢封建、設郡縣終於成為中國的正統[69]。

漢初承七年內亂，民戶流離十之七八。政府為了與民休息，採取混合道家因循自然、法家循名責實的無為政策。政府立法簡明，然後清靜無為，使人民守法自化。漢朝第一任宰相蕭何制律，差不多全部沿用秦法，有出土的秦簡漢牘為證[70]。繼任的曹參拒絕積極更變政令。當時百姓歌曰：「蕭何為法，顜若畫一。曹參代之，守而勿失。載其清靖，民以寧壹。」[71]文帝景帝獎勵農耕，放鬆對土地、山澤、商賈的限制，逐漸廢除某些酷刑。又根據晁錯的提議，量支出收賦稅，地稅從漢初十五稅一減到三十稅一[72]。六十年的政治清平、休養生息，使戶口劇升，國庫滿溢，除非水旱之災，百姓人給家足[73]。政府漸能積極著手清理政策留下的待理問題。景帝開始處理蠢蠢欲動的諸侯王。安定的內政使他的繼承人有能力對付外患。北邊的匈奴不斷強大，漢朝每年奉上越來越多的金帛，只能暫時減少他們的侵擾。北疆的邊民冀望政府保護，等待得太久了。

武帝十六歲登基，公元前一四〇年至公元前八十七年在位。若在西方，他無疑會被譽為「大帝」，但中國人對他的評騭卻甚模稜。他反擊匈奴，開邊擴土，使大漢勢力西越帕米爾高原，外交更遠達帕提亞。為了吸取人才，他把漢初的特別察舉發展為一個固定的選官制度，廣開仕途，使全國各地的平民都有機會進入中央政府工作。他好禮樂稽古，獨專儒術、罷黜百家。為了動員人力物資以應付浩繁開支，他擴充政府機構，並在丞相主理的「外廷」之外增置「內朝」以助皇帝本人主政。武帝的文治武功，我將在各篇分析，並與羅馬比較。總言之，他把所承繼的樸實政府轉變成一個專制更甚的誇張政府。

各種軍政、文化、宮廷揮霍，耗財無數。饒是財政效率提高，也不免引起經濟緊張、社會危機。皇室內部的權謀爭鬥白熱化，戾太子受誣陷枉死，李廣利的家族牽連被誅。將兵西域的李廣利急功贖罪，全軍覆沒，投降匈奴。年邁心灰的武帝下詔停止開邊，力本務農。

武帝死前兩天，立年僅八歲的劉弗陵為太子，並指定四位輔政大臣，包括霍光和桑弘羊。霍光最後獨攬大權。公元前七十四年昭帝無嗣而崩，霍光毅然廢淫亂的昌邑王，迎立宣帝。宣帝是戾太子之孫，在監獄誕生，被偷運出宮，在民間長大，知民生艱難，所以最重吏治。昭帝、宣帝重興文景「輕傜薄賦，與民休息」的政策，鼓勵農桑，賑恤貧困，貸藉口糧種子，安撫流民。他們鞏固武帝所開的疆土，外交懷柔，但不放鬆軍事戒備。他們的努力，使北境後來數世不見烽火之警，邊民安寧。昭宣中興把漢朝帶上鼎盛極峰[74]。

5.6 儒術獨專

知識無涯。諸子無非知識分子，不過儒家承繼封建貴族之經典價值，特別尊貴，傲睨百家，最受貴族豢養。孟子雖無職責，但到處受金，後車數十、從者數百人，傳食於諸侯。焚書坑儒之劫後，秦漢之際儒生數量仍時稱上百，衣冠殊眾，氣派凌駕於法家道家之上，惹平民出身的劉邦反感[75]。竇太后學《老子》，被面譏為「家人言耳」[76]，其他學人所受的鄙視，可想而知。不過歲月崢嶸時，創新務實為要。儒生抱殘守缺，常因言多功少而受「君子素餐」之諷。漢初以實惠民生為重，除了朝廷禮儀，政事很少任用儒生[77]。《史記》和《漢書》都記載文帝好刑名之學，認為「繁禮飾貌，無益於治」；景帝不任儒[78]。文景之治，事實證明，輕傜薄賦、減刑養民，毋需儒學。

昇平日子久了，苦幹精神消退。法理等實用知識欠文采，操持尊貴學問的儒生甚囂塵上。開始時以經術潤飾吏事、以儒雅緣飭法律[79]。隨著力倡復古、更改教化，凡事以聖賢古代為標準，不理它是否適合當時現實、是否可能實行[80]。董仲舒等儒者猛烈攻擊法家，說它導致秦亡還不

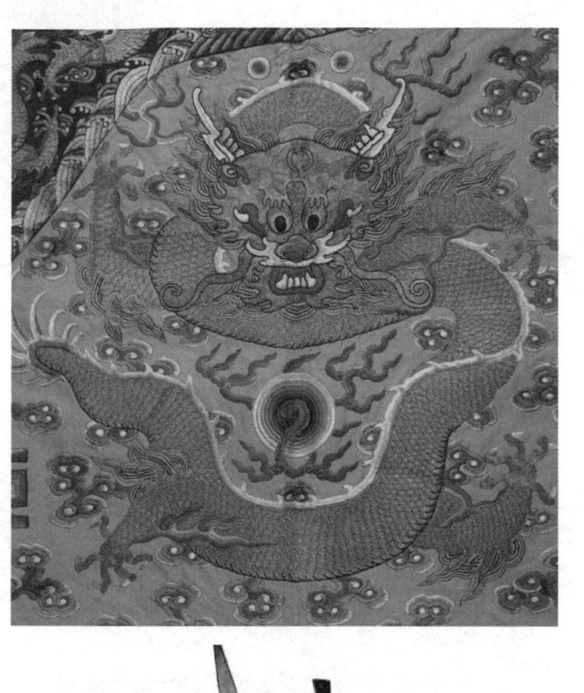

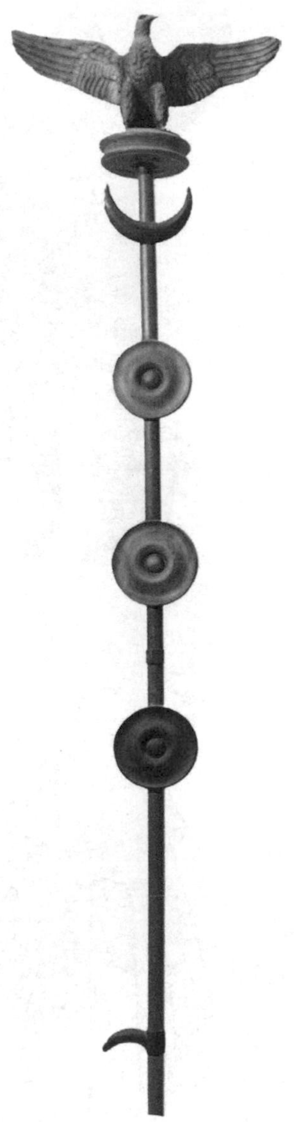

1-清代龍袍　2-羅馬軍團鷹標　3-羅馬女神雕塑

龍是中國四靈獸之首。《易經》乾卦曰「九五，飛龍在天」。九五之尊，德配天地，龍遂成為皇帝的象徵。只有皇帝的金龍才可以有五爪。如清朝龍袍所示。

鷹是羅馬兵團的標誌，每個兵團都有自己獨特的金製鷹標。兵團到處征戰，鷹遂成為羅馬霸權的象徵。軍團主義是羅馬的一貫傳統，藝術的一種表現是把地球放在羅馬女神腳下。

1 | 2
3 |

1,2-奧古斯都塑像　3,4-秦始皇像

羅馬人貴寫實傳真，戎服或禮服，皆顯示本人面貌。中國人對真像比較冷漠，畫家隨意虛構歷史人物之造形，書本多不辨真偽，通稱為「像」。

1,2
3,4

1,2-中國古代的刑具斧鉞與禮器豆　3-羅馬文化博物館中展示的木犁與矛

周朝的宗法封建「禮不下庶人，刑不上大夫」。出土的禮器刑具，今天博物館中琳瑯滿目。羅馬共和國的公民不論貴賤，人人都是農民戰士，今天羅馬城羅馬文化博物館中展示木犁旁插長矛，解釋了古羅馬的立國精神。

1,2
3

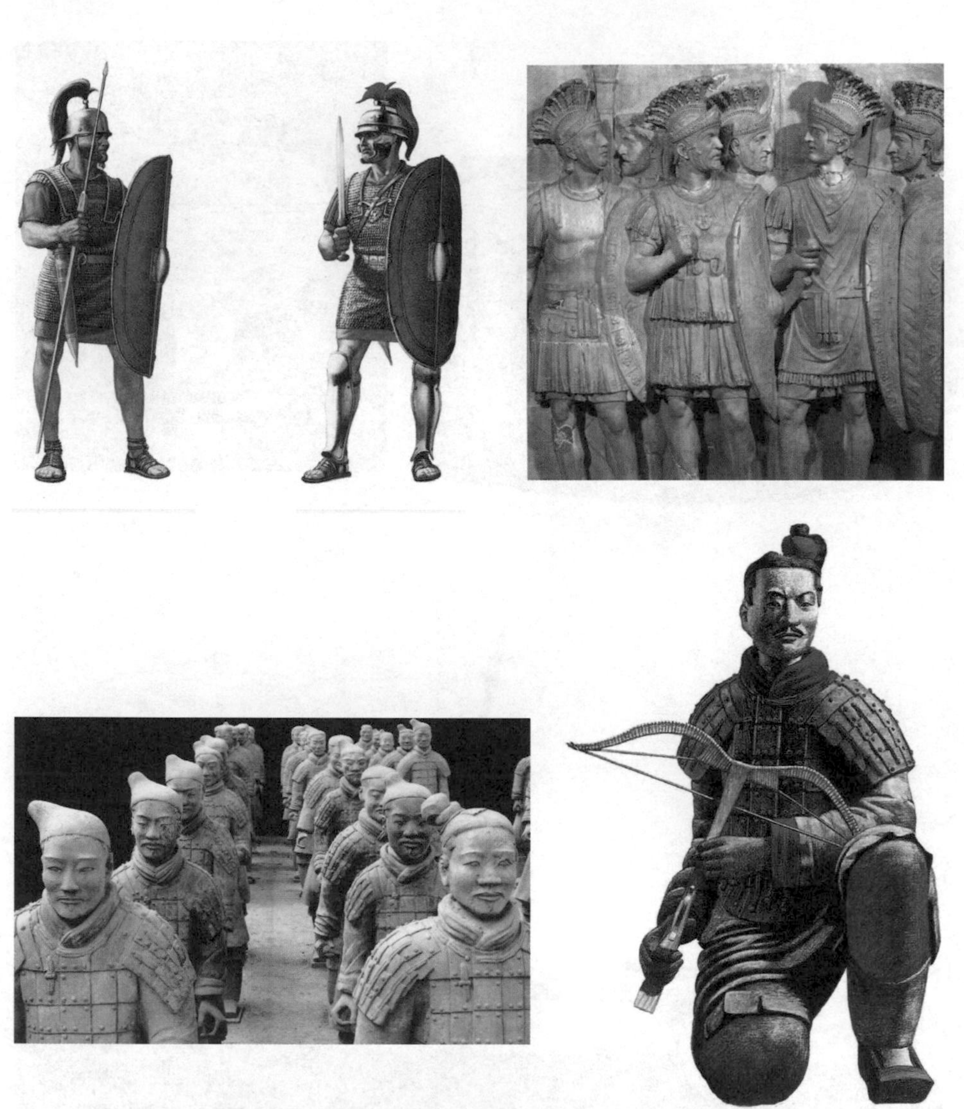

1-羅馬軍團士兵　2-羅馬皇帝的禁衛軍　3-秦始皇陵兵馬俑　4-秦弩手俑

羅馬步兵標準配備是標槍、短劍、大盾。中國戰國時代一般還是青銅戈、劍，到漢朝早期才改為鐵製武器。弩是中國犀利武器之一，機括發射，強而準，弩手又不需高強度訓練，可以大批上陣。

1	2
3	4

1-五銖錢　2-凱撒銀幣

秦漢和羅馬皆是農業經濟，大部分人民自耕自足。不過與其他古代農業社會相比，它們的貨幣相當流通。中國歷代皇朝都基本上沿用秦朝的方孔銅錢。漢朝自武帝禁私錢，由政府鑄造發行的「五銖錢」成為兩漢繁榮穩定的基礎。羅馬以銀幣為主。西方打造金銀幣，多設計各種圖案，寓宣傳於經濟。圖示朱利烏斯．凱撒發行的銀幣，顯示他自己的形象，並宣佈升任獨裁者。

1
—
2

1-君士坦丁凱旋門　2-東漢墓壁宮闕圖

羅馬建築慣用圓拱，如羅馬城的君士坦丁凱旋門。中國建築慣用斗拱，不過秦漢的宮闕古樸，不如日後用斗拱建造高飛的簷角繁複。東漢墓壁磚圖所示，闕上的鳳凰來儀符瑞，顯示漢儒的五行讖緯風氣。

1
―
2

1-馬王堆漢墓中喪幡圖　2-羅馬元老家族塑像

中國人和羅馬人一般注重家庭、父權、祖先。湖南長沙馬王堆出土的西漢喪幡細節表達出中國人孝順之道。羅馬人恭存祖先的塑像，此公元前一世紀的作品可謂是一位元老貴族與他祖先的塑像「合影」。

1
2

1-羅馬亞庇大道　2-秦直道遺跡（今陝西淳化境內）

羅馬用了大量人力物力建造四通八達的公路網，他們用厚石建築的道路，不少沿用到今天。築路原意主要在軍事政治，以維繫帝國統一，但同時便利交通，助長經濟，福澤人民。秦朝築馳道直道，功能也相似。傳統文人一味撻伐基層建設「輕用民力」，其實是偏見短見。

1
—
2

1-達契亞人塑像　2-匈奴人銅像

羅馬帝國和中國皇朝的北方，各有異族盤踞，平時和平共處，但有時也造成威脅。羅馬人視北方的日爾曼人，多突出其濃髮多鬚，如君士坦丁門上的浮雕所示。中原人視北族，多突出其圓臉高頰，如河南洛陽金村戰國墓出土的銅像所示。

1 | 2

1-龐貝城出土的鑲嵌畫　2-馬王堆西漢墓出土的素紗襌衣

3-紡織畫像石（拓片）

張騫通西域、漢朝設西域都護後，中國的絲綢在朱利烏斯·凱撒的時代（公元前一世紀）傳到羅馬。羅馬人把它改紡成半透明的輕紗，如龐貝城出土的鑲嵌圖所示，難怪衛道之士如老普林尼大動肝火。其實中國人早已有絹紗，如湖南馬王堆西漢墓出土的素袍，最適宜楚腰纖細掌中輕。

紡織畫像石，一九五六年江蘇徐州銅山洪樓村出土，描繪了漢代紡織的三道工序：調絲、紡紗和織布。

1 | 2

3

1-東漢墓壁畫中的宴會　2-羅馬墓壁畫中的酒宴

椅子傳入中國以前，中國人一貫席地而坐。東漢墓壁畫顯示宴會中端坐首席的主人夫婦。羅馬人慣於斜倚在榻床上進食，酒宴也一樣，如這前五世紀的墓壁畫所示。

1-行刺凱撒圖　2-荊軻刺秦王（漢墓壁畫）

上圖為公元前四十四年一群羅馬貴族在元老院中刺殺凱撒，左上角是被凱撒打敗的龐培之塑像。下圖畫出了《史記．刺客列傳》所記的細節：圖右邊的是秦王，衣袖斷了一截。樊於期的首級丟在地下。圖左邊的是荊軻，被侍醫夏無且攔腰抱住，投匕首，不中秦王而中柱。

1
2

1-皇帝奧勒略率軍凱旋（浮雕）　2-秦始皇輕車

$\frac{1}{2}$

1-羅馬角鬥士（德國Nenning出土鑲嵌圖）　2-秦始皇陵壯士俑

1
―
2

1-東漢壁畫《車馬出行圖》　2-羅馬城安頓凱旋柱基遊行浮雕

$\frac{1}{2}$

1-東漢壁畫《屬吏圖》（摹本）

2-公元前一世紀羅馬文人學士圖（龐貝城附近**Torre Annunziata**出土鑲嵌圖）

1
―
2

止，遺毒餘烈繼續「亂國政」；鼓吹「諸不在六藝之科、孔子之術者，皆絕其道，勿使並進，邪辟之說滅息，然後統紀可一」[81]。儒生歌頌聖王、憧憬盛世，正中好大喜功的武帝下懷。武帝置五經博士，為專研儒家五經設太學，又摒棄法家、縱橫家等學者，禁止他們察選入仕[82]。漢武帝的罷黜百家，有人說它是千古仁政，也有人說它無異於秦始皇焚書。撇開褒貶，這是他影響最深遠的政策。它結束了春秋以降百家爭鳴、思想蓬勃的大時代，造就了歷代皇朝的統治階層：儒家士大夫[83]。

漢武帝興百事，需要各種人才，雖然立罷黜百家的政策，自己用人卻並蓄兼容、絕無歧視，所以芻牧豎賈、跅弛之士，莫不奮起，屢建奇功，班固讚曰：「漢之得人，於茲為盛。」[84]張騫、蘇武等節義凜然，證明中國人不必滿口子曰詩云才能頂天立地。眼光廣闊的務實人才濟濟，恃書本學問的儒生雖有政策優待，要排擠異己，不免費時費力。昭宣中興，倣法文景。宣帝生長民間，深知徇私舞弊的奸官最害百姓，所以嚴厲督責，班固謂其「信賞必罰，綜核名實」，可見法治的觀念猶行。太子柔仁，諫道：「陛下持刑太深，宜用儒生。」宣帝作色曰：「漢家自有制度，本以霸王道雜之，奈何純任德教、用周政乎？」[85]要到太子繼位為元帝，儒術才能實際獨尊[86]。

我們在第2.9節看到，諸子百家的理想都是建立一個善治保民的政府，不過觀點方法不同。儒家主觀，說愛民的動機，講修身齊家治國平天下，以個人道德為政治原則，以家庭倫理為國家綱紀[87]。法家客觀，圖利民的功效，認為國家政治不止親親溫情，更需要公開公平的法理制度、實際惠民的建設。從漢元帝開始，儒家士大夫充塞皇朝的統治階層、高級政壇。他們排擠功利，蔑視制度，灌輸上尊下卑、忠孝節義的教條。此等教化鞏固皇室和士大夫的共同權益，成為歷代皇朝統治階層的主導意識形態，窒息法治的概念思想。然而，儒術所謂獨尊，卻至少受到兩處掣肘。

首先，政府官吏與經學大師不同：他們必須處理國務，不能一味清談空論。有責任感的儒臣兼習經濟社會知識、法律行政技能。遵守「君子不器」教誨的，也得依靠能幹的屬下辦事。求公利的實務家退居政府中層，積極性大受壓制，但察看史載功績，仍多可見到他們的手筆[88]。此外，一些「未為醇儒」的知識分子，如漢末的王符、崔寔、徐幹，也滲有法家思想。不過在儒學局限下，他們被擠在邊沿，只能注意現實、砭時救弊，概念上少有發明[89]。

第二個掣肘更重要。儒生懷念古代宗法封建，崇人治，貶法治，但身居皇朝現實，無法不接受法家設建的制度。經過戰國變法後兩百多年的慘淡經營，中央集權政體和科層式的行政機構，挺過秦末內亂、楚漢分封，屹然不倒，成為政府制度的骨架，儒臣不能推翻。不過他們盤踞政府職位後，改變了制度的運作風氣，使封建式的親親人事，壓倒科層的理性職責。家國不分時代的經典被奉為天下至道，法律制度等切實的政治概念被鬥垮鬥臭，使人很難理智思考、剖析制度、改良變革。所以儒家士大夫歷任統治菁英兩千年，屢經國事巨變，除了恢復封建，從未萌起超越君主制的念頭，只以君君臣臣的教條輔助皇帝日益專橫。

本書認為法家制度、儒家作風是中國皇朝的二元特質。法骨儒氣的論調在傳統中屬旁門。兩千年來儒家左右學術，支配輿論，痛斥法家為「邪辟之說」[90]。現代有些學者指出皇朝政治其實「陽儒陰法」、「儒表法裡」[91]。細節如何，眾議紛紜。不少人把功歸於儒，過推諸法。我比較同意西方學者的分析。儒家獨霸意識形態，但撥開聖賢高調，探究切實見效的措施，我們不難發現法家默默耕耘的功績：「種種經濟政策，例如常平倉、均田制，以及官營鹽、鐵和其他產品，都主要源自法家理論。近來有學者指出，甚至那一般歸功儒家的制度，即歷代皇朝以知識、非以出身為準則甄選官吏的科舉，其實也是基於法家。」[92]或許科舉是法骨儒氣政府的縮影：法家主張公平公開、擇優錄用的考試制度；儒家提供考試內容，把「優」的標準限於熟讀四書五經。這是後話，我們且看這情景的濫觴。

仁義與功利

自從孟子不齒談論春秋五霸齊桓晉文以後，王霸之辨與更普遍的義利之辨，成為儒家道統的一大教條。從孟子到宋明道學，皆強調「義利分明，絕不兩立」，持仁義而鞭撻功利[93]。宣帝堅持「霸王道雜之」，顯然他不同意儒家道統，而同意法家，認為仁義與富強並無本質上的衝突，功利和法律平等也是可貴的道德價值。漢朝論政，儒法兩種立場時常衝突。

董仲舒跟隨孟子貶五霸、反功利，鼓吹「正其誼不謀其利，明其道不計其功」[94]。這與武帝的進取國策格格不入。武帝保衛國家、反擊匈奴，又興禮樂、搞封禪，不夠開支，需要增加收入。一反輕商的傳統，他任桑弘羊等商人為高官。他們有商業財務知識，大大提高了國家的財政效率。統一的貨幣穩定金融、便利通商。平準法穩定價格，抑制投機。均輸法調協地方進貢和中央需要，精簡政府採購物資的程序，減低運輸費用。鹽、鐵、酒收為國營，本來的鹽鐵行家受任為鹽鐵官。短暫的商業財產稅叫大商家也負擔些國家需要。這些創建勉強應付了武帝擊匈奴四十年的龐大軍費，使大眾人民不必加稅。從現代經濟學上看，桑弘羊等策劃的措施頗有道理，所以有西方學者稱他們的政策為「現代式」（modernist）[95]。可是在漢時，桑弘羊等卻被譏為「興利之臣」[96]。現代人可能誤會，不知漢儒的「興利」是貶詞：小人喻於利。董仲舒以前，君子們已經指斥政府「與民爭利」了[97]。

徵收稅項以經營國務公利，是古今中外、君主民主，所有政府都不免的責任。問題是，什麼政府開支值得人民負擔？這擔子怎樣攤派到各類人民頭上？從第6.8節的財政分析可見，漢朝的主要常稅相當輕：地稅三十分之一，比孟子理想的九分之一低得多。不過稅率人人一樣，所以窮人的相對負擔重。《史記》和《漢書》都記載那時「富商大賈周流天下」，「歲有十二之利，而不出租稅」，「冶鑄鬻鹽，財或累萬金，而不佐公家之急，黎民重困」[98]。窮人付稅，富商不付稅而享受國家治安，等於國家「劫貧濟富」。加上私有土地買賣，引致窮富不均，這是公認的社會問題。如何解決？儒生要復古，其實如第2.9節指出，井田制的強制性最大，違背民意最甚，墮贅經濟最重。政府圖均貧富，或國防建設需要稅收，善用稅務財政，可以更有效。譬如，現代的商業盈利稅，或稅率隨著收入增加的遞進所得稅，都加重富人的相對稅務負擔。他們的財富，通過國家的稅收、福利基建，轉移給窮人。此等財政措施是長期實踐的累積經驗。先秦的法家提出理論[99]，西漢的務實家做過不少創新試驗。桑弘羊等努力改良行政組織，減少浪費，使政府更有能力動員物資，調整社會，應付外患，如《漢書》記載，「民不益賦而天下用饒」[100]。在現代不拘於儒家教條的人眼中，他們可當「興利之臣」之譽無愧。

凡是現實政策，都難完美，不免正反爭辯，這在現代民主論政中最為顯見。武帝的文治武功需要費用，但決定不增加農民的常稅，用新措施把額外負擔放到豪富商賈頭上。冶鐵鬻鹽、投機倒把的豐厚利潤，本來落進巨室口袋，現在國家拿些去擊匈奴，富貴衛道人士反對，意料中事。而且措施的確有很多缺點，生硬的運作也產生流弊，值得針砭。公元前八十一年昭帝下令召開會議，問民間疾苦，討論罷免官營鹽、鐵、酒。在丞相主持下，桑弘羊等興利大夫面對六十多個「賢良文學」，即那年全國各地察舉的菁英。元帝時儒臣桓寬編纂會議紀錄、推衍論難，著數萬言，是為《鹽鐵論》[101]。除了財務外，會議談到政治、軍事、社會等廣泛問題。不過從總的看，這些是枝節。桓寬和班固都同意《鹽鐵論》的大前提是意識形態的思想鬥爭：「或上仁義，或務權利。」會上文學首先發言：「今郡國有鹽鐵、酒榷、均輸，與民爭利，散敦厚之樸，成貪鄙之化。」[102]

「與民爭利」的大帽子，在鹽鐵會上被桑弘羊頂回去了。可是元帝開始，它的殺傷力大增，常平倉便是一個犧牲品。宣帝不顧儒臣反對，聽取有財務知識的耿壽昌提議：豐收穀賤時，政府以高於市價買入，以利農民。穀物存在當地的常平倉，澇旱穀貴時，政府把倉中儲糧以低於市價賣出，以利市民。常平倉緩和穀價上落，以及減輕政府救災運糧的費用，大見成功，後世多沿用。可惜在漢朝，它只行了十一年，因為元帝聽從儒臣：「常平倉可罷，毋與民爭利。」[103]乍聽這又是仁義的民本主義。我們又問，什麼民？糧食價格上落是普羅大眾的最大恐懼。穀賤時農民的沮喪、穀貴時飢民的慘狀，儒生的文章也常描述得聲淚俱下。可是他們的實際政策卻阻止政府穩定穀價，因而傷害農民貧民，只為了保障投機商人和囤糧地主的利益。有評者說他們虛偽，用

「民」作幌子圖私利；也有指責書生少用大腦、不負責任，空拋「明道救世」的口號自我陶醉，不理口號的矛盾百出，更不考慮實踐口號的後果[104]。

詮經的心態意識

鹽鐵官營原來是為了支付國防軍費而設，因此鹽鐵會議不免討論外政。從漢朝立國開始，匈奴的侵擾就一直是個大問題。歷代君臣商量對策，多採取務實態度；不論主張和親或反擊，都考慮到勝負、費用、邊民安危、中土繁榮。大家都說兵者，凶器也，但都知道邊防軍事絕不可少。鹽鐵會上的賢良文學採取儒家作風，祭起「仁者無敵」四字真言，擋開一切詰難：「舜執干戚而有苗服。」「孔子曰：『遠人不服，則修文德而來之。』」「去武行文，廢力尚德，罷關梁，除障塞，以仁義導之，則北垂無寇虜之憂，中國無干戈之事矣。」「《春秋》『仁者無敵』。」「王者行仁政，無敵於天下，惡用費哉？」[105]這不是會議上的數十儒生特別迂闊。匈奴才投降，撤除邊防的呼聲即四起，逼得元帝下詔：「勿議罷邊塞事。」到了東漢，興文德、廢武功的風氣盛行，以致盜賊乘無備而橫行，一如漢末應劭形容：「官無警備，實啟寇心。」[106]老百姓如何遭殃，第7.3節細說。

賢良文學不肯看匈奴在和親條約下入侵的事實，因為他們的意識形態慣於用主觀的大口號以偏概全、掩盡不如意的客觀事實。仁者無敵，哪用軍費？堯舜立而天下治，哪用法律？文氣洋灑，使聽者胸口一熱，忘了問：真的嗎？可能嗎？有什麼驗證顯示完美的理想有可能在當今世界實現，遑論不費力就可以實現？儒者遊說諸侯道：聽我們的話即可以平治天下。韓非把它比作兒戲，比作巫祝騙子說有法術能使人活千秋萬歲，因為它毫無驗證[107]。

儒家言必稱堯舜三代，以證歷史上確曾有完美世界。但歷史故事不是歷史事實。堯舜是五千年前的人，那時還沒有文字。韓非指出人人說堯舜的故事都不同，孰真孰假，證據何在？沒有驗證而確定事物，是愚蠢。用不能確定的事物作理論根據，是欺誣[108]。儒家經典《詩經》、《尚書》是現存最可靠的歷史文獻，可是它們形容的古代世界，比儒家的樣板三代差得多了[109]。孟子屢說商湯「無敵於天下。東面而征，西夷怨；南面而征，北狄怨，曰『奚為後我？』」[110]不知它是真是假。《尚書．武成》記載武王伐紂戰爭慘烈。孟子則曰：「盡信《書》，則不如無《書》。吾於《武成》，取二三策而已矣。仁人無敵於天下，以至仁伐至不仁，而何其血之流杵也？」[111]有人斷章取義，引第一句而讚美孟子開明，其實混淆了兩種態度。書本所說不一定是真，事實驗證也難確定，因此獨立思考的人必須分析衡量。求真講理的人，知道自己的意念可能有錯，所以檢察所有證據，交叉反覆，以挑剔改正。頑固武斷的人，堅信自己的教條絕對正確，所以只挑揀合乎教條的事例，扭曲捏造故事以就教條，斷言不符合教條的證據全是假的，應當摒棄。《孟子》輕率判斷歷史虛實，荀子已注意到了，現代學者更深入探討[112]。這等作風並不罕見。發夫子微言大義的《公羊傳》指出：「《春秋》為尊者諱，為親者諱，為賢者諱。」[113]為了維護禮教而隱瞞或歪曲實情的例子不止見諸《春秋》，《論語》、《孟子》中也多有[114]。宋朝的道學家更擅削足就履，不顧事實真相以強調道德教條[115]。現代學者研究傳統歷史評論，發現「只有『好』、『不好』的感覺，而沒有『真』、『不真』的分析」[116]。對真相缺乏尊重，這是儒家道統和西方思想的一大分歧。

不顧真實，漠視驗證；不講道理，自相矛盾。這種心態是信徒詮釋經書的特徵，不論詮釋的是《聖經》、《可蘭經》，還是《論語》或《毛主席語錄》。對信徒來說，經書是宇宙間絕對不二的圭臬。凡是真的、善的、有啟發性的，都在裡面；凡是假的、惡的、無價值的，都已篩除。一切問題，引經據典解答。經書既然全善，持疑問異見的人，當然是邪惡的，必須誅心清算[117]。經書一般內容駁雜。斷章取義，忽略不合己意的經文，幾乎可以支持任何政見。所以詮經者常分家別派，互相傾軋，不過各派都以為自己奉絕對真理，絕對善良。社會科學家指出，「絕對道德家的關鍵特色是不顧後果……假如他們好意的行動引致不良的後果，他們從不自省，只斷定錯不在自己而在外界，是別人的愚蠢邪惡或是上帝的意旨而引致災禍」。「他們完全缺乏為自己行為後果負責的意念。」[118]。

信徒對經書有宗教式或道德感的熱忱，自覺因為奉信它而高人一等，目空一切。道德名氣外，背誦經書帶來艱澀的言語，足以排擯貶黜外人。不學《詩》，無以言；不諳「堯舜」等術語，無以置喙儒生論政。《漢書．儒林傳》開章明義：「《六藝》者，王教之典籍，先聖所以明天道，正人倫，致至治之成法也。」從漢儒之「永永不易之道」，到清儒之「萬世教科書」，膜拜四書五經的論調不絕於書[119]。二十世紀中期，還有儒家大師說六經「不唯統攝中土一切學術，亦可統攝現在西方一切學術」[120]。詮經心態崇教條、抑理智，所以必要時能換一套口號，適用於新經書。兩千年儒學獨專培養成的詮經心態根深柢固，就像一條纏腳布，使中國思想寸步難行。

詮經心態砥礪灌輸教條，妨礙理性思考。不論君主政體或民主政體，都必須靠斟酌商榷來決定措施，有所行動。政策爭論涉及各個群體的要求，談判取捨，繁難無比。成功的協商靠大家通情達理：尊重現實，知道資源能力有限，完美不可冀，夠好就可以，彼此讓步，以達協議。理性折衷卻是詮經心態所不容的，因為經文的教條全善，讓步等於向邪惡低頭，絕對不可。思想兩極化，以致道德鬥爭狂熱，淹沒理智。鹽鐵會上賢良文學的態度就近乎這樣：他們不齒任何不達聖人水準的合理可行改良，一意推翻整個現實政治社會，來個大躍進，全盤聖化[121]。《鹽鐵論》很多卷以桑弘羊搖頭無語結束。我想桑弘羊不是如桓寬暗示般認輸，而是歎賢良文學偏執，無可理喻。當時政策無疑缺憾重重，大可改進。召開朝野大會討論政治社會問題是個有前途的嘗試，可惜成果甚少。幾十個口若懸河的賢良文學即時獲取大夫之位，但日後全部政績無聞[122]。他們之輩從察舉途徑湧進政府。鹽鐵會成絕響。此後的石渠和白虎通朝野大會，可憐天子親降臨，不問蒼生問經文。

不負責任的理想主義

士大夫官場得意後，馬上買田佔地，擴充家族財富，並與強宗巨室勾結，增高社會地位，逐漸形成強盛的士族[123]。世界上的統治階層多具有官場勢力、法律優待、財富聲望。皇朝中國的統治階層也一樣，而且更用詮經學術把它們凝聚起來。儒生捧孔子為「素王」，他們的「君子」是古代貴族的化身。現代學者稱皇朝士大夫為「文化貴族」、「精神貴族」，「他們內心有一種高自位置，不同凡俗的直覺。他們成為書生貴族」[124]。

元帝即位後尊行王道。從他開始，幾乎所有宰相都是大儒，若非彬彬文士，很難安居高官[125]。儒術終於實際上獨尊了；聖人之徒盤踞帝位和政壇，忠孝盈耳，德教風行。可是，理想盛世並沒有來臨；與美好的預言相反，政治和社會皆呈委靡之態。《漢書》說宣帝王霸道並用時「吏稱其職，民安其業」；歎元帝之世衰微，吏治技巧、工匠器械，皆不及前代，「孝宣之業衰焉」[126]。元帝寬宏仁下，權貴放膽濫權，官吏失職無咎，文化貴族得益，人民國家受損。人治教化之功，補不上吏治頹弛之過。元帝自己承認：「在位多不任職。」班固列舉十多個儒宗宰相，傳先王語，「然皆持祿保位，被阿諛之譏」。朱雲直向成帝指責他們「上不能匡主，下亡以益民，皆尸位素餐」[127]。

「漢世衰於元、成，壞於哀、平」是《漢書》的結論[128]。現代史學家解釋：「儒家之反功利思想，使漢朝無法制定進取性政策，無法發揮國力；而他們的當政，更直接阻礙進取人才的發展。現實派的失敗，象徵著進取人才的全部凋零，同時更象徵整個西漢皇朝的沒落。」[129]這不止是徵象，更是沒落的一大因由。

不習於職的儒生動輒引經，鼓吹「道勝於事」以排擠擅長職務的同僚[130]。例如徐偃外任，不待奏報便使膠東魯國鼓鑄鹽鐵。對「矯制」的彈劾，他答辯道鼓勵生產有益社稷人民。儒臣終軍協助御史大夫張湯，引《春秋》、《孟子》責徐偃「矯作威福，以從民望，干名采譽，此明聖所必加誅也」，把他入罪殺掉[131]。有主動性的能幹人士，有此可鑑。

士大夫乏能客觀理性協商，政治決策遂淪為官場的人事糾葛、黨派對峙、權力鬥爭。儒生不但與法家文吏爭，自己之間也各分家派，互相傾軋。即使他們專長的禮儀，也難達成協議[132]。元帝時，劉家宗廟共用一萬兩千一百四十七名祝宰樂人、四萬五千一百二十九名衛士，外加無數犧牲的士卒。儒臣熱中改制以契合古禮，但議論紛紛不定。這家當權置了，別家上台毀掉，第三家又重建。改來改去，浪費大量財物[133]。

詮經外，漢儒更拉天道作虎皮，大量引進陰陽五行、讖緯之學，指自然異象以預言凶吉、陳說時事。他們用鳳凰來儀等符瑞歌功頌德，藉水旱蝗蟲等災異揭露政治弊端、譴戒人君失德、乘機進諫。這樣，儒生們自命為天代言，圖正君心[134]。

元帝以降，災異日多，因為信徒增加，現實也病患滋生。土地兼併，貧富懸殊，窮人被逼賣身為奴，種種社會問題嚴重。與羅馬治下的義大利相比，漢朝奴婢的人數微不足道，但中國人仍視它為大弊。元、成、哀、平四世（公元前五十八到公元五年），宰相庸碌，大權落在外戚手中。在溫情道德下，外戚抓權，無可厚非。縱使親親之仁不延及外家，孝道確保皇太后之大權。然而邏輯在詮經心態中份量不大。士大夫痛恨外戚與自己爭權，怪他們壞事。漢運已衰、天命將移之意念蔓延，禪國讓賢之論調醞釀。符瑞讖緯，漸指向貴門儒士王莽。

在外戚更迭的權力紛爭中，元帝後王氏屹立不倒。王莽以賢孝好學、恭儉下士而譽滿天下。公元前一年，九歲的平帝登位，王莽以大司馬大將軍執政，興教化、濟貧困，擴大太學以滿足儒生，在長安建常滿倉以供給市民。擁戴他的遠不止士大夫。公元五年，四十八萬七千五百七十二名吏民上書請求加賞他。四年後，王莽篡漢，成為新朝的唯一皇帝[135]。

現代史家指出：「漢儒的理想主義在王莽新朝登峰造極。」「王莽早先既被認為是儒家思想的代表人物，則漢室德衰，由王莽取而代之，乃儒家『天下為公』的理想之實現。」[136]劉家宗室的反抗很快就被撲滅，差不多所有朝臣和士族都接受了新朝。天命轉了。轉了，但不過暫時而已。王莽奉天命，實行很多孟子以來儒士不斷鼓吹的仁政。《井田詔》禁止奴婢買賣；痛斥豪富侵佔田地，交三十分之一的地稅給政府，卻搾取農民十分之五作田租，以致民不聊生；下令限制每戶所能佔的田地；令豪戶把超過限額的餘田分給窮苦的族人鄉鄰[137]。

漢儒努力，終於捧出一個熱中推行他們理想的皇帝，但卻發現了一個不妙的後果。這不應是意外；稍微重視現實的人都知道，很多士族佔田買婢，早已成為豪富。文化貴族本身就是造成社會問題的重要因素之一。貫徹他們崇高的天下理想，實際上傷害他們的私人利益[138]。一個真正的道德考驗來臨了。

他們的選擇明顯：本來宣揚偃武的文人，爭置戎裝；本來反對擾民的士族，大亂天下。現代史家詳細追溯士族淵源、分析起事者的身份，總結道：「我們觀察舊史的記載，至少可以看出一點，即當時真正為反對王莽新政而起兵者，主要是一些士族大姓。更堪玩味的是：在其復井田禁奴婢未正式實行以前，士族大姓猶有擁護新室者，而起事者亦甚少，在這以後，天下士族大姓遂紛紛起兵反叛。」為什麼呢？「王莽雖一方面交結士大夫，另一方面卻又打擊侵凌小民的豪強勢力，這是與多數士族大姓的利益相衝突的。」[139]

士大夫恥言利，但改變了他們的仁義口號。本來譴責貧富懸殊的災異，一變而為譴責篡奪不忠。人心突然思漢，天命跳歸劉家。另外兩位現代史家觀察到：「中國之文化，有一大轉變，在乎兩漢之間。自西漢以前，言治者多對社會政治，竭力攻擊。東漢以後，此等議論，漸不復聞。」「繼此以往，帝王萬世一家之思想，遂以復活，五德三統讓賢禪國之高調，遂不復唱。而為政言利，亦若懸為厲禁。社會貧富之不均，豪家富民之侵奪兼併，乃至習若固然。」[140]

王莽推行一連串的復古更化措施，在強烈反抗下全部失敗。天也真降災異。公元十一年黃河大改道，淹沒了華北大平原的南部。荊州又遭蝗禍。政府救災無能，難民相聚、組織造反。各處士族舉兵，群雄並起。新朝十四載，亡於公元二十三年。

東漢初年，班固把新莽比暴秦，開王莽妄邪虛偽的傳統評價[141]。現代學者認真比較王莽的政策與儒士的匡救言論，發現最偽的不是王莽。「王莽之變法，至少其主觀宗旨，是以儒家經典中之『王道』理想為歸依。」「莽朝一切新政莫非其時學風群意所向。」「新莽之所行，蓋先秦以來志士仁人之公意，其成其敗，其責皆當由抱此等見解者共負之，非莽一人所能屍其功罪也。」[142]其實班固也知道，所以把歷來對儒生的評語「動欲慕古，不度時宜」加諸王莽[143]。王莽失敗，一方面由於他染習文化貴族凌空蹈虛的風氣，一方面由於他的言論同志們，非但不輔弼他實現共同理想，更為了自家利益倒戈相向。事後掩飾真相、醜化王莽，把一切罪過推到他身上，凸顯了皇朝政治菁英推卸責任的陋習。

不正視實證來分析問題，自欺欺人，因而碰釘子，山林隱士最多碰壞自己的頭，官高位重的士大夫卻可能連累千萬人。政策不切現實，後果可能哀鴻遍地。執政者的仁義動機並不能減輕傷亡者的悲痛。有人盛讚漢儒「以天下為己任」[144]。其實這口號的意義模糊。人治理想中，只要聖賢在任，萬難自然迎刃而解。於是自以為賢者把走馬上高任當作拯救天下。然而世事不比往自己臉上貼金容易。職位有責任，落在決策行政的實際效果。任高位而濫詞虛調，唱喜不慮憂，不是盲目樂觀，而是不負責任。

多年前，宣帝擔憂他那柔仁好儒的太子會亂天下，因為「俗儒不達時宜，好是古非今，使人眩於名實，不知所守」[145]。王道迂闊的批評先秦時已盛聞，歷兩千多年不衰，但不能驅策改善，只刺激反擊批評者為霸道不義[146]。宋明道學逃入形而上學，離現實更遠，排他性更強，自頌更高，責任心更弱[147]。好高騖遠，不踏實地；捧少許尊貴學問，排擯廣闊知識；工夫化在詮經誦教條，懶於分析思考；漠視經驗，不因錯誤而檢討自己；處高位而一事無成，則自憐不得重用；誤國殃民，則歪曲事實以誣蔑別人：此等理智惰性是皇朝政治菁英的遺惡。「明道救世」之類的口號令人腦門發熱，飄飄然以英雄自許。然而不諳時務者推動不切實際的虛論，可以釀成天下大禍。新朝興亡引致無數死亡苦難，不負責任的理想主義難辭其咎。可惜文化貴族的陋習不隨新朝而滅。「王道」內涵空泛，在大口號中可以代入「馬列」或「民主」而不改盲目自是。樣板教條雖然不同，空想家的救世虛榮不改[148]。

5.7 東漢的文德

擊敗群雄、創立東漢的光武帝劉秀是景帝餘子之後。皇室權益經六世蕩滌，劉秀已無異於平民大姓。他曾入太學，受《尚書》，略通大義。他集團的核心是士族豪門，並多得士大夫擁護。開國功臣多習儒術，雖征戰期間亦投戈講藝、息馬論道[149]。他對手的身份教養也多類似。然而，將帥的高級文化並未減低群雄逐鹿對社會人民造成的巨大損傷。據《後漢書》，東漢初「海內人民可得而數，裁十二三」。而且終東漢一朝，戶籍數都不能恢復到西漢水準[150]。

光武帝遷都洛陽，遠離邊境，靠近他的本家南陽。他拘謹恭儉，廢除不少王莽的復古措施，但加強讖緯的政治影響。六次詔令釋放大量奴婢。干戈後，骨肉流離，田園寥落。國家收回大片無主荒地，或授予貧民，或租給他們，政府兼任地主。戰後重建，原來適合緩和貧富不均，然而效果不大。縉紳地主成為東漢統治階層的中堅，阻止王莽均貧富的勢力不減反增。要公平徵收土地稅，政府必須正確掌握戶籍和田地的面積沃瘠，防止豪強偷瞞，把稅務負擔轉嫁到小農身上。東漢初這些資料殘缺紊亂，光武帝下令度田整飭，嚴懲與富豪勾結瞞田的奸官。士族豪強悍然造反，度田措施不了了之，巨室偷稅遂習以為常[151]。王莽復井田行仁政，但忘了孟子「不得罪巨室」的警告，結果身敗名裂。光武帝學乖了。

高瞻遠矚不是光武帝的長處。他堅信國之本在家，為了鞏固劉家皇位，他削弱外廷、移權內朝，看不到這措施全靠皇帝本人有能力控制內朝。日後他的子孫乏力，引致外戚宦官專橫。為了節省目前開支，他廢除訓練民兵的制度，看不到地方政府因此而缺乏武裝，無力維持社會秩序。日後郡守州牧為了平息動亂，招募部曲，發展為割據軍閥。有現代史家認為，光武只求眼下安逸、不肯勉力興建，種下惡因，不止遺害東漢，還引致後來中國北方淪陷[152]。

不過光武帝當得上開國之君，自是比較踏實，從一件小事中可見。湖陽公主庇護白日殺人的僕人。洛陽令董宣無權入皇府，便等兇手為公主駕車出外，逮捕指控，就地正法。公主投訴於皇帝。光武帝大怒，要杖殺董宣。董宣寧死不肯道歉，反問皇帝：「縱奴殺良人，將何以理天下乎？」以頭觸柱欲自殺。一番折騰後，光武帝放過他，並加賞賜。失望的公主問：「文叔為白衣時，臧亡匿死，吏不敢至門。今為天子，威不能行一令乎？」帝笑答：「天子不與白衣同。」[153]湖陽公主透露劉秀的態度與她一般，是藐視法律的豪強大族。做了光武帝後，有了新責任，像宣帝般王霸道並用，把法律放在親親義氣之上。董宣令權貴震慄，死時家徒四壁；皇帝的賞賜他都分給下屬了。《後漢書》貶他為「酷吏」，可見漢儒的價值觀念。後來章帝純行德政，寬宥文化貴族，西漢元帝的歷史重演。

東漢諸帝所不遺餘力的，是修文德、拉攏文士。光武帝所到處，未及下馬，先訪儒雅。明帝親自講經，聽者千萬計。章帝召集鴻儒於白虎觀，討論五經。皇室與文化貴族承認彼此需要，共度甜美蜜月。元帝以來，能通一經者即得免賦稅傜役。東漢用更多的黃金去鋪班固所謂「祿利之路」[154]。洛陽的太學生多逾三萬，多是壯年的職業學生，與朝臣互通聲氣。此外經學大師私人授徒，每人以千百計[155]。

看仁義動機、尚修身、反功利的人治思想，勝在培養人格比較高尚正直的官吏。士大夫值得欽佩處不少，前人之述備矣[156]。不過人治的流弊，亦是不少。政壇艱難，政客心理複雜。求動機純粹、思想正確，容易引致清算冤獄。大臣齟齬彈劾，令皇帝頭痛。儒臣蕭望之和韓延壽互相誣毀，突出的只是他們的名高位重、結局悽慘[157]。大的事件，如漢武帝使董仲舒之徒憑《春秋》斷淮南王謀反，以心思論罪，一案便死者數萬[158]。

看重勝職能力、行政功績，使任用官吏有較為客觀的標準。反功利者妒能嫉才，鼓吹任賢，但什麼算是「賢」？莊子敏觀到：美與醜、賢與不肖，每因觀者而異；人人自以為賢，自貴而相賤[159]。為賢者諱，更鼓勵用籠統的教條分派紅帽黑帽，然後各因帽子而捏造宣傳形象。沒有合理而可考的標準，依靠主觀衡量仁義高下，「賢良」容易流於高譽盛名。於是講交際、拉關係、熙攘求名，蔚然成為東漢政風[160]。「薦舉徵辟，必采名譽。故凡可以得名者，必全力赴之。」[161]在仕者「王事不恤，賓客為務」。候職者「激揚名聲，互相題拂，品核公卿，裁量執政」[162]。擇人的準則不在能力，而在人事虛聲，結果是行政水準普遍低落。

漢儒以明道自許，但這是什麼「道」？莊子敏察，「盜亦有道」[163]。要探討文化貴族所說「道」的內涵，莫如查看他們所標榜的名節。光武帝徵求不附王莽之士，褒獎其名節，訓練士人盡忠一家一姓[164]。現代學者爬梳東漢傳記，發現名士的高譽道義，大致幾類：久喪；讓爵推財給自己的親屬；報恩，尤其是門生故吏報答宗師舉主的恩惠；復仇，以至藉交復仇；清廉[165]。除清廉一項，其他德行全屬私人關係，無益社會民生。報仇違反法律，私恩凌駕國事，更有損社稷。我們將在8.4節看到這等道義實際上助長貪污，釀成地方割據。

郡守怠職、寬宥豪強欺凌弱小的指責，史不絕書[166]。東漢中葉，羌人作亂。安帝廣求對策。受人民賦稅哺養百年的文化貴族，表現令他失望：「所對皆循尚浮言，無卓爾異聞。」急於逃避責任的士大夫鼓吹放棄涼州，迂闊者提議多派《孝經》，令家家學習，以教化平亂[167]。官不稱職，使小亂擴大，延續六十年，百姓死傷無數，國庫也為之耗盡。京城的大臣學士卻諱言其事；他們忙著交遊賺名[168]。

士人黨同伐異，起自元帝，東漢中葉轉熾。結黨求名引致清議，清議煽惑朋黨，互相激熾。時人王符形容：「今多務交遊，以結黨助，偷世竊名，以取濟渡。」崔寔曰：「黨成於下，君孤於上。」[169]先是名士官僚分為許多互相傾軋的小集團，後來外戚宦官的勢力增強，遂聯手與之爭權[170]。因接近皇帝而得權的太監，在東方西方都有，但勢力形式不同。東羅馬帝國的高官太監各自為政，東漢的宦官卻親黨攀連。公元一五九年，宦官幫助桓帝從外戚手上奪回政權，從此便自己跋扈。

宦官低賤出身的社會經驗，可能補助書本知識，擴大政府的眼光。不過士大夫自高，歧視「閹豎」為禽獸，更不能容忍宦官親黨出任政府官位，侵犯到自己的權益。士大夫與宦官鬥爭，雙方各自違法打擊敵人，手段相遞殘酷。開始時，士大夫以法繩宦官，皇帝首肯。後來他們違法濫殺，宦官反擊，造成兩次「黨錮之禍」。桓帝拘捕了兩百餘人，次年放歸，禁錮田里。靈帝時尚書陳蕃與外戚竇武合謀，圖盡誅宦官，事敗身死。宦官反告士人結黨訕謗，士大夫死者過百，不少因為掩護逃亡黨人而家破人亡。此外六七百人遭流放禁錮，到黃巾亂時，才因宦官呂強諫勸而得赦免。受黨錮其實不盡是禍，因為黨人的遭遇愈慘而名氣愈高，所以士人皆以名列黨籍為榮。更有的如皇甫規，上言為自己羅織附黨的罪名[171]。少帝時黨人找到機會報仇。所有宦官，以及一些不幸無鬚的人，總共逾兩千人，全被屠殺[172]。

大部分史家痛斥宦官，以其「黑暗勢力」為東漢衰亡的罪魁，景仰黨人欲「澄清天下」的「救世熱情」[173]。這未免以偏概全。縱使宦官群體大致腐敗，但其中也不乏忠厚正直、對社會有貢獻者，例如呂強，或發明纖維造紙技術的蔡倫[174]。黨人「清天下」的口號響亮，但史家分析實在作為，卻發現他們「形形色色，非可一概而論。其人激於意氣，所為不免過當，任之亦未足以為治。且相互標榜，本係惡習。當時之士，所以趨之若鶩者，一則務於立名，一亦以漢世選舉，競尚聲華，合黨連群，實為終南捷徑耳」。「忽視實際效果、不計代價的躁急疏狂之士，他們的救世熱忱真的可信、可靠嗎？」[175]

個別儒士黨人清廉耿直，然而讚揚他們的整個運動為反貪污，難免將之與反宦官混淆。反貪污針對一種腐敗的行為，反宦官主要是黨派鬥爭。不錯，宦官貪污，但貪污滲透整個東漢政府，名士大儒一樣不免，其腐敗與宦官不過五十步與百步之比，如劉陶上書指責：「今牧守長吏，上下交競；封豕長蛇，蠶食天下。」[176]士大夫講教化重表率。假如他們有心澄清吏治，理應以身作則，首先肅清自己的群體，但他們沒有這麼做。例如縣令謝游貪污數十萬，自以為是大儒，藐視上級，再經督察，亦不過掛印而去。經學大師歐陽歙因貪污千餘萬而下獄，一千多個儒生守在皇宮前，為他哀求[177]。相反地，任郡守的荀昱、荀曇「志除閹宦，其支黨賓客有在二郡者，纖罪必誅」。他們濫殺的行為帶來的是清議美譽「荀氏八龍」[178]。這不過是無數例子之二，但其顯著的雙重標準已能顯出，士大夫的主旨在與宦官爭權奪利。

世族名士袁紹是黨人的密友，黨錮時掩護他們，因而受宦官猜疑。公元一八九年少帝即位，外戚何進輔政，廣徵獲釋黨人，與袁紹謀誅宦官[179]。袁紹不顧邊將率兵入京的危險，慫恿何進召董卓，幫助清君側。宦官伏誅，名士遂其澄清天下的大志。可憐天下人民，又因為不負責任的理想主義而遭一大劫。應召的董卓廢立皇帝，袁紹聯合各地州牧郡守起兵反抗。董卓焚燬洛陽，兩百里內無孑遺。反董聯盟轉而自相攻殺，東漢名存實亡。割據爭戰、禍國殃民的漢末軍閥，原來不是宦官，多是名士[180]。

5.8 史學的有色眼鏡

時局安寧，沒有大動盪大改革，歷史記載容易變成一連串的皇帝傳記。中國和羅馬的史筆都著重記載顯見的人事行為，較少關注廣闊抽象的政治體制和社會狀況，並且都喜歡用道德觀點評述事件。邪惡是他們最常舉的根由，用以解釋秦朝或漢朝、羅馬共和國或帝國的衰亡。他們也慣用決策人的性格來解釋政策內容：譬如以皇帝個人的貪婪或恭儉解釋稅率高低，少顧當時的國防等支出需要和政府的行政效率[181]。新朝敗落，班固歸咎於王莽撕破其虛偽面具；提比略一朝衰退，塔西佗也用類似的筆觸。

且不論社會經濟。即使政治史，專注皇帝的狹窄眼界也忽略了許多攸關因素。要統治一個大帝國，皇帝必須依靠其統治階層，而菁英們居心叵測。王莽剛愎自用，提比略刻薄多疑，但這種性格常見於有權勢的人。他們收場時的錯亂性情，並不全由於權力腐蝕，腐朽環境的影響同樣重要。那一群朝臣貴族，倨傲自是，結黨營私，甚至密謀行刺造反。皇帝感到威脅，自然起用心腹自衛。漢儒抗拒皇帝以法律督察士大夫，指其為殘酷不仁。羅馬帝國早期，皇帝最大的憂慮是元老貴族。現代學者評述：「不論皇帝初即位時態度如何、施行什麼政策，每一朝都遲早遭殃。是誰的過錯，很難判定。」[182]統治圈子裡，陰謀與恐懼並生，彼高一尺，此高一丈。離心叛逆、防範鎮壓、報復株連，君臣敵意遞升，終至危機大禍。把所有過失推到暴君頭上容易，反正他死了。更有關注意義的是統治菁英的陋習，因為它可以貽害無窮。

傳統歷史譴責王莽篡漢之前的元、成、哀、平四帝，皇帝昏淫，外戚當權。然則各處郡縣的社會狀況如何？熱忱復古更化的士大夫否定眼前一切，現代馬列學者收輯他們的口誅筆伐，總結道：「廣大勞動人民備受壓搾，掙扎在飢餓和死亡線上，歷史進入黑暗的時代。」[183]然而班固選擇平帝時的戶籍作為《漢書・食貨志》的典範，並按曰：「百姓貲富雖不及文景，然天下戶口最盛矣。」[184]當然，統計資料忽略了數不清的民生苦難，還有吏治腐敗，經濟的確蕭條了。但是，以社會安定而言，戶籍算是相當敏感的指數。士族變軍閥、戰亂饑荒逼人民顛沛流離時，更為黑暗的年代將會來臨。兩漢之間的戶口銳減百分之六十五，宏觀顯示社會的大災難[185]。史家班彪身經軍閥混戰時代，解釋為什麼西漢末年雖然朝廷腐敗，但社會避過大禍：「危自上起，傷不及下。」[186]

類似的現象，也見諸提比略和圖密善的朝代。他們殘殺元老大族，傳統史筆痛斥他們的恐怖統治。然而，現代學者從帝國各地行省的角度看，情況卻很不同：「兩個皇帝皆以精心治理帝國著名：他們挑選好省督，裁制濫權，保護人民。」[187]提比略治下，行省日益繁榮。圖密善的政策許多為圖拉真沿用，導致帝國的黃金時代。圖密善死後，元老們狂熱詆毀，但只獲得各地的冷漠反應[188]。且不論嚴厲裁制官吏濫權是否暴政，就算是，提比略和圖密善的暴政所傷，也只是皇室和接近它的統治階層，不及普羅大眾。塔西佗身歷圖密善統治，他在某處寫道：「暴君壓逼的只是最靠近他的圈子。」[189]然而人們仍然爭著擠入那圈子，因為那是帝國權益所在。此外，它也是古代史筆的棲身處，塔西佗和班固便是例子。它是否成為史筆的有色眼鏡？

我們不為壞皇帝辯護，但探討他壞在何處，對國家人民有什麼害處。爭權的故事緊張刺激，容易使人錯把權謀當政策、朝廷當國家、人品當制度。政客權謀和國家政策有關聯，但不是決定性的因果關聯。若政治制度健全，即使朝廷一時混亂癱瘓，幹練的地方官吏仍然可以依慣性執行既有法例，政府就像飛機用「自動駕駛」。運氣好，它可以挺過湍流，無大傷黎民，如西漢或羅馬帝國早年安度宮廷之變。若政體衰敗，官吏普遍庸碌，好運氣就難得了。高層領導沒有能力，政府就難以應付天災外侮等打擊。皇朝、帝國末年，就是這情況。

假如統治階層的爭權相殘不一定導致禍國政策，那麼朝廷君臣和諧，是否一定意味人民安居樂業？有沒有可能，一些皇帝享受美譽，只因為他們籠絡菁英的手段高超，與社會民生無甚關係？在東漢初的「明君」統治下，百姓的生活是否真的比在西漢末的「昏君」下好？有沒有可能，實際上轉變的只是士大夫的風尚，從批判社會貧富不均變為歌頌皇帝獎賞儒學？

從圖拉真到奧勒略的黃金時代，羅馬帝國的頌詞多於歷史寫實。以頌揚權貴為生的演說家興旺。相反地，塔西佗和蘇維托尼烏斯（Suetonius）表示讚賞，但不予記載；普魯塔克也不為時人作傳。帝國的財富增加，但文學創作性全面低落，即使最瑰麗的頌詞也顯得了無生氣[190]。鼎盛的幸福形象，有多少緣自無史料支持的頌詞？

最出名的評鑑，大概來自一位十八世紀的著名英國史學家：「如果要人在世界歷史上選人類最幸福繁榮的時代，他會毫不猶豫，選從圖密善逝世到康茂德登位這段時間。」同一位學者估計，羅馬帝國奴隸的人數比自由民還多[191]。若人類推認大部分人淪為奴隸的時代最為幸福，人性何在？

公元二世紀的醫生蓋侖（Galen）研究食物對人體的影響，形容各種因吃樹皮草根而生的腸胃病。他不是歷史學家，所以未曾探討羅馬鄉民初夏時遍生這種病，是否因為城市居民搜刮糧食，剩下的不夠他們維持到穀熟[192]。研究羅馬黃金時代的現代史學者評述：「與城市的居民相反，許多鄉下人的生活窮愁，間中甚或長期在赤貧線上挨餓……關於這些事，我們聽到那麼少，真是奇怪。」「社會底層的人們，在政府中無聲，在史籍上也無席。」[193]古代中國的底層民眾在政府中也無權，但在史籍中卻有一角之位。傳統的菁英可能屈尊虛偽，可能懶於尋求實際的改良貧民生活的方法，但他們確曾大聲抗議。

歷史書籍或多或少地反映作者本人的背景。羅馬帝國前期的史學巨著是塔西佗的《編年史》和《歷史》（*Historiae*）；前者由提比略寫到尼祿，後者繼續寫到圖密善。狄奧的《歷史》（*Roman History*）敘及的時間更長，包括奧古斯都一朝。小普林尼的書信和頌詞，提供不少黃金時代早期的資料。此三人皆是執政級的元老。為帝國前期十二位皇帝作傳記的蘇維托尼烏斯是個騎士，哈德良在位時掌管皇帝書信。這些上層階級成員的眼中，皇帝的最大優點，恐怕是對元老貴族的尊敬優惠[194]。

中國的史家也屬政治菁英，不過地位較低。先秦列國多置太史，記下君主的言行，促他謹慎守禮。碰上篡弒傾覆，這職位可能很危險。公元前五四八年，齊大夫崔杼恨妻子與莊公通姦，殺死莊公。太史直書「崔杼弒其君」而被殺。他的兩個弟弟繼任，不肯改寫，崔杼把他們都殺掉。但最後一個弟弟同樣堅強，終於使崔杼手軟。就算崔杼殺下去，也不能得逞；南史氏聞訊，已執簡啟程前往太史館了[195]。

「在齊太史簡，在晉董狐筆」的凜冽正氣在皇朝時代衰退了，但沒消失。太史令的職位猶存，但秩六百石，只是能上朝的最低級的官。司馬遷承繼了父親司馬談的太史職位和著通史的志向。十年後，他因擔保投降匈奴的李陵而入獄受腐刑。事後越加發奮，寫成《史記》，從黃帝敘述到他身處的漢武帝時代。東漢初的班固亦承父親班彪的遺志，撰寫漢史，被告「私改作國史」下獄。他的弟弟班超馳馬到京城上書。明帝赦免班固，並任他當秩一百石的校書秘書之類小官。班家並不富有，上京後，班超常替人抄寫以供養母親，直至他投筆從戎。二十年後，班固又犯事入獄。他死於公元九十二年；早了五年，見不到班超身為西域都護、遣使西覓大秦。班固的終生心血《漢書》，最後兩章由自具文名的妹妹班昭續成[196]。《後漢書》的作者范曄是大家子弟。與作《三國志》的陳壽一樣，他採取官方和其他史家的資料，但沒有正式的史官職位。這四部書成為中國二十六部正史之「前四史」[197]。

羅馬的大史學家多是貴族，閒時私下寫作。皇朝中國早期的大史學家，多是有政府資助的小官，但所作並非官樣文章。雖然在專制政權下，兩者皆能針砭社會政事，而且不限於針對官認暴君（如秦始皇或提比略）。對於時政或官認賢君（如漢朝或奧古斯都），他們哪個更能甄別是非、坦然發表獨立評論？這是個有趣的比較題目。

註釋

❶ Fukuyama 1992.

❷ Aeschylus, *Agamemnon* 32-3.

❸ 景愛 2002: 360。田昌五，安作璋 2008: 366。Chang 2007: II. 169-71.

❹ Starr 1982: 117. Needham et al 1971: 26-9. Bodde 1986: 61.

❺ Hopkins 1978b: 42-7. Wells 1992: 138-9. Millar 2004: 24-5. 呂思勉 2005b: 542-50。高敏 1998: 196-223。Loewe 2005a: 158-62.

❻ Hopkins 1983b: 104. Greene 1986: 40.

❼ Wells 1992: 194-5. Hopkins 1978b: 38.

❽ 《漢書》28 上 : 1543。

❾ Benn 2002: 46. Nishijima 1986: 574-5. 楊寬 2006b: 119-20。

❿ Cameron 1993: 42-3, 62-3. Nishijima 1986: 574.

⓫ 《漢書》1 上 : 58-9；43: 2119-21。

⓬ *Augustus* 34. Syme 1939: 299-301.

⓭ Millar 2002a: 294.

⓮ Virgil, *Aeneid* 1.282.

⓯ Wells 1992: 30. Rostovtzeff 1960: 162-3. Grant 1978: 202.

⓰ Syme 1939: 311, 323-4. Millar 2002a: 270.

⓱ Dio Cassius 53.17.

⓲ Tacitus, *Annals* 1.1. Wells 1992: 50-2. Syme 1939: 340, 353, 414. Gruen 2005.

⓳ Gibbon 1994: 93.

⓴ Syme 1939: 323, 311-2. Gruen 2005: 33-5.

㉑ Dio Cassius 54.1.

㉒ Lewis and Reinhold 1990: I. 588-90.

㉓ Ovid, quoted in Gruen 2005: 34.

㉔ Jones 1964: 6. Wells 1992: 107. Raaflaub and Samons 1990.

㉕ Gibbon 1994: 128-9. Bohec 1989: 20-1. Keppie 1984: 153-4.

㉖ Wells 1992: 59-60. Rostovtzeff 1960: 194-8. Syme 1939: 426, 486-7; 1959: 427, 432.

㉗ Wells 1992: 64-7. Syme 1939: 507.

㉘ Syme 1958: 427.

㉙ Wells 1992: 98-9. Seager 1972.

㉚ Suetonius, *Gaius* (*Caligula*), 13-4.

㉛ Scullard 1976: 292-7.

㉜ Suetonius, *Claudius* 10. Scullard 1976: 298-314. Wells 1992: 110-6.
㉝ Champlin 2003: 237.
㉞ Tacitus, *Annals* 15.39. Champlin 2003. Scullard 1976: 315-29.
㉟ Keppie 1984: 149. Syme 1939: 352-3.
㊱ Tacitus, *Histories* 1.5.
㊲ Mattern 1999: 205-6. Isaac 1992: 2-3, 51, 372-7. Gibbon 1994: Ch. 3: 97-8.
㊳ Lewis and Reinhold 1990: II, 11-13. Wells 1992: 158-9. Wellesley 1975: 216-7.
㊴ Millar 1981: 3.
㊵ Tacitus, *Histories* 1.4.
㊶ Grant 1994: 156. Starr 1982: 59-60. Lintott 1981: 125.
㊷ Wells 1992: 157-65.
㊸ Wells 1992: 167.
㊹ Suetonius, *Domitian* 8. Jones B. W. 1979: 4-7. Alston 1998: 178-90.
㊺ Wells 1992: 167-8. Alston 1998: 191-6.
㊻ Bennett 1997: 208. 參考 Longden 1954: 204, 221.
㊼ Stockton 1991: 157. Alston 1998: 198-200. Wells 1992: 173-4.
㊽ Wells 1992: 202-3, 207-8.
㊾ Mattern 1999: 100, 120, 191-4.
㊿ Syme 1939: 304.
51 Millar 1993: 105; 2004: 26, 175-9. Southern 2001: 250-3, 282.
52 Bennett 1997: 102-3 引法隆托。
53 Birley 1987: 160.
54 Birley 1987: 116-7, 184-9, 199.
55 Potter 2004: 85-114. Southern 2001: 20-37.
56 Dio Cassius 74.2.5. Potter 2004: 99, 102-3, 138. Wells 1992: 258-9, 265-6.
57 Suetonius, *Vespasian* 16. Bennett 1997: 126.
58 Potter 2004: 106, 112-3. Jones 1964: 25.
59 Southern 2001: 36. Mattern 1999: 96-7.
60 Southern 2001: 63-5, 97-102, 115-9.
61 Southern 2001: 第 3 章。
62 Cameron 1993: 32-42.
63 Southern 2001: 177. Mitchell 2007: 62-70.
64 Mitchell 2007: 70-9.
65 Jones 1964: 139-42.

66 《史記》92: 2621，2626。
67 《史記》92: 2627。田昌五，安作璋 2008: 99-103。
68 田昌五，安作璋 2008: 104-5。
69 錢穆 1957: 56-7。田昌五，安作璋 2008: 159-64，172-81。
70 王彥輝 2010: 1-3。于振波 2012: 268-9。
71 《漢書》39: 2021。錢穆 1957: 72。
72 《漢書》24 上 : 1134-5。田昌五，安作璋 2008: 110-3。
73 《史記》30: 1418-20。
74 田昌五，安作璋 2008: 235-41。
75 《孟子・滕文公下》。閻步克 1996: 333-4。許倬雲 2006b: 360-2。
76 《史記》121: 3123。
77 閻步克 1996: 278-9，440-1。
78 《史記》23: 1160；121: 3117。《漢書》88: 3592。
79 《漢書》84: 3421；89: 3623。
80 錢穆 1957: 8608。于迎春 2000: 157-9，254-5。
81 《漢書》6: 156；56: 2504，2523。
82 《漢書》19 上，726。錢穆 1957: 86-95。
83 馮友蘭 1944: 40-1。錢穆 1957: 86-95。張小鋒 2007: 133-5。
84 《漢書》58: 2633-4；6: 197。趙翼《二十二史札記》卷二。
85 《漢書》8: 275；9: 277；89: 3624。
86 張小鋒 2007: 136-43。邢義田 2011: 29-31。
87 錢穆 1989: 124。
88 錢穆 1957: 189-94。傅樂成 1995: 30-6。閻步克 1996: 371-2。
89 蕭公權 1946: 331-7。薩孟武 1969: 248-69。
90 《漢書》56: 2523。蕭公權 1946: 480。
91 馮友蘭 1944: 487。閻步克 1996: 283，437。
92 Bodde 1981: 183.
93 陳榮捷 1996: 65。馮友蘭 1944: 162。蕭公權 1946: 480。
94 《漢書》56: 2524。
95 Loewe 1986b: 104-6.
96 《史記》8: 1241。《漢書》24 下 : 1157。
97 《漢書》56: 2520-1。
98 《史記》129: 3261。《漢書》24 下 : 1162；72: 3075。
100 《管子・山國軌》。《韓非子・六反》。

⑩⓪ 《漢書》24 下 : 1175。田昌五，安作璋 2008: 215-26。
⑩① 《漢書》66: 2886，2903。趙靖 1998: 260-3。
⑩② 《鹽鐵論 · 雜論，本議》。趙靖 1998: 270-3。
⑩③ 《漢書》24 上 1141-2。
⑩④ 林劍農 2005: 269-70。
⑩⑤ 《鹽鐵論 · 本議，世務，繇役》。
⑩⑥ 《漢書》94 下 : 3805。《後漢書》60 上 : 1954；志 28: 3622。
⑩⑦ 《韓非子 · 外儲說左上，顯學》。
⑩⑧ 《韓非子 · 顯學》。
⑩⑨ 蕭公權 1946: 67-8。梁啟超 1996: 60。
⑪⓪ 《孟子 · 梁惠王下，滕文公下，盡心下》。
⑪① 《孟子 · 盡心下》。
⑪② 《荀子 · 非十二子》。陳榮慶 2012: 47-8，51-2，56-8。Nivison 2002: 298-302.
⑪③ 《春秋公羊傳》閔 1。
⑪④ 楊樹達 2007: 246-75。
⑪⑤ 劉子健 2012: 32，139。
⑪⑥ 顧頡剛 2005: 146。
⑪⑦ Henderson 1991: 89-129. Norden 2007: 131-3. 侯外廬 1957: 2. 314。
⑪⑧ Weber 1919: 120-121, 126.
⑪⑨ 《漢書》88: 3589；81: 3343。劉澤華 2008: II. 76-85。于迎春 2000: 156-8。
⑫⓪ 馬一浮語；湯一介，李中華 2011: 總序 36 引。
⑫① 蕭公權 1949: 295。閻步克 1996: 331。
⑫② 《鹽鐵論 · 擊之》。
⑫③ 余英時 2003: 195-8。錢穆 1957: 74-6。
⑫④ 閻步克 1996: 494。于迎春 2000: 2。錢穆 1985: 128。
⑫⑤ 錢穆 1957: 189-94。傅樂成 1995: 30-6。
⑫⑥ 《漢書》8: 275；9: 299。
⑫⑦ 《漢書》71: 3043；81: 3366；67: 2915。
⑫⑧ 《漢書》93: 3741。
⑫⑨ 傅樂成 1995: 35。參見張小鋒 2007: 133，144-54。
⑬⓪ 王充《論衡 · 謝短，程材》。于迎春 2000: 339-44。
⑬① 《漢書》64 下 : 2817-8。
⑬② 閻步克 1966: 382，440。于迎春 2000: 402-4。
⑬③ 《漢書》73: 3115-30。

⑬④ 錢穆 1957: 210-4。
⑬⑤ 錢穆 1957: 271-84。
⑬⑥ Chen 1986: 773。徐復觀 1985: 卷 2: 458。參見閻步克 1996: 386-8。
⑬⑦ 《漢書》99 中 : 4110-1。
⑬⑧ 余英時 2003: 198-201。
⑬⑨ 余英時 2003: 202，204。
⑭⓪ 呂思勉 2005: 174。錢穆 1957: 294。
⑭① 《漢書》99 下 : 4194。
⑭② 閻步克 1996: 388。錢穆 2001: 94，69-70，118。呂思勉 2005: 174-5。
⑭③ 《漢書》24 上 : 1143。
⑭④ 余英時 2003: 6，257。
⑭⑤ 《漢書》9: 277。
⑭⑥ 閻步克 1996: 6，109-10，329-10，494。于迎春 2000: 342-51。Waldron 1990: 172-4. Schirokauer and Hymes 1993: 27-8, 43-4.
⑭⑦ 劉子健 2012: 59。劉學斌 2009: 87-8，180。
⑭⑧ Pye 1985: 42. Fairbank 1987: 92, 152. Schwartz 1996: 50-1, 134. Dunstan 2004: 329.
⑭⑨ 《後漢書》32: 1125；1 上 : 21 。趙翼《二十二史札記》卷四。余英時 2003: 224-37。
⑮⓪ 《後漢書》志 23: 3533 注；志 19: 3389 注。見本書第八章表一 。
⑮① 《後漢書》1 下 : 66-7；22: 780-1。田昌五，安作璋 304-10，327-30。
⑮② Bielenstein 1986b: 268.
⑮③ 《後漢書》77: 2489-90。
⑮④ 《漢書》88: 3596，3620；73: 3107；81: 3346，3349。
⑮⑤ 《後漢書》17: 666；79 上 : 2545-7。錢穆 1940: 169-71，177-8。
⑮⑥ 錢穆 1989: 119-240。余英時 2003。
⑮⑦ 《漢書》76: 3214-6。于迎春 2000: 252-3，339-41。
⑮⑧ 《漢書》6: 174；27 上 : 1333；44: 2152。見 6.9 節。
⑮⑨ 《莊子．齊物論，秋水》。
⑯⓪ 《後漢書》61: 2032；82 上 : 2724-5。余英時 2003: 272-3。
⑯① 徐幹《中論．譴交》。趙翼《二十二史札記》卷五。
⑯② 《後漢書》67: 2185。于迎春 2000: 429-32。柳春新 2006: 136-7。
⑯③ 《莊子．胠篋》。
⑯④ 《後漢書》83: 2757。
⑯⑤ 錢穆 1940: 186-90。趙翼《二十二史札記》卷五。
⑯⑥ 劉文起 1995: 62。
⑯⑦ 《後漢書》5: 210；58: 1880。于迎春 2000: 340-1。

168 王符《潛夫論・救邊》。呂思勉 2005b: 282-8。
169 王符《潛夫論・務本》。崔寔《政論》。徐難于 2002: 17-8。
170 張小鋒 2007: 130-1。余英時 2003: 253-6。
171 趙翼《二十二史札記》卷五。于迎春 2000: 498-9。
172 《後漢書》74 上 : 2373-5。
173 田昌五，安作璋 2008: 203。余英時 2003: 257。
174 《後漢書》78: 2513，2533。于迎春 2000: 470。
175 呂思勉 2005: 291。于迎春 2000: 488。
176 《後漢書》57: 1843。于迎春 2000: 421-2，502-3。徐難于 2002: 19-20。Crespigny 1980: 47-9，51.
177 《漢書》83: 3389。《後漢書》79a: 2556。
178 《後漢書》62: 2050；67: 2212，2214。呂思勉 2005: 289-91。錢穆 1940: 182-3。Chen 1975: 23，27.
179 《後漢書》67: 2217；69: 2248-51；74 上 : 2373。柳春新 2006: 6-7。
180 錢穆 1940: 215。
181 Bodde 1986: 85-6. Wiedemann 2000: 524-5. Lendon 1997: 16-7. Syme 1958: 254, 421.
182 Syme 1958: 440.
183 林劍鳴 2003: 571 。
184 《漢書》24 上 : 1143，28: 1640。
185 《漢書》28b: 1640。《後漢書》志 23: 3533。
186 《後漢書》40: 1323。
187 Syme 1958: 422，439.
188 Wells 1992: 101-2, 167, 183. Jones B. W. 1979: 4, 87.
189 Tacitus, *Histories* 4.74.
190 Schiavone 2000: 13.
191 Gibbon 1994: 103, 69.
192 Grant 1994: 151. MacMullen 1974: 33-37. Brunt 1961: 221, 223.
193 Grant 1994: 151. Syme 1939: 476.
194 Rutledge 2001: 177-8. Ste. Croix 1981: 381-2.
195 《漢書》30: 1715。《左傳》襄 25。
196 《史記》130: 3295，3300。《後漢書》40 上 : 1333-4；47: 1571；84: 2785。
197 Wilkinson 1998: 490-7.

第六章　集權政制

6.1 皇朝帝國的特色

漢初群臣飲酒爭功，醉後高呼，拔劍擊柱。儒生孫叔通知道高祖不喜歡，遊說他制定禮儀。公元前二〇〇年，長樂宮落成，文武官數百朝賀，無人敢喧譁失禮。高祖曰：「吾乃今日知為皇帝之貴也。」[1]

奧古斯都經常在托加袍下穿胸鎧，到元老院議事也不例外，但仍感到危險。公元前十八年肅清元老院，他自己佩劍，由彪形親信簇擁，命令元老們經過徹底搜身，一個個單獨向前覲見[2]。

漢初的布衣將相質樸，羅馬的元老貴族驕恣，但一樣被新君主馴服。兩百年後，內戰又產生新君主。從他們的品性可見皇朝帝國的統治階層變化多大。

光武帝劉秀及其將帥多有儒者氣象。公元二十五年創立東漢後，光武帝罷免功臣，起用文吏，退朝自引公卿郎將講習經典。太子嘗問攻戰之事。劉秀引孔子「軍旅之事，未之學也」之典，答道：「此非爾所及。」[3]

公元一三九年被軍隊擁立的皇帝塞提米烏斯・塞維魯光臨元老院時，武裝衛隊環繞。他並立兩個兒子繼位，臨死時叮囑他們：「你倆要和睦，並要善待軍士，讓他們發財。對其他人，一概不用理會。」❹

龍與鷹的性格對照昭然。雙方皇帝的權勢皆如烈日當空。然而他們一面倒地重文或重武，卻不太妙。往後再看兩百年，即見他們日暮途窮。

公元二二〇年，漢獻帝禪位。公元四七六年，羅穆洛・奧古斯都魯斯（Romulus Augustuslus）被廢。在東漢和西羅馬帝國崩潰的大動盪中，末代皇帝正式下台，小事一樁。他們不在戰火中與首都玉石皆焚，也不與皇親國戚一同被擄遭戮。正相反，他們退位後仍受優待，享受貴族生活。他們能如此，只因他們一早就是傀儡，對新政權毫無威脅。可謂塞翁失馬，焉知非福❺。

任何一個時期，政治社會皆繁複無比。本章橫面剖析，以資比較。要深入細察，不得不暫時擱下歷史的動態。卷首先獻上幾張快照，希望能提醒讀者：政府的體制和統治階層的性質，其實在不停地演化。

秦漢皇朝和羅馬帝國差不多同時，人口和地域面積也不相上下。兩者都是無上君主集權制度。中央政府把遼闊的疆域分作郡國或行省，任派郡守、省督治理。說它們大同小異可以，不過「小」只是相對而言，並非微不足道。

軍事組織最能顯示羅馬和兩漢的性質差異❻。兩者分歧，從內戰後和平裁軍即開始。打敗安東尼後，奧古斯都合併雙方軍隊，繼而解散一半。他優恤忠貞的退伍軍人，配給田地，特置殖民地安頓他們。剩下的士卒，他編入二十八個兵團，加上人數相若的非公民附屬部隊，組成三十萬人皇家大軍。它如何強大，比較下可見。共和國打下大片江山，一般不過用十個至十四個兵團。凱撒征服高盧，開始時領六個兵團。決定性的圍攻阿萊西亞（Alesia），也只有三萬至四萬名士兵，外加一些附屬部隊[7]。奧古斯都的帝國並無外敵威脅，但他需要軍隊作皇帝的後盾。一反共和國的徵兵傳統，皇軍募用職業軍人，服役十六年以上，全都宣誓效忠皇帝及其家族。攻擊式編制的和平時代常備大軍，是羅馬帝國的一大特色。皇軍外事擴張，更逐漸干預內政，直至廢立皇帝[8]。

漢朝也維持常備軍隊，但兵力一般不過以千計，除非特殊情況，如武帝擊匈奴時需要的熟練騎兵。高祖稱帝後四個月即遣散大部分軍隊。解甲歸田者免除徭役六年，關東人肯留居關中者免十二年[9]。漢隨秦制，全體男丁皆登記役籍作軍隊後備，早年亦授田予小農。軍隊主力是服役一年的輪番徵兵[10]。與常備軍的職業軍人不同，後備軍人只應需要時才被徵入伍，平時各守本業，從事生產。漢朝和羅馬帝國的軍事組織迥異，反映他們的基本國策之不同，我們留待下章討論。

正規軍隊外，帝國、皇朝各置保護宮廷皇帝的衛隊。奧古斯都創立的禁軍，比軍隊更先學會自行擁立皇帝。漢朝有幾種中央衛隊。初年鎮戍京師的是南北兩軍。北軍平息呂后死後的宮廷之亂有功，但文帝一登基便把它解散了[11]。漢朝不像羅馬般容忍武裝部隊干預皇位承繼。有問題時，太后內廷的影響更大。

政府的體制是立國最重要的決策之一。羅馬人熟悉兩個政治模式。貴族集體統治的共和國雖然式微，但仍得元老貴族緬懷。亞歷山大的帝國可慕，但羅馬傳統深惡一人專政，即使凱撒天才，也只能仗軍力維持一時。奧古斯都汲取凱撒的經驗，一面抓緊軍隊，一面利用共和國的銜頭作糖衣，使貴族容易接受他的專政。殘餘的貴族反抗，經他之後幾位皇帝的鎮壓，蕩滌無存。到帝國全盛時，君主集權的政體已成合理的正統了。

漢朝也有兩個政治模式：周代的宗法封建，秦朝的君主集權、科層管理。鑑於秦亡，高祖恢復先王之道，分封王侯。親親仁義不能避免諸侯王作反，幸被迅速平息，不至大亂。到武帝時，全國再度統一於君主轄下的郡縣制度。經此波折，法家創建的集權體制站穩扎根，贏得儒家士大夫擁護，成為皇朝中國的長遠骨幹。

法家營建以功能組織的科層管理機構同樣持久長存。羅馬帝國也逐漸發展類似的行政機構，不過它的效率不及秦漢。漢朝和羅馬巔峰時，各自委派兩百三十至兩百四十名高級官員，職位從中央的宰相或禁軍統領，到地方的郡守或省督。官員組織，中國多按職位功能，羅馬則按貴族身份。羅馬貴族一般不管社會經濟教育，任務比漢官輕，但俸祿卻比漢官高達十倍。高官薪，加上三十萬人常備大軍的軍費，可以解釋為什麼羅馬徵稅比漢朝重。

很多君主國度中，輔助國王決策行政的統治菁英，長期由幾個世家大族操縱。相形下，秦漢和羅馬的菁英較為流動。秦廢除世卿後，士大夫不再世襲。羅馬帝國的元老法許世襲三代，但實際上很少家族能持久。新人源源補充，使人才流入政府，減弱人民的組織反抗能力。從社會中提取菁英的高超手段，同是中國皇朝和羅馬帝國的成功要訣之一。不同的是它們的羅致人才準則：漢朝罷黜百家後以儒家教條，羅馬則一貫以財富。統治菁英的不同社會背景和意識形態，使龍與鷹各具特色。

6.2 君與民

中國沒有民主意念。君主體制下，貴族的權勢或有高低，但對人民來說，從王到皇帝，意義大同小異。希臘羅馬一度或多或少實行民主，後來雖然皆背道而行，但仍受到民主意念的影響。奧古斯都怕蹈凱撒覆轍，刻意掩飾自己的君主制，不要職銜，採用傳統譽稱princeps，首席公民。譯為「皇帝」的emperor，拉丁文imperator，源自公元前二〇九年。西庇阿戰勝迦太基，不堪部隊歡呼他為王（rex），發明這個譽稱，大概謂最優統帥，讓他們去叫。羅馬的軍功最榮耀，受軍隊譽呼為imperator，無可倫比。奧古斯都採它作私人名字。後來imperator成為官銜。希臘人洞察權力功能，把imperator譯作autocrator，即無上君主⓬。羅馬帝國尚武功，中國皇朝重文治，然而全國的權柄，皆集中在不向任何人或物負責的最高統治者：皇帝。皇朝、帝國的體制，都是絕對君主集權，absolute monarchy。

君主集權並不等於專制（despotism）；前者客觀地形容一種佈置權柄的政治制度，後者含貶義，指這制度可能導致的暴政。世界歷史上君主集權常見，並非偶然。社會中觀念利害紛雜，若不想爭執成僵局，甚或爭權成戰亂，大家同意讓一個人作最終定奪，比較能團結一致行動。集權制度有缺陷，但若大家能汲取行政後果的好壞經驗，尊重法制，理性協商，或能逐步改良制度，立法約束君主，甚至政治轉軌，即如現代歐洲由封建轉入集權，再轉入民主。不過這過程艱難，必須全民踏實努力，絕非喊喊空口號便成。

一位西方學者寫道：「皇帝的統治雖然絕對，但非任意。它源自認可與授權，它基於法律。這與東方的專制截然不同。羅馬人還沒有淪落到那麼低的地步。」⓭撇開西方人對東方的成見，或東方人不分析制度而動輒叫自己的政府「專制」，雙方的皇權有何基本不同？

尊崇法律，並不限於羅馬。法家也一樣，可惜這思想成為儒學獨尊、貶法為刑的犧牲品。奉法循理的確是羅馬人的優秀品德。雖然這樣，說羅馬帝國「基於法律」，卻與儒生說「民為貴」一樣，流於空疏。我們曾問：什麼民？他們怎樣貴法？我們也應問：什麼法律？它怎樣規限政權？

具體法律分為三大類：公法、私法、憲法。公法又分為刑法和行政法。刑法普用於全民：政府規定謀殺、搶劫等行徑為非法，理應運用獨具的強制權柄加以防止懲罰。行政法專用於官吏：政府制定他們辦事的章程準則，以及濫權怠職的處罰。私法又叫民法：政府為婚姻、契約、財產買賣、傷損賠償等私人關係，立下法則，以審裁產生於私人交接彼此之間的權利和義務。憲法冊立國家的原則和權柄分配，如立法程序，立法、司法、行政三權分立等政府結構。

「法治」的意義，隨場合而異。日常生活中，「法治」多指緣法而治（rule by law），亦即法律治安（law and order），公法私法施行見效，官吏清廉，民訟得解，犯罪率低，社會安寧。討論政治原則、政府結構時，「法治」有二義。一是指循憲法治（rule of law as constitutionalism），即國家在人民普遍的奉公守法意識支持下，有規限政府權柄的憲法，並有能夠實施憲法、裁制濫權的獨立司法機構。循憲法治的有限政府，在世界歷史上很晚才成熟，至今不普世通行。然而權柄無限的君主不一定無法無天，不少自動遵守既有法律。「法治」的第二義，指沒有憲法，但因為君民官吏都具奉公守法的意識，所以能緣公法私法而治，rule by law或rule according to law[14]，即法家的「君臣上下貴賤皆從法，此謂為大治」[15]。

秦漢皇朝和羅馬帝國都置有公法。它們的刑法，今天看來都很殘酷，但放在古代的殺戮場面，卻不見特別。法律下人人平等的意念兩者皆有，但皆逐漸消退。中國把儒家倫理的森嚴等級寫進法律，受優惠的圈子由皇親貴戚擴大，直至囊括整個士人地主階級[16]。早在羅馬共和國時，獲判死刑的窮人即時就刑，富人卻一貫能逃亡國外。羅馬帝國的法律判定每個人的地位等級，酷刑拷問只能加諸下等人，上等人得免[17]。

民法是羅馬法律系統中之佼佼者，在中國卻不甚發達。中國人不喜訴訟，寧可仲裁。民法外，中西差別最大的是奉公守法的意識，我們留待第6.9節細說，但這差別與我們目前討論的立國政治問題無關。國家體制的基石是憲法，而憲法在羅馬帝國或秦漢皇朝皆屬闕如[18]。

羅馬沒有法律限制皇帝的權柄。學者發現「皇帝有權採取任何行動。這權在整個時代，從沒有一次受到考驗或挑戰」。假如皇帝喜歡，他可以把事件發到元老院，一如秦始皇讓朝廷討論淳于通恢復封建的提議。可是，「這絕不意味皇帝的詔令或行動要元老院批准才合法」[19]。

「皇帝的意向即有法律的力量。」這是羅馬律師烏皮安（Ulpian）的按語，但在皇朝中國一樣通用，如漢廷尉杜周所謂，「前主所是著為律，後主所是疏為令」[20]。此外，共和國的公開辯論也成為歷史陳跡。羅馬皇帝如何考慮決策，退隱幕後，與中國無異。狄奧抱怨事情大多秘密，公眾無從得知，為難了史筆[21]。

羅馬皇帝和東方君主一般權柄無限，但兩者都不是一味任意。傳統道德、習俗宗教、政府機構，雖然最終失效，但也非全無約束。行政機構的慣性、統治圈子裡的黨爭也是阻力，就算成事不足，但仍能拖拉敗事。

羅馬帝國和秦朝西漢皆不能循憲法治，但皆嚮往緣刑法民法而治。小普林尼讚頌帝國的第十三代皇帝圖拉真：「你自動遵從法律……我第一次聽到、第一次學到，不是『皇帝在法律之上』，而是『法律在皇帝之上』。」[22]小普林尼的新聞乃是法家的主旨，如商鞅曰：「法者，君臣之所共操也；信者，君臣之所共立也。」[23]這思想在漢初仍存。漢文帝一次大駕過橋，有人從橋下奔出來，驚了御馬。廷尉張釋之審明此人是無意之失，罰款了事。差點受傷的皇帝大怒，嫌罰得輕了。廷尉回答：「法者，天子所與天下公共也。今法如是，更重之，是法不信於民也。」文帝默然良久，終於同意[24]。可惜這種法治精神全憑皇帝的個人風度。即使尊重法律的圖拉真，也能不理元老院，一下子把七個行省由國家土地變作皇室私產[25]。呂后想違背高祖遺訓，封呂家子弟為王，右丞相不肯；呂后把他降職，以達己意[26]。皇朝、帝國的臣民，都學會了忍受，一如塔西佗道出元老的心境：「我祈禱有個好皇帝，但無論怎樣的人當位，我都捱得過。」[27]

皇帝掌權是否在羅馬得到臣民的認可，在東方則不？人民怎樣才算認可統治？這是個民主理論中的難題。一般來說，認可有默許和明許之分。秦末群雄擁劉邦為帝，安東尼的手下投向屋大維，漢朝和羅馬帝國昇平、少有反叛動亂，這些都可謂是臣民默許統治。除此外，兩地的人民皆不能定期公平投票，明確地表達他們的意向。不過羅馬人的確有種顯露方式。自奧古斯都開始，帝國所有居民都在皇帝登基時發誓效忠，而且在每個登基週年紀念日重申誓言。還未諂詞充塞的早年的誓言說：「我以朱彼得（Jupiter）、太陽、大地、所有男女諸神，還以奧古斯都本人發誓，我永遠盡忠於凱撒・奧古斯都及其子孫後代。無論言語、行動、思想，都以他們的朋友為朋友、他們的敵人為敵人……」[28]現代中國人將學會集體向他們的領袖宣誓效忠，不過西方卻有不同的解釋：羅馬的誓言算是人民認可皇帝，中國的誓言則是「暴君」控制人民。

有學者說羅馬人因其公民籍而擁有權力，因此遠勝中國臣民[29]。「公民」一般意味著擁有某些政治權利，甚或積極參與政治。共和國中的公民確有此權，但時過境遷了。帝國下的公民喪失了所有選舉和立法的政治權[30]。羅馬公民籍不過是征服者的標誌，用以欺凌被征服的臣民。贏家輸家的分歧，在中國很快就消失。秦滅六國後，全國人民都成為編戶齊民，地位相同，義務權益相等。入政府做官是重要的政治權利。羅馬帝國只限給公民；秦漢皇朝卻開放政府，只要有能力，皆可以從政，甚至升晉高官。此外，漢朝鼓勵人民賣劍買牛，但沒有禁止人民帶劍[31]。相反地，羅馬帝國除了軍隊，所有人民，不論公民與否，全部沒有武裝自衛的權利[32]。

羅馬帝國前期兩百年，公民佔全國人口不過十分之一左右。開始時他們有些社會權益，但這權益逐漸由公民籍移到財富上，即如一個耶路撒冷的小官吹擂：「這公民籍是我用很多錢買來的。」[33]到了帝國的黃金時代，卑賤者身份的窮苦公民喪失所有權益，不能避免奴隸般的待遇[34]。公元二一二年，卡拉卡拉把公民籍賜給全國所有自由民。這皇帝所見稱的，不是開明而是貪婪：公民要繳遺產稅。對沒有自由離開地主的佃戶或法定要繼承父業的工匠，「公民」只是個虛名。現代學者吹捧羅馬公民籍以貶低東方專制，當時人卻處之漠然，連一貫兼作宣傳的銀幣也沒有提及全國皆公民之恩賜，理由簡單：「上等人早就知道權益所在；對下等人，則公民不公民，已經無甚分別了。」[35]

君士坦丁模仿東方專制；模仿是最高的恭維。現在一般含專制暴君意義的despotes成為羅馬人對皇帝的尊稱，公民們則自稱「你的奴隸」。西方學者馬上開脫：「不過這東方主義只是表面禮儀。羅馬的無上君主很少忘記，他的臣民是自由民。」[36]我們在2.11節看到，希羅世界中的奴隸人數比例遠遠超過東方世界。社會科學家發現，在實際生活中，波斯人比希臘人的行動更為自由，因為波斯政府的控制能力較弱[37]。希臘羅馬人所卑視的東方奴性，主要是跪拜主上等崇敬禮節，而這禮節正是他們自己模仿著做的。不過，或許這轉變是表面的。遠在他們肉體跪拜之前，他們早已精神跪拜了。希臘人首先崇拜在生皇帝為神，羅馬人後來跟進[38]。中國人還沒有淪落到那般卑躬屈節的地步。羅馬帝國全盛時，元老小普林尼上奏皇帝圖拉真：「你命令我們自由，我們就受令自由。」[39]這就是自由民在無上主子統治下的最高級修養。

6.3 皇帝與皇位

成者為王。內戰結束時，渡鴉也學會叫「凱旋的首領！」和平時，誰應承繼帝位？權柄轉移有什麼原則？有些現代學者把一個開明的「收養主義」加諸羅馬帝國：「皇帝不像那些東方角色……權柄不是單憑血緣由父傳子。皇帝在貴族中選擇最優秀者，收養為子，傳位給他。」[40]細入研究，我們的確發現一個非血緣傳位說，但那是在中國，不在羅馬。

乍聽這有點意外，因為從達爾文進化論看上層階級，中國遠勝羅馬。漢高祖和兩個兄弟，兩百年內生出十萬個後代[41]。相反地，羅馬的貴族階層一向血緣單薄，出生率抵不上死亡率。或許如塔西佗所說，生育太辛苦，他們寧願自己享樂。或許如後人猜度，他們泡熱水澡過多，精子受損。事實是無論政府如何鼓勵生子、譴責獨身，很多貴族仍然無後[42]。

從涅瓦到安敦尼努斯，四名傳位給養子的皇帝都沒有親生兒子。收養嗣子，乃逼不得已，與開明不開明根本無關。人類行為的原則不同物理定律；原則要在有選擇餘地時才顯現。羅馬傳位，凡有選擇，後果一樣。韋帕遜宣佈：「除了我的兒子，無人能繼位。」家族統治或爭位內亂，二者選一，元老院不用考慮就馬上決定[43]。貴族接受世襲皇室還有點勉強，士兵和廣大民眾卻真摯擁護。禁軍擁立有奧古斯都血統的克勞迪烏斯，即使他弱智也在所不惜。羅馬市民全力支持禁軍，外戍兵團的士卒阻止將官謀反。埃拉加巴路斯（Elagabalus）因為生得像卡拉卡拉，被兵團擁立；私生子也勝過無血緣的人。學者總結研究：「從沒有一個皇帝，有個親子活著，但和平地由別人繼位。」[44]

不說實踐，就是紙上理論，也找不到所謂收養原則的證據。羅馬盛行的斯多葛哲學（Stoicism）要求好皇帝，但沒有涉及傳位問題。奧勒略甚有哲學修養，但毫不猶豫地傳位給親子。大多數學者相信，所謂羅馬帝國的收養原則，其實子虛烏有[45]。

要證明事物存在，比證明它不存在容易得多。中國文獻裡，一個學生就能搜集到禪讓說的證據。戰國時墨家提倡尚賢。儒家一面維護世卿世襲，一面讚美武王伐紂，對尚賢禪讓也半推半就。堯舜禪讓的故事，大概是根據上古部族選酋長的傳說而撰造[46]。理想上，漢文帝說，皇帝應「博求天下賢聖有德之人而嬗天下」[47]。漢儒用陰陽災異加以渲染。昭帝時有大石自立，枯樹復生；眭弘引《春秋》解釋，說皇帝應倣法堯舜禪位。十八年後，蓋寬饒上書宣帝說：「五帝官天下，三王家天下；家以傳子，官以傳賢。」[48]禪讓說的理想高遠，但不免儒家空疏籠統的通病。什麼是「賢」？賢人眾多，怎樣甄鑑高下？為什麼別人要接受所選的賢？他們不服時怎辦？怎樣化解讓賢和忠孝等倫理原則的矛盾？文化貴族勤喊口號，不顧後果，終於搞出王莽大禍。賣壞了招牌，「禪讓」遂淪為篡奪的偽詞。東漢以降，儒家士大夫的名節是效忠帝王萬世一家[49]。

統治者是個好牧人的形象，中西不約而同[50]。秦始皇的石刻和奧古斯都的《功績錄》皆把德望放在權力之上。奧古斯都寫道：「我的威望（auctoritas）高於任何人，雖然我的官式權力（potestas）並不高於與我同職的同僚。」[51]秦始皇的六個石刻中，「威」只出現了四次，全用於服滅六國。形容統一後的政治，「德」出現了十一次，如「皇帝之德，存定四極」，「昭明宗廟，體道行德」[52]。奧古斯都和秦始皇皆宣傳自己威德無上，嚴厲但不殘暴，其中不少特色，斯多葛哲學和儒家也讚許。皇帝有權柄，但操權之道不是驕奢的鑰匙，而是副重擔子，如秦始皇說：「皇帝之功，勸勞本事」，「優恤黔首，朝夕不懈」[53]。

全國最高最終的決策都源自皇帝。皇帝執行乾綱獨斷的職責，熱忱各自不同。勤政的如凱撒、奧勒略、秦始皇日夜孜孜。其他皇帝喜歡多派手下辦事，怠懶的更縱容親信。提比略晚年隱居小島，讓禁軍統帥在羅馬攬權。漢元帝沉迷音樂，任由尚書理事[54]。他們還不是最壞的，遇到尼祿或秦二世之流，臣民只能呻吟或暴力造反。這就是無上君主制。

廣賜恩惠是皇帝收買人心的手段。選元老是羅馬的最大恩賜，即如封侯之在漢初。金錢物質的恩賜比較普遍。羅馬皇帝大典時巨額餽贈禁軍皇軍，幾乎成為例行公事。一般人民有時也稍沾恩澤，不過羅馬城居民享受的免費穀糧和競技娛樂，就難普及帝國了[55]。秦漢皇帝也講究與民同樂；大喜慶時會賜爵予大眾。這些所謂民爵，其實是可以出讓的物質利益。此外每百家獲牛酒，同享皇家請客的聚餐[56]。

作為一國元首，皇帝的行徑多少反映其社會的價值。羅馬皇帝最輝煌的典禮是凱旋遊行。從文帝開始，漢帝多每年春天帶領百官，親耕籍田。在這些儀式中，皇帝宣揚了鷹與龍的主導價值，一個是軍功，另一個是農業[57]。

中國皇帝很少像秦始皇般巡察各地，瞭解民風國情。他們多戀家隱蔽，深藏宮中。絕大多數人民從不見帝面，畫像也沒有。皇帝的私人名字必須避諱，謚號死後才定，所以人民只道「今上」或「皇帝」；神秘感維護尊卑之別。相反地，羅馬皇帝經常出現在遊行戲場等公共場面，至少聽得到人民的喧嚷。不親臨的地方有他們的塑像，即使最偏僻的居民也看到錢幣上壓著的皇帝面貌，提醒他們交稅，如耶穌教導，把凱撒的東西交給凱撒[58]。

自從高祖在平城受匈奴圍困後，漢朝皇帝再也不親自領兵外戰。他們參與戰略計劃，派將帥代駕出征。羅馬人最珍惜軍事榮耀，皇帝深諳征帥容易功高震主的危險。奧古斯都的權威勢不可當，所以敢遣派征將，把他們的戰功榮耀歸於自己。次一流的皇帝盡量壟斷指揮。圖拉真以降，皇帝必須御駕親征才能掌握兵團[59]。統領浩蕩大軍看來威風，但不敢授權給征帥，卻顯示出國家元首的政治軟弱：他逐漸落入軍隊的操縱。

一次圖拉真領兵出征，途中遇一婦人向他喊冤，他回答說沒空聽案。婦人高呼：「那麼你就別做皇帝！」圖拉真聽說即回馬，停軍為她追查殺夫兇手。哈德良和幾個希臘式國王也有同樣故事。這種傳說反映希羅人民對好皇帝的普遍期望，如普魯塔克按道：「沒有事比伸張公義更適合王者身份。」[60]主持公道也是法家思想中的君主要務。宣帝生於民間，知道「庶民所以安其田里而亡歎息愁恨之心者，政平訟理也」[61]。

偌大帝國，訟獄繁多。不論中西，審判一般是地方官吏的職責，皇帝最多能覆查上訴、決疑斷難。不過兩地的風俗不同。羅馬皇帝一般花相當時間聽訟斷獄。帝國承襲了希羅城邦的習慣，可能時把事件上訴至政府最高層。皇帝要顧及全國，在普通訟事上的個人利害少，容易公正，因此常被地方瑣事煩擾。一次會議中，圖拉真裁斷了一張偽造遺囑、一個小軍官的妻子不貞以及一個希臘城鎮的首豪蠱惑民心[62]。慣分立法、行政、司法職責的現代人可能奇怪：皇帝一人的精力有限，御駕親征外，還要處理小訟事，哪兒有工夫辦置國家大事，改良政策？沒工夫就不幹。深入研究揭露，奧古斯都創立的政府相當遲滯被動。差不多有三百年，中央政權很少積極推動政策，只望能應付下層產生的壓力。這態度解釋為什麼皇帝可以長年累月出國征戰。征途上所能攜帶有限，難有足夠的資料、專家以商討有關社會經濟的複雜措施，但不難應付人民對政府的主要祈求：聆聽個別請願，排難解紛[63]。

中國皇帝有時也留意瑣事，但羅馬史學家司空見慣的，卻令中國史學家詫異[64]。秦始皇規定每天早上聽訴，並嚴懲貪官污吏，但他是例外，而且因此蒙受惡名。因功能定職位的科層機構，在秦漢比在羅馬先進。它的行政效率較高，所以皇帝能分派例行公事給各部門，自己留神作大決策。漢帝一般把案子交給廷尉，不能定奪時才再請奏[65]。景帝聽取下情，認為現存的懲貪法律不公平，詔令廷尉和丞相修改。他們立案禁止官吏賤買貴賣，堵塞貪污漏洞，呈景帝批准施行[66]。

立法的大權在皇帝，但臣下受權商定法律的細節。

6.4 政府與菁英

全權並非全能。皇帝手握無上權柄，但一個人絕無能力操動它。要把權柄化作能奏功效的權力，他必須授權給別人，任命他們操作事務。他需要大批輔臣，最要緊忠貞，其次能幹。皇室的親戚和奴僕提供不少助手，但不足夠，更重要的是任職政府機構的公卿官僚，這些人合為政治菁英、統治階層。

一般菁英由於出身、財富、教育、名望，或其他備受欽佩的特徵，具有社會勢力。他們的社會背景和利害興趣紛雜，很多是地方長老或土豪惡霸。有些並無政治野心，也有些踴躍爭入統治階層，為了伸展抱負或為了名利權益。另一方面，皇帝也熱中羅致菁英為自己服務，免得他們起異心，成為難以控制的地方領袖。羅馬帝國財閥統治，中國皇朝獨尊儒術，皆是皇帝與菁英的利益契合，使皇帝成功地提取社會中的人才，天下英雄，盡入彀中。

統治階層的社會成分和意識形態，與政府是否能為大眾謀福利，大有關聯。政治菁英參與決策行政。假如他們全來自勢能支配社會經濟的富有階級，那麼可以預料，政府採取的行動，也多只照顧富有階級的利益[67]。若果富有階級能團結，政治權力和經濟勢力相結合，可以增強國力。但要富有階級團結，並不容易。帝國疆域遼闊而地主左右經濟時，團結尤其困難。地產必定有區域性，它所產生的離心力，最令帝國的中央政府頭疼，中國和羅馬皆不免。

政權財勢勾結，羅馬帝國比秦朝西漢更甚。羅馬人一貫意向清晰，共和國時西塞羅就宣稱：「保護私有財產是建立政府和城邦體制的主要動機。」[68]帝國下，富貴合璧繼續加強。元老院本是貴族地主的團體組織。奧古斯都剝奪了這組織機構的政治實權，不啻拔掉了毒蛇的尖牙。然而對於元老貴族這階級，他不但保留，而且還把它的財產資格提高至一百萬或一百二十萬塞斯特。騎士階級的資格留在四十萬塞斯特。他們之下是城長老，家產至少十萬塞斯特。這樣，奧古斯都以法律劃定森嚴的階級系統重組帝國的社會結構。新秩序是顯而易見的財閥統治[69]。

奧古斯都的元老定額是六百名，全帝國的騎士數以千計，平均每個城鎮的百名首富躋身入城長老。這三部成員全是大地主的社會菁英階級，壟斷了從政之道。羅馬優惠城長老階級，因而籠絡土豪巨富，為它統治帝國各地，壓制地方人民[70]。中央政府的官員，則非元老、騎士莫屬。帝國前期差不多兩百年，所有高級文官和兵團統領全是元老。政治菁英凝固了帝國的兩大支柱：財富和軍力[71]。

有錢還要有皇帝恩賜才當得上元老。不經加賜，元老的權益可以世襲三代。元老在政壇的優勢巨大，但很多家族不能長久。事君難，不少元老遭皇帝毒手。他們的生育率低，揮霍率高，容易家道衰落。更有的子弟承繼了元老的權益，不肯負擔義務，自動退出。於是皇帝有更多機會頒恩。行省的豪富爭著補元老空缺。非義大利籍的人士，奧古斯都時只佔元老的百分之二，到塞提米烏斯．塞維魯時已佔過半[72]。元老階級的成員流動，但階級的門檻卻不變。義大利集團變為全國性的集團，但始終是財閥集團。其他兩個政治菁英階級也是一樣[73]。

皇軍也看財；沒有騎士家財的，鮮能當上有銜軍官。不過軍功顯見，戰時的軍隊是上進的最好機會。圖拉真在他友好的軍官集團裡選擇高官。應付三世紀危機時，軍人從行伍中爬上帝位。日趨文雅的元老退出軍隊，不再指揮兵團。代替元老做將領的騎士，同樣是地主，具財閥觀念。然而守紀律的勇悍軍人，與慣優閒的元老貴族，性情格格不入，使統治菁英之中出現分歧。裂縫擴大，到西羅馬帝國末日成致命傷[74]。

富有的政治菁英致力增加自己的權益。到圖拉真和哈德良的帝國黃金時代，政府在尊貴者和卑賤者之間，劃下法律鴻溝。富人享受各種政治法律優待。窮人，不論是否羅馬公民，都沒有政府保障，可以遭受奴隸般待遇。羅馬傑出的民法主要是保護財產權和解決有錢人之間的爭執。這種制度下，土地大量流入一小撮人手中。羅馬財閥統治的特色深深滲入社會[75]。

在中國，秦朝廢除封建世卿，無異打開政府的大門。漢初的高級官員或功臣之後、或農樵出身，從政途徑雜沓[76]。文帝二次下詔郡國「舉賢良能直言極諫者」，武帝把它發展為一個制度。每郡每年舉二人，郡守必須擔保他所舉的人。東漢略改制度，察舉的配額不依郡國而依人口，每若干人口得舉一人。人口稀少的邊郡失勢，因為它們在朝廷內的聲浪減低了。配額改變了人才來源的地域分佈，但仍保持每年上舉大約兩百人。察舉成為漢朝選官制度的核心，較公平地廣開仕途，從全國各地吸取人才，也讓各地有心進仕的人寄望中央政府，從而凝聚遼闊帝國[77]。

察舉是個制度。制度運行順利，則需要適合的人才和審選人才的準則。皇朝要長治久安，需要穩定的人才資源，足夠提供可靠服務，但不夠強大得威脅皇權。法家法律下人人平等的意念，要皇帝官僚都守法，不討好皇帝，更冒犯權貴菁英。「法家亡秦」的論調警告後代皇朝，莫蹈覆轍，皇帝必須優惠拉攏菁英[78]。儒家的人治思想，與皇朝配合得多。它的倫理強調君臣、嚴守上下尊卑，有利於整個統治階層。人民安分守己，不敢犯上作亂。皇帝安穩；一人之下、萬人之上的菁英，忠於君主，受其恩寵，也能安富尊榮。「王道仁政」雖然內涵空泛，但說來漂亮，足以麻痺思想，扼殺改制變法的意念，長保皇帝無上、儒家獨尊。

漢朝早年務實，察選多舉現任官，取其能力閱歷，論政績升職。武帝罷黜百家，改變優賢的準則。儒生公孫弘起徒步，數年以言論至丞相，令讀書的尊貴知識分子眼紅。元帝以後，經學之士盤踞高職相位，互相標榜，排斥異己，非習儒術文學，不以為「賢」。原意廣汲人才的察舉途徑，淪為一家一說的專利[79]。

西漢初司馬談所說儒家「博而寡要，勞而少功」的情況變本加厲。東漢初的班固已見到，五字之經文，詮釋多至兩三萬言。東漢朝廷大力資助下，「傳業者寖盛，支葉蕃滋，一經說至百餘萬言」，「故幼童而守一藝，白首而後能言」[80]。浩繁的卷帙打造成儒生的堡壘，佔據利祿之途，阻止外人指染。其時諺語曰「遺子黃金滿籯，不如一經」[81]。入仕上進的冀望養成重視教育的風氣，萬般皆下品，唯有讀書高。可惜這教育迂執褊狹，以詮經背誦為主，阻抑分析思考；以率由舊章為優，傾軋進取創新；以不切現實為高，逃入超越經驗的形上玄學。從此中國人的思想精力，消耗在皓首窮經。自然科學、政治經濟、經驗知識，皆受鄙棄而衰萎不振。現代時興把新名詞intellectual（知識分子）專用於諸皇朝士大夫，實在把知識和理智（intellect）看扁了。

漢朝官員中不乏貧苦出身，但赤貧的人很難有閒餘讀書，更別說拉人事、釣名聲了。一般來說，財富對仕進大有幫助，出仕帶來更多財富，循環互饋，步步高陞。讀書至高官厚祿者廣置財產，元帝時已風行。最早的儒相中，匡衡專地，佔四百頃田租；張禹買極膏腴田地四百頃[82]。要知他們的富有程度，莫如比之於令儒生切齒的東漢宦官。查〈宦者列傳〉所載貪侈，最甚是侯覽，前後奪人宅三百八十一所，田一百一十八頃[83]。宦官外戚奢華，令人側目，但他們的人數少，加起來佔統治階層不及百分之五，而且集中在京畿附近[84]。操縱龐大政府機構的士大夫官僚，總人數就超過他們十倍以上，而且家族繁滋，門生孳衍，遍佈全國。研究社會結構的學者總結：「知識分子階層無疑是直接地把持土地財富的社會成分。」[85]

士族大姓顛覆王莽復井田、抗拒光武帝度田均稅，5.6和5.7節已有討論。東漢時他們的勢力日益膨脹，廣結紐帶，常聚族而居，雄霸地方。他們的子弟由通經、察舉的途徑馳騁官場。權門互相請託勾結，篡竊察舉制度，壟斷仕途。才德與家世，逐漸合而為一。東漢的門第名士只是文化貴族，缺乏宗法貴族的世襲爵位官祿。然而經學既為做官的條件，累世傳經的士族累世出公卿，門生故吏遍天下，形成一種世襲的勢力[86]，有點像羅馬共和國的元老貴族。有權有財，通經矜德的門第各營私利，漢亡以後發展成權蓋皇帝的門閥貴族[87]。

皇帝與政治菁英彼此需要，相濟互利。財閥統治對羅馬帝國甚有貢獻，地主階級也能放手兼併土地。儒術獨尊之下，士大夫階層鞏固皇朝專制，自己也攀龍騰達。羅馬是富者治人，貧者治於人。中國是勞心者治人，勞力者治於人。兩邊有相通處：富貴者多受教育，治人者財源自豐。然而，作為統治菁英，財團和士族有基本分別。比較下，基於財富的羅馬菁英，比基於教條的中國菁英，較為獨立。有錢自有勢力；漢人所謂巨富「素封」是不靠皇帝的社會地位。儒生捧孔子為「素王」，但素王金裝，卻仰朝廷。漢初儒士經驗顯示，大師如不能擔保求官的前途或貴族的豢養，就難以保留弟子[88]。由於依賴性重，儒臣對皇帝比元老更柔順。但從另一面看，柔可能比剛持久。土地的區域性使大帝國的地主階級分裂，各保其利。空泛的道德教條能桎梏思想，窒息有競爭能力的異說，改個名號，又能侍奉新主子，即使亡國後面對異族主子亦然。在羅馬帝國和東漢皇朝滅亡後，元老和士族仍然欣欣向榮。但長期來說，元老終於沒落，士大夫卻能與歷代中國皇朝共存。

皇朝帝國的政治菁英凌駕老百姓之上，享受巨大權益。然而他們的權力仍遜於周代封建貴族或共和國元老貴族。他們懷舊，皇帝怕他們心懷不軌而加以壓制。搞政治的利潤高，風險也大。「叛逆」的罪名最令菁英恐懼，因為它所指含糊，懲罰特重，可能連累家族。在漢朝，詛咒皇帝、誹謗朝廷是大逆，把皇帝的用品放在地上也是能獲罪的大不敬。奧古斯都立誹謗為罪後，查星象圖算皇帝的死期，甚至把壓有皇帝肖像的銀幣帶入妓院，都可被指為叛逆[89]。班固的《漢書》或塔西佗的《編年史》，哪一個所載的大臣遇害較多，實在不易猜度。不過錯不全在皇帝；菁英們自己助其凶焰。有些官僚濫用公法以報私怨，有些讒害他人以求私利。朋黨爭權時，漢士大夫與羅馬元老一般擅長構陷。多次皇帝清算，即使不是菁英們陰謀傾軋、自相告發引起，也因它而擴大。[90]

漫長的歷史道路上，皇權和統治菁英共同演化，互相扶持、彼此制衡。十八世紀歐洲的經歷顯示，官僚系統有效，確能限制皇權，因為皇帝非靠它就無能為力。即使它不能積極參與決策，也能消極地不合作執行。負責稱職的菁英不乏能力牽制皇權，並逐步改良政治體制、法律機構，加強牽制。迂闊無能的官僚也能敗皇家之事，但更容易助長專制氣焰。

一如西方學者愛吹捧羅馬公民的自由權利，中國學者慣說中國傳統不講權利而講義務。其實人世上的權利和義務是相對的：一個人有某些權利，意味別人、包括統治者，都有義務去尊重它。羅馬共和國的公民有求公道的權利，元老貴族便有義務去維持法庭。從另一方面看，我們對某人有義務，即是要尊重他的權利。傳統道學把子民的忠孝視為絕對義務，其實是維護父君的絕對權利。君仁父慈的理想，就和羅馬皇帝口上說公民自由一樣空洞無力。

洗去粉飾看實質，可見中西帝國的統治階層皆以鞏固自己的權利為首要，常忘了權利和義務是相成的。任高官重職是權利，盡職負責任是從政的義務，但不負責任的理想家混淆二者，只要前者，不要後者，空唱「天下為己任」。皇朝、帝國的政治菁英長期養尊處優，越來越不屑努力盡職。祿利鼓勵下，中國人爭著讀經，以致儒生過剩，造成社會問題[91]。東漢士風媲美兩宋，因為東漢、宋朝的皇帝都特別優養籠絡士大夫以鞏固自己之位。宋儒朱熹的刻畫，其實適合歷代皇朝的文化貴族：「商鞅論人不可多學為士人，廢了農戰。此無道之言。然以今觀之，士人千人萬人，不知理會甚麼，真所謂游手。祇是恁的人一旦得高官厚祿，只是為害朝廷，何望其濟事。」[92]提比略即位時不願負起帝國的全責，想分一部分權予元老院，元老們光問：「哪一部分？」空喊恢復自由，又不肯負實際責任，甚至懶得踏實談判權力。他們讓皇帝專政，激得提比略罵道：「真是奴性！」[93]

6.5 內朝與外廷

秦漢和羅馬的文治政府，同樣是從王室管家演化而來，不過演變的時機和道路不同。周代的封建侯國與其統治家族混同一體，啟發儒家親親尊尊、齊家治國、國以家為本的理想[94]。戰國時人口、經濟、國家的規模都大增，大家庭的政治模式失效。各國變法，改良制度以適應社會環境。商鞅等削減王親貴族的權益，因功能而設置官位，因效率而組織職務，因才幹品行功績而任免官吏，試驗著理性地解決規模引起的複雜問題。法家百年經驗累積下，一個有效的行政機構逐漸從王室中分離出來，雖然仍留些管家的痕跡，但不乏獨立的地位和尊嚴。到秦漢皇朝，中央政府是個相輔相成的二元體，以皇帝為長的皇室居上，其側是丞相領導的科層機構[95]。

羅馬帝國也有個類似的皇室、機構二元體，不過它們是苟合婚姻，開始時吵架劇烈。它的正式機構是元老院，共和國的統治政體，在帝國下喪失了實權，但未喪失尊嚴。元老院之上，皇帝仗武力遽然崛起，只有城邦的經驗，卻面臨統治龐大帝國的難題。除了指導元老們，皇帝大量任用皇室的奴隸和獲釋奴，派他們管治行省。這些家奴只向皇室的父家長個人匯報負責[96]。

政府二元可見諸財政。羅馬帝國和秦漢皇朝各自有兩個財庫。一個是國庫，羅馬叫aerarium，漢朝叫大司農。另一個管皇室的收支，羅馬叫fiscus，意謂錢袋，秦漢叫少府。兩個財庫的收入分派，羅馬依元老院和皇室所管理的資產，漢朝則依各種稅項。假如你要賭哪一個財庫較大，想一想才下注。富可敵國，在皇帝不是說說而已。他們常掏私人腰包，以補國用不足，這種恩澤最能收買民心。隨著君主集權的政體成熟，財政統一，兩個財庫之間的界限日漸模糊，終於消失。最後羅馬的國庫併入錢袋，漢朝的少府併入大司農[97]。

政府有官職、有官員。某些政府組織較重視職位的功能，另一些組織較重視任職人的身份資格。讓我粗略地叫前者科層式，後者貴族式。漢朝的機構，骨架上是科層式，雖然後來的運作風氣漸盛行士大夫的人事關係。羅馬的元老是貴族，早期只有他們才有資格出任高官。要兩百多年後，羅馬帝國才發展出以功能為要、由騎士任職的科層機構。

元老院名義上仍在，但作為一個有立法決策實權的機構，它只是明日黃花。圖拉真時，它淪為皇帝決策的應聲蟲，或爭論些元老在私人莊園裡開市場之類的無關痛癢小問題。日常行政上，它繼續管理例行公事。它排解貴族糾紛，也有的成為民法的案例。不過它所處理的案件日趨瑣碎；訴訟的人都喜歡呈狀給皇帝[98]。喪失了機構實權的元老院成為皇帝籠絡貴族階級的手段。羅馬的元老們沿用共和國傳統，依循一條陞官途徑，規定必須什麼年齡才能擔任什麼官職，任職後必須等幾年才能當高一級的官。高級官職，如掌極權的執政官，多沒有獨特明確的功能。它的最大效用是貴族進入高官圈子的門檻；要當過執政官或大法官，才有資格出任省督或率領兵團。任命權當然在皇帝[99]。

奧古斯都置禁軍統領、羅馬城長、救火隊長等重要職位。開始時他委派家奴管理皇家行省，收稅和支付兵團軍餉。後來逐漸起用有身份地位的騎士為行省長官（procurator），代替家奴。騎士不像元老般有固定的個人陞官途徑，但他們所任的官職以功能科類、有層次組織。一個科層系統逐漸形成，終於脫離皇室獨立，取代元老院為行政機構[100]。騎士官僚不過執行政策，地位比他們高的是輔佐皇帝決策的親信扈從。這個密友集團漸生等級結構，到二世紀時發展為皇帝顧問會（consilium）。它的常員是指揮皇家總部的禁軍統領，此外不少高級元老甚至騎士也擠入。到帝國後期，顧問會轉為正式的帝國會議，有固定成員，經常辯論軍國大事，為皇帝提供意見[101]。

漢隨秦制。中央科層機構的最高職位是丞相，其下有御史大夫為副和掌軍務的太尉。東漢把三位壓成權力相若的三公以削弱相權，加強皇室。丞相輔佐天子決策，助理萬機。他總領百官，分享皇帝的任免權，並監督考課。遇有大事，丞相主持群臣大議，使各抒己見，供皇帝定奪。秦始皇廢封建，以及防止封建復辟而焚書，皆是聆聽辯論後作的決定。漢朝廷議的項目，包括廢立天子、限制佔田、棄涼州邊郡、修正曆法、改宗廟禮儀等，多不勝舉[102]。

丞相下轄九卿。澤及民生的工作，最重要是主持公道和調控經濟。廷尉審查重要案件，聽上訴，處理郡守不能決斷的疑難。大司農領五個部門；除了徵收稅項和支付國需，它們發行錢幣、維保各地糧倉貯備、預備救災、參與賑濟，後來又專賣鹽鐵、均輸以平穩物價。少府掌皇室的經費；它所屬的尚書，本是皇帝的私人秘書，後來權蓋三公。位列九卿之首的太常掌禮儀宗廟，太學和太史令，即其所屬。光祿勳和衛尉分統宮廷內外戍衛。大鴻臚掌歸附蠻夷、接待外國使節。太僕掌車馬，宗正掌皇親，此二者皇家私臣的色彩最重。要到唐朝，九卿化為吏、戶、禮、兵、刑、工六部，國家機構才洗盡私臣痕跡[103]。

漢朝的科層機構逐漸權力低落，類似羅馬元老院，但遠不如後者沉淪。它的競爭對手來自皇室。漢武帝推行擊匈奴等政策，需周詳計劃和深入動員國力民力。為了策勵群臣、免聽老年持重的公卿囉嗦，他廣招人才為心腹賓客，助他直接處理大事、親自決策。就這樣開始了「內廷」。

隨著官銜組織，內廷的勢力漸大，以尚書為首，與丞相領導下的「外朝」分庭抗禮[104]。與漢朝的內廷相似的，是羅馬皇帝起用親信和騎士的組織。這現象想不會令今天的美國人驚奇，因為他們目睹美國總統的諮詢委員和白宮參謀班子權力日大。

君主集權體制裡，皇帝是一切權柄的泉源。與皇帝的親疏距離影響權力大小，不管正式官位是什麼。政府機構有傾向漸趨龐大複雜。後果是自己臃腫蹣跚，又招皇帝防忌，遂漸疏遠皇帝，因而權力下降，受親近皇帝的新勢力排擠。羅馬的帝國會議和漢朝的內廷相似，漸步元老院或外朝的後塵。帝國會議淪為顯貴們為皇帝決策喝彩的場合。內廷的尚書不是內宮親隨的對手[105]。皇帝在兵營裡被將軍環繞，在內宮被女眷宦官包圍。太后外戚的影響，只有堅強的皇帝才能控制。皇帝幼沖時，掌權的是他們，而不是帝國會議或尚書[106]。羅馬帝國分裂後，東帝國的皇后宦官等得勢，西帝國則是大將跋扈。東漢的官僚士大夫、外戚、宦官爭權互砍，最後得利的是軍閥[107]。政治體制僵化衰落，終於暴力稱王。

6.6 地方行政

皇朝、帝國最齊備時，中央政府之下各置三層地方政府，分別從事監督、結構、操作：漢朝的州、郡、縣；羅馬的政區、行省、城鎮。

貪官污吏無疑是害民之賊。皇朝、帝國皆設立制度防範及懲罰凌虐人民或強大得起異心、威脅皇位的官員。漢武帝分全國諸郡為十三個州，每州有一名刺史，巡行督察。刺史不得干預郡國政事，但斷治冤獄，並奉詔問六條不軌，其中五條是針對郡守的非法行為：聚斂為奸，侵漁百姓；不恤疑獄，任意刑賞；選署不平，阿愛蔽賢；子弟怙倚榮勢，請託所監；阿附豪強，通行貨賂。刺史秩六百石，地位比秩二千石的郡守低得多，不敢仗勢欺人、任意誹謗。但奉詔依法，也不怕深入細訪、據實彈劾，不愧法治良方。東漢時刺史設固定治所。漢末改刺史為州牧，秩比九卿，掌軍政全權，終於變成割據的軍閥[108]。

羅馬人一般喜歡用司法訴訟的途徑解決問題。若省督欺凌剝削行省人民，受害者可以在他卸任後到羅馬城依法控告。不過法官陪審都是元老，和省督同一圈子。為了避免頑固答辯，起訴的行省多求補償算了，不要求懲罰過犯。內亂時行省多有叛逆。為了避免重演，帝國後期增設上層的地方行政機構，把諸省納入十二個政區，加強監管[109]。

皇朝的郡和帝國的省都源自軍管，和平後化為文治機構。秦朝巔峰時有四十六個郡。漢朝擴土，分割郡域，又保留一些諸侯國的殘餘，共得一百零三個郡國[110]。羅馬帝國全盛時設四十六個行省。後來為了防止省督太強而造反，戴克里先和君士坦丁分割治域，行省遂增至一百一十六個[111]。

郡或省是皇朝、帝國的統治架構。長期以來，郡守或省督是中央政府外最高的行政司法官員，有生殺予奪之權。羅馬的省督花大部分時間巡遊轄下的城鎮，開庭聽訟斷獄，調解城際糾紛。帝國中期後他們才開始深入干預城鎮內政[112]。較為重要的事件他們一貫讓皇帝做主，如希臘的讚頌家亞里士提德斯（Aelius Aristides）說：「不論刑事案件、民事訴訟或各種請願，只要有一絲疑惑，他們即刻上呈皇帝，請求指示。然後等待回音，就像樂隊等待指揮的動作。」[113]

漢郡守的行政職責比羅馬省督的要重，主動性也較強。他們也每年巡察轄下諸縣，但遠不止聽冤。司法外，他們主理一郡的財政軍務，作地方性的決策，指導諸縣，任免屬下、甚或縣令，審查政績，寫上計向中央匯報，並向中央推薦人才。此外，他們也應當勸農桑，帶領發展一郡的經濟和教育。這些項目上他們有相當機會展才創建。由於郡守職責重，閱歷豐富，而且較熟地方民情，很多漢朝的宰相都曾經出任郡守[114]。

皇朝、帝國的人口高峰，估計至少各自五千萬。平均每個郡或省所轄的居民不下五十萬。管治這麼多人，事務當然繁冗：徵兵訓練、司法解紛、維持治安、戶籍調查、建築和維修道路橋樑以及其他公共設施、預備中央官員公事路過時用的車馬居舍，還有最重要的，估計每戶應負的稅務、收集稅項、呈交所得。郡守省督的直屬人手少，只能策劃指揮，協調行動。實際的運作落到當地的政府機構：中國的縣、羅馬的城。縣和城是國家勢力滲入社會、切實影響人民生活的基本層面。在此，中國的官僚特色或羅馬的財閥特色，比在中央或郡省階層更為顯著。

希羅世界的古典城鎮與中世紀以後的西方城市不同。後代的城市是工商業所在的生產貿易中心，古典城鎮卻是基於鄉下農業的消費中心。大部分希羅城鎮的鄉村氣味重，有工技買賣，但不多，只供本地消費。一城管轄四周鄉村，最有錢的地主升為城長老，即統治階層。他們喜歡住在城裡，揮霍他們從鄉下收來的租金。除了供應他們交際享樂外，城中心的要務就是行政管理[115]。

古代城邦一般內政民主，外事好戰。被羅馬征服，變為臣屬城鎮後，內外習慣都不得不改。首先，羅馬嚴禁干戈。傳統的城際競爭意氣不消，只能另找出路發洩。它們吵架訴訟不休，令羅馬省督疲於奔命。此外，各城炫耀宏偉建築，比賽修建。不少城鎮因此財竭破產，空留下無數古跡讓後人景仰。城邦的民主制在羅馬來臨之前已經開始衰落。即使像雅典般，形式上是民主，實權也逐漸落在小撮人手上。羅馬鞏固了小撮：它統治的方式是坦然讓有錢人掌權。義大利公民抗拒羅馬兵的日子一去不返了；帝國徹底摧毀了公民對土地改革的希望[116]。亞里士提德斯的《羅馬頌》（*The Roman Oration*）說：「您把帝國全民分為兩部分。」「每個城鎮中，地位最高、勢力最大的人，一同為您管制他們的家園。」[117]許多學者認為，羅馬昇平不少依靠籠絡地方豪強共同統治：「凡是可能有權勢的，都得滿意。凡是不滿意的，都無權而無能為力。」[118]

羅馬定下每個城鎮的應交稅額，責城長老攤派收繳。收不足額，長老們必須掏腰包補足。但他們很少吃虧，因為羅馬授權他們規定轄下誰要付什麼，並鞭打監禁抗議者。收稅的費用高昂，所以他們從付稅人手上拿來的，多於他們上繳國庫的。城長老一貫以最低租率佔據公田。此外，他們獲得皇帝的慷慨恩賜優惠，不少躋身帝國的中央政府。總的來說，帝國前期任職城政府很有利，油水充足，更別說名望了。帝國晚年稅額增高，任職無利，很多長老想不幹。羅馬強令他們世襲職位，理由是他們的祖先享受了無窮好處。另一方面，行省的省督長官也加強深入干預城鎮的財政[119]。

很多城長老真心為城鎮服務，無愧所得聲譽，贏得市民感激。然而，濫權的也不少。一位史學家說：「民生貧困、社會不安，在各地的城鎮鄉下相當普遍。但我們不能叫羅馬直接為富人的罪過負責。事實上羅馬很少干涉當地土豪的行徑。」[120]羅馬的不干預政策一般被譽為開明、容許城鎮自由自治。這簡單的評騭忽略了社會的複雜性。就拿耶穌作例吧。一個有權勢的猶太集權強加以罪，要殺他。羅馬省督彼拉多（Pilate）審問下，認為他無罪，但懾於地方勢力，判耶穌無辜受死。自己洗手，表示不沾無辜之血[121]。司法上背棄公義，受害的是幾個人；政府行政涉及千萬人。假如轄下的土豪普遍地欺凌猖狂，不加干預的羅馬政府，是否同樣容易洗去手上千萬人民的鮮血？

古典城鎮是希羅世界的特色，也隨古代而逝。相反，縣是秦統一到今天，中國最穩定持久的地方機構。縣令乃老百姓最熟悉的政府官員，別號「父母官」。他處理一切直接涉民的事務，治安偵緝、治獄理訟、勸善恤民、收稅上繳。縣令由中央或郡守委派，是外地人，而且時常調換。要辦事順利，他必須配合當地實情，與土勢力保持良好關係。因此他倚重的少吏，十分之九是本地人。這些長駐的少吏地位俸祿都低，但所負的實際責任以及與責俱來的權力，有時比流動的縣令還高。他們有辦事經驗，熟悉鄉土人情，深知利公便私的種種竅門，好領導下大有貢獻，但若監督不到則容易作弊。有自命清高的縣令，自己庸碌，又看不起少吏，更加強地方政府腐敗，危害人民[122]。

與羅馬籠絡土豪不同，秦朝西漢對豪強大宗深懷顧忌。封建貴族有上千年的歷史，政治權力雖然被皇朝剝奪，但社會經濟勢力盤根錯節。秦漢移大批豪富至京師附近，以資監視，但只能稍微抑制地方大族。漢高祖責怪地方官吏不顧屢次詔令，自己佔田，卻遲遲不發應得田宅給功臣及退伍軍人，可見他們的桀驁[123]。秦漢之際，中國終於脫離青銅時代，優質鐵器普及，新工業產生新豪富，驕奢淫逸。各地新舊大族滋生，強梁結黨，武斷鄉曲，殘暴百姓。郡守就像羅馬省督彼拉多，不能禁止他們[124]。朝廷設法鎮壓。州刺史的第一項事務，就是查察強宗豪右以強凌弱。此外，皇帝起用「酷吏」：他們不畏強權，不受賄賂，鋤惡時株連無辜，不論老幼盡族殺戮，但亦只小有效果[125]。士族興起後，豪富更得支援。常平倉、鹽鐵官營等抑制富豪投機的政策，便受到儒家士大夫的猛烈反對[126]。光武帝為了收稅公平，測度田地，受豪強強硬反抗，被逼放棄，所以雖然南方土地大量開發，但終東漢一朝，可稅的田地及不上西漢。士大夫成為大地主，在朝廷寬仁下，偷稅漏稅，富者越富[127]。這樣，東漢的政策，漸與羅馬靠近。

6.7 政府規模

西方學者喜歡讚揚羅馬政府精簡，譏笑漢朝官僚機構臃腫。有的說漢朝官吏的數字是羅馬官吏的二十五倍[128]。這種說法容易迷惑人，因為它不說明什麼算是「官吏」。假如我們只數一間公司的總裁科長，卻盡數另一間公司的會計送貨，比較資料下一定會誤以為後者雇員太多。皇朝、帝國，到底哪一個的官吏人數和行政經費大？讓我們比較兩個盛極轉衰時的政府，即西漢末年和奧勒略時代。

羅馬的高官都是元老或騎士。元老承共和國傳統，任職無薪酬，但有寬裕的費用開支額。出名清廉的西塞羅任西里西亞省督一年，合法地在開支額中節省下兩百二十萬塞斯特，收為己有。帝國時，元老省督一般年盈一百萬塞斯特[129]。騎士受薪當官。官階三十萬塞、二十萬塞、十萬塞、六萬塞的高級長官，年薪各是三十萬、二十萬、十萬和六萬塞斯特[130]。在官階的另一端是書記信差之類的小吏，年薪從一千兩百到三百塞斯特不等。但因為非正式的油水充足，人們排隊購買小吏的空缺。以資比較：當時散工的日酬是三塞斯特。兵團士卒年薪一千兩百塞斯特，其中四百塞斯特扣除作口糧，衣物另加[131]。算下來，一個二十萬塞長官所得，等於一百六十七名士卒的薪金或五百名士卒的口糧。

大約二十名元老官員在中央承擔行政司法、經營國庫、管治羅馬城、發放承包各種公共事務或建築的合同。更多的元老出任省督或兵團司令。總共約有九十五名元老活躍地擔任官職。替代皇帝家奴的高級騎士長官，人數從帝國初年慢慢增加，到奧勒略時代，大約有三十六名二十萬塞、四十八名十萬塞、五十一名六萬塞[132]。元老騎士加起來，統治帝國的是大約兩百三十個高官。

省督當然不是單人匹馬地到任。他可能有個資深元老作副手參謀。通常跟隨的是一名財務官和一個百夫長，帶領十來個小軍官和五十多個士卒。假如那行省有兵團屯駐，那隨行的部隊更大。此外，他的班子包括各種文員、傳令官、信差以及一個解徵兆的祭師。羅馬帝國偉大，省督的排場活像一個小國王。統計下來，圖拉真時四十六個行省，其省督們一共任用約一萬個官吏[133]。

羅馬的官階，如二十萬塞，直指其薪酬是二十萬塞斯特。漢朝的官秩卻似是而非。二千石或六百石，所顯示的只是官階高下，並非薪俸多少。俸祿以穀作基本，以斛作單位（一斛＝一九．七公升）。漢朝的科層機構比較發達。《漢書》、《後漢書》各具表志，詳細記載文武百官的職務、官秩、俸祿、屬下以及沿革歷史。西漢的官階十八等，大致分為長吏和少吏。長吏中有四等算是高官：萬石，月俸三百五十斛；中二千石，一百八十斛；二千石，一百二十斛；比二千石，一百斛。其餘的長吏分十一等，包括千石，月俸八十斛；六百石，七十斛；二百石，三十斛。少吏三級，包括百石，月俸十一斛；佐使，八斛[134]。出土文件證明少吏可以因功績品行升長吏，雖不容易，但不像後來朝代般，官吏因是否科舉出身而天人路隔[135]。以資比較，一名步卒的月餉是二．六斛[136]。算下來，一個二千石所得，等於四十六名士卒的口糧。

只有三公及皇帝太傅等幾個人得入萬石之位。絕大部分高職分屬三等二千石，所以「二千石」常作高官的泛稱。九卿和掌衛京師的執金吾是中二千石。此外有二十七名比二千石在九卿屬下任職。大約一百九十九名二千石出任州牧、郡守以及每郡掌徵兵的都尉。統計下來，統治皇朝的是大約兩百四十一個高官[137]。

活躍的官員外，漢朝置數十個有俸無秩、無固定職務的冗散大夫。需要時，皇帝派遣他們在國內執行任務，或出國作使節。無事時，他們供諮詢，就像不活躍任官的深資羅馬元老一樣，作為政府的後備人才。

大約一百個長吏任職中央。關於地方官，我們幸得漢墓發掘西漢成帝時東海郡的年計文件副本。位於今江蘇的東海是大郡，人口過百萬。它的郡守治所有員三十九人：郡守、太尉、兩名長吏、三十五名少吏[138]。我把東海的資料當作平均數字，慮及郡、國之間的分別，計算得全國一百零三個郡國，治所共任用一百八十六個高官，一百八十六個長吏，三千四百零五個少吏；加起來總共三千七百七十七個官吏。高官由中央政府任免，長吏或可由上司選用。少吏在政府支薪，但一貫由頂頭上司聘僱[139]。

兩下比較，我們看到，西漢和羅馬帝國中期的政府，從中央到郡、省級，官員人數差不太多。每個中央政府任用數十個高官，委派兩百來個高官去治理郡國或行省。輔佐他們的是百計低官長吏和千計小吏。人數相若，但是羅馬的經費大得多了，因為它的高官薪酬真能叫漢官眼紅。總計下來，兩百三十名羅馬高官的薪酬足以支付二十七萬五千一百五十名士卒的口糧；兩百四十一名西漢高官的俸祿只夠一萬零九百六十五名士卒的口糧。

以上比較，時值皇朝、帝國的各自中期。其時漢朝政府經武帝大肆擴建，規模差不多是頂點；很多官位將被光武帝削減[140]。相反，羅馬政府一向緩慢的擴建速度，將在戴克里先年間加速。到皇朝帝國的晚年，漢朝的高官略減，但羅馬的高官人數跳至六千人左右。這巨幅增長，只有一部分能歸咎於「高官」的定義改變。羅馬帝國後期，絕大部分時間兩個皇帝並立，雙重中央政府要雙重官員。更大的增長來自用官最多的行省和軍隊。東漢的郡國數字不變，還每郡削減了都尉。羅馬的行省數字和軍隊編制皆倍增，還增派長官去管策日趨頹弛的城長老。所有這些都需要更多高官[141]。綜覽一切，「臃腫政府」之獎，羅馬帝國獲得。

比較郡省以下的政府難一點，因為當地政府的結構不同。每個漢郡領大約十個縣，縣下分鄉。縣因轄下戶口多寡分大小，有千石至二百石的長吏二至四人不等，助手都是當地聘任的少吏。據出土的漢簡，東海郡領下的三十八個縣，共任一百二十名長吏和兩千零四十四名少吏[142]。以此類推，統計的全國數字約摸符合《漢書》的官方職位表：「吏員自佐史至丞相，十二萬二百八十五人。」[143]照以上的比例計算，其中不到三百名屬高官，七千多名長吏，此外全是少吏。

西漢末的戶籍，編戶齊民約五千萬人。整個政府計，平均四百一十六口一名官吏。以資比較，二〇〇二年美國單是聯邦政府就有十七萬名文官，平均一百七十六公民一名官吏[144]。這數字不計五十個州政府，以及州以下的縣和其他行政機構。

羅馬的城鎮大多是自我管治，但自治不是無政府。城鎮官吏不由外邊派來，但在最重要的事項上，他們是羅馬皇帝的代理人：他們為皇帝收稅，同時靠皇帝為自己的土勢力撐腰。城鎮的大小參差。平均每城約有六個行政官，都出自本地長老。他們無酬服務，但城政府支付各種助手小吏的薪金費用[145]。詳細資料不可得，但我們可以猜度，羅馬城級行政的官僚，與漢的縣級官僚，數字不會相差太大。

6.8 經濟稅收

大一統便利通商，繁榮鼓勵消費，奢侈刺激工藝。司馬遷形容富商大賈周流天下，同時指出，從事工商容易以貧求富，但要恆久守財，卻須置地務農。所以農是本，其他事業不過是末，「以末致財，用本守之」[146]。羅馬世界也有類似現象。豪富貴族是地主，不屑為工商等行業髒手。要利潤時，派家奴經營[147]。現代搶眼的工技商貿，在古代缺乏社會尊敬，只佔中國和羅馬的經濟的一小部分。經濟的基礎是農業。

絕大部分人民賴他們自己生產的物品維生。然而皇朝、帝國與一般自產自食的經濟不同，它們有穩定的錢幣，而且流通量相當大。羅馬帝國沿用共和國的貨幣系統，以銀幣作基礎，維持了兩百多年。三世紀危機時通貨膨脹，銀幣貶值作廢，政府一度以穀物徵稅和支付官薪軍餉，直至君士坦丁發金元，重新穩定貨幣[148]。

秦朝統一貨幣後，歷代皇朝沿用其方孔銅錢，重量各異，或以金銀作輔，但皆不像西方般發行金幣銀幣。漢初財政經驗不足，以致貨幣紊亂。武帝禁私人鑄錢，由政府發行優質的五銖錢，貨幣才上軌道，促進經濟[149]。不過此舉也與其他財政措施一樣備受攻擊。儒相貢禹上書說政府採銅鑄錢是浪費民力，應該循古，恢復實物交易的經濟[150]。

皇朝、帝國的常稅皆以土地稅為主，人頭稅為輔。羅馬帝國的地稅因區域而異，記錄載有十稅一、七稅一、五稅一。學者估計平均大約是百分之十五。帝國後期加稅，以應付軍需[151]。漢初的地稅是十五稅一，但皇帝時常「賜天下地稅之半」。景帝登基，即減地稅至百分之三點三。此稅率維持到東漢末，除了兩漢間內戰時，一度收百分之十[152]。

稅率說是徵收作物的百分之幾，但實際運作上，皇朝帝國皆因每個農戶的耕地，估計平均年產，定下固定稅額。這樣做收稅者方便，但納稅人必須承擔稼穡風險[153]。估稅公平，靠公平測度田地的面積沃瘠。它有多困難，可見諸光武帝慑於大族反抗，不得不放棄度田。羅馬帝國的估稅作弊一樣盛行。有權有錢者逃稅，滋長帝國後期的貧富懸殊[154]。

羅馬人十二歲或十四歲開始，到六十五歲為止，每年要交人頭稅。有些地區只及男人，另一些地區男女皆不免，稅率各異，詳情我不知道[155]。漢朝年十五到年五十六歲的男女，每人每年出賦一百二十錢，兒童二十錢。錢的價值要看物價。武帝穩定貨幣後，人民可以付兩千錢代替一個月的傜役。據此算來，一百二十錢應是一．八天勞力的代價[156]。

無償的兵役勞役是人民對政府的另一負擔。羅馬帝國的兵團是職業性的，士兵入伍十六年至二十五年，有薪金、退伍金及皇帝賞賜。非公民的附屬兵，待遇差得多，雖然退伍時可獲公民籍，但很多人仍認為兵役是羅馬最大的壓迫。軍人多招募而得，但帝國從未放棄徵兵，後期更因募兵困難而重複厲行。法定在伍、退伍軍人的兒子都必須當兵，其他兵員則依地稅比例由城政府徵發。一些被挑的人自砍拇指。提奧多西（Theodosius）命令城鎮，要徵兩個自殘的人才能抵一個健全的兵。雖然兵源缺乏，但羅馬軍隊一貫不納廚子或客棧老闆等從事賤業的人。戰士的尊嚴名譽，絕不容損壞[157]。

擊匈奴必須用騎兵，而騎射技術需要長期訓練。漢武帝取邊境六郡的良家子弟，以及從軍死士的孤兒，特別編制。不過漢朝的常備軍仍然遠小於羅馬兵團。西漢的主力來自徵兵。男子一生，在二十三歲到五十六歲之間，有義務服役兩年，其中一年是在本地受訓。實際徵發的機會不等。要服足兩年兵役是儒生反對伐匈奴的理由之一[158]。特別徵發則多以執賤業者為對象，更喜用囚犯及弛刑士[159]。

國家負責經營橋路河堤等公共設施，需要大量人力。參加工作的有士兵、囚犯、奴隸、雇工等，但大部分勞力來自無酬勞役。羅馬軍隊或官員公事旅行，有權臨時命令平民服務。正規的徵發由城鎮自理，市民們輪流承擔[160]。漢制，年二十三至五十六歲的男子，每年須服役一個月。當地有事時，可能十五歲便開始被招。權貴菁英，如通一經的儒生，得以免役[161]。

稅法規定人民對國家的義務，以及如何把擔子攤分到各種人的肩上。由於長期普及推行，稅法的設計是政府影響社會的犀利手段。學者指出，羅馬帝國的稅法是遞減式的，稅務和收入的比例越富越小，所以窮人的相對負擔比富人的重得多[162]。漢朝的常稅也一樣。乞丐和富豪付相同數量的人頭稅，在前者可能佔收入的半數，在後者不過九牛一毛。地稅比較好，但小農戶和大地主付同等稅率，相對的擔子也是小農的重。相反，現代民主國家多採取遞進稅法，稅率隨著收入增加，重擔子交給享受社會設備較多的富人，以調整社會均衡。這竅門中國的法家早已想到。管子主張重賦富人、輕賦貧人；韓非推薦「論其稅賦以均貧富」[163]。我們在5.6節看到，武帝需要軍費伐匈奴，但不肯加重常稅，用新制度讓富豪負擔些稅務，就是實踐遞進稅法的試驗。例如，算緡杜塞富商「歲有十二之利而不出租稅」的漏洞，針對商業財產，主要是舟車和批發的存貨，抽總值的百分之六[164]。據司馬遷觀察，當時的平均利率是十分之二，少了就為人不屑[165]。以此利率，百分之六的資本稅相等於百分之三十的「資本盈利稅」。不過它為豪富儒臣聯手攻擊，行不過十年。

地稅是地主交給國家的，地租是佃戶交給地主的。皇朝、帝國的地租一般都是收成的一半左右[166]。有學者分析，羅馬的地租比地稅高得多，其實是政府保護地主，讓他們盡量刮削吞佔社會產值[167]。羅馬是財閥統治，這政策不足為奇。可是秦漢的地租地稅分野，比羅馬更大。秦朝漢初的社會經濟主要是自耕其地的小農，地稅低是廣大人民的福利。後來土地兼併，低稅的福利轉移到小撮強宗大族身上。王莽責怪大地主交輕稅，卻重搾佃戶。他變法除弊，被鬥垮鬥臭。土地兼併愈烈，到東漢末，荀悅說：「今漢民或百一而稅，可為（謂）鮮矣。然豪強富人，佔田愈侈，輸其賦大（太）半。官收百一之稅，民輸（收）大（太）半之賦……是上惠不通，威福分於豪強也。」[168]豪強中，士族蒸蒸日上。

韓非論財政，說稅收應因時局需要而變。以「輕徭薄賦」為教條，不看時宜，不察詳情，凡見賦稅即罵橫徵暴斂，使政府無法理性斟酌損益，對社會可能有害無益[169]。東漢堅持低稅政策。

獲利的大地主菁英歌頌仁德，不提它助長貧富不均，不利廣大百姓，有的還抱怨重斂，要偷稅漏稅。稅收不足使政府乏力恤貧救災，維持治安，抵禦外侮，更別說興建公共設施了。據漢末仲長統觀察：「規為輕稅，及至一方有警，一面被災，未逮三年，校計騫短，坐視戰士之蔬食，立望餓殍之滿道。」[170]沒有穩健的制度理性地調整稅務，遇事危急時若不束手，只能胡亂搾取，像東漢應付羌亂，極是害民。

政府對人民最大的剝削，恐怕不是正常賦稅，而是不直接的刮搾，即政府寬容的貪污。官員徇私舞弊，早就存在。不過到皇朝、帝國晚年蔓延成風氣，腐蝕整個政府，後果我們留待第八章來看。

6.9 法律秩序

亞里斯多德說：「良好的政治有雙重意義：其一是公民遵守既有法律；其二是這些法律源自得當的立法程序。」[171]本節討論第一義，擱下立法制度和政府結構，專注日常的司法規律和法律秩序，即法家所謂緣法而治，簡稱法治。有些菁英不屑法治，因為它不及循憲法治。好高騖遠、想未行先跑外，可能他們拘於教條，以為法就是刑、守法是無恥盲從。其實奉公守法的精神基於理智思維，是公德和循憲法治的必備基礎。假如人民缺乏它，或文化貴族自以為道德優越便可以藐視法律，那麼無論寫得多麼冠冕堂皇的憲法，都不過一紙空言。

我們要討論的是法律的概念，不是法律的內容。談內容的，問某條具體法例是否合情理，是否有利社會，是否太嚴厲，是否已過時。談概念的，問法律的普遍性質是什麼，它有何社會功能，與道德公義有何關係，為什麼人們應該守法[172]。很多法條，譬如保護維持奴隸買賣，無疑殘暴邪惡。然而法律的內容有缺憾，並不意味我們應該因此鄙視法律的概念。因為同一個法律概念下，具體的法律內容可以改變，即如法律的機構制度不變，但立法機構卻時時頒發新法條，更改或廢除舊法條。鄙視法律的概念驅人因內容不完美而要取締法治。反之，尊敬法律的概念促人竭力改良法律的內容，使它更合情理、扶持更健全的社會秩序。

不同的法律概念是鷹與龍的一大分歧。一般來說，羅馬人尊崇法律；他們的頌詞多以自己的法治為榮。中國的法家也尚法律法治，不過法家的概念在漢武帝罷黜百家後備受壓制。儒家推崇人治，視法不外刑，與戰爭一樣，同是世上無可奈何之「不祥之器」。《漢書》、《晉書》把刑、戰歸納同一卷中。

法律概念之異，從兩地第一部成文法典面世即可見。與世界上很多文明一樣，兩地的成文法首先出現於變動的時局，應社會的需求，設立明確的規範以穩定秩序。然而它們遭受到不同的待遇：羅馬是喝彩聲，中國是詛罵。

公元前四五一年，階層鬥爭劇烈期間，羅馬公民普遍慶祝頒佈「十二表法」，視它為國家的偉大創建。古代史筆稱譽它是平民的勝利，現代史學家認為貴族能明智自制，亦功不可少[173]。法律有強制性，但規約在什麼情形下施什麼刑賞，教人們知道要為自己行動的後果負責。總的來說，羅馬人認為法律公佈明確規例以指導行為，讓公民們能理智地權衡得失，選擇行動，計劃將來，減少衝突，穩建秩序，鞏固共和國。國家人民、社會上下，全都得益。這是西方一貫對法律的概念[174]。

公元前五三六年，時值春秋末年，鄭國公佈成文法。晉國的賢卿叔向寫了一封長信，譴責鄭國的執政子產：「民知有辟，則不忌於上，並有爭心……民知爭端矣，將棄禮而徵於書。錐刀之末，將盡爭之，亂獄滋豐，賄賂並行，終子之世，鄭其敗乎？」二十三年後，晉國傚尤，把刑法鑄在鼎上。孔子與叔向唱和：「晉其亡乎，失其度矣……貴賤不愆，所謂度也……今棄是度也，而為刑鼎，民在鼎矣，何以尊貴？貴何業之守？貴賤無序，何以為國？」[175]

請注意，叔向和孔子都沒有責備法條嚴酷，叔向甚至明讚先王治民「嚴斷刑罰以威其淫」。酷刑早就通行，滅族之刑更是春秋貴族慣用的[176]。周朝每年正月懸掛刑具，威懾萬民[177]。紛爭是常事，裁判亦然。晉國鑄刑鼎前十五年，邢侯與雍子爭田。代理執政的叔魚娶了雍子的女兒，偏袒雍子。邢侯怒殺叔魚、雍子。叔向處理案件，判三罪同罰；殺人、賄賂、貪污者皆應處死，已死者戮屍。孔子讚曰：「叔向，古之遺直也。」[178]賄賂貪污處極刑，比秦始皇罰貪官去修長城重得多，但孔子不以為忤。同樣地，孟子時齊威王把政績差但聲譽好的阿大夫，連同嘗譽他的左右，統統烹殺，也沒惹非議[179]。刑罰輕重是法律內容上的問題。叔向和孔子反對的不是內容而是法律的概念，不是刑罰而是規約用刑的法律特性：法律的預先公開性、穩定一貫性、明確客觀性、必行信諾性、平等普遍性，即法家極力提倡的「明法」、「壹法」。全民事先得知的公共性是使刑法有別於刑罰的特質。儒家難以接受，因為它們有悖先王之道、貴族專權的人治。

現代研究發現：「古人治國，只知有『禮』與『刑』耳……似不知所謂『法』。故《詩》、

《書》中『法』字極少見。」「維繫團體者，全恃情誼和習慣，無取規規焉以法律條章相約束。以法治國的觀念，至戰國而始成立，古無有也。古代所謂法，殆與刑罰同一意義。」[180]先王人治，不公開頒發普遍性的規則法律，有案子由貴族個別處理。貴族如叔魚、叔向、齊威王的審裁皆隨個人的主觀情操權宜斷事，即叔向信中所謂，「昔先王議事以制」。因習俗禮教所拘，斷事並非完全胡亂，合情理的不少。貴族自誇有德守禮，所以人治自詡「德主刑輔」。然而這「德」的涵義模糊空泛，各人的品德又參差不齊，斷事隨意性很大，時常輕重不倫、反覆無常；叔向自己就曾幫助叔魚貪污[181]。權貴自稱其德高超，是小民無法明白爭辯的，如孟子曰：「君子之所為，眾人固不識也。」[182]人治，姑勿論其宗旨是否隱蔽判理，使民眾「不測其淺深，常畏威而懼罪」，事實上隱晦的「德」的確嚇唬了小民不敢去冒險得罪掌刑罰的權貴，貴族因此而獨攬權威[183]。

緣法而治，有衝突時以法律為最高的排解準則。法條清晰詳細，什麼行為有什麼後果，預先公佈，設立客觀普遍的行為準則，人人可以投訴依靠。界限劃清了，小民知道不少「危險地帶」是合法的，其安全受政府保護，可以據法爭辯，不必時時看著權貴的臉色。權移於法，制度取替了貴族大部分的隨意酌處權。羅馬人稱譽它為公民自由。中國的封建貴族譴責它損害道德，法律公平而不辨親疏，有損親親之仁，又如叔向所謂，使「民有爭心」而違反尊尊之義。

法律的確約制權貴，但若有宏觀視野，貴族也並非全輸。明文法律凝固確定了很多現狀禮教，改革需要經過明確的程序，所以權貴的既有利益在國家保障下免受習俗變出不測的威脅。法律使人人都能較好地預料行為的後果，明白自己有何取捨，防患於未然，因而行動的範圍大增。羅馬的貴族、平民在階層鬥爭中能達成協議，共立十二表法，表現出大家的理智[184]。儒術獨尊後也趕著把很多上下尊卑、保護士大夫權益的禮教寫入法典內容[185]。其對法律的敵意因而稍減，但未消失。

有西方學者說：「叔向書信的重要意義，在堅持公佈法律會危害道德和政治。這獨特的觀點似乎沒有在其他文明中出現過。」[186]更獨特的是，雖然社會巨變，這觀點仍改頭換面地長存。「法家亡秦」的論調，就是它的變奏（見第4.5節）。儒術獨專後，士大夫努力要爭回古代貴族的隨意酌處權，法即是刑的概念復興，法治被烙上「殘酷寡恩」的印記，法律時常受到排擠。現代學者總括皇朝菁英的觀念：「任司法者，不必拘泥於律令，律學不過是小道，刀筆吏的營生。法官，即學而優者，須選賢與能，講修齊治平，方能達儒者之律意。」[187]這等人治概念延續到今，成為推行法治的絆腳石[188]。

法治與人治

明文公佈的法律出世後，不能再打回胎中，不過立法的是人，司法的也是人，可以持各種態度相待。無論多詳細的法條都難以顧及複雜案情的所有枝節，留有斟酌餘地。因此法治和人治一樣，都涉及成一些客觀繩準和一些主觀判斷，但兩者的輕重比例大異。清廉正直等基本的道德人格是法治和人治的共同要求。此外，尚法治的君臣人民公認法律在上，司法人是法律的公僕，斷事必須盡量遵循法條，解釋條文必須盡力依據法律精神。因此法官必須具有法律知識，否則他無能盡職秉公判斷。羅馬的法官便以緣法而治為理想。相反，人治德主刑輔，司法人自誇品德高深莫測，足以憑個人的主觀運用刑罰，法律條文可有可無，而就算有也不必理會。

中國人治思想復辟，壓倒法治，第一炮是以經義斷事。漢武帝時董仲舒、公孫弘等議政論事，動以經對。董仲舒鞭撻法家，撰寫《春秋決獄》（又稱：《春秋決事比》）。廷尉張湯決人獄，欲附古義，聘治《尚書》、《春秋》的博士弟子為助手，有疑難親自向董仲舒請教。他們開兩漢風氣，判事決獄時直接引用儒家經典，或衍釋法條，或代替法律[189]。儒家講究修身正心，一向側重主觀意念。《鹽鐵論》儒生的形容與董仲舒《春秋繁露》的定義相似：「《春秋》之治獄，論心定罪。志善而違於法者免，志惡而合於法者誅。」[190]

定罪顧及動機的概念，如分別謀殺與錯殺，秦法已有[191]。可是對複雜的動機，法條實在粗疏，留下不少疑難，要法官酌情理定奪。這情形下，《春秋》所載的歷史經驗或可資參考。春秋決獄不乏合情理的案例，豐富了法律的內容[192]。然而，它蔑視法律的概念使一家一派的經典凌駕全民公奉的法典之上，鼓勵法官的主觀感情掩蓋客觀的證據，破壞法律制度，拋棄法律對司法人的約束，實在功不補過。

人的心理微妙。被告是志善或是志惡、思想正確不正確，證據難見，法官的主觀判斷難免。法治下，客觀的證據最重要，所以法官盡量抑制自己的主觀臆想。例如，漢初有人偷了高祖廟座前的玉環。張釋之按法判他盜宗廟物罪，因為沒有證據顯示他心謀叛逆，不肯順文帝之意加以重罪[193]。人治下，統治菁英的主觀掛帥。詮經心態習慣單尋符合主觀的蛛絲馬跡，漠視不符己見的事實。例如，武帝造白鹿皮幣，大司農顏異有異議，引皇上不高興。後顏異的客人與之論及法令不便之處，顏異不答，但嘴唇微動。張湯奏他「不入言而腹非」，判死[194]。

拋棄法律的約束，輕率編派動機給人，可以寬刑宥罪，也可以造成冤獄。《漢書》記載：「自（公）孫弘以《春秋》之義繩臣下取漢相，張湯以峻文決理為廷尉，於是見知之法生，而廢格沮誹窮治之獄用矣。其明年，淮南、衡山、江都王謀反跡見，而公卿尋端治之，竟其黨與，坐而死者數萬人。」廢格法律、窮究人的心機隱蔽處以尋端治罪的公卿引《春秋》「臣毋將，將而誅」；「將為逆亂」指人心萌不軌意念[195]。漢武帝使董仲舒的弟子呂步舒持斧鉞治淮南獄，以《春秋》之義，不待奏報，專斷於外[196]。淮南王一案死者數萬，單是列侯、二千石、豪傑，就有數千人[197]。

武帝時普遍濫用刑罰[198]。詆毀法治的宣傳不問實情，凡見酷吏就歸咎法家。其實法家或有主張明文宣佈峻法嚴刑，但一貫禁止違法亂判。細查兩漢的〈酷吏傳〉，可見酷吏分兩種。像董宣般鐵面執法、不肯循情寬宥權貴的是法家的酷吏。此外是各種越法濫刑的酷吏。這第二類中有違背法家思想的人物，也有貫徹「志惡而合於法者誅」的春秋斷獄者，以及唱清天下而濫殺宦官親屬的東漢黨人。這些酷吏的指導思想不是法治，而是說德用刑的人治[199]。

與具體法條的詳細切實相反，道德禮教的教條隱晦空疏，「非禮」、「不義」等罪名可以包庇當權者隨意用刑，如漢末董卓招納名士，「籍吏民有為子不孝，為臣不忠，為吏不清，為弟不順，有應此者皆身誅，財物沒官。於是愛憎互起，民多冤死」[200]。東漢末的應劭熟悉春秋斷獄，鑑於兩漢經驗，引枉法實例警告：「若乃小大以情，原心定罪……敗法亂政，悔其可追。」[201]現代學者總結：「漢初，法治嚴酷，但尚有法可依。從董仲舒開始，由於強調誅意、誅心、原心論罪，引經義以斷獄……法本身被隨意解釋，濫用而無法可依。」「漢代儒家學者引經決獄，將儒家經義置於國家的成文法律之上，必然使法家思想剛剛建立起來的『事決於法』的法制理念遭到破壞，這種藐視法律的破壞作用對於中華法系的法制理念影響至深。中華法系始終沒有形成法律至上的法律理念，與儒家思想關係極為密切。」[202]儒家獨專後，歷代皇朝的統治菁英普遍推崇人治，認為他們自己有德，凌駕法律之上。難怪兩千年來專制日甚，菁英之首的皇帝變得無法無天。

道德與法律

兩千多年來儒生津津樂道夫子之教：「禮者禁於將然之前，而法者禁於已然之後。」「道之以政，齊之以刑，民免而無恥。道之以德，齊之以禮，有恥且格。」[203]這教條顯示兩個儒家概念。一是禮、法對立，尚禮貶法。二是法等於刑，因為只有刑罰是事後施行。這兩個概念皆褊狹可非。法並不等於刑；法律一早公佈，其主旨就是要人知法而不犯，禁於將然之前。法律、禮教、道德都訴諸人們是非之心，提供行為的準則規律，細節上或有衝突，但基本上並行，並不相悖。

內容上，古今中外很多具體法條都源自當時當地的風俗習慣、道德禮教，所以法家強調立法必須順情合理[204]。實施規範的手段上，法律和禮教一般依靠強制，不過前者施政治壓力，明陳坦佈，後者常施社會壓力，並以美詞掩飾。孔子教統治者：「子帥以正，孰敢不正？」孟子說井田下人民「公事畢，然後敢治私事」[205]。「敢」字透露仁政教化的底蘊。法律和禮教哪一個比較殘酷？很難說。教人餓死不比斬人頭更仁慈，纏小足也和肉刑一般傷殘人體。很多羅馬戰士兵潰時寧死不願日後受人奚落，可見社會裁制之可怕[206]。不過法與禮的強制多旨在驅人向善，先苦後甜。若兩者配合，最能實現它們維持社會秩序的共同宗旨。把它們對立起來，反而會危害社會。

人世上沒有萬靈的單方。春秋末禮崩樂壞，證明禮樂教化的能力有限。同樣地，沒有良好的社會風氣作基礎，法律的治安功效也不大。商鞅曰：「國皆有法，而無使法必行之法。」這事實中國法家、羅馬律師、現代法理哲學家都明白[207]。然而他們並不因此而唾棄法律。他們知道，健全的社會少不了道德教育，而明法是德育的重要部分，所以羅馬學童背誦十二表法[208]。希臘哲人派薩格拉斯（Pythagoras）說，要教導兒子，最好是讓他在一個有良好法律的城邦裡，長大成公民[209]。亞里斯多德解釋公民怎樣因知法而向善。人們慣於依法行事，習以為常，汲收法令，就像他們領會禮教習俗一樣。這還不止，法律公開、明確、具體，很多法條還附有理由，解釋為什麼這行為要立為規律，因此人們從奉公守法中培養的，不止好習慣，還有理解力；不止羞恥心，還有分析各種羞惡、分辨對與錯的是非理性[210]。同樣地，商鞅說好的制度可以變化風俗，使人心誠悅服。男女有別、非其義餓不苟食等道德行為，「乃有法之常也」[211]。例如，秦法禁棄灰於地，類似現代為了保護公共衛生而重罰隨地吐痰、亂拋垃圾的法條。開始時人們可能只是怕罰，但享受到整潔的公眾場所，知道為什麼不應該棄灰於地，自動去找垃圾箱。所以今天很多地方，就算禁令鬆弛也少人犯法。這種教化正是法家「立法化俗」、「以刑去刑」及「小過不生，大罪不至」的思想見效[212]。良好的小習慣，慢慢積聚，潛滋暗長公德心，變化風俗，以至「刑設而不行」[213]。即如亞里斯多德說，「預防人們目無法紀至為重要，尤其是要防範瑣事上枉法」[214]。儒生斥以刑去刑為「橫施淫威」，實在忽略了防微杜漸的教化功能。

法律屬於政治，留下社會空間讓給家庭、學校、宗教活動。秦簡《語書》、《為吏之道》等顯示政教配合以提高人民道德的嘗試[215]。《漢書．循吏傳》所載的政績，亦多是一面「奉法循理」，一面勸教孝悌，而且多在王霸道並重的宣帝時代。法治與教育相輔相成的實例，放眼今天世界，可謂比比皆是，不用多說。可是法律政治和學校教育分工合作，卻與儒家政教合一的思想有衝突。儒家修齊治平，內聖外王，與入仕做官密不可分。它所謂「教化」不止一般教育，最重要的是飽讀經書的儒者任高官重位，作帝王師，作民表率。細察「教化」名下與法治的實際衝突，可以發現不少其實是政治上的爭權奪位。

撇開權利之爭，我們看到法治可以補充儒家道德的弱點。儒家偏重感情、私德、人際關係，法治可以幫助培養理智、公德、社會結合。儒家道德訓練孝子忠臣順民，尊重法律可以培養更完備的人品，造就國家的公民。

公義與人情

禮法對立，和義利對立、王霸對立一樣，顯示出儒家概念的褊狹不容。用幾何作比喻吧。假如所有事物都限在單一條直線上，難免這邊長了、那邊短了，引起不相容的爭執。但假如不限於一線而開發平面甚至立體，那麼容物的空間大增，可以同時加長加闊，互不牴觸。概念是思想的架構，不同範疇的概念就像長度、闊度等不同的維度，使思路大增，也使思想更複雜。學者已指出，儒家「思維往往線性的，達不到平面，知道線外有點有線，也置之不顧」，所以黨同伐異的排他性特強[216]。法治概念超越儒家三綱五倫的單線思維，開發新的公共範疇，足以兼容禮法、義利、王霸，但備受排斥。

齊宣王看見一頭牛將被殺以祭祀，不忍牠的觳觫恐懼，命令免了，以羊代死。孟子讚宣王推恩之心是仁術：「聞其聲，不忍食其肉，是以君子遠庖廚也。」[217]這種仁恩表現人治的脈脈私情。然而從法治的觀點看，犧牲了無辜的代罪羔羊，有違背公義之嫌。

儒家的君臣父子專注個人和個人之間的關係，如圖2a所示，而且強調有特殊關係的人，如齊宣王親眼見到那牛而起惻隱之心。這種基於感情的私德視野不大。孟子說君子需要遠離庖廚，是他洞察到人類心理的局限，雖然常常說「天下」，但知道實際上推恩推不了多遠。他曾經勸說齊王開倉濟民；第二次齊國大飢，人民懇求他再發仁心去勸齊王，他就不肯了，說這是重做馮婦，為士者笑[218]。他教人若見同室操戈，不及正衣冠就應相救，但若是鄉鄰相鬥，關起門來就是了[219]。儒家倫理的切實內容多只限於家庭宗族，所以其組織結構，不論是國家朝廷、學術師門、江湖幫會，全是家族模式，孟子所謂「堯舜之道，孝弟而已矣」。有識之士看到這模式的不足，提出「天下為公」等口號，但它們始終缺乏思想內容。《禮記．禮運》說大同社會，不過一百零七字，此後長篇大論的，皆是「各親其親，各子其子」的小康私德。空洞的「大公無私」口號對翔實的私德倫理，難怪今天學者探討儒家公私之辯，發現結論分歧猶如水火[220]。

私德調節特殊的個人關係，公德調節普遍的社會關係。報殺父之仇是私德，按下恨讓法律去懲罰仇人是公德，法庭審查證據、公平地裁制殺人者是維持報應公義（retributive justice）。世界各地都重私德，儒家的特色是堅持私德主宰政治。譬如，舜為天子，其父瞽瞍殺人，他怎麼辦？孟子答曰：「舜視棄天下，猶棄敝蹝也。竊負而逃，遵海濱而處，終生訢然，樂而忘天下。」朱熹讚之為「天理之極」[221]。假若舜是普通人，也許孔子的「子為父隱」情有可原[222]，但舜不是平民而是天子。假若天子只是權威富貴，那舜之棄位可算是為親情作犧牲，但連秦始皇都知道，天子身負天下人民安危的責任。儒家的人治依靠統治者的表率，舜身為典範，行為的影響至巨。孟子、朱熹的設想展示模範聖王欣然只顧私情，樂然漠視公職，不理死者家屬所求的公道，無睹天下因他驟然逃亡而大亂的可能，背棄信任他的天下人民有如丟掉只破草鞋。這種「天理」顯示傳統統治菁英的公德心、責任心何其薄弱。這不是個別疏忽。孟子說舜明知他的弟弟是個欲謀殺兄長的壞蛋，但仍因愛他而派他去治理臣民，不顧他會凌虐人民的可能。庾公因私人交情，放過侵略國家的敵人[223]。公德公義闕如的實例比比皆是，皆顯示儒家的線性思維，不能兼顧公私。

儒家的理想是無限擴大私德。孟子曰「人人親其親、長其長而天下平」[224]。但稍顧現實即能發現這不費心思的答案行不通。瞽瞍所殺的人也有親屬，他們也親其親。對孤兒孀婦的悲痛，舜毫無惻隱之心。若人人向聖人學樣，為他自己的親情利害而不顧一切，天下怎能平治？《禮記》載孔子之教：父母之仇不共戴天。街上碰到仇人，馬上決鬥[225]。然而報仇打鬥有損社會公眾安寧。秦尚公利，因此嚴禁私人尋仇；受害者可訴諸官，由政府負責追捕罪犯，加以法定的懲罰[226]。這樣，國家的法制把個人的報復心情昇華為報應公義，兼顧私情公理。漢隨秦法。然而私鬥風俗繼續受到禮教支持。從董仲舒到白虎觀論經的大儒，莫不重申《春秋》的報仇大義，以致東漢時「人相殺傷，雖已伏法，而私結怨讎，子孫相報，後忿深前，至於滅戶殄業，而俗稱豪健」[227]。士人為友復仇，官吏私縱因報仇而犯法的人。這些違法行為危害社會秩序，但漢儒清議卻賦予高名盛譽[228]。菁英藐視法律、以私廢公的態度長存。皇朝末日，梁啟超歎中國傳統教育：「中國道德之發達，不可謂不早。雖然，偏於私德，而公德殆闕如。試觀《論語》、《孟子》諸書，吾國民之木鐸，而道德所從出者。其中所教，私德居十之九，而公德不及其一焉。」[229]

法治的功能之一是訴諸理性，開創新概念，充實公德的詳細內容。法律容納合理的個人關係，而且進一步提出普遍性的規律，例如所有無辜者都不應受到傷害，應用於全民，不因某人與統治者有特殊關係而廢。法律主旨在避免或化解人們在複雜社交中會產生的種種摩擦，力求不偏不倚，使所有人都心服。普遍性的規律與空洞的口號不同，因為它們必須有能實際應用的細則。它們涉及甚廣，應用在個別事件上常會有所衝突，所以解除矛盾，確立良好的普遍規律殊不容易。何謂「無辜」？何謂「偷搶」？無數這樣的解釋組合成「公義」的切實內容。立法者察看民情，尋找適宜於公眾的普遍規律，解釋清楚，使大家能明白，立為制度。人民有一個共同的行為準則，共同遵守，因而有所認同，結為團體。公共制度超越個人之間的關係，引進公平公道等新概念，為社會開拓了新的交往範疇，如圖2c所示。公共範疇在希臘羅馬旺盛，在中國戰國時由法家推創，可惜它受儒家詮經心態的排斥，在傳統中國發育不良。

法律支撐公共世界，建立客觀環境，使人民能創發新思想、從事新活動。這功能最顯見於民法，中國和羅馬對法律的不同態度也最顯見於民法。民法的強制性較小，主旨在便利人們交接。政府綜覽社會經驗，估計人們某種交接可能發生什麼困難，預先立下避免爭執的規例，法家所謂

「定名分」，擴大人民的社交活動範圍。民法坦誠地陳列利害關係，可謂是先以小人之心設立防範，然後使人們在範圍內能君子相交，就像象棋的棋規，使弈者即使大搏殺亦不傷和氣。你想買田地，又怕日後爭執？如此這般，你可以獲取地契，證明你有政府認可的地產權。民法詳顧細節，幫助人們建立複雜而理性的契約，組織種種社會關係；若有糾紛，它依照公開明白的準則，合理地排解，對經濟商業發展，尤為得力[230]。

羅馬貴族慣以訴訟解紛，羅馬的法律系統中民法的成就最高。公元五三四年查士丁尼（Justinian）大帝整理綜合歷代民律，編纂頒佈大法典。它在十一世紀時復興，為日後西歐發展法律和法學提供了一個基礎[231]。儒家君子厭惡民法明陳利害，例如董仲舒批判法家發展地產權[232]。即使民法存在，他們也輕法以自貴，不少郡守縣令處理民事訴訟，不似法官而似仲裁。法官有職責依法律秉公判決；仲裁則恃個人的地位名望，不靠法律，近乎叔向所謂議事以制。更有儒臣承夫子「必也使無訟」之訓，遇訟責怪自己教化不到，閉門思過，其實是發動宗族鄉官的社會裁制力，強逼訟者改造思想[233]。這樣做或可息事，人是否得寧就難說了。不過可以猜度，委屈窩囊的多數是窮人弱者。由於統治菁英輕蔑，中國的民法比羅馬律簡陋。地主和佃戶之間的關係在農業社會裡極為重要，但學者發現，到皇朝末年，「有關田地租賃等法律顯得令人詫異的馬虎」[234]。此等粗略的民法或許寬仁地主壓逼佃戶，但有礙社會經濟的發展。

理智與教條

儒家倫理注重情誼，比較忽略理性。「理」字不見於大部分儒家經典，後來出現的也多是形上超驗的「天理」之類。知識論上的理性理智得墨家法家推衍，荀子也有貢獻，但與詮經心態格格不入，儒術獨專後黯然失色[235]。理智是普天下人類的天賦官能，它的發育程度卻因各地文化而異。理智並非萬能，但沒了它就沒法解決稍微複雜的問題。處理很多實際問題的理性並非什麼高級學問，而是常識和判斷力：尊重事實、真相、經驗、細節，討論時分析事物，據因循理，逐步推想，解決矛盾，清除每步上的疑難，使意念明白，調協貫通。這些實在的理解功夫，比念死書拋教條的詮經費神得多了。中西對理性不同的態度影響巨大，倫理政治亦不免。有學者比較亞里斯多德的倫理學和儒家的倫理學，發現它們的思考方式不同。前者慣於分析理解，後者慣於比喻類推。亞里斯多德考慮行為取捨，把可能的目標各自分解為所涵因素，把達到目標的過程分解為小步驟，使因果明瞭，以資選擇。儒家的比喻類推，事君如事父，治國如齊家，整體觀事，懶得細查枝節理路，大言一步登天[236]。分析思考著力於理智，陳列細節論據，適合法律裁判。整體比喻著力於直覺，挑動意氣感情，適合宣傳說教。理可以公開討論，情是私人感受。重理或重情，不同的思維傾向，導致西方和中國對法律的不同態度。

亞里斯多德說：「提議應該由法律統治的人，其實是提議應該由諸神和理智統治……法律是免除慾念的理智。」西塞羅說：「理智發展到頂點，即化為法律。」[237]西方文化強調法律有理性，人民有能力運用自己的思維，明白道理，知道為什麼法例要求或禁止某種行為。因此法律能教育人民，提高奉公守法者的自我尊嚴。公共利益必須兼顧億萬人的紛雜渴望和價值取向，所以公共道德訴諸冷靜思考多於衝動感情。儒生攻訐它「刻薄寡恩」實是不明理。

以公平為例。原則上，羅馬人和中國人都贊成相同的案件應得相同的判斷。法家強調法出必行，信賞必罰，就是要司法公平。公平的原則凸顯於法條的普遍性，某具體法條規範某類行為，如謀殺人者死，與謀殺類似的個別事例，同樣處理。然而普遍性的法條難以顧及個別案情的細節。為了補此不足，司法時常引用舊案的判決，東西方皆然。秦漢法律中的「比」，即判例[238]。援判例合乎儒家比喻類推的思想方式，但若不細加分析，援例容易像《春秋》斷獄般淪為穿鑿附會。人類事務千變萬化，極少有兩個案件百分之百相同。某些複雜的案件可能一方面相似，另一方面相反。舊判可能有錯，也有可能牴觸有關的法條。司法人必須細察證據實情，理智地剖析案件涉及的各種因素，看哪一方面受哪一法條規限，哪一方面與哪一案例相似，綜合推究斷案。要公平斷獄，極費心力。羅馬緣法而治，儒家德主刑輔，不同概念下，實踐背道而馳。

羅馬帝國裡，職業性的律師作書授徒，但一般不參與訴訟，以保持自己不偏不倚的立場。執政官或法官審案遇到疑難時找他們顧問。他們分析案情，尋求困難的癥結，闡釋有關的法條判例，若有矛盾，取捨調解。他們的斟酌甚得力於自己長期實踐所得的經驗直覺。在判決書中，他們分析事理，解釋判斷的理由，或澄清意念混淆，或駁辯舊例錯謬，或創立新規矩，竭力把思想清晰地表達出來，把個人的經驗變為可以傳授的知識。他們的判斷成為案例，他們提供的理由開闢思維途徑，使後人能踏階而上。就這樣，一步一步地經過數百年，羅馬律師積聚了理解透徹、整合精微的法典，千頭萬緒，皆理順疏通，細織成錦。因為人人能明白，所以解釋清楚的事理具有客觀的力量，饒是皇帝權大，也不能隨意大肆改動。「羅馬法律史，可說是把常識判斷有組織系統地應用到一系列的社會問題，使專斷的權威無從插手。」[239]有能力約制暴君的法律不是天上掉下來的，而是世世代代思維努力的累積成果。

一個踏實理解，分析案情，憑理性判斷；一個高唱道德，憑主觀感情斷事用刑。聽訟斷獄是縣令郡守的重要職責，但備受鄙視。東漢時已有人指出「縉紳之儒不通律令之要」。「刺史守相，率多怠慢，違背法律，廢忽詔令……細民冤結，無所控告。」「郡縣既加冤枉，州司不治。」[240]到了晉朝，「在職之人，官無大小，悉不知法令」。「臨時議處……皆在法外。」[241]斷獄清明的法官當然有，但從人民對「青天大人」的嚮往中，可見他們其實不多。況且他們的個人聰敏隨他們而逝，不如羅馬的判斷，經過理解整合而累積在法典中，成為社會的共有知識。漢朝也有法典，但只草率撮集，雜亂成章，如《晉書．刑法志》形容：「一章之中或事過數十，事類雖同，輕重乖異。而通條連句，上下相蒙。」同樣的案子，判斷大異，裁判的理由也互相矛盾。章句解釋，七百餘萬言，篇幅浩瀚，更錯糅無常，無理可稽，使人不能卒讀[242]。千頭萬緒，一團亂絲，使儒臣更有藉口不拘法律。「縣官斷案，擅審擅判」想是使民無訟的好方法[243]。東漢的皇帝們炫耀自己仁德，隔不多時便大赦天下，以致歹徒預期赦免而殺人[244]。真是法不必信，賞罰不必果，唯「仁」所在。司法公平的原則付諸流水，《春秋》斷獄冤死的人數遠逾暴秦坑儒。法律被剝奪了公平公義的性質，餘下的只是刑罰，乃是自負仁德的統治者的打手。法治崩壞，公共空間萎縮，政治被壓回到君臣五倫的人治框框。

從法治到人治的概念轉變，從名字上即可見到。「法」字從水，一意喻平如水面。張釋之以天平象徵法治，與西方的象徵不謀而合[245]。秦漢的最高司法官叫「廷尉」，《漢書》注曰：「廷，平也。治獄貴平，故以為號。」「聽獄必質諸朝廷，與眾共之。」[246]南北朝一直到皇朝末日，最高司法署叫「刑部」：「刑」字從刀，斬去了「廷尉」公平公共之義。

註釋

❶《漢書》43: 2126-8。
❷ Dio Cassius, 54.12. Suetonius, *Augustus* 35.
❸《後漢書》1: 85；32: 1125。趙翼《二十二史札記》卷四。
❹ Wells 1992: 258, 260. Potter 2004: 124.
❺ Loewe 2006: 179. Jones 1964: 182-7, 341-2.
❻ 邢義田 2100: 655-668。參見 http://www.chinaandrome.org/Simplified/culture/military.htm.
❼ Goldsworthy 2006: 213, 324, 335.
❽ Wells 1992: 123-4. Syme 1939: 304, 352. Southern 1998: 156.
❾《漢書》1b，54-5。
❿ 楊振紅 2009: 126-32。赫治清，王曉衛 1997: 52。Loewe 2006: 61-4，138.
⓫《漢書》3: 102。赫治清，王曉衛 1997: 55。李玉福 2002: 298-9。
⓬ Polybius, 40. Wells 1992: 7. Purcell 1991: 193.
⓭ Syme 1939: 516, 406.
⓮ Honoré 1995: 7-8. Lucas 1985: 106-8. Peerenboom 2002: 3, 8-9。
⓯《管子・任法》。參見《商君書・修權》。
⓰ 卜憲群 2002: 245-7。瞿同祖 2007: 100-2。Boddeand Morris 1967: 29.
⓱ Kunkel 1973: 68-9, 73.
⓲ Finer 2007: 536-7. Nicolet 1993: 9. Lawson 1965: 104-5. Hulsewé 1986: 536-41.
⓳ Millar 1992: 616.
⓴ Ulpian, quoted in Wells 1992: 212, 263.《漢書》60: 2659。
㉑ Dio Cassius 53.19. Loewe 2006: 171-8.
㉒ Pliny, *Panegyric*, in Lewis and Reinhold 1990: II.21.
㉓《商君書・修權》。
㉔《漢書》50: 2310。
㉕ Bennett 1997: 209.
㉖《漢書》40: 2047。
㉗ Tacitus, *Histories* 4.8.
㉘ Lewis and Reinhold 1990: I.589, II.7.
㉙ Loewe 2006: 171. Burbank and Cooper 2010: 4, 58-9.
㉚ Millar 1981: 13. Jones 1964: 3-4.
㉛《漢書》89: 3640。Loewe 1986b: 120.
㉜ Ward-Perkins 2005: 48.

㉝ *The Holy Bible*, Acts 22: 28.

㉞ Bennett 1997: 120. Ste Croix 1981: 455-62. Wells 1992: 214, 246. Garnsey and Saller 1987: 111, 116-8.

㉟ Wells 1992: 265-6.

㊱ Bury 1958: 16. Cameron 1993: 42.

㊲ Mann 1986: 246.

㊳ Walbank 1981: 215-7. Lewis and Reinhold 1990: 620-3. Millar 2004: 298-301.

㊴ Pliny, *Panegyric*, in Lewis and Reinhold 1990: II.22, 21.

㊵ Rostovtzeff 1957: 116, 121-2.

㊶ 呂思勉 2005b: 439。

㊷ Tacitus, *Annals* 3.25. Ward-Perkins 2005: 39.

㊸ Suetonius, *Vespasian* 25. Dio Cassius 65.12.

㊹ Millar 1981: 34.

㊺ Wells 1992: 218. Starr 1982: 110-2. Bennett 1997: 67-70. Millar 1981: 34-5.

㊻ 童書業 2006b: 13-5。雷戈 2006: 95-101。

㊼ 《漢書》4: 111。

㊽ 《漢書》75: 3154；77: 3247。

㊾ 錢穆 1957: 215-9，284，294。

㊿ 《左傳》襄 14。Dio Chrysostom, *The First Discourse on Kingship*, 12.

51 *Augustus* 34.

52 《史記》6: 245，247。

53 《史記》6: 245。

54 Wells 1992: 104-7. 《漢書》93: 3726。

55 Millar 1981: 18-9. Garnsey and Saller 1987: 149-50.

56 雷戈 2006: 450-61。Loewe 2006: 9，13.

57 Beard 2009. 雷戈 2006: 477-8。

58 Millar 1992: 209, 211.

59 Campbell 2002: 12-3. Mattern 1999: 12-3, 200-202. Millar 2004: 26, 176-7; 1993: 141.

60 Plutarch quoted in Millar 1992: 3-4. Bennett 1997: iv. Dio Cassius, *Histories*, 69.6.

61 《漢書》89: 3624。

62 Millar 1981: 12. Purcell 1991: 197-8. Syme 1958: 224.

63 Millar 1992: 6, 10, 266-7, 271, 617; 2002: 298; 2004: 21-6.

64 Loewe 2006: 92.

65 《史記》6: 253，258。瞿同祖 2007: 77-8，100。

66 《漢書》5: 140。
67 Skocpol 1985: 9-12.
68 Cicero, *Obligations* 2.73, 2.83-4.
69 Reinhold 2002: 28. Syme 1939: 351.
70 Finer 1997: 412, 416. Gabba 1987: 210-1.
71 Garnsey and Saller 1987: 112-5. Millar 1981: 28-31. Bennett 1997: 6-9.
72 Hopkins 1983a: 120-7, 194-7. Garnsey and Saller 1987: 123-5.
73 Millar 1992: 283-5. Starr 1982: 59.
74 Harris 1979: 13. Syme 1958: 230-1. Southern 2001: 254-6.
75 Brunt 1988: 9, 54, 62. Rostovtzeff 1957: 63. Wells 1992: 214-5, 246. Crook 1967: 282-3.
76 瞿同祖 2007: 106-10。錢穆 1957: 50-1，74-6，90-3.
77 田昌五，安作璋 2008: 188-90。蘇俊良 2001: 87-97。許倬雲 2006b: 372-3。
78 《漢書》48: 2252-3。見第 4.5 節。
79 趙翼《二十二史札記》卷二。許倬雲 2006b: 337-9，375-6。
80 《史記》130: 3289。《漢書》30: 1723；88: 3620。
81 《漢書》73: 3107。
82 《漢書》81: 3346-7，3349。
83 《後漢書》78: 2523。瞿同祖 2007: 178-80。
84 黎明釗 2013: 102。
85 許倬雲 2006b: 374。閻步克 1996: 463。馬彪 2002: 95-8。
86 錢穆 1940: 184-6。馬彪 2002: 91-5。黎明釗 2013: 53-7。
87 余英時 2003: 359-60，264-9。瞿同祖 2007: 180-4，199-201。
88 《漢書》43: 2125-6。
89 瞿同祖 2007: 76-7。Millar 1981: 27-8. Rutledge 2001: 87-9.
90 《漢書》72: 3081-2；76: 3215-6。于迎春 2000: 251-3，278，402-3。Rutledge 2001: 87-9. Millar 1981: 27-8.
91 王符《潛夫論・務本》。于迎春 2000: 380-1，402-3。
92 《朱子語類》，蕭公權 1946: 540 引。
93 Tacitus, *Annals* 1.11, 3.65.
94 梁啟超 1996: 48-9。余英時 2003: 359-60。
95 錢穆 1957: 256-8。Loewe 2006: 17-21.
96 Purcell 1991: 197-203.
97 Wells 1992: 115-6. Millar 2004: 47-88. 蘇俊良 2001: 159-187。Loewe 2006: 29-31.
98 Millar 1981: 21-7. Syme 1958: 224. Starr 1982: 56-9.

⑨⑨ Millar 1981: 28-31. Bennett 1997: 6-9.
⑩⑩ Millar 1981: 55-8. Eck 2000b: 241.
⑩① Millar 1992: 110-22. Starr 1982: 69, 83. Syme 1958: 50. Jones 1964: 333-7.
⑩② 蘇俊良 2001: 62-5。李玉福 2002: 114-37。廖伯源 2003: 183-97.
⑩③ 錢穆 1957: 253-8。蘇俊良 2001: 69-75。卜憲群 2002: 129-136。
⑩④ 黃留珠 2002: 439-47。田昌五，安作璋 2008: 190-2。
⑩⑤ Jones 1964: 338-341. 勞榦 2005: 57，61。黃留珠 2002: 445-6。
⑩⑥ Hopkins 1978a: 173-7. Eck 2000a: 211. 瞿同祖 2007: 103-5；211-28。
⑩⑦ Jones 1964: 341-4. 田昌五，安作璋 2008: 468-9。
⑩⑧ 楊鴻年，歐陽鑫 2005: 281-5。錢穆 1957: 264-7。
⑩⑨ Garnsey and Saller 1987: 113. Jones 1964: 373-5. Potter 2004: 368-71.
⑪⓪ 楊鴻年，歐陽鑫 2005: 290。Bielenstein 1986a: 507.
⑪① Adkins and Adkins 1994: 111-2. Gibbon 1994: I.614.
⑪② Millar 1981: 64-6. Lintott 1981: 65-9.
⑪③ Aristides, To Rome.
⑪④ 錢穆 1957: 259-1。蘇俊良 2001: 208-10。楊鴻年，歐陽鑫 2005: 281-5。
⑪⑤ Jones 1964: 714-5; 1940: 268-9. Garnsey and Saller 1987: 28-30. Hopkins 1978b: 67-75.
⑪⑥ Rostovtzeff 1957: 63. Jones 1940: 170, 166-9.
⑪⑦ Aelius Aristides, *To Rome* 59, 64.
⑪⑧ Meier 1990: 57. 參見 Wells 1992: 214, 238. Starr 1982: 95-6. Lintott 1981: 20-1.
⑪⑨ Jones 1964: 467-9, 724-34, 1049-51. Potter 2004: 40-9.
⑫⓪ Syme 1939: 476.
⑫① *The Horly Bible*, Matthew 27.24.
⑫② 楊鴻年，歐陽鑫 2005: 371-2。周長山 2006: 50-4。
⑫③ 《漢書》1 下 : 54。
⑫④ 《史記》30: 1420 ；122: 3132-3 。周長山 2006: 65-6。Chen, C-Y, 1984: 144-5.
⑫⑤ 《漢書》19 上 : 742；90。《後漢書》77。
⑫⑥ 馬彪 2002: 38-40。見 6.6 節。
⑫⑦ 馬彪 2002: 93-8。許倬雲 2005b: 59-62，202。
⑫⑧ Hopkins 1980: 121. Garnsey and Saller 1987: 20.
⑫⑨ Potter 2004: 69-72. Jones 1964: 31. Lintott 1981: 48-9.
⑬⓪ Millar 2004: 132, 156. Eck 2000b: 251.
⑬① MacMullen 1988: 124. Lewis and Reinhold 1990: II.469-71.
⑬② Millar 2004: 132, 156. Eck 2000b: 251. Lewis and Reinhold 1990: II.470.

133 Millar 1981: 61-2. Lendon 1997: 3-5. Lintott 1981: 50-2. MacMullen 1988: 145.
134 《漢書》19 上 : 721 注。《後漢書》24: 3558-9。蘇俊良 2001: 116-7。
135 于振波 2012: 191-2。
136 許倬雲 2005: 65。Loewe 2006: 64-5；2009: 74.
137 蘇俊良 2001: 75-8，119-21。
138 卜憲群 2002: 286-8，293，316。Loewe 2006: 38-9.
139 《後漢書》24: 3558-9。Hsu 1965b: 368-9.
140 《後漢書》24: 3555。
141 Heather 2005: 28. Kelly 2004: 111. Jones 1964: 1057. Cameron 1993: 39-41.
142 蘇俊良 2001: 78-80。廖伯源 2003: 280。
143 《漢書》19 上 : 743。
144 Light 2003.
145 Jones 1964: 725-6.
146 《史記》129: 3261，3274，3281.
147 Wiedemann 1981: 8. Garnsey and Saller 1987: 43-51. Rostovtzeff 1957: 192, 343, 346.
148 Scheidel 2009b: 170-8. Greene 1986: 48-50, 59-62. Jones 1974: 69, 75-6.
149 Scheidel 2009b: 143-55. 林甘泉 2007: 395-403。李劍農 2005: 180-6。
150 《漢書》72: 2075-6。
151 Brunt 1981: 161-2. Potter 2004: 55. Jones 1974: 132-5.
152 《漢書》24 上 : 1135。林甘泉 2007: 426-36。李劍農 2005: 238。
153 Millar 1981: 93. Nishijima 1986: 597.
154 《後漢書》1 下 : 66-7；22: 780-1。Jones 1974: 86-8，129.
155 Jones 1974: 164-5. Potter 2004: 56-7.
156 《漢書》1 下 : 46；7: 230。林甘泉 2007: 437-43。錢穆 1957: 166-8。
157 Millar 1981: 99, 120-2. Mattern 1999: 83-6. Jones 1964: 614-9.
158 《鹽鐵論・繇役》。De Crespigny 2009: 93.
159 錢穆 1957: 136-45。林甘泉 2007: 481-91。赫治清，王曉衛 1997: 52-6。
160 Millar 1981: 81, 97-8. Jones 1964: 724.
161 林甘泉 2007: 463-8。Nishijima 1986: 599.
162 Jones 1974: 172-3. Potter 2004: 59.
163 《管子・山國軌》。《韓非子・六反》。
164 《漢書》72: 3075。錢穆 1957: 152-6。
165 《史記》129: 3272，3274。
166 Jones 1974: 116; 1964: 1043. 《漢書》24 上 : 1137。

⑯⑦ Hopkins 1980: 104-5, 122.
⑯⑧ 荀悅《漢紀》，田昌五，安作璋 2008: 247 引。Nishijima 1986: 597-8.
⑯⑨ 《韓非子 · 六反》。
⑰⓪ 《後漢書》49: 1656。
⑰① Aristotle, *Politics* 1294a.
⑰② Hart 1961: 2-3, 6-11.
⑰③ Cornell 1995: Ch. 11. Borkowski 1997: 28-30.
⑰④ Eder 1986. Turner 1993: 314-5; 2009: 62-3.
⑰⑤ 《左傳》昭 6，昭 29。
⑰⑥ 寧全紅 2009: 28-9，33-4。
⑰⑦ 《周禮 · 大司寇》。錢穆 2001: 378-87。鄭秦 1997: 40-2。周之酷刑，又見第 4.5 節。
⑰⑧ 《左傳》昭 14。
⑰⑨ 《史記》46: 1888。
⑱⓪ 錢穆 2001: 370-3。梁啟超 1996: 56。
⑱① 《左傳》昭 13。
⑱② 《孟子 · 告子下》。
⑱③ 童書業 2006b: 187-9。寧全紅 2009: 90-8。鄭秦 1997: 5-6。邢義田 2011: 7-11。林乾 2013: 143-5。
⑱④ Eder 1986.
⑱⑤ Ch'ü 1965: 278。Turner 1993: 314-5; 2009: 62-3.
⑱⑥ Bodde and Morris 1967: 17.
⑱⑦ 鄭秦 1997: 6。
⑱⑧ 范忠信等 2011: 4-9。
⑱⑨ 趙翼《二十二史札記》卷二。徐祥民，胡世凱 2000: 116-8。
⑲⓪ 《鹽鐵論 · 刑德》，《春秋繁露 · 精華》。李玉福 2002: 26-36。
⑲① 王彥輝 2010: 176。
⑲② 鄭秦 1997: 101。
⑲③ 《漢書》50: 2311。
⑲④ 《漢書》24 下 : 1168；44: 2152-3。
⑲⑤ 《漢書》24 下 : 1160。
⑲⑥ 《史記》118: 3094；121: 3129。《漢書》27 上 : 1334。
⑲⑦ 《漢書》6: 174；44: 2152。徐復觀 1985: II.305。
⑲⑧ 《二十二史札記》卷三。
⑲⑨ 于振波 2012: 287-94。

200 《三國志》6: 179 注引《魏書》。張燦輝 2008: 161。
201 《後漢書》48: 1611。
202 金春峰 2006: 176。李玉福 2002: 35。
203 《漢書》48: 2252。《禮記．經解》。《論語．為政》。梁啟超 1996: 97-8。
204 《商君書．壹言》。《韓非子．定法》。見第 2.9 節。
205 《論語．顏淵》。《孟子．滕文公上》。
206 Polybius, 6. 35-8. Bernstein 1994: 60-1.
207 《商君書．畫策》。Tacitus, *Annals*, 3.27.
208 Cicero, *Laws* 2.59.
209 Pythagoras, Hegel 1952, §153 引。
210 Aristotle, *Ethics* 1180b; *Politics* 1332b-1333a. Swanson 1992: 144-9.
211 《商君書．畫策》。許建良 2012: 210-6，250-2，265-6。
212 《商君書．賞刑，畫策，壹言》。《韓非子．飭令》。《管子．君臣上》。
213 《韓非子．內儲說上》。《管子．禁藏》。許建良 2012: 203-9。
214 Aristotle, *Politics* 1307b.
215 劉海年 2006: 84-93。
216 金克木語，沈松勤 1998: 60 引申。
217 《孟子．梁惠王上》。
218 《孟子．盡心下》。
219 《孟子．離婁下》。
220 黃建躍 2013: 4-13。
221 《孟子．盡心上》，朱熹注。
222 《論語．子路》。
223 《孟子．萬章上，離婁下》。
224 《孟子．離婁上》。
225 《禮記．檀弓，曲禮》。
226 《史記》68: 2231。
227 《後漢書》28 上 : 958。呂思勉 2005: 638-40。
228 于迎春 2000: 335-7。范忠信等 2011: 77，113-6。趙翼《二十二史札記》卷五。
229 梁啟超，〈論公德〉。
230 Hart 1961: 28，77-9.
231 Borkowski 1997: 34-8, 55-62. Finer 2007: 536-7.
232 《漢書》24 上 : 1137，1135。解說見第 2.8 節。
233 《漢書》76: 3213。《後漢書》76: 2472。

234 Huang 1996: 15，81.
235 陳榮捷 1976: 57-64。許建良 2012: 34-71。
236 Yu 2007: 157-8.
237 Aristotle, *Politics* 1287a. Cicero, *Laws* 2.11; *Politics* 3.33.
238 徐祥民，胡世凱 2000: 97-8。Crook 1967: 25-6。
239 Lawson 1965: 105-8.
240 王粲《儒吏論》，于迎春 2000: 351 引。王符《潛夫論・三式，愛日》。
241 《抱朴子・審舉》，閻步克 1997: 478 引。《通典》，林乾 2004: 103 引。
242 《晉書》30: 923。蘇俊良 2001: 224-5。
243 Bodde and Morris 1967: 6. Peerenboom 2002: 39.
244 《後漢書》67: 2187。劉文起 1995: 211-2。
245 《漢書》50: 2310。
246 《漢書》19 上 : 730。顏師古、應劭注。

第七章　外交策略

7.1 歐亞大陸的形勢

「匈人攻打阿蘭人（Alans），阿蘭人攻打哥德人（Goths）和泰法拉人（Taifalae），哥德人和泰法拉人攻打羅馬人，這故事還未到頭呢。」❶安布魯斯主教敏察到，揭開羅馬帝國最後一幕的，是一個碰倒一個的骨牌效應。匈人背後是否有所壓力，逼他們西遷？

世上萬事相聯。一個國家要保衛自己安全，本身國力固然不可少，也得看鄰國的實力和態度。鄰國又有鄰國，交接成網。我們所研究的期間，歐亞大陸的國際關係網異常廣闊活躍❷。東西兩大帝國終於為之糾纏而陷落。為了明白世局，讓我們從羅馬帝國北疆開始，神遊歐亞大陸，一周而至羅馬帝國的東疆（地圖十三）❸。

歐亞大陸的西北角其時叫日耳曼尼亞（Germania），指萊茵河以東、多瑙河以北之地，佔今天部分的德國、波蘭、捷克、斯洛文尼亞。它大部分是森林覆蓋的平原，北部多沼澤，不似地中海陽光燦爛，但亦不像地中海古人所形容的暗深可怕。日耳曼人（Germans）種族駁雜，分為眾多部落，但其言語和文化頗有相似之處。他們沒有日耳曼人的整體觀念，自稱哥德人或薩克遜（Saxons）人等等，即使這些部族名字也多是因時而異的泛號。部落人群時聚時分，本來一個小部落的名稱，有時會轉而冠於一個包涵許多部落的大聯盟。

羅馬人在公元前一二〇年代初會日耳曼人。兩個部落南遷，兩次大敗共和國。羅馬頭痛了十多年，直至馬略改良了兵團才能收拾他們[4]。凱撒征服位於今法國的高盧時，數度與日耳曼人小接觸，認為他們比高盧人落後得多。奧古斯都的帝國雄兵大舉入侵日耳曼尼亞，但被一次起義推回萊茵河西。日耳曼尼亞留在羅馬帝國之外，這歷史分野遺下的界線，至今依稀可認。一邊的居民說日耳曼語言，例如德語；另一邊的居民說從拉丁演化的羅曼語言，例如法語[5]。

日耳曼人務農為主，戰則徒步。考古家發現很多遺址，有的數十甚至數百年皆為同一部族所居。不過他們雖然定居，但也偶然遷移。到三世紀時，薩克遜人和法蘭克人（Franks）遷近萊茵河上游。阿拉曼尼人（Alamanni）緊逼雷提亞（Raetia），即萊茵河上游和多瑙河上游之間的羅馬帝國邊省。原居今波蘭北部的哥德人，慢慢向南蔓延，已徙至多瑙河北面、今羅馬尼亞和匈牙利西部。有些本來各自東西的部落逐漸合併成較大的聯盟，號稱汪達爾人（Vandals）者便是一例[6]。

羅馬帝國前期兩百年，與形形種種的日耳曼人大致上相安無事。邊境上的人們交往，交易的貨品更深入彼方。日耳曼尼亞窮鄉僻壤，出口大宗是人口，最多的是奴隸，也有的應募為扈從、士兵。羅馬帝國後期，兵團吸引了大批日耳曼人效忠。有的當上將軍，也有的反叛而自稱為王，割據帝國[7]。

鬆散而無團結力是日耳曼人最大的弱點，這是塔西佗的觀察結論。他描述一個日耳曼部落被其他部落屠殺殆盡，按道：「一下子就去掉了六萬多人。妙在羅馬人不需勞師動眾就能享受戰果。我祈禱此情長存：外國人即使不愛我們，也彼此懷恨。天意既要我們的帝國擴張，最大的恩賜莫如使我們的敵人自相衝突。」❽在這一點上，羅馬帝國比漢朝幸運得多了。

在匈牙利和烏克蘭的平原上，北歐的樹林逐漸疏落。此處，日耳曼人遇上草原的游牧民族：薩馬提人、阿蘭人，以及那東方的新來客，即匈人。匈人突然出現，其壓力逼使大批哥德人在公元三七六年湧過多瑙河，進入羅馬帝國，燃起帝國衰亡的導火線。游牧民族也和日耳曼人一樣，平時分作許多部落，不過他們團結力較高，遇到機會，能組織起來積極利用。匈人的人數很少，但他們能吸收所擊敗的日耳曼人，合併一體，矛頭指向羅馬帝國。這組織能力使阿提拉（Attila）成為「上帝的鞭子」❾。

天蒼蒼，野茫茫，風吹草低見牛羊。歐亞大草原西起匈牙利，橫掃烏克蘭、俄羅斯南部、哈薩克、中國新疆天山以北、蒙古，東達中國東北。這是游牧民族的天下，希臘泛稱之為錫西厄人，中國泛稱之為胡人。他們屢建帝國，最傑出的無疑是十三世紀的蒙古人。我們故事所及，有匈奴和匈人。

游牧民族不設牛棚馬廄，逐水草，自由放牧，兼之行獵為生。司馬遷形容匈奴：「兒能騎羊，引弓射鳥鼠；少長則射狐兔，用為食。」四世紀的羅馬首席史筆阿米亞努斯（Ammianus Marcellinus）說，匈人差不多黏在馬背上，吃喝交易，甚至睡覺都不下馬❿。人、馬、弓在日常生活中三位一體，培養出卓越的騎射本領，應用到戰事上，在火器來臨之前最為犀利。

若環境許可，游牧民族頗能種植，但經常遷徙的生涯有礙發展重大工技。他們渴望獲得工農產品，常不擇手段[11]。司馬遷說匈奴之俗「寬則隨畜，因射獵禽獸為生業，急則人習戰攻以侵伐」。阿米亞努斯說：「匈人輕裝無累贅，對別人的財物有非人的慾念，於是搶掠屠殺，暴虐鄰近人們。」[12]為了大家方便，有些游牧部落向鄉民搾取定期保護費。間中襲擊外，牧民、農夫勉強和平共存，也有彼此轉業的[13]。

龐大的政治組織改變了農、牧民族之間的均勢。帝國有責任保護邊區農民的生命財產，不能不抵禦襲擊，甚至以攻為守。游牧部落方面，社會等級分化提高戰爭組織力，加強貴族對奢侈品的慾望。交易或掠奪可得零星物品，而大型勒索更得利。為什麼不把收斂物資的麻煩讓給帝國政府，然後以邊民安全為要挾，敲它大筆保護費？當然，帝國不比鄉村或城鎮好惹。要敲詐，一定要打敗其軍隊，使皇帝大臣心驚。游牧民族用各種方式結合聯盟，推最高領袖，與帝國對峙。各部落內，酋長貴族保持相當權力，但接受領袖派來的監察。外交上，他們服從領袖，但指望領袖的禮物和戰利分贓。游牧聯盟集中兵力，提高外交談判的優勢。在入寇威脅下，軟弱的帝國每年乖乖奉上大批財富；強硬的帝國反擊，則不免大戰[14]。

分開農、牧文明的，不是一條界線，而是一道寬闊的過渡生態地帶。其環境雨量對農、牧皆不挺合適，但兩者都能勉強將就。它可以作為緩衝區；條件好時，或能培育邊陲勢力。通常它如一柄雙刃劍，落在一方手中，即切近對方的核心。因此每方都認為此地必須控制，但難以防守。沒有能克服自然環境的現代科技工業，古代征服者不過幾代便趨式微。邊地的屯田舊址被沙草埋藏，騎射征服者的後代被耕稼的人海淹沒。問題沒有好的解決方法，單方面怠懶裁軍最不成。這可謂是長期的文明衝突，只不過褊狹的農耕城居者自詡文明、歧視別人野蠻罷了[15]。

游牧民族以騎射野戰威震東西帝國。各時各地的記載，異口同聲描述箭矢如雨，攻擊如電，善於雲散佯敗以誘敵追擊，然後雷霆般回師圍殲[16]。公元前五十三年卡雷之戰，帕提亞的游牧式輕騎避開羅馬重步兵的專長，不予短兵相接，保持安全距離游擊。兵團挺進，他們勒馬便逃，疾馳中卻又反身回射追兵，使不提防的羅馬兵大叫奸詭無恥。中國人熟悉的回馬槍，西方叫Parthian shot，用作臨別尖刻的成語。輕騎打散敵方陣線後，圍著一堆堆的羅馬兵打繞，利鏃穿透他們的盾牌盔甲。駱駝隊源源不絕送箭矢上戰場，斷絕羅馬兵一線僥倖之想[17]。

游牧民族的戰術初逢時驚人，但對有訓練肯革新的敵人，並非所向披靡。羅馬在卡雷全軍覆沒，但對自己的信心不減，最後戰勝帕提亞。晁錯分析匈奴和漢軍的戰術優劣，大致說匈奴勝在兵士耐苦，騎射精湛，馬熟地形險要。然而漢軍的長技更多。平原遇戰，漢軍陣法謹嚴，步騎長短兵種配合，遠勝匈奴。下馬步戰，匈奴弗能；其革笥木薦，亦不及漢之堅甲利刃。機械扣板的漢弩準而勁，射程比匈奴的弓遠。弩的發射率低於弓，但所需的技巧也較低。弩手可以大批訓練，密集發射，匈奴不敵[18]。

漢朝的軍事弱點不在戰術而在戰略。他們的難題不在與匈奴對陣，而在捕捉飄忽的敵人。草原上的游牧民族就像海洋中的魚。無邊的棲息地，最利他們高速行軍的機動戰略、出人意料的迂迴行動。例如匈人閃電包抄攻西哥德之背，使哥德人喪膽。草原的崎嶇距離，更是游牧民族的天然保障。公元前六世紀波斯王大流士伐錫西厄人失敗，希臘史家希羅多德（Herodotus）解釋原因：「錫西厄人沒有城鎮，住流動的篷車，人人慣於騎馬挽弓，不靠農作物，以牛羊為食。這樣的民族，要接觸他們也難，別說征服了。」[19]李斯同樣分析：「匈奴無城郭之居，委積之守，遷徙鳥舉，難得而制也。輕兵深入，糧食必絕；踵糧以行，重不及事。」[20]預備不足的軍隊入侵草原，未見敵人就會被長途跋涉的消耗拖垮。農地的馬匹多熬不過草原的艱辛。拘於後勤，漢擊匈奴的戰役沒有一次超過一百天[21]。羅馬幸而避過這個難題；匈人離開大草原，拋棄了他們的戰略優勢。

出擊難，防禦也難。邊界長，敵人機動性強，隨處入侵，守者若要無所不備，則難免無所不寡。因此農居帝國對付游牧民族，在軍事上常處劣勢。然而它若有政治意志，則可在經濟和外交上操勝券。漢朝數次打敗匈奴，但它最後的勝利還仗剝奪匈奴的財源、孤立它的外交。用現代話說，軍事攻守固不可少，但漢朝的策略同樣重視外援、經濟制裁，操縱國際關係。羅馬的策略較重戰爭，但亦不忽略其他手段。

匈奴趁秦亡後中國自相砍殺，在單于冒頓領導下坐大，統一北方。敗在它手下的部族之一是月氏。月氏原居水草甜美、後來成為漢河西走廊的祁連山北麓[22]。被匈奴踢出來後，月氏西遷，在西方稱多哈里人（Tokhari）。據希羅學者斯差波（Strabo）說，他們屬最出名的游牧民族，從希臘人手中奪取了巴克特拉（Bactria）[23]。巴克特拉位於今阿富汗北部，原屬波斯，公元前三三〇年被亞歷山大征服，漢稱大夏。月氏取大夏後所建的貴霜帝國延續到公元二二五年。他們的藝術影響北及羅馬北疆外的黑海以北，他們的疆域南跨印度河。在今巴基斯坦和印度西北的貴霜港口，常停泊來自紅海和波斯灣的羅馬商船，旨在購買中國絲綢[24]。

漢武帝聽到匈奴破月氏王，用他的頭作飲器，就希望與月氏聯盟抗匈奴。他的使者張騫千辛萬苦，於公元前一二八年找到月氏，卻發現他們安樂地君臨大夏，不願與遙遠的漢朝合作以報匈奴前怨。張騫出使十年，帶回來的不是一個盟友，而是關於西域的知識[25]。據此情報，武帝決定奪取匈奴在西域的霸權，削減其經濟資源。持禮物的皇朝大使帶頭西行，隨後是軍隊、商人、移民[26]。

游牧民族雖然居無定所，但部落各佔遼闊地盤。他們轉移地盤的大遷徙有時像打彈子，一個彈子撞動另一個彈子，它滾開又撞動更多彈子，連鎖反應。月氏西遷時在伊犁河谷停留，趕走了原住的塞人（Sakas）。一部分塞人騎向西南，進入今伊朗東北部，其時屬帕提亞。關於他們以及其他中亞的游牧民族資料甚少。我們只知帕提亞王與羅馬交戰時，數次解圍而去或吞聲講和，只因他必須回師應付東鄰貴霜或北部牧民之患。作為敵人的敵人，這些游牧民族可謂是羅馬的無名朋友[27]。

創立帕提亞的半游牧民族，公元前三世紀中葉從東北進入伊朗。他們蠶食亞歷山大帝國承繼者之一的塞琉古（Seleucids）王國，至公元前一四一年佔據兩河流域。帕提亞帝國的疆土從幼發拉底河延至阿姆河、從加勒比海延至波斯灣，雄踞今伊拉克、伊朗，及部分土庫曼[28]。漢稱帕提亞為安息。安息王以大排場迎接漢武帝的使節，公元前一一三年派回使至長安。後數年，第一批滿載漢絲綢的車隊經大夏抵達安息[29]。

公元前九十二年，帕提亞提議與羅馬共和國結盟。蘇拉辱其使節，只允許帕提亞作臣屬。帕提亞能自衛，在卡雷打敗羅馬入侵。它也能守信，與奧古斯都定約後，與羅馬帝國相安百載。圖拉真重事侵略。帕提亞王室敗落，引起臣民不滿，公元二二四年被波斯人取代。波斯人來自伊朗南部，其祖先曾建顯赫一時、威脅希臘的波斯帝國。他們的組織文化都比帕提亞人強[30]。然而在羅馬眼中，波斯和帕提亞有同一弱點：它們沒有常備軍隊，每次遇戰都得召集貴族、特別募兵。還有，波斯和帕提亞一樣，最大的憂患不是其西方的羅馬帝國，而是其東北的游牧民族。匈人便先打波斯，然後才進逼羅馬[31]。

帕提亞與羅馬比鄰，遠離漢朝，但卻先與漢朝建交。羅馬帝國長期無敵，對兵力可達的範圍之外，一般不感興趣，亦絕少遣派外交使節。它慣以武力抗衡波斯，長期來消蝕彼此不少國力。漢朝為了抵消游牧敵人的軍事優勢，勤事外交。因此漢人關於羅馬的情報，多於羅馬人對中國的認識，儘管羅馬熱中進口珍貴的絲綢（見附錄一）。

7.2 中國的羈縻勿絕

「天子之於夷狄也，其義羈縻勿絕而已。」[32]司馬相如上書漢武帝時，恐怕想不到「羈縻勿絕」會成為歷代皇朝外政策略的名字。羈縻政策避免極武窮兵，但示之以威，懷之以惠，剛柔並濟，籠絡外國[33]。外交上通使和親，經濟上互市餽贈，都是懷柔手腕。然而沒有強大的軍政威勢作後盾，一味獻禮討好以求苟安，只是屈膝，不成羈縻。這是漢初對匈奴的情況。

匈奴全盛時有控弦之士三十萬。成年男子皆控弦；據此我們可以估計其人口約一百餘萬，符合漢人所說，匈奴人口不及漢一大郡。他們的最高領袖稱單于，下統六對世襲貴族，以左右賢王為首，共議軍機大事。二十四個長官，各領騎兵數千至一萬不等，加起來約十五萬就役戰士，合全民後備隊的半數㉞。

匈奴出沒於今內蒙古及遼寧省，緊壓漢朝整個北疆。東線左賢王，西線右賢王；單于居中，王庭伸入今山西省北部。在河套陰山一帶的朔方，雖得趙築長城、蒙恬經營，但楚漢相爭年間仍被匈奴復佔。朔方的西南，今寧夏甘肅，匈奴地抵河西。朔方和河西有好牧場，兼產穀物，是匈奴的經濟基地。從河西南越祁連山，匈奴與羌人接壤。羌人棲地延入青藏高原。若胡羌連手，則三面威脅西漢京畿的關中一帶（地圖十二）㉟。

漢朝成立翌年，單于冒頓入侵，攻打長城以南兩百公里的馬邑。高祖親自領兵反擊，被圍在今大同東北的平城，七日不食，僥倖得脫。無奈與冒頓定和親條約，嫁公主給單于，每年奉上定量的物資。新皇帝或新單于上台，即重申和親，漢常遣公主，並增加每年的貢獻㊱。

公元前一九八年開始，西漢匈奴的和親條約維持了六十五年。漢開放關市，讓胡漢交易，甚得雙方人民喜愛。匈奴侵寇減少，但從未停止。公元前一六六年，匈奴大舉入塞數月。之後八年，烽火直通長安。文帝時，殺略萬人是每年常事。景帝時，郡守戰死，或吏卒陣亡兩千人，只算「小入盜」的損失。漢軍把他們趕出去，但無補邊民傷亡。每次漢軍都是及塞而止，並不追擊，事後更照常送上年奉㊲。

和親淪為屈辱求安。財資饋賄使匈奴貴族日益壯大。漢朝君臣憂患，但軍備不齊外，他們也受內政掣肘。漢初蒙戰亂，民生疲弊。更糟的是封建遺弊：諸侯王蠢蠢欲動，使中央政府非但不能動員國力抵禦外侮，而且要擔心這些皇家親戚趁國家有事牟私致亂。公元前一七七年匈奴入侵時，濟北王便乘機造反，使文帝不得不放棄追擊外敵㊳。攘外必先安內。景帝削藩成功，他的承繼人才可以放手對付匈奴。

眼光長遠的務實漢臣並未坐視危機。晁錯等提出的多項對策，用現代術語可叫縱深防衛（defense in depth），我們留待與羅馬戰略比較時詳論。要防禦奏效，必須先把匈奴從邊界推開，不讓他們在塞下巡獵，見虛即入。還有，王恢指出：「匈奴侵盜不已者，無它，以不恐之故耳。」㊴他們以為可以欺負一個不敢還手的膿包，必須改變這觀念，才能阻嚇他們不敢隨意入寇。要製造地理上和心理上的有效防禦距離，少不了攻擊示威。與匈奴開戰少不了騎兵，因此文帝鼓勵人民養馬，景帝廣設馬苑。如此，漢朝一面安撫匈奴，一面自圖富強㊵。

武帝即位時，漢朝經七十年休養生息，經濟大盛，人給家足，國庫滿盈㊶。公元前一三三年，二十二歲的皇帝詔問公卿：「單于待命加嫚，侵盜無已，邊竟數驚，朕甚閔之。今欲舉兵攻之，何如？」激烈的辯論重申歷來意見。現實形勢轉變，很多反戰理由過時。然而決策者仍然謹慎，採取一個曾經考驗的方法㊷。

戰國後期，趙國的李牧守邊，暗中訓練騎兵，但只與匈奴小接觸，佯北不勝。數年後，匈奴大舉入侵，李牧誘他們深入，以精騎張左右翼包抄。匈奴大敗，此後十多年不敢接近趙國邊境㊸。如今匈奴被數十年和親養成驕心，漢朝企圖利誘他們深入攻打馬邑，伏擊之。匈奴覺察，及時退兵。漢計雖然失敗，但終於建立了敢面對敵人的政治自信㊹。

長逾百年的漢匈鬥爭將會在軍事、外交、經濟方面展開。漢兵將北涉蒙古草原、西逾帕米爾。漢使的足跡更遠，隨後的商人將開啟橫跨歐亞大陸的絲路貿易。戰事將使漢朝經濟緊張、匈奴經濟崩潰。至公元前三十六年，匈奴分裂，一個單于投降、另一單于被殺時，漢朝將會鍛鍊出羈縻手腕。它建立的縱深防衛，將會長期保護邊民安全。

和親約毀，匈奴侵略馬上升級。漢朝新手，備戰較慢。公元前一二九年它首次開塞，四將齊出，李廣無功，唯衛青不敗。年輕的衛青和更年輕的霍去病都是外戚之屬，但出身低微，憑戰功成為漢擊匈奴的兩大名將。他們縱有天資，功績也全仗周詳的後勤、委輸的人民，和耐心培育的大漢騎兵，出塞遠征，馳騁草原，野戰雄風不讓以騎射為生的游牧民族[45]。

公元前一二七年開始，八年內五大戰役，扭轉全盤局勢。漫長的邊境上，漢軍常數處同時出擊，雖非處處奏捷，但牽制敵人，使其不能首尾相應、圍抄自己的主力。他們的膽識神速使匈奴措手不防。衛青收復朔方和河套以南之地。霍去病出黃河以西，即後來涼州甘肅一帶，大獲全勝。單于退守漠北，設王庭在日後蒙古人發祥的河谷、今烏蘭巴托附近。他估計漢軍若膽敢涉渡今蒙古東南部、沿中國國界綿亙的大戈壁沙漠，無疑自尋死路。他估計錯了。武帝以粟養得戰馬肥，國家發十萬騎，外加私人自備行裝十四萬騎，兵分兩路，渡漠決戰。衛青在沙暴中敗單于。霍去病破左賢王，就食於敵，深入蒙古。匈奴損兵八九萬，遠遁西北。從此漠南無王庭，內蒙古東部落入漢的威勢範圍。有了戰略距離，邊郡有充分時間響應烽火傳警，縱深防禦。然而匈奴仍然強悍，休養復元，伺機而動。漢朝亦損兵數萬、馬十餘萬。因馬少，無力乘勝進逼。公元前一一九年漠北之戰後，十餘年北線少戰事。其間衛青、霍去病相續去世[46]。

武帝遣其步軍前往其他邊陲，平定西南山民，擴土延入今越南北部和朝鮮。然而他的注意力從未離開北疆。漢朝厚待投降的匈奴以吸引更多人歸順，同時設立專門的行政機構，良加管理。

今河北北部以及遼東一帶的塞外，驅逐匈奴後徙置游牧的烏桓人，設護烏桓校尉，作為對匈奴的緩衝。匈奴企望恢復和親，漢朝要它南面稱臣。十多年的冷戰就像一場圍棋，彼此下子減削對方的應變餘地，使其無能對付遲早降臨的天災人禍㊼。

雙方均視朔方和河西為日後較量的爭奪焦點。匈奴主力西移，公元前一一二年聯結羌人合攻河西，不逞。漢渡黃河，重修秦時蒙恬的塞壘，築朔方郡。從朔方到河西，派官兵五六萬通渠置田，築烽火亭障，更從內地移民實邊。又設武威、張掖、酒泉、敦煌四郡，並列為上千公里長的河西走廊，屬涼州。河西走廊北有沙漠保護，南有祁連山的冰雪河流滋潤，天然的戰略形勢，今天仍可見於甘肅省的奇特形狀。它像西伸的手臂，切斷胡、羌南北聯繫，保障中國東西交通。走廊西端，一北一南，玉門關、陽關雄踞，開向遼闊的西域㊽。

張騫出使十年，公元前一二六年返國。憑其在西域的見聞，他提議與西方國家結盟，以斷匈奴右臂。最重要的是天山北面、伊犁河谷的游牧民族烏孫，地美人眾，如它倒戈，匈奴將喪失一大資源。武帝同意。張騫將金幣牛羊，出使烏孫，分派副使至西方諸國。烏孫不敢背叛匈奴，但遣使隨張騫報謝，見漢廣大，願與通交。其他國家也頗多回使。從此中國與西域通交。西方路上，使節往來頻繁，商人日眾㊾。

「西域」廣義泛指西方之地。狹義的「西域」指約今新疆天山以南，從玉門關到葱嶺（即帕米爾高原）。內中綠洲三五十，多環抱塔里木盆地，有城郭田畜。幾個大國外，人口多以千計。匈奴本來控制西域，設僮僕都尉，收斂賦稅。喪失朔方、河西後，更依仗西域的財源。難怪它不能容忍漢的活動，時遮通路㊿。

公元前一〇七年匈奴開始重肆入寇。為了徹底打敗它，武帝遠征蒙古、經略西域。然而他西北戰役的成績不及以往的北征。匈奴汲取經驗，發揮其戰略長處，敵進我退，盡量避免與漢軍接觸。漢軍的補給線大大增長，而且全在乾旱地帶。若沿途的綠洲國閉門不納，遠征軍即有缺糧之危。個別戰役如征大宛，合希臘羅馬心理多於合漢朝國情。抵制匈奴，兵臨狹義西域、邦交廣義西域足矣。大軍輜重翻過世界之脊的蔥嶺，雖得大宛血汗馬種，然而虛耗中國，得不償失51。不過失算是少數。漢朝承受傷亡，鍥而不捨，把匈奴勢力逐出西域大部，降服綠洲諸國。公元前九十年，漢三路出擊。西路得西域六國相助，取得位於吐魯番盆地的車師；是處乃漢西行、匈奴入西域的咽喉。東路李廣利卻全軍覆沒而降敵52。軍事挫折、財政枯竭、社會不安，加上太子慘劇，使武帝灰心。翌年公卿上書，提議屯田輪台以鞏固西線的戰果，他下詔大致說，夠了；以後政策重心轉向思富養民：「當今務在禁苛暴，止擅賦，力本農，修馬復令，以補缺，毋乏武備而已。」兩年後武帝崩53。

武帝輪台之詔戒輕率出兵，但不像鹽鐵會議的儒生般要廢軍備、棄前功54。他二十餘年深入窮追，受打擊最大的不是匈奴的軍隊而是它的經濟。匈奴聞漢發兵則驅畜遠遁，常使漢軍千里空出。雖然如此，但匈奴老弱奔走，孕重墮殰，又失朔方、河西、西域的資源，窮愁苦極，經濟崩潰，內部問題滋生55。昭帝、宣帝繼承行政效率、戰略優勢，所以可以輕傜薄賦，但不減對敵壓力。昭帝鑑於建設功效設置輪台屯田，後來成為西域都護駐地。宣帝善用武帝對烏孫的遠矚投資。烏孫多馬擅戰，勝兵十八萬。武帝以公主下嫁，但未能說服它軍事合作、鉗制匈奴。公元前七十二年宣帝應解憂公主的聯繫，與烏孫部署戰略協同、左右夾攻。漢五將東出，如常因匈奴退遁而無所獲。異乎尋常的是，這一次它有遠方盟軍，限止匈奴避戰。烏孫西入，斬兵將四萬，獲馬牛無數。單于親征烏孫報仇，又遭大雨雪，死者十九。從此匈奴一蹶不振[56]。

公元前六十年，漢朝設置西域都護，統三十六國，並監察烏孫等外國。都護屢罷再建，維持百多年[57]。這樣，中國首次進據它今天的新疆維吾爾自治區。此後它將兩次重複壯舉。公元七世紀時是唐朝，十八世紀初清朝西進，也比美國的西部擴張早了約一百年。

公元前五十七年匈奴內亂分裂。六年後呼韓邪單于降漢稱臣，入覲宣帝。漢厚贈衣物糧食，派兵護送他回歸漠北王庭。其兄郅支西遷，投奔今烏茲別克境內的康居，後為西域都護甘延壽和其校尉陳湯發諸國兵誅滅[58]。羈縻奏效。宣帝以來，邊城晏閉，人民熾盛，牛馬佈野，數世不見烽火之警[59]。

公元前三十三年呼韓邪再次入朝，元帝賜予後宮良家子王昭君。自高祖和親以來，不少漢家公主嫁與匈奴、烏孫。離鄉愁苦人人難免，外交功高如解憂公主的也有，但無人比得上自動請纓的平民王昭君，以美貌志願贏得千載吟詠[60]。今天回顧，漢女馬上琵琶，與其匈奴夫婿並轡北入蒙古草原，不愧是盛漢形象。他們的後代是中國人。

7.3 東漢閉關自守

王莽復古改制引起藩臣屬國不滿。兩漢間中國群雄逐鹿，使「邊陲蕭條，靡有孑遺；鄣塞破壞，亭隊絕滅」[61]。藩屬趁機反叛。匈奴帶領鮮卑、烏桓，重肆寇略，甚至入居塞內。東漢的統治集團多是中土大地主，地域觀念重，最要緊是保持內地安逸，不願花費去支援邊民。更偃武興文，遷都洛陽，改察舉制度削減邊郡人選，皆顯示不重視國防。這態度助長匈奴凶焰。光武稱帝逾二十年，匈奴入侵日深，殺略抄掠甚眾，北陲無復寧歲，光武帝只怪邊郡報警失實[62]。西域諸國兩次遣子入侍，請求漢朝恢復都護，說否則他們將被逼投向匈奴。光武帝閉關不納，教他們自便。於是匈奴得鄯善、車師等國為翼，益加悍橫[63]。

人算不如天算。草原連年遭百載難遇的大旱蝗災，赤地千里。饑疫交逼下，匈奴內亂分裂。公元四十八年，南匈奴降漢，烏桓和鮮卑跟進。大家都貪圖東漢的豐厚禮贈津貼。北匈奴猶強，帶領光武帝所背棄的西域諸國，焚燒殺掠河西，使其城門晝閉[64]。公元七十三年，明帝派竇固、耿秉重開玉門關，取車師以制匈奴。章帝趁北匈奴內亂，不顧朝士反對，應南匈奴之請，令竇憲備戰。公元九十一年漢胡聯軍，大破北匈奴。北匈奴殘餘繼續擾擊西域至公元一五一年。此後他們西遷，從中國記載中消失[65]。他們的後代是不是兩百年後入侵羅馬帝國的匈人，至今史無定案。

東漢沿用武帝以來慘淡經營的羈縻策略，但喜歡敷衍，以省卻眼前力為仁德。南匈奴提議返回草原，如同西漢宣帝對呼韓邪的安排，胡漢互利，但東漢士大夫不肯冒險出兵護送[66]。結果東漢浪費了戰勝果實，讓鮮卑霸佔匈奴故地，坐大成為新的威脅。南匈奴留在塞內，長期接受巨額津貼，養為心腹之患。它將於公元三一七年焚洛陽，滅東晉，戕害中原[67]。

公元七十三年東漢取車師後，重置西域都護。都護禦匈奴，保邊民，捍衛東西交通。商品交貿刺激經濟，文化交流增長知識。然而士大夫對此均無興趣，楊終、第五倫等堅決反對疲中國而事四夷。公元七十六年匈奴反攻，殺都護，圍車師，他們甚至反對發兵援救被困將士。章帝聽從他們，決定放棄西域，只除救兵一事上，聽取利害陳說：若棄人於危難，下次匈奴再犯，陛下使誰去抵擋？朝中公卿高談仁義愛民時，關外將士耿恭等死守孤城，煮鎧弩以食其筋甲，榨馬糞以飲其汁，挖井十五丈取水。捱到半年後救兵至，只餘十三個人，形容枯槁，生入玉門關[68]。

班固和楊終一樣，盛讚光武帝摒絕西域的大義[69]。他的弟弟班超卻投筆從戎，以行動阻礙了書生的閉關理想。公元七十四年，班超領三十六人出使西域。西域有南北兩道，在蔥嶺腳下的疏勒會合[70]。他取南道，在鄯善擊殺匈奴使團。遂憑其膽識機智，威服崑崙山脈下諸國，說其背胡附漢。到達疏勒時，接獲朝廷的撤退令。他新贏得的盟友大為恐慌，怕匈奴報復，哀求他留下。違令很危險；外任小官的積極性是朝廷公卿的大忌。西漢時甘延壽和陳湯主動誅滅郅支，功績昭彰，但仍差點獲罪，便是一例[71]。然而班超仍然決定留下，為漢守盟諾[72]。

班超組織蔥嶺東西各國的軍隊萬人，攻取西域北道西端的姑墨。然而北道中部的大國龜茲、焉耆依附匈奴。要對付它們，非得朝廷支持不可。他上書分析形勢，解釋軍事可以主要依靠土著，以夷制夷。中國只需出兵少許，而且不需兵糧，因為疏勒一帶田地肥廣，士卒可以自給自足。幾年過去了，南道諸國見漢朝不顧，開始叛變。等到公元八十年，一千名漢軍終於到達，四年後增兵八百人。這免刑徒和志願兵組成的軍隊雖小，但象徵了東漢首肯領導西域。它像一把鑰匙，開啟西漢人民無窮血汗爭取來的國家威信，不使其埋沒沙跡。班超能動員更多當地的人力物資，聯結更強的盟國，制服更大的敵人，包括逾蔥嶺而來的月氏。公元九十四年八國聯軍征討焉者，有逾千商客吏士自願參加。此戰後，西域平定，東西交通再度暢順。絡繹西來客中，有安息使節、羅馬商人[73]。

班超任西域都護，公元一〇二年去世。他的繼任管轄不當，東漢第三次撤除都護。北匈奴捲土重來，斷絕中西交通，併入寇河西涼州。朝中士大夫多贊成閉玉門關、放棄西域。公元一一九年，班超的少子班勇力爭，終於說服政府，派三百名士兵駐守敦煌。後來形勢如他所料惡化，再加兵五百人，出屯玉門關外，羈縻西域。班勇組織諸國，驅逐匈奴，保衛交通。東西商貿興旺，但東漢勢力再也難達蔥嶺了[74]。西域三絕三通。第二第三次開通，班氏父子的個人努力不可少。從張騫、蘇武開始，出使匈奴、經營絕域的兩漢壯士為國為民皆有建樹[75]。有儒生譏他們志在封侯功名，可見兩派心腹[76]。

班勇舌戰群儒時，指出若只顧貪圖眼下省錢，讓西域的資源養大敵人，日後要抵禦敵人入侵，花費何止千萬倍[77]。近視政策的惡果，莫顯見於公元一〇七年開始的羌亂。時人王符指出：「百姓晝夜望朝廷救己，而公卿以為費煩不可。」[78]政府失策，使羌亂三熾三息，延綿六十年。邊民罹難，國家也元氣巨傷不復。

半游牧的羌人種姓複雜，分為很多部落，但少有社會等級分別，也缺乏政治組織。他們散佈青海湟水一帶。因人口膨脹，多有移居涼州塞內，甚至滲入三輔，即西漢的京畿一帶。他們有些與漢人雜居，同受郡縣統治。此外朝廷設護羌校尉，管治眾部落。少數民族的部落一般因貧窮而免稅，但不免傜役。政府發羌騎，一如發匈奴和其他游牧民族的胡騎[79]。

對漢朝來說，匈奴之患可歸咎於武功不及，羌禍則源自文治不足。罷黜百家兩百年了，撫民的郡守縣令多是儒生。若能實踐仁義、教化民族和睦，吏治清廉、秉公化解糾紛，當不會引致大亂。踏實負責任者如虞詡、皇甫規等，的確贏得邊民甚至叛軍尊敬。可惜他們屬少數，而且功績常為清高清議的同僚輕視。時人史家一致認為，官吏豪右狡民欺羌人習俗不同、言語不通，長期侵暴，使其積怨成恨，是羌人反叛的主要原因[80]。

暴動開始時很小，但官方反應惡劣，如王符形容：「將帥皆怯劣軟弱，不敢討擊，但坐調文書，以欺朝廷。實殺民百，則言一；殺虜一，則言百……傾側巧文，要取便身利己，而非獨憂國之大計，哀民之死亡也。又放散錢穀，殫盡府庫，乃復從民假貸，強奪財貨。」[81]郡守縣令多是內地人，事態稍為擴大便爭著要求內徙以逃避責任。朝廷公卿一向不願內地負擔邊陲經費，也熱中遺棄涼州。令下先遷其中四郡居民。老百姓不肯拋棄家園，官吏就刈其禾稼，燒其房屋。難民流離，喪其大半[82]。

虞詡和班勇一樣，指出苟且之禍：若涼州失掉，則三輔關中成為邊塞前線。要保衛它，困難得多。況且涼州軍民以勇猛見稱，大將輩出。他們的牽制使胡人羌人不敢侵犯三輔。若果他們認為受到朝廷背棄而造反，那麼中國會增加一個比胡羌更難纏的敵人[83]。日後韓遂馬騰之變，將證明他的眼光正確。

虞詡的理由踏實合理，說服朝廷收回棄涼的決議，代之以起用熟悉當地情勢的涼州豪傑，安撫臣民。然則問題根源深遠。京師的黨爭熾盛，使政策搖擺不定。動亂稍息再起。到了公元一六八年羌亂平定時，東漢已國力虛脫了[84]。

東漢應變失誤，獨專排外的意識形態難辭其咎。詮經心態窒礙理智判斷，「仁者無敵」等反功利教條阻遏實務，攻擊有建設性的提議為「生事擾民」。饒是太學生三萬，但空言浮食者多。國家的幹練人才凋零，軍備廢弛。光武帝崇文德、墮武事，廢諸郡都尉，省卻兵勇訓練[85]。徵兵無戰鬥力，所以與羌人一觸即敗[86]。西漢移民實邊，努力發展農牧，邊陲豐饒[87]。東漢萎縮，北方和西北十九邊郡的戶口，比西漢時銳減逾百分之七十[88]。中土士人長久吝嗇財富，不顧唇亡齒寒，苟且偷安的報應就快到了。

7.4 羅馬的無限帝國

「我賦予他們帝國，疆域無盡、時代無窮。」弗吉爾的史詩《埃涅亞特》（*Aeneid*）裡，天神朱彼得如是任命「世界的主子、穿托加袍的羅馬人」[89]。寫於奧古斯都年間，無限帝國（imperium sine fine）表達出羅馬人的一貫觀念，即如西塞羅說：「羅馬人統治世上所有人乃永生天神的旨意。我們絕不能違背神意而受制於人。」[90]羅馬帝國不改共和國的豪氣。弗吉爾死後四個世紀，那馬田尼烏斯猶歌頌帝國：「你的權力普達日光所照處，直至世上最遙遠的角落。」[91]光聽宣傳，沒人會想到那時羅馬城已經投降了西哥德人（Visigoths）了。

「無限帝國」很晚才成為空言。它的後盾是一支強大的職業常備軍，訓練精，配備足，攻擊式編制。自奧古斯都創立，兩百年間羅馬皇軍的兵力徘徊於三十萬人的水準，後逐漸上升[92]。公元前二十七年奧古斯都對付了元老院後，馬上開始擴土。西班牙和非洲綏靖，帝國疆域西抵大洋、南瀕沙漠。只有東、北兩面的邊境有問題，但都無徹底解決的方法。兩面出擊太難。奧古斯都決定修好東鄰，全力開拓北疆[93]。

羅馬東線的基地是面對帕提亞的敘利亞省。帕提亞是帝國的唯一比鄰大國，不讓羅馬勢力越過幼發拉底河，使它自由受制、切齒不已。今天土耳其東部的亞美尼亞與帕提亞文化相同，常請帕提亞王子做自己的國王。羅馬把亞美尼亞當作附庸，常因它而與帕提亞發生衝突。克拉蘇入侵帕提亞，全軍覆沒。凱撒報仇之舉因被刺而作罷。安東尼兩次進犯，傷害最大的是他自己。奧古斯都一面興師，一面談判，見效得多。公元前二十年，帕提亞交回從前俘獲的兵團鷹標。奧古斯都大肆宣傳恢復羅馬的光榮面子。他最得意的塑像所穿胸鎧的裝飾，就用這事作主題。別的羅馬人或許沒有那麼熱心。狄奧評說：「他接受鷹標，生像真的打敗了帕提亞。」[94]

此後三十載，外事集中北疆。帝國的後勤規模和組織都使共和國相形見絀。凱撒征高盧時經常要為糧草擔憂。奧古斯都開始發展委輸系統，使大量物資源源由地中海流往北方，供應大軍和無數堡壘。公元前十六年到公元前十三年，皇帝親自坐鎮高盧，指揮戰役，讓他的兩個繼子發揮統帥天才。提比略從高盧東征，德魯蘇（Drusus）從阿爾卑斯山北進。兩軍協調行動，把今天的瑞士、奧地利和德國南部納入帝國版圖（地圖十一）[95]。

兄弟倆馬不停蹄，公元前十二年再受任務。提比略轉戰潘諾尼亞，即前南斯拉夫北部。此地是義大利到東方的陸路必經之地，可謂是羅馬帝國東西兩部的樞紐。提比略的戰役，配合在巴爾幹半島的行動，把帝國北界推至多瑙河。同時，德魯蘇跨越萊茵河，三路入侵日耳曼尼亞。公元前九年，羅馬軍到達今天漢堡所在的易北河，不過並沒繼續挺進。此後不久，德魯蘇意外墮馬身亡，提比略退休，奧古斯都把心思轉移到安排血緣繼承人[96]。

他們和秦始皇一樣，放心休息得太早了。公元六年，潘諾尼亞（Pannonia）起義，動亂蔓延整個伊力里庫姆（Illyricum），即前南斯拉夫全部。奧古斯都不顧抗議，用強硬手段徵發內戰以來最大的軍隊，交給復出的提比略。提比略二十年前就征服了這片土地，現在再要三年艱苦的戰事，才平息叛亂[97]。

筋疲力倦的皇室只有五天去享受勝利，日耳曼尼亞的警報接踵而至。按照一貫政策，羅馬招募了很多歸順的日耳曼人入輔助部隊，並任命他們的酋長做低級軍官，其中之一是二十五歲的赫魯斯基（Cherusci）族酋長，阿米紐斯〔Arminius，請注意他的拉丁名字。一八四一年致力德國統一的民族主義者為他立紀念像，便摒棄拉丁名而取正宗的日耳曼名：赫爾曼（Hermann）[98]〕。那時，奧古斯都認為二十年的軍管平服了日耳曼尼亞，可以轉為文治，命令總督瓦魯斯（Varus）開始正常徵稅[99]。他判斷錯誤。瓦魯斯被阿米紐斯領導的日耳曼盟軍伏擊。三個兵團，萊茵軍區的全部兵力，盡被殲滅在條頓堡樹林。奧古斯都悲痛下撕破衣服，數次以頭碰門，高呼：「瓦魯斯，還我的兵團！」[100]易北河是無可挽救了。幸而提比略機警應變，穩定了萊茵河一帶。阿米紐斯不能擴大聯盟，乘勝追擊。奧古斯都從別處調兵，重建萊茵軍區，任日耳曼尼庫斯為統帥。年輕的日耳曼尼庫斯是德魯蘇之子、欽定提比略之後的第三代皇儲。

公元十四年奧古斯都逝世。臨死寫成的《功績錄》，宣稱自己綏靖日耳曼尼亞達到易北河。不過他在死後宣讀的遺囑中加了一筆，教後代安於帝國的現存版圖，不要試圖再擴大[101]。

翌年羅馬兵團重臨條頓堡樹林，大肆屠殺，報仇雪恨，爭回名譽面子。日耳曼尼庫斯不顧己方因交鋒和行軍而損失嚴重，誇口再一年便能獲全勝。不過提比略終止了日耳曼戰役。新皇帝曾九次親歷其境，熟悉當地實情，像吳起一般知道「戰勝易，守勝難」[102]，若沒有適當的機構去管轄佔領區，打贏仗無疑白費力。日耳曼人又窮又蠻，實在不值得費勁去理會[103]。

提比略的承繼人比較積極。卡里古拉指揮日耳曼戰役，但以鬧劇收場。克勞迪烏斯派兵征服不列顛，大為擴張帝國。尼祿計劃雄偉東征。韋帕遜趁內戰勝利之威，肅清雷提亞，建柵欄工事連接萊茵河和多瑙河，造成平滑無決的北線前沿[104]。

無限帝國在圖拉真治下登峰造極。奧古斯都死時皇軍趨低潮，只有二十五個兵團。圖拉真把它增至三十個兵團，每個都添兵增將。他御駕親征，把帝國伸延過多瑙河和幼發拉底河。達契亞位於今天羅馬尼亞，在多瑙河之北，隔河與羅馬行省對峙。圖拉真兩次征伐達契亞。公元一〇六年大獲全勝，把原居民全部殺掉或趕跑，然後從帝國各地招募殖民。達契亞富庶多金銀。羅馬人每因侵略搶劫而發橫財，這是最後一大筆。新行省像個瘤般突出多瑙河彼岸，大大增長了帝國的邊防線[105]。

帕提亞自從與奧古斯都訂約後，很少與羅馬衝突。公元一一三年，圖拉真興大軍，一意征服它。帕提亞人爭吵內訌，便宜了羅馬人。戰役歷時三年，圖拉真攻奪了在今巴格達附近的帕提亞冬都泰西封。他把佔領的疆土分作兩個羅馬行省，然後駕海軍沿幼發拉底河南下，洗劍波斯灣。羅馬皇帝中，唯有他步亞歷山大的足跡到此，憧憬無限征服。然而鬧鐘很快就響了。帕提亞人受戰敗教訓，團結襲擊他的補給線。龐大的軍費委輸緊張經濟，帝國各地呈現騷亂不安。圖拉真倉促退兵，寄書元老院：「這疆域廣闊無垠，遙遠難及，我們無法有效統治它。」[106]他一年內去世，贏得最佳皇帝（optimusprinceps）之身後名。哈德良公元一一七年繼位，不用幾天就宣佈放棄圖拉真征服的帕提亞土地[107]。狄奧按：「就這樣，羅馬人征服亞美尼亞、大部分兩河流域和帕提亞人，歷盡艱辛，只落得一場空喜歡。」[108]

其實也不是萬事成空。奧古斯都跨越萊茵河，可謂徒勞無功。圖拉真跨越多瑙河和幼發拉底河，卻是後果無窮。達契亞和帕提亞的贓物遠比日耳曼尼亞豐富，但這並非主要。圖拉真之舉把帝國的重心拉向東方，離開義大利和萊茵前沿。多瑙軍區將成為帝國內政外交的重心，其兵團將產生最優秀的將軍以及多個能幹的皇帝。圖拉真粉碎了帕提亞自衛無敵的形象。此後他的征戰替代了奧古斯都的外交，成為帝國策略，開啟了帝國兩面受敵的可能。東方纏住越來越多的兵力，削弱了北疆的防禦。君士坦丁堡將興起於東方，鎮守多瑙河和幼發拉底河前沿。萊茵河前沿將崩潰，造成羅馬城和西羅馬帝國的致命傷。

圖拉真以後四十年，四境無事。公元一六一年馬可．奧勒略登台時，帕提亞恢復元氣。現在它找麻煩的懲罰重得多了。奧勒略派他的同僚皇帝維路斯（Verus）征討。維路斯攻陷泰西封（Ctesiphon），並順手焚燬對岸的希臘城邦塞琉古西亞，不顧其公民以友情接待。這次東征有兩個意外的後果。出征的軍隊染上瘟疫，回來四處傳染，帝國人民因之死掉十分之一。第二個後果或許不難逆料。大兵調去打帕提亞，使北疆的日耳曼人有機可乘[109]。

公元一六六年，約六千名蠻人滲過多瑙河，被當地守軍制服。四年後，馬克曼尼族帶頭的蠻人越過阿爾卑斯山，其他部族渡過多瑙河下流進入巴爾幹半島。奧勒略把他們趕了出去，但也意識到情勢有所轉變。數百年來，日耳曼人的農業生產技術慢慢改良，人口徐增，壓力上升。多瑙河北的日耳曼尼亞醞釀不安。奧勒略按照羅馬的傳統策略，出擊防患[110]。

馬克曼尼戰役拖了十年，涉及二十多個日耳曼部族。每一部族都得個別征服，反覆再三。奧勒略擊敗他們，加以苛刻條約，禁止結集往來，限制貿易，抽取兵員調去遠方。不過這些勝利零星，而且得來不易。敗家轉背反叛，勾結別的部族，捲土重來。游擊般的戰事需要毅力耐性。維路斯早死。奧勒略性愛恬靜，但負起羅馬皇帝親征的責任。就在多瑙河前線的泥濘雪地、陰沉森林中，年邁體衰的皇帝寫下後人題為《沉思錄》（*Meditations*）的日記。其中他提起斯多葛哲人的內在精神，克服與日耳曼人長期較量的冷酷環境。公元一八〇年，他駕崩在今天維也納附近的兵營裡[111]。

7.5 羅馬色厲內荏

凡是羅馬征服得的，都是神賦予羅馬。圖拉真佔領兩河流域，轉瞬失去，為後代皇帝留下了光復羅馬領土的神聖使命。塞提米烏斯．塞維魯不負眾望，於公元一九五年大敗帕提亞，在今伊拉克北部建立穩固的美索不達米亞（**Mesopotamia**）省。帕提亞仍佔伊拉克南部，但因喪土而衰落，公元二二四年被推翻。取而代之的波斯人雄心萬丈，要收回失地。為了應付這新挑戰，塞維魯．亞歷山大抽調萊茵河區和多瑙河區的軍隊，領他們東征。羅馬打贏波斯，但自己亦傷亡不輕。正待休養，噩耗傳來：阿拉曼尼人入侵雷提亞。關心家園的士兵鼓噪。塞維魯．亞歷山大領兵從幼發拉底河回到萊茵河，走了五個月。公元二三四年，他擊敗阿拉曼尼人，但不願窮追深入日耳曼尼亞，反而與蠻人締結和約。喪失親人的士兵不得復仇，憤怒嘩變。塞維魯·亞歷山大被謀殺，挑起帝國內亂五十年。羅馬人開始品味到最佳皇帝的遺產了：兩個相隔遙遠的邊境和皇帝親征的責任[112]。

波斯敗後無話，直到它最強悍的皇帝即位。沙普一世（Shapur I）趁羅馬內亂，三場戰役打敗三個皇帝，一個陣亡，一個被俘，第三個付了一大筆贖金脫身。不過波斯的勝利到此為止。羅馬從內戰抽出手來，公元二九八年贏得決定性的大捷，不但收復所有失地，還佔更多便宜[113]。

美索不達米亞省割取帕提亞的傳統領域，分隔同言語同文化的人民。羅馬精於鎮壓外族人，但這裡的外族人有個頑固的大國撐腰。波斯恨羅馬無道，要奪回美索不達米亞。在羅馬看來，敵人有此心，自己即有足夠理由作預防性的攻擊。學者綜觀羅馬與波斯的戰役，發現一般是羅馬主動發難[114]。六世紀以前，波斯人只有兩次入侵敘利亞，即沙普一世的公元二五三年和公元二六〇年戰役。羅馬軍隊到泰西封頻繁得多。曾在塞提米烏斯·塞維魯手下任省督的狄奧預料，美索不達米亞省將引致一連串戰爭，花費無盡，但徒然無益，因為羅馬身為佔領者，其實是在打別人的仗[115]。歷史證明他眼光獨到。君士坦丁、君士坦提斯、朱利安三次進軍波斯無功。公元三七六年西哥德人入境，本來有益帝國，但蛻變為哈德良堡的大禍，部分因為皇帝瓦倫斯正在與波斯膠著，北疆守軍不夠應付大量移民。奧古斯都的警告應驗了：擴張過度、超過自己能力者，會有危險失去既有領土[116]。

一百多年前，塔西佗即認為日耳曼部族比帕提亞國王更危險，好在他們一盤散沙。若看到現在日耳曼部族加強團結，塔西佗會為羅馬帝國不安，但還不到恐慌的地步。阿拉曼尼人、法蘭克人或哥德人意謂「所有人」、「自由人」或「人類」。這些名字所指，不是一族人，而是一個鬆散的部族聯盟[117]。公元三世紀時，日耳曼行動不外小隊人馬入寇，志在搶掠物品。它們的規模和兇猛，最多堪比西漢時匈奴在和親條約下的入侵。公元二七一年奧勒里安遏止哥德人的決定性會戰，哥德人陣亡不過五千人。多數蠻人隊伍比這小得多。他們的組織訓練、武器補給都差。羅馬軍隊不忙著自相殘殺時，對付他們綽綽有餘。哥德人敗後與羅馬訂約，受它津貼，為它提供兵員[118]。

小型入寇無礙帝國存亡，但蹂躪邊境居民，決策者因而面臨難題。皇軍的最高宗旨是保護皇帝，嚇阻或剿滅叛逆僭君。保衛皇帝和保衛邊疆人民需要不同的軍隊編制和戰略。兵力游刃有餘時可以兩者兼顧，可是好景不長了。帝國加稅，皇軍全額增達六十四萬五千人，但仍有捉襟見肘之感。皇帝部署必須有所選擇[119]。

戴克里先決定與人分權以穩定內政。從內戰中解放出來的軍隊，他派去增強邊防。他們修繕工事、重建公路、補充軍需系統，把備受五十年內戰摧殘的帝國恢復為一個堡壘，被一道有深度的防線環繞。這是質樸艱難的時代，但照現代軍事家分析，「戴克里先的嚴峻統治是帝國及其文明的救星。君士坦丁的統治表面繁盛，但卻是災禍結局的肇端」[120]。

君士坦丁以內戰起家，奪得獨頭帝位。他創立親軍（comitatenses），地位優惠皆高於普通的兵團，其精銳一般留駐皇帝左右。親軍作為機動後備，適合應付僭位者或集中兵力大舉入侵的外敵。然而實際的外患，卻多是分散在漫長邊境上的小規模入寇。對付它們，中央突擊隊的效果如擲石機打蒼蠅[121]。此外，強大的機動部隊被抽調到親軍，削弱了邊境戍軍。戍兵的地位低落，不但軍賞無份，甚至有時補給不足。君士坦丁修整邊防，但熱心遠不及他興建君士坦丁堡。第四世紀萊茵河前沿形勢大壞，急需增強防衛，但未見系統的工事建設[122]。

公元三六九年，皇帝瓦倫斯和哥德首領阿塔納力（Athanaric）締結和約，雙方都滿意。七年後，均勢被一個變出莫測的因素打破：匈人來臨。大群西哥德人出現在多瑙河北岸，乞求進入羅馬帝國，以避開那些恐怖的游牧民族。十萬男女老幼獲准渡河入境。貪官污吏不顧繳械的命令，放過戰士潛帶兵器入口，又管理無能，使飢寒交迫的移民造反。當地的守軍無法應付。瓦倫斯倉卒與波斯講和，使親軍脫身，趕赴北疆。西部皇帝格拉提安答應的援軍遲遲不到。公元三七八年，瓦倫斯會戰西哥德人於哈德良堡，自己陣亡，軍隊也損失三分之二[123]。

大約兩萬羅馬兵喪生在哈德良堡。阿米亞努斯說那是羅馬在坎尼之後的最大災難。坎尼之戰，羅馬損兵近七萬。共和國只憑義大利的資源反彈，獲得最後勝利。如今羅馬帝國領口七千萬，而敵人比起迦太基實在微不足道。哈德良堡之戰是歷史轉折點，不因為羅馬的損失重大，而是因為它復原乏力。羅馬著名的韌力呈現裂縫[124]。

提奧多西繼瓦倫斯做東部皇帝，徵募新軍，又被西哥德人打敗。或許他們不願用力吧，羅馬人既不能趕跑這些移民惡棍，也不能殲滅他們。公元三八二年和約，提奧多西在帝國內劃地給西哥德人，讓他們保留自己的軍事和政治組織，不受羅馬政府監督，自成國內之國。條件是應召出兵，由他們自己的將軍統領，與羅馬兵團並肩作戰。羅馬的外政傳統是有仇必報以立威。如今西哥德人毀掉了一個羅馬皇帝、兩支軍隊，以及無數人民，得到的不是罰，而是賞。其他蠻人看到也學精了。提奧多西生性無情。為了報復色薩隆尼卡（Thessalonica）市長被謀殺，他不分區別地屠殺了七千多個羅馬公民。他特別寬容西哥德人，或許因為他另有急務，譬如清算多神教徒和基督教內的異己[125]。

提奧多西兩次召西哥德移民為他與西部帝國開戰。第二次是內戰兼聖戰，因為他的對頭獲多神教徒支持。公元三九四年弗里吉都斯河之戰（The Battle of the Frigidus），西哥德人幫提奧多西擊潰西部軍隊，讓後者做上了幾個月寡頭皇帝。基督徒史筆奧洛修斯（Orosius）說，弗里吉都斯河之戰是雙重勝利，一勝異教徒，二勝蠻人，因為西哥德兵被提奧多西安排在最前線，傷亡慘重。他開心得太早了；恐怕最後笑的是蠻人。西哥德人不忿羅馬無情，公元三九五年作反。日後瓜分帝國的蠻人中，他們是第一支，也是最強的一支。此外，為了補充重創的西部親軍，前線戍軍幾乎被抽調一空。公元四〇六年底，大寒，萊茵河結冰。汪達爾人、蘇維人（Suevi）、阿蘭人及其他日耳曼部落安步過河，四散往高盧、西班牙、非洲，重複西哥德人的經歷。皇帝安然受親軍保護，但行省一一喪失，西羅馬帝國終於無可救藥[126]。

7.6 帝國策略

我們分析比較國際關係，先放眼世界，然後逐漸縮小視野，察看地方細節。羅馬帝國和秦漢皇朝各自有其宏觀大局，其帝國策略表達出不同的世界人生觀。為了實施國策、與鄰國維持不平等的外交關係，它們的霸術權謀動用心理、外交、經濟、軍事等手段。此外，帝國有責任防止小型侵寇以保護邊民安全。守禦性的邊防戰術，與侵略性的國策，並不互相矛盾。

宏觀策略（grand strategy）旨在應付和平及戰亂種種世情，維護及提高國家的長遠利益。制定策略的權力屬於國家的最高領導機構：例如國家安全委員會，由總統主持，外交、財政、國防、情報等各部長及議會首長參與[127]。有美國學者從《武經七書》中抽取他所謂「中國策略」，說其傳統黷武，凡事用兵[128]。其實他混淆了層次。《孫子兵法》及其他兵書討論的是戰略，不是策略。戰略只是策略的一部分，是軍部的職務。訪問軍部，當然是談兵。把軍部所說當作國策，恐怕是暴露了自己的黷武意識。

古代朝廷的結構比現代政府簡陋，或許不能制定詳細的長期計劃，但它們並不因此缺乏方針。我所謂宏觀策略，不是一幅藍圖，而是像一個維持航空方向的陀螺儀；不是一項大決定，而是一種體現於無數小措施、沉穩應付世局變幻的性格傾向。羅馬的不懈黷武、遇敗反彈，西漢的百年征討匈奴，都顯示堅定意向。當然，導向儀可以發生故障，也可以重新調整。數世紀的歷史，國策難免改變。兩個帝國後期便皆轉向，改進取為苟且。

理性現實的國際關係策略必須顧慮國際形勢，但不必被它牽著鼻子走。決策一般有兩大掣肘：不夠應對時局的情報知識，不夠資源以滿足所有需求。這種情況下，統治階層的獨特性格和價值觀念，左右它如何揣度國內外狀態、估計彼此優劣、衡量價值取捨、分配有限資源[129]。統治階層的成分並不單純。國家與皇帝、菁英與庶民、文臣與武將、富足與安全、內地與邊陲、現在與未來，各有各的需求。制定國策的最大難題在徵取不同意見，斟酌先後次序，協議以達一致行動。研究決策的歷史學家更有一層難題。決策人藏在心中的意向不可觸摸，口上說的又常是宣傳粉飾。因此普里卜斯討論羅馬戰爭時，常分別其緣故與藉口。歷史資料少。歷史學家不僅聽政客的高論雄辯，更要注意觀察他們的行動選擇。正如市場學家研究消費者的錢花在哪兒，以探索他們的偏好，史學家研究事態慣例，以探索策略的性格傾向。

帕提亞干預亞美尼亞的王位繼承。尼祿召集會議，問道：「我們要危險的戰爭，抑或羞辱的安寧？」羅馬將相毫不猶豫地選擇戰爭[130]。漢高祖崩。冒頓寫信向高后求婚，說自己「數至邊境，願遊中國」。高后受辱大怒，召公卿欲擊匈奴，但被他們說服，送禮婉拒，說自己年老氣衰，單于「不足以自污」[131]。

皇帝是歷史文獻中的主角。學者爬梳文獻記載皇帝的決意行動，以及當代後代的輿論，發現兩個普遍模式。奧古斯都的時人廣泛一致地讚揚征討和擴張帝國。不止他們，羅馬人始終認為，好皇帝的典型特色主要在發揚無限帝國。後世祈望有個皇帝「無畏如奧古斯都、賢明如圖拉真」，此二人正是羅馬帝國史上的首席征服者[132]。漢武帝抵禦外侮，四邊擴大中國領土。比諸奧古斯都和圖拉真的征伐，擊匈奴更近乎必要的自衛戰爭，因為匈奴經常擄奪邊民，而且受和親奉養，日益強大。然而武功卻成為武帝一朝的污點，大儒夏侯勝因此反對褒奉武帝為世宗。班固《漢書．武帝紀》末的讚詞單單歌頌武帝之文治，一字不提保護邊民、攘夷拓土的功績[133]。

中西的三大征服家，每人最後皆遭一大敗。武帝在西域的李廣利軍覆沒，奧古斯都在條頓堡林喪失三個兵團，圖拉真被逼從兩河流域撤退。前二者因挫折而反思。武帝下輪台之詔，陳心中悲痛，怪別人導致最後一戰之敗；並改變策略，轉攻為守，弛武興農，休息養民[134]。奧古斯都把心中話留在死後宣讀的遺囑。原文已失，但據塔西佗說，他勸告後人，保持帝國疆域現狀就夠了。狄奧加載他的警告，說再擴張則難以守衛；帝國可能會因此而喪失它已有的領土[135]。

武帝的詔令與奧古斯都的告誡相似，引致的反應卻迥異。武帝之詔被稱為「輪台罪己」。班固誇大說他「深陳既往之悔」[136]，後人爭議常引此為據。武帝適可而止的忠告無疑起約束作用。比照塔西佗對奧古斯都遺言的譏諷：「他要麼害怕未來危險，要麼妒忌後人功勳。」日耳曼尼庫斯堅持征伐，把遺言當作耳邊風。哈德良放棄圖拉真所征服的地域，康茂德終止其父的戰役，兩者皆受指摘，但不引遺言自辯[137]。奧古斯都死後，羅馬帝國的膨脹速度放緩，但他的後任皇帝沒一個因而獲嘉許。塔西佗甚至責怪提比略失職：「羅馬墮入沮喪的深淵；它的統治者無興趣擴張帝國。」[138]

國家安全是政府的最主要任務之一。要負起責任，宏觀策略必須綜合政治和軍事的考慮；乏能綜合協議顯示政治領導薄弱。參與決策的菁英各懷私利。什麼算是代價、什麼算是收益，要看誰在打算盤。皇帝的最大擔憂是自保。克勞迪烏斯入侵不列顛，因為他的皇位得來甚不光彩，需要戰勝的榮耀加以鞏固。一旦不列顛成為帝國一部分，無論它是不是個花費巨大的累贅，沒有一個皇帝願意冒險承受失掉它的責咎[139]。光武帝閉玉門關，不肯費半點勁去阻止西域諸國加盟匈奴、殄戮邊郡人民。他造反奪得皇位，緊張著滿足擁護他的內地士族豪富[140]。克勞迪烏斯和光武帝或能訴諸流行價值，以羅馬榮耀、漢朝文德為宣傳藉口。最損宏觀策略的莫如帝國末年頻頻的爭位或內亂。

地域主義是帝國的憂患。帝國領土遼闊。同一外政，對不同地區的影響不同，其居民的反應也因之而異。漢朝士大夫不願反擊匈奴、急著放棄涼州，說攘夷保邊令中土勞民傷財，不合仁德。桑弘羊反駁道，中土與邊郡猶如一個人的腹心和手足。中土人士得到邊郡百戰蔽護，可以安逸恬臥，卻不肯交點稅支援傷亡慘重的邊民，空說仁義，其實自私。晁錯指出匈奴屢次入侵，朝廷若不顧，邊民將絕望而投敵[141]。他們的論點，用以批評羅馬帝國晚年的狹隘觀念，同樣中肯有理。四世紀時代，三代皇帝的寵臣特米思提厄斯（Themistius）反對保衛敘利亞，抗議重建被日耳曼人入寇摧毀的城市：「就算我們成功勝利，好處不出敘利亞、色雷斯和高盧一帶；受利的只是那兒的人。但如果政府減稅，全帝國的人民都能得益。」[142]套用虞詡的反駁，假如敵人佔領了高盧，羅馬城不會有多久去享受輕傜薄賦了。歷史將會證明迂闊短見的禍害。

很少人樂意真的為未來付代價。然而高瞻遠矚，防患於未然，卻是宏觀策略的重大責任。現在人怎樣衡量未來的利害得失？只看當前，不顧將來，會怎樣影響帝國壽命？日耳曼或匈奴構成邊患，是帝國的長遠隱衷。有些皇帝知道世事無常，假如不趁國力強盛時解決問題，此消彼長時，應付將會危險困難得多了。為了帝國久安，奧勒略懲罰入侵的馬克曼尼人（Marcomanni），年邁親征，志決身殲軍務勞。漢武帝對其太子說：「吾當其勞，以逸遺汝，不亦可乎？」[143]相反，提奧多西寬宥摧殘了數省的西哥德人，滿足於他們提供的兵源。光武帝教：「捨近謀遠者，勞而無功；捨遠謀近者，逸而有終。」[144]他們省力保財，時人稱道，而後代遭殃。為了提奧多西的苟且，他下一輩慘見希臘和義大利化為廢墟。光武帝的偷安國策，報應來得較慢，但現代史家指出，日後華北淪陷及三百年的分裂戰亂，它有部分責任[145]。

7.7 霸權手腕

東西方的古人皆有世界的觀念，中文「天下」，拉丁文orbis terrarum，希臘文oikumené。秦始皇「平定天下，海內為郡縣，法令由一統」[146]。此後，政治統一成為歷久不衰的理想，使中國屢次分裂都能自癒重合。西方經歷一連串的帝國：亞述（Assyria）、米堤亞、波斯、馬其頓、羅馬。在帝國相繼意念下，羅馬人自稱雄霸全球。他們的塑像和銀幣刻畫地球踩在羅馬女神、奧古斯都或別的皇帝腳下，後來改為捧在手中[147]。有人用現代術語配古代形象，把當時社會叫作「羅馬文化全球化」[148]。

儘管各種「天下」豪語風行，人人都承認帝國邊境外還有大片疆域[149]。他們分別imperium的權力意義與imperium的地域意義（見4.1節）。羅馬帝國和秦漢皇朝的志向是地域廣大的帝國及無遠不及的霸權。帝國有邊境。羅馬帝國以海洋、沙漠、大河為界。兩國元首常在邊界河上架橋或登舟相見，如瓦倫斯皇帝與西哥德酋長阿塔納力會於多瑙河的船上[150]。中國北方缺乏天然屏障，中國人就築長城。漢文帝遺匈奴書曰：「長城以北引弓之國受令單于，長城以內冠帶之室朕亦制之。」[151]

帝國視其邊界，既非固定，也不妨礙自己的勢力影響遠播。周代有五服制，想像五層勢力漣漪般一圈圈蕩漾開去。撇開封建細節，大致可分三層政治：中心是周王直接統治的王畿，內環是周王間接統治的諸侯國，外環是周王自誇統而不治的夷蕃[152]。現代學者用三個同心圓圈作抽象圖示

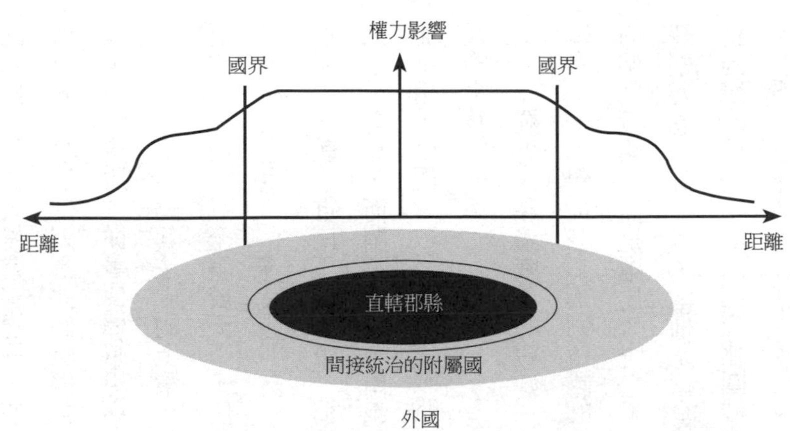

圖五　帝國的政治結構和權力影響

（圖五）。同樣的圖形，西方學者用以表示羅馬帝國的權力結構[153]。漢朝初年搞封建，羅馬帝國臣服獨立邦國，各白的內地皆容納許多附屬王國，所以圖示間接統治的內環肥厚。隨著政權鞏固，這些王國逐漸被消化取締。最後帝國內地一片，全由中央直接統治。漢武帝宣稱：「四海之內莫不為郡縣，四夷八蠻咸來貢職。」[154]第二句顯示新的藩臣屬國在帝國邊陲出現。間接統治一環並沒消失，只是被壓扁推開，成為帝國的外皮（圖五）。

皇朝、帝國成熟時，其世界秩序可分為三個界限模糊的政治地帶：內地、邊陲、外國。內地劃分為郡縣或行省，由中央委派守令或總督。邊陲是個寬闊地帶，延伸國界內外。它包涵與內地政制相同的邊郡或邊省，也包涵各種間接統治的特設機構、附屬王國、臣服部族。邊陲以外的無窮外域，帝國交接不密，但試圖影響。帝國如何與外國保持關係？它怎樣加強對邊陲屬國的控制，使它們與內地同化？這些是它的霸術權謀。

不平等是帝國國際關係的特徵。一個以文化高越經濟宏厚而自豪的超級大國，面臨一群人口稀少、貧窮落後的蕞爾外族。由於實力懸殊，這些外族雖然勇猛好戰，但無能傾覆帝國。然而他們不止是討厭的鄰居。他們入侵殘害邊民，使邊郡不寧。帝國能打敗這些鄰居，但既不能全部殲滅他們，也無法有效地統治，因為他們風俗各異，難以同化。為了防禦邊患，帝國與他們建立不平等的關係，以軍力作後盾，從事種種戰事以外的活動：政治顛覆、外交籠絡、經濟控制、心理壓力。

攻心是中國兵法中的上策。孫子曰：「百戰百勝，非善之善者也。不戰而屈人之兵，善之善者也。」如何以全爭於天下，使兵不頓而利可全？其中一法，如賈林注曰：「兵威遠振，全來降伏，斯為上也。」[155]公元前一三五年閩越背約侵凌南越，武帝不顧淮南王反對而發兵示威，成功後派人去教訓淮南王：皇帝「遣兩將屯於境上，震威武，揚聲鄉……此一舉，不挫一兵之鋒，不用一卒之死，而閩王伏辜，南越被澤，威震暴王，義存危國」[156]。明顯地具有傷害力，但能自制而不用，令觀者敬畏。現代戰略術語叫作威懾（deterrence），其最出名的例子是二十世紀冷戰時代的美蘇核威懾。

「羅馬人深諳威懾的竅妙」是現代軍事家的評騭[157]。比諸漢人，他們的手段強硬得多。一位學者一一列舉從共和國到帝國的大量例子，總結說：「以恐怖為威懾的戰略不是某位執政或皇帝的個別發明，而是羅馬傳統之道。」[158]對膽敢抗拒的人，羅馬的報復未必快捷，但遲早會到。來時則殘忍絕倫，絕不留情，事後更大肆宣傳。「使人恐懼」是普里卜斯解釋為什麼羅馬屠城特別凶殘的理由。塔西佗描述圍城的羅馬兵不接受敵人投降，殺盡所有市民，「嚇壞了所有附近的人」[159]。恐怖戰術對付北疆外的日耳曼蠻人也一般有效。大約每世紀四次，羅馬兵團侵入這窮鄉僻壤。凡是不肯順服的，人殺光，物毀盡。阿米亞努斯記載這些戰役，不少是有計劃地到鄉村去，屠殺手無寸鐵的百姓，蓄意恐嚇全體平民。恐怖活動過後，羅馬強令蠻王簽訂不平等條約，一般能懾服他們，乖乖聽話一代之久。羅馬因此節省不少麻煩[160]。

中國和羅馬各自肯定自己的道德文化特別優越，像一盞明燈，引人自動華化或羅馬化。「耀德不觀兵」是儒家的理想。務實家則德威並稱，如張騫勸武帝「致殊俗，威德遍於四海」。班勇提議「置校尉者，宣威佈德，以繫諸國內向之心，以疑匈奴覬覦之情」[161]。剛柔並濟的手段使他僅領幾百兵就能摒擋匈奴、維持西域的安寧。中國人講究禮樂教化，以華變夷。開化土著、散播文明是羅馬帝國和十九世紀帝國主義的自任使命。中國崇天命，羅馬人把他們的崗上之城罩上聖光。在他們眼中，「羅馬帝國的政治秩序、法律架構以及希羅文化，全套是上帝的旨意。不論上帝是多神教或基督教的創世者，他的旨意是要羅馬用這一套把人類帶到可達的最高境界」[162]。

宣傳道德教化最宜煽動帝國的自我優越感，熏陶外國人的效果差得多了。輝煌的帝國無疑吸引很多人，但恐怕多數人羨慕的，不是帝國自炫的道德或政治。應劭指出，鮮卑人不拘信義，唯至關市，「苟欲中國珍貨，非為畏威懷德」[163]。塔西佗形容在羅馬文化熏陶下的不列顛土著：「他們被誘向墮落的事物，閒蕩、浴堂、盛宴。他們叫作文明，其實是他們枷鎖的一部分。」[164]

興隆的經濟和豐厚的物質是帝國的王牌。蠻人或游牧民族希冀、甚至需要與帝國交易。帝國也盡量利用經濟優勢，把通商權益當作政治酬勞。羅馬帝國只容許蠻人在幾個指定的城市中買賣，但對有特別功勞的，則有時放寬限制，以示恩惠[165]。漢朝許邊境人民互市，並在指定的時間地點開放大型關市，吸引各地商人[166]。貨品流到遠方，滲入外國經濟，陶冶它們對帝國的倚賴，拉它們進入帝國的勢力範圍。為了避免外國佔軍事便宜，東西帝國皆限制戰略物資出口，尤其是鐵和軍器。可是吏治一鬆，禁運令難與貪污走私抗衡，如東漢蔡邕說，「關塞不嚴，禁網多漏，精金良鐵，皆為賊有」[167]。

用物質誘惑貪婪，以財富激勵敬畏，這是帝國外交的心理手腕。阿塔納力來到君士坦丁堡，震驚於眼見的宏偉城牆、繁榮街市，叫道：「羅馬皇帝一定是天神！誰想與他抗爭，都無疑是找死。」[168]他一生與羅馬為敵，他曾領導的哥德人三年前在哈德良堡大勝羅馬軍、殺死瓦倫斯皇帝。然而他領悟到，面對如此龐大厚實的勢力，僥倖一勝無濟於事。十多天後，他心碎而死。部分為了培養外國人此等見識，漢武帝遣使西域，邀請回使，「因令窺漢，知其廣大」[169]。

古代邦交不設常駐的大使館，只靠使節往來。東西帝國皆慷慨禮遇來使，並炫耀來使眾多以示外國敬服。奧古斯都的《功績錄》列舉一大串遣使入覲的外國，最遠的是印度[170]。漢朝以「重譯款塞」為榮，意謂塞下客來極遠，言語要輾轉翻譯，才能明白。皇帝把外國所獻當作朝貢，自己所贈為賞賜。「羈縻之義，禮無不答。謂可頗加賞賜，略與所獻相當」。[171]大量來往贈品，成為一種由政府經手的經濟交易。

若外交上禮尚往來表示國際地位平等，那麼羅馬比漢朝自高自大，因為它極少遣發使節。羅馬皇帝慣於親征，與蕃王對面談判，但這種機會到底不多。此外，除了派個低級軍官去傳告申斥懲戒，差不多沒有證據顯示他們通過使節進行外交[172]。相反，西漢積極遣使西域，爭取盟友。羈縻勿絕，其意義包涵時常保持交通對話，不因困難敵對而斷絕。公元前一一九年渡漠之戰後，西漢與匈奴十多年膠著冷戰，雖然彼此留難，但使節不斷[173]。可惜這種開放的胸襟不能持久，到東漢就被士人動輒要閉玉門關的封閉心態取代了。

漢朝和羅馬帝國北面的游牧民族或蠻人，種族、文化、部落皆紛紜雜沓。位高如匈奴單于或日耳曼大王，也得竭力安撫屬下的眾多小王貴族、戰士酋長。他們更有其他游牧民族或蠻人為外敵。對此等敵人，東西帝國的拿手高招是挑撥離間，分而擊之。帝國或與某些部族合作，攻擊另些部族；或勾結敵國中某些黨派，顛覆國政；或徵募外籍人士，編入皇軍。三種手段都不免金錢的魔力。

漢朝能臣服匈奴，得力不少於趁匈奴內亂、大搞分化。它以夷制夷，收買南匈奴、烏桓、鮮卑，利用他們去對付北匈奴[174]。德魯蘇擅長利誘日耳曼人自相殘殺。奧古斯都的年代，馬克曼尼人是羅馬在多瑙河以北的最強鄰國。其王不肯趁羅馬條頓堡樹林大敗之危，但這友情未阻止羅馬煽動他的屬下叛亂。到圖拉真時，馬克曼尼王已淪為依靠羅馬津貼撐腰的附庸了[175]。

在邊界內外，帝國容納各式各樣的王國部族，冊封其首領貴族，以示君臣藩屬關係。羅馬皇帝授冠冕予附屬國王，漢朝授印章帶綬。這些標記顯著，象徵帝國後盾，加強佩者在當地的權勢。受封的藩臣屬國有雙重功能：一是順著帝國的意向去統治本國人民，二是為帝國屏障更遠的部族。帝國把部分行政和軍事責任放在他們的肩上，資助他們以作為服務的報酬，比凡事親力親為要省勁上算。然而不論東西，帝國對其藩屬皆不信任，索取王親為人質。年輕的質子受帝國的文化物資熏染，長大後回國執政，更易順從[176]。

邊陲貧瘠，無甚物資。帝國從藩屬搾取的最大宗是人力，尤其是兵員[177]。個別的日耳曼人早就應募為羅馬輔助軍，一如胡人應募漢軍。隨著帝國對蠻人胡羌的控制加強，自己的國民又不樂意參軍，徵召越來越重。奧勒略擊敗多瑙河北的薩馬提人（Sarmatian）後，取五千五百騎派往不列顛。東漢發羌騎征西域[178]。對諸部落來說，被逼遠征是最大的暴虐，常為此而叛變[179]。

藩臣屬國在帝國邊緣構成一道比較穩定的緩衝地帶。帝國受惠付款，但理由卻因形勢而異。帝國強盛、霸權穩固時，傲然支付經濟援助、兵員補償及各種服務的酬金；帝國霸權岌岌可危時，不免有賄賂敵人、暫求喘息的意味。東漢贈予南匈奴及鮮卑與日俱增的金糧絲綢，便屬此類。不少後期的羅馬皇帝贈禮品予日耳曼酋長。其後任一旦夠強大敢終止付款，即責此為羞恥的納貢。更糟的是西漢初和親匈奴、羅馬帝國末年應付匈人。虛弱的帝國被勒索巨額保護費，屈辱奉獻，只圖免受匈奴或匈人的侵略而已[180]。

藩臣屬國在內政、甚至軍事組織上保持相當的自治主權。這特徵的後果因地域而異。漢朝因此有外臣、藩臣之分。前者遠離，遙控夠了。後者居塞下或塞內，管轄必須較嚴。西漢擊匈奴初勝，即把投降的胡人分置五個屬國，設屬國都尉領治。又移烏桓居匈奴故地，置護烏桓校尉，監察他們不得與匈奴交通。東漢沿襲類似的特別行政機構，用以管治入居塞內的南匈奴。匈奴中郎將有官府、屬吏；更領兩千名騎兵，五百個步兵，監衛單于[181]。理想上，塞內部族華化日深，逐漸同歸郡縣統治。實際上，這過程緩慢，部分由於「依故俗」、「不深治」、「以夷治夷」的羈縻政策。東漢時南匈奴勝兵五萬，在塞內保持其部落組織、游牧生活。雖受管制，但三百年後仍能重新振作，獨立為國[182]。

羅馬帝國一向只容納小批移民，或賣為奴隸，或編入羅馬軍官統領的軍隊，稍有不軌，格殺勿論。公元三七六年改變政策，讓西哥德移民舉國入境，管治無方，釀成大禍。單看加諸西哥德人條約的內容，公元三八二年提奧多西所訂，與公元三六九年瓦倫斯所訂，無大分別。然而，彼時西哥德人在多瑙河的邊防之外，如今他們已渡河入境。處境不同，使帝國對他們的約制力也有天壤之別。提奧多西的苟且措施違反一切先例。西哥德聯盟有兩萬戰士，攜帶家屬，足以繁殖。他們入境後已經反過一次，殄戮巨大。羅馬政府還讓他們內政自主，保留武裝，與徒手的羅馬人民比鄰，連監察官都不設。難怪他們不出二十年便再次造反[183]。

幾百年時光，漢朝和羅馬帝國各自耐心培養藩臣屬國，加強控制，使它們成為帝國邊防的一環。然而以夷制夷、以夷治夷不無危險。藩臣屬國並非傀儡。它們與帝國互相利用，可以因之而壯大。養虎當侍衛者，難免為虎反噬之憂。

7.8 邊陲防衛

新兵在一片荒涼中前進，所見只是戰士的亂墳孤墓。「正當你以為來到地盡頭，你看到自東到西，極目所見，青煙條條。下面，也是眼之所及，隨地勢或高或低、或隱或現，一長列堡壘。啊！長城！」橫貫不列顛島的哈德良長城（Hadrian's Wall）。上文引自二十世紀初英國人所寫關於羅馬戍邊軍士的小說[184]。八世紀上期，唐朝重振大漢雄風時，王之渙詠涼州：

黃河遠上白雲間，一片孤城萬仞山。

羌笛何須怨楊柳，春風不度玉門關。

從蒼涼到浪漫，邊陲引發外客無窮感慨遐思。居民戍軍卻自有生活，或許單調，但那比戰時刺激好過。遼闊的邊陲包括碉堡關卡、倉庫軍路遍佈的邊防地帶。防帶寬狹不定，其中的焦點是國界，中國的塞，羅馬的limes[185]。它標明正規省郡行政的範圍，但不限制國家勢力向外伸延。

邊防工事不一定意味戰略守勢；它們可以作為挑釁出擊的軍隊結集點。侵略不同於魯莽。中國人和羅馬人一般小心謹慎，求立於不敗之地。孫子曰：「善戰者，先為不可勝，以待敵之可勝。」[186]這思想體現於羅馬的行營。羅馬兵團出征時，每天累人的長途行軍後，都不惜花三個多小時建造壕塹鹿角完備的駐營。寧願犧牲行軍速度，也要保障軍士在敵國中安睡一晚。行營的工事是侵擊戰略中的防禦戰術，突擊戰士的盾牌。現代軍事家把羅馬帝國看作一個巨型行軍營，古史學家認為羅馬國策基本上是侵略性的，兩者的觀點，其實相差不遠[187]。

不論什麼國策，邊防有一項基本的防禦任務，即阻止小規模入寇，保衛邊民安寧。這不是說它旨在防止大戰。即如第二次世界大戰法國的馬其諾防線顯示，靜守漫長的邊界，戰略功能不大。對傾國大戰，若政治外交失敗，先發制人或機動反攻比較有效。然而，單是避免以佔領國土為宗旨的大規模進攻，並不足以保護邊民平安，因為還有旨在劫掠燒殺的小規模侵擊。匈奴的聯盟鬆懈，日耳曼眾部落更乏組織。一個酋長就可以帶領的寇襲頻繁，而幾千兵就足以蹂躪無備的邊城。阻止寇襲，至少減低它們的損害，是帝國邊防的主旨之一[188]。

要邊防生效，塞內外皆必須具備足夠的深度。對外，皇朝、帝國投射國力。各種方法造成的威懾，促使最魯莽的酋長三思而後行。決意入侵的，面臨藩臣屬國組成的第一防線。即使藩屬不加阻擊，入寇者也必須長程跋涉，渡過寬闊的緩衝地區。馬行不及烽火速。他們到達邊郡時，防禦者接獲警報，早已有備，使他們無所劫掠，下次免來。

塞內，帝國經營邊郡邊省。邊區介於發達的內地和落後的外國之間，一般比較貧瘠，人口稀少，沒有內地支持，難於負擔堡壘衛戍。不但地理和經濟，在政治上，很多邊郡也與內地有別。它們新被征服，居民初定，不少還對外人保留關係感情。穩固和建設邊郡是進取國策的優先項目。西漢和羅馬帝國前期，積極於此。

羅馬帝國把任務交給軍部。常備皇軍的三十萬至六十四萬五千名軍士差不多終生服役，與平民社會隔膜。帝國擴張放慢，部隊遂築固定基地，安頓下來。其中三分之二沿著萊茵河和多瑙河。為了供給他們，大量物資有系統地由地中海流往北歐。薪俸優厚的士兵消費高，軍營吸引移民。帝國早期禁止職業軍人結婚，但士卒們照樣找女人生孩子。退伍軍人領受田地，很多就在服役處附近住下，他們的兒子應募入伍，代代相傳。皇軍成為發展邊陲的主力。軍事基地成為歐洲大城的始祖；倫敦、科隆、波恩、美因茨、維也納、布達佩斯、貝爾格萊德，都是它們的後身[189]。

羅馬帝國前兩個世紀進攻有餘，不擔憂小型入寇，反是日耳曼人要害怕他們的恐怖威懾。第三世紀後，攻守勢異，靜守的長線工事不濟事，雷提亞省的柵欄便受擊崩潰。守點比守線有效，邊城邊鎮紛紛築牆建堡。一般是當地人主動，努力不同，設計各異。只有高盧的城堡建築有標準，顯示統一的帝國策劃。日耳曼人不會攻城。堡壘據守通路，自給自足，互相支持。守兵能以寡拒眾，又能聯合外援反攻，或待敵人繼續深入時撫其背、斷其退路。皇軍主力則留作強大的戰略後備，靈活運動，捕捉殲滅入寇者。要塞城堡配合機動後備，組成有效的縱深防禦[190]。

西漢徵兵制，主力是服役一年的輪番軍士；武帝擊匈奴時的特別訓練騎兵是例外。勝匈奴後，北疆自敦煌至遼東，戍守邊塞烽燧的吏卒不過數千人。呼韓邪投降後再減百分之二十。領居延塞的張掖郡，三個都尉只有數百士兵[191]。這些《漢書》的資料得到出土文件的證實。學者統計出土文件記載，西北全線的戍軍總數大約三千兩百五十人[192]。東漢廢除軍訓後，徵兵不能戰，軍隊多靠應募士和弛刑士。必需的臨時招募外，皇朝常備軍僅一萬人左右。董卓領入洛陽的邊塞軍，步騎不過三千名，為了威嚇遠近，晚上潛出城去，早上假作增兵大陳旗鼓入城[193]。這麼點戍兵就能保衛邊疆，因為當地居民挑起不少自衛擔子，比羅馬邊省的居民積極多了。漢朝的邊防偏重社會組織，羅馬的邊防偏重軍力，顯示龍與鷹的不同性格。

為了充實邊疆，西漢源源從內地移民，使不少貧民、災民在邊郡找到新生活。根據漢初晁錯的提議，願意去的，全家免賦稅，此外更分配得田地、房屋、農具、甚至妻室，並獲衣食供應，直至能安頓自給。政府組織移民，加以軍訓，教他們築自衛工事，厚賞有功驅逐匈奴騷擾者。又在通道要塞建千家以上的城邑，高牆深塹，與戍軍村民互相呼應，縱深防禦。移民為自己安家樂業而奮鬥。若匈奴在門前游牧，隨時發難，他們的自衛能力有限。武帝把匈奴趕到漢北後，邊郡烽火候望精明，軍民有備，匈奴入寇無所獲利，以後就少來了[194]。

縱使移民實邊，邊陲仍然地廣人稀。西漢末，歷經三代和平繁盛，北疆與涼州十九個邊郡的人口，仍不過全國人口百分之八。然而關西出將。西漢的察舉制，每郡年選二人，所以邊人在官吏中，比重可達百分之十九，能適當反映國防形勢、邊民需要。東漢改制，察舉不以郡而以人口計，減少邊人在朝廷中的人數和影響。內地書生對邊事無知、對邊民無情，其短視自私的政策使邊郡凋零，人口減至全國百分之三，邊人差不多被摒棄在參與國策的官僚圈子外[195]。然而被朝廷忽略的邊民傲然自助自強，捍衛家園。「婦女猶戴戟操矛，挾弓負矢」[196]。四世紀五胡亂華時，涼州軍民死守長安的節義，當使滿口道德但腳底抹油的中土士族汗顏。即使撤到內地，邊區故人組織而成的乞活軍，世代相傳，廣泛活動，抵抗胡人暴政百年之久[197]。這種有組織的持久抗戰，未聞於羅馬退伍軍人。

君士坦丁創建中央親軍，抽調精銳，削弱了邊境防戍。資源裁減下，有些職業戍卒轉兼務農。農民戰士受輕蔑，其實不公平。羅馬的帝國，本來就是他們征服得來的。帝國後期的農民戰士，假如得到政府充分的組織支持，當可抵禦小規模的蠻人寇襲[198]。稱為田卒的農民戰士是西漢邊防的重要環節。漢武帝勝匈奴後，六萬吏卒在新得的朔方河西等地開官田渠道[199]。匈奴間中入寇。來時要夠兵力抵抗，不來時戍兵閒著。只要組織嚴密、警惕不懈，大可利用剩餘勞動力從事生產。屯田不止在北疆，在西域西羌亦屢屢建功。漢朝遠征，常因運送軍需補給困難而不能持久。屯田士卒生產糧食，減輕漕運負擔，增強自己耐力。有時未至交刃，屯田已施心理威脅。受田卒圍困的敵人知道不能希冀漢軍糧盡退兵，比較容易妥協投降。屯田不及出征輝煌，但理論和功績並獻，老將趙充國證明了它平息羌亂的效果[200]。

邊陲人種雜處。羅馬人與蠻人，漢人與少數民族，國界內外，犬牙交錯，來往流動。圖拉真入侵達契亞時，見到敵軍的精兵是從羅馬帝國招募來的、攻擊器械是羅馬工匠製造的。他一打贏，馬上要達契亞王交回所有羅馬人。羅馬為帝國公民投奔蠻方而頭疼，這不是第一次，也非最後一次[201]。漢朝也有同樣問題。元帝時呼韓邪自請為漢守邊，朝廷公卿因而鼓吹廢除關塞邊防。熟悉邊事的侯應列十大理由反對。其中一半是安全常識，另一半指出關塞的政治功能：防止盜賊罪犯逃亡，防止投降的匈奴與塞外同黨聯繫，防止貧愁的奴婢為求改善生活而逃亡出塞，防止被匈奴俘虜的人召塞內孤苦的親戚相聚，防止怨恨官吏壓逼的羌人作亂。總言之，除了防止外敵入侵，關塞也有責任防止國人擅自出境，維持邊陲治安[202]。

即使全盛時期，皇朝、帝國也不能贏得全國人民的忠貞。國力衰退，社會和諧瓦解時，人心更散渙。很多漢人住在游牧民族間、羅馬人住在蠻人間，效忠於他們的酋長[203]。漢使在匈奴王庭裡碰到中行說，聽其辯說匈奴簡樸，不比漢禮虛偽。羅馬使者普里思庫斯（Priscus）在阿提拉的王庭裡碰到一個希臘富商，聽其解釋匈人自由，勝於羅馬腐敗[204]。這些上層叛徒對帝國的批評不少是自私的藉口，但反駁他們的陳腔濫調脫離現實更遠。棄國逃亡，在下層階級裡較普遍。公元三〇四年南匈奴叛晉，獨立稱王，未大肆殘殺前贏得不少漢人支持[205]。公元四〇六年蠻人湧過萊茵河，不少高盧的羅馬人加入他們的行列，喊出「雖窮但自由」的口號[206]。他們追求的不過是較好的生活而已。皇朝、帝國只顧高唱用夏變夷、散播文明的口號，沒看到它們自詡的仁德明燈，連自己的社會下層都照不到。

一個強大勢力滲入異樣文明，其邊陲就像海陸相接的潮汐地帶。每天潮水漲落，乾濕交替，養育出獨特的生態。歲月漫長，或海岸侵蝕，或河口淤塞，潮汐地帶移動。漢朝或羅馬帝國晚年勢力低落，就像海水潮線後退。逐漸乾涸的老地帶暴露出皇朝、帝國的最大敵人：壓逼、歧視、治理無方。

註釋

❶ Bishop Ambrose, quoted in Heather 2005: 190.

❷ Gills and Frank 1993: 163-9. Teggart 1939.

❸ http://www.chinaandrome.org/Simplified/silkroad/land.htm.

❹ Scullard 1976: 53-6.

❺ Southern 2001: 195-8. Todd 1992: 19, 47-52.

❻ Todd 1992: 9-10, 17-9. Southern 2001: 207-8.

❼ Heather 2005: 46-55. Southern 2001: 195-8, 207-8.

❽ Tacitus, *Germania* 33.

❾ Thompson 1996: 33, 235-7.

❿ 《史記》110: 2879。Ammianus 31.2.6.

⓫ Khazanov 1994: 16. Di Cosmo 2002: 24-7, 35. Beckwith 2009: 320-1.

⓬ 《史記》110: 2879。Ammianus 31.2.12.

⓭ Di Cosmo 1994: 1101-3, 1114-5. Khazanov 1994: 202-6, 222-3.

⓮ Barfield 1989: 8. Khazanov 1994: 254.

⓯ Lattimore 1940: 472-5. Beckwith 2009: 320-4.

⓰ 《史記》50: 2879，2892。Sinor 1981. Thompson 1996: 58-60.

⓱ Plutarch, Crassus 24-5. Dien 1986: 36. Needham, *Science*, Vol. 5 (6), 278.

⓲ 《漢書》49: 2281。Needham, *Science*, Vol. 5 (6), 121-3.

⓳ Herodotus 4.46. Thompson 1996: 28.

⓴ 《史記》112: 2954。

㉑ Yu 1986: 390-1.

㉒ 《漢書》94: 3756-7；96 上 : 3890-1。

㉓ Strabo XI.8.2. Liu, X. 2001.

㉔ Narain 1990: 155-61. Millar 1981: 283-4. Beckwith 2009: 84-5.

㉕ 地圖見 http://www.chinaandrome.org/Simplified/silkroad/prelude.htm.

㉖ 《史記》63: 2157-3172。Millward 2007: 20-1.

㉗ Bivar 1983a: 191-3. Millward 2007: 13-5. Katouzian 2009: 42-4.

㉘ Bivar 1983a: 189-91. Katouzian 2009: 41-8.

㉙ 《史記》123: 3172-3。《漢書》96 上 : 3890。

㉚ Katouzian 2009: 46-8. Millar 1981: Ch. 14.

㉛ Ball 2000: 8-9, 12-8. Heather 2005: 202-3.

㉜《漢書》57 下 : 2583。

㉝彭建英 2004: 2-16。Yang, L-S. 1968: 31-3.

㉞《史記》110: 2890-1，2899。錢穆 1957: 135。

㉟《史記》110: 2885-8，2891。陳序經 2007: 174-85. Di Cosmo 2002: 163, 174-9. Barfield 1989: 8, 32-41.

㊱《史記》110: 2894-5。林幹 2007: 44-7。

㊲《史記》110: 2895，2901，2904。《漢書》5: 150-1。陳序經 2007: 218-22。

㊳《漢書》4: 119-20。Loewe 2009: 68.

㊴《漢書》52: 2399。

㊵陳序經 2007: 211-7。Chang 2007: 146-51.

㊶《史記》30: 1420。

㊷《漢書》52: 2399-403。余英時 2005: 21-2。

㊸《史記》81: 2450。

㊹《漢書》52: 2403-5；94 上 : 3765。林幹 2007: 47-8。

㊺林幹 2007: 48-9。

㊻《史記》110: 2906-11。戰爭簡史編寫組 2005: 105-12。

㊼陳序經 2007: 281-6。

㊽錢穆 1957: 122-3。田昌五，安作璋 2008: 200-3。

㊾《史記》123: 3168-73。田昌五，安作璋 2008: 203-6。

㊿《漢書》96 上 : 3871-2。

51《史記》123: 3175-9。田昌五，安作璋 2008: 206-8。

52戰爭簡史編寫組 2005: 114-5。

53《漢書》96 下 : 3912-4，3922。

54見 5.6 節。

55《漢書》94 上 : 3781，3785。林幹 2007: 53-5。

56《漢書》94 上 : 3785-7；96 下 : 3901，3905；70: 3003-4。陳序經 2007: 286-92。

57《漢書》70: 3005-6；96 上 : 3874。

58《漢書》94 下 : 3797-02；70: 3008-14。

59《漢書》94 下 : 3826，3832-3。Yü 1986: 394-8. Loewe 1986b: 211-2.

60《漢書》94 下 : 3803，3806。陳序經 2007: 315-7。

61《後漢書》志 23: 3533，注引應劭《漢官》。

62《後漢書》89: 2940。陳序經 2007: 339-47。

63《後漢書》18: 695-6；88: 2924。Yü 1986: 413-4. De Crespigny 2009: 109. Lewis 2009: 238-9.

64 《後漢書》89: 2942，2949。
65 田昌五，安作璋 2008: 362-9。陳序經 2007: 354-8。
66 《後漢書》41: 1415-6；89: 2955。
67 林幹 2007: 98-101，171-8。陳序經 2007: 380-6。
68 《後漢書》48: 1597-8；19: 721-3。
69 《漢書》96 下 : 3930。《後漢書》48: 1597。
70 地圖見 http://www.chinaandrome.org/Simplified/silkroad/beginning.htm.
71 《漢書》70: 3010-211；79: 3294；94 下 : 3801。
72 《後漢書》47: 1571-5。陳序經 2007: 370-5。
73 《後漢書》47: 1575-82；88: 2909-10。
74 《後漢書》47: 1586-90；88: 2911-2。田昌五，安作璋 2008: 369-75。
75 趙翼《二十二史札記》卷二，三。錢穆 1957: 142-4。
76 《後漢書》47: 1594。錢穆 1940: 198-9。
77 《後漢書》47: 1587-9。
78 《潛夫論．邊議》。
79 《後漢書》87: 2869，2876-8。翁獨健 2001: 134-7。
80 《後漢書》65: 2129；87: 2878，2886。田昌五，安作璋 2008: 422-3。
81 《潛夫論．實邊》。
82 《後漢書》87: 2886-8。張燦輝 2008: 112，118-23，131。
83 《後漢書》58: 1868。張燦輝 2008: 127-8。
84 田昌五，安作璋 2008: 423-6。
85 《後漢書》18: 695；28: 3621-2；60 上 : 1954。
86 《後漢書》87: 2889-90。
87 《漢書》24 上 : 1139；24 下 : 1172-3。林甘泉 2007: 35-7。
88 錢穆 1940: 196-8。張燦輝 2008: 126。
89 Virgil, *The Aeneid*, 1. 374-5, 379.
90 Cicero, *Philippic* 6.19. Yang and Mutschler 2009: 110-1.
91 Rutilius Namatianus, quoted in Grant 1990: 184.
92 Keppie 1984: 146, 150-1, 173-4. Mattern 1999: 83-5, 205-6.
93 Dio 54.11. Wells 1992: 69-70, 124-5.
94 Dio 54.8. Isaac 1992: 20-9, 52-3.
95 Fulford 1992: 295-6. Wells 1992: 71-2.
96 Seager 1972: 18-23. Wells 1992: 70-3.
97 Seager 1972: 32-5. Keppie 1984: 160-8.

98 Todd 1992: 265-7. Heather 2005: 46-8, 55.
99 Dyson 1971: 256-7. Isaac 1992: 54, 56-7.
100 Suetonius, *Augustus* 23. Dio Cassius 56.18-23. Wells 1992: 75-6.
101 *Augustus* 26. Tacitus, *Annals* 1.11. Gruen 1990: 407-8.
102 《吳子兵法．圖國篇》。
103 Tacitus, *Annals* 2.17-18, 20, 25. Seager 1972: 61-74. Heather 2005: 57-8.
104 Mattern 1999: 90-3.
105 Bennett 1997: 85-9, 94-5, 99-101. Mattern 1999: 93. Southern 2001: 120-1.
106 Isaac 1992: 28-30.
107 Rostovtzeff 1957: 355-8. Bennett 1997: 200. Lightfoot 1990.
108 Dio, in Bennett 1997: 204.
109 Birley 1987: 140-1, 149. Millar 1981: 117-8.
110 Birley 1987: 149, 163-6. Todd 1992: 55-6. Heather 2005: 86-8.
111 Birley 1987: 176-9, 208-10.
112 Southern 2001: 33-4, 41-2, 53-4, 59-63.
113 Southern 2001: 227-44. Luttwak 1976: 154.
114 Isaac 1992: 5-6, 15-6, 52. Millar 2004: 193; 1993: 99, 102.
115 Dio Cassius 75.3, 56.33.
116 Lightfoot 1990: 124. Mann 1979: 183. Heather 2005: 160-2.
117 Todd 1992: 56-9. Southern 2001: 205-8. Heather 2005: 84-6.
118 Todd 1992: 152. Cameron 1993: 4. Southern 2001: 211, 215.
119 Heather 2005: 63. Luttwak 1976: 188-90.
120 Luttwak 1976: 130.
121 Luttwak 1976: 178-9, 186-8. Shaw 1999: 149.
122 Jones 1964: 97-9. Potter 2004: 451. Whittaker 1994: 208.
123 Todd 1992: 249-83. Heather 2005: 72-3, 145-6, 158-81.
124 Heather 2005: 63, 181-2.
125 Jones 1964: 156-7, 169. Heather 2005: 182-9. Gibbon 1994: II.57.
126 Heather 2005: 193-5, 198-9, 212-3. Mitchell 2007: 89, 250.
127 Murray and Grimsley 1994: 2-3. Wheeler 1993: 12, 35. Kennedy 1983: ix, 5. Kagen 2006: 348-9.
128 Johnston 1995.
129 Taliaferro, Loebll, and Ripsman 2009: 23-32. Murray and Grimsley 1994: 17.
130 Tacitus, *Annals* 15.25.

131 《漢書》94a: 3754-5。
132 Gruen 1990: 395-6, 406-12. Whitakker 1994: 36. Wells 1992: 76-8.
133 趙翼《二十二史札記》卷二。《漢書》6: 212，75: 3156。
134 《漢書》96 下 : 3912-4，3922。
135 Tacitus, *Annals* 1.11. Dio Cassius 56.33.
136 《漢書》96b: 3912。
137 Tacitus, *Annals* 1.11. Birley 1997: 78. Bennett 1997: 203.
138 Tacitus, *Annals* 4.32. Ober 1982. Whittaker 1994: 29-30, 35-6.
139 Strabo 2.5.8. Mattern 1999: 158-61.
140 《後漢書》88: 2924。Yü 1986: 413-4.
141 《鹽鐵論．誅秦，憂邊，地廣》。《漢書》49: 2278，2285，51: 1688。
142 Themistius, quoted in Goffart 1989: 290.
143 《資治通鑑》22: 727。
144 《後漢書》18: 696。
145 Bielenstein 1986b: 268.
146 《史記》6: 236，246，243。
147 圖見 http://www.chinaandrome.org/Simplified/culture/empires.htm.
148 Hingley 2005: 2, 9, 44-5. 參考 Brunt 1978: 162, 168。Gruen 1984: 274, 281, 329. Harris 1978: 129.
149 Yü 1986: 377-9. Mattern 1999: Ch. 2.
150 Mattern 1999: 110.
151 《漢書》94a: 3762。
152 彭建英 2004: 7-8。李大龍 2006: 13-8。
153 李大龍 2006: 19。Luttwak 1976: 22.
154 《後漢書》志 7: 3163，注引《風俗通》。
155 《孫子兵法．謀攻篇》。
156 《漢書》64 上 : 2787-8。
157 Luttwak 1976: 3. Wheeler 1993: 36.
158 Mattern 1999: 119, 115-7.
159 Polybius 10.15. Tacitus, *Annals* 12.17.
160 Heather 2005: 457, 81. Shaw 1999: 133.
161 《國語．周語上》。《史記》122: 3166。《後漢書》47: 1589。李大龍 2006: 28-9。
162 Heather 1997: 73.
163 《後漢書》48: 1609。

164 Tacitus, *Agricola* 21.
165 Thompson 1982: 15. Southern 2001: 196-8.
166 余英時 2005: 82-101。彭建英 2004: 56-9。
167 《後漢書》90: 2991。錢穆 1957: 129。
168 In Thompson 1982: 5. Gibbon 1994: Ch. 26, 1078.
169 《史記》123: 3169。
170 Augustus 26, 31.
171 《後漢書》89: 2946。
172 Millar 2004: 220-5.
173 《漢書》94 下 : 3834。《後漢書》89: 2946-8。彭建英 2004: 17-21。李大龍 2004: 145-50。
174 《後漢書》86: 2838。林幹 2007: 56-62，90-1。
175 Tacitus, *Annals* 2.60; *Germania* 42. Pitts 1989: 46-53.
176 Braund 1984: 9-17, 23-9. 彭建英 2004: 21-34。
177 Southern 2001: 201-3. 中國軍事史編寫組 2006b: 110，134。
178 Dio Cassius 72.16. 《後漢書》87: 2886。
179 Mattern 1999: 86-7. 余英時 2005: 73-4。
180 Southern 2001: 192-3. Heather 1997: 69-71. 余英時 2005: 70-2。
181 彭建英 2004: 46-8。林幹 2007: 52-3，90-2。
182 李大龍 2006: 86-91，150-2，209-211。陳序經 2007: 403-13。
183 Heather 2005: 184-8. Southern 2001: 188-190, 198-200.
184 Ruyard Kipling, *Puck of Pook's Hill*, quoted in Whittaker 1994: 1.
185 景愛 2002: 193-4。Isaac 1992: 408-9.
186 《孫子兵法．形篇》。
187 Luttwak 1976: 55-66. Isaac 1992: Ch. 9. Whittaker 1994: Ch. 1.
188 Luttwak 1976: 69-78.
189 Fulford 1992: 296-9. Millar 1981: 119-25. Wells 1992: 125-8. Keppie 1984: 147-50.
190 Luttwak 1976: 131-7. Southern 2001: 114, 155, 214, 252.
191 《漢書》69: 2989；8: 268；94 下 : 3810。
192 Loewe 2009: 80-1. Di Crespigny 2009: 93.
193 《後漢書》72: 2323。
194 《漢書》49: 2285-9；94 上 : 3784。
195 筆者據《漢書．地理志》、《後漢書．郡國志》的資料統計。錢穆 1940: 195-9。
196 《後漢書》70: 2258。

197 周一良 1997: 15-26，「乞活考」。

198 Jones 1964: 649-53. Luttwak 1976: 171-3.

199 《漢書》94 上 : 3770。錢穆 1957: 142-3.

200 《漢書》69: 2984-92。

201 Dio Cassius 69.14. Whittaker 1994: 188, 228-9. Ste. Croix 1981: 476.

202 《漢書》94b: 3803-4。

203 翁獨健 2001: 180。Mitchell 2007: 202.

204 《漢書》94 上 : 3760。Thompson 1996: 205-7.

205 《晉書》101: 2645-9。

206 MacMullen 1966: 231-2.

第八章　帝國衰亡

8.1 夕陽無限好

「人類歷史的巔峰」是當時史筆優斯彼烏斯（Eusebius）對君士坦丁大帝的評語❶。羅馬帝國度過半世紀的內戰動亂，國力復甦。文治官僚系統發展成熟，有效地向低層社會徵收賦稅。皇軍擴大重組，精兵作機動編制，最精的由皇帝親統。政府侵凌多神教的廟宇，搜刮千年來信徒奉獻的黃金，發行金元，穩定貨幣物價。基督教成為國教，教會的權力飛躍，財產暴增。君士坦丁堡崛起為帝國東都，豪華的宮殿教堂瞬息成林，自具元老院安置貴族。境外的蠻人被擊敗，他們的酋長被丟去餵野獸❷。當時頌文讚美君士坦丁：「您威懾殘餘的部族，逼他們永遠不忘恐懼、俯首屈從。」❸波斯前來談和但遭拒絕。君士坦丁預備後世史筆所謂「基督教十字軍征伐」，可是才開戰便去世❹。那是公元三三七年。不過七十三年，羅馬城向西哥德人投降。再過六十六年，西羅馬帝國將會被蠻人肢解。

「不剛不柔曰和」是和帝的謚法❺。東漢第四代皇帝在位十六年，水旱地震頻繁，朝廷時常減稅恤民。西方史家指出：即使窮鄉僻壤，政府也有能力組織救援天災，其賑濟紀錄顯示社會相當繁榮❻。漢朝徹底擊敗匈奴，班超重建西域都護。范曄讚曰：從光武到和帝，「齊民歲增，闢土世廣。偏師出塞，則漠北地空；都護西指，則通譯四萬」❼。然而傳統史家對和帝之世卻毀多於譽。和帝十歲登基，幼沖時外戚掌權，親政後信任宦官。一棍打盡外戚宦官的人說和帝是漢朝興衰的轉折點。單看年表，他們或許有點說頭。和帝一〇五年崩。不過八十五年，軍閥割據東漢。再過一百二十六年，華北將淪陷於五族胡人。

漢朝衰亡，歷史學家並不奇怪。一個四百多年的皇朝使人生厭。同樣長短的時間內，羅馬帝國經歷了至少五個朝代、多次異姓繼位、數度兩皇並立以及五十年篡奪分裂。現在輪到中國的三國鼎立六十年了。就算統一三國的西晉夭折、中土淪陷五胡，其過程與羅馬帝國衰亡一樣曲折離奇，也未引致深究。史家但述其事，對於其原因卻循例歸咎而已❽。

相反，「西羅馬帝國滅亡的奇案」被史家舉為「歷史上最大謎團之一」。無數追查研究後，懸案依然❾。本著德國人的徹底精神，一位學者開單陳列兩百一十項歷來提議的禍源：蠻人、基督教、政治腐敗、經濟崩潰、無法無天、因用鉛做餐具、水管而中鉛毒……。❿二十世紀又流行新學派，指此等解剖誤入歧途，其實羅馬帝國並沒有滅亡，只是和平轉化為新政體，這才是學者應該研究的對象⓫。

這段歷史肯定不和平，但它亦沒有壯烈大戰。一度威猛的帝國去得窩囊。羅馬城陷，與特洛伊或迦太基城陷相映成趣。後二者勇抗強敵，碧血玉碎。羅馬面對只能圍困不會攻城的小敵，不戰而降，抽泣瓦全。瓜分西帝國的日耳曼人比割據中國北方的五胡人數更少、組織更散。羅馬人抗蠻比漢人抗胡更差勁，其勇悍傳統蕩然無存。他們怎會消沉到這地步？

皇朝、帝國年邁了，但這並不意味它們所有的機能都衰退了，有些處它們甚至可說是老當益壯。幾百年的華化、羅馬化造就了情投意合的全國菁英。到了公元二〇〇年代，商旅可以從不列顛行到敘利亞，一路經過設計建築相若的城市。有物為證：單看羅馬遺跡的照片，你不易猜度它位在歐洲、亞洲，抑或非洲⓬。中國的木造建築早已湮滅，可是地底的墓室述說類似事實。遠至邊陲的出土陪葬珍寶，款式皆傚法京師，證明王符之言不虛：「東至樂浪，西至敦煌，萬里之中，相競用之。」⓭

皇朝帝國的菁英不但興旺，而且文雅。羅馬帝國龐雜，其統治貴族的言語文化卻出奇地清一色。非洲地主來到希臘文士間可以相處自如，亞洲的巨富與高盧的元老一樣融洽。大家都受同一教育，由詮釋語文的修辭學家指導，專心學習為數不多的經典巨著⓮。類似的教育，但用另一套經典，造就中國的儒家士大夫。朝廷提倡下，太學以外，大師千百，培養出無數文化貴族，交遊朋黨，清議求名⓯。羅馬帝國末年的拉丁文學成就，與東漢的優美士風，同樣受後人盛讚⓰。他們的文化排場耀眼，反映另一個好現象：經濟硬朗，足以負擔大批菁英的優閒奢華。

東西的貨幣皆重新靠穩。羅馬本來的銀幣在三世紀的通貨膨脹中倒台，但新發行的金元站住了腳，政府用以收稅支餉⓱。王莽復古，一度貨幣紊亂。東漢不顧大臣反對，重鑄五銖銅錢，即使大額交易，也以錢作算⓲。皇朝、帝國後期，多樣經營、自給自足的大莊園興起，減低市場交易的需要。但假如商貿經濟因之而衰退，其下降並不大幅。最要緊的是，社會經濟的支柱——農業，依然穩固。

考古學家在古羅馬帝國各處發掘遺跡，發現帝國晚年很多鄉村蔚然。除了戰火摧殘最甚的萊茵河前沿，其他地方多已康復。非洲諸省是西帝國的主要穀物產地，它們和敘利亞一般，特別繁榮。很多地區的產量和人口密度，四世紀時登上頂峰。各種證據顯示，雖然政府為了擴軍、擴文治官僚而大幅加稅，但農業經濟並未因之而蕭條。學者解釋說，若農民的勞動力還未充分利用，那麼稅務可能逼他們更努力工作，因而提高生產率[19]。

東漢末年的經濟同樣健康。政府不加常稅，更廢除鹽鐵官賣等財務政策，深得士大夫歡心。無數出土的石刻記載各地建橋修路等建設。生產率隨著生產技術提高，南方肥沃的土地漸得開發。瓷器初現，造紙、風箱等工技發展。奢侈品盈市[20]。

經濟過得去，那麼皇朝、帝國的病在哪兒？人口銳減是一個可能的答案。這兒我們可以捕捉到一個影響廣泛的罪魁。大瘟疫差不多同時在歐亞大陸的東西兩端爆發，是幾乎同時肆虐於兩者的「第三世紀危機」。流行病是文明病：聚居的人口密度必須夠大，細菌才能有效地在人際傳播繁滋。埃及和中東的兩河流域首先跨過門檻，印度拜亞歷山大之賜，加入圈子。中國和歐洲因為地偏遠、發展遲，一直避過這文明的禍害。帝國遠征和長途商貿終於把細菌帶來了[21]。

有人懷疑那時的瘟疫是天花，但無人能確定。可能有幾種病菌同時傳播。先是某種瘟疫蹂躪貴霜帝國，蔓延到帕提亞[22]。公元一六七年出征帕提亞的羅馬軍隊也染上了，回師後把它散播到帝國各地。十五年間，帝國十分之一的居民罹難。第三世紀危機高潮時，瘟疫重肆猖獗。公元二五一年在埃及爆發，傳染全國，耗盡軍隊。公元二七〇年大疫，殺掉皇帝克勞迪烏斯以及大批與他對敵的哥德人[23]。

中國以往的大規模病疫記載，多隨旱澇地震、戰亂兵禍而來，或因亞熱帶沼澤瘴毒所致。疫區多有限，極少意外得入載專言災異的〈五行志〉。洛陽在公元一二五年和公元一五一年大疫。隨後公元一六一、一七一、一七三、一七九、一八二、一八五、二一七年，不限地區的廣泛大瘟疫連串，使慣於解釋災異的《後漢書．五行志》注家目瞪口呆。魏晉的皇帝本紀載公元二二四、二三四、二九二、三一一年大疫㉔。公元二一七年大疫，曹丕說「親故多離其災」，曹植說「家家有強屍之痛，室室有號泣之哀，或闔門而殪，或舉族而喪者」。建安七子除孔融、阮瑀、王粲早死外，陳琳、徐幹、應瑒、劉楨四人一疫掃盡㉕。除了直接殺人，瘟疫還有間接的歷史影響。大疫初期，張角符水治病的太平教開始傳播，終於導致公元一八四年黃巾之亂㉖。

瘟疫無疑削弱了皇朝、帝國，但其為害有多大、是否致命？羅馬帝國似乎安度危機。它的戶籍資料無存。學者估計，帝國的人口高峰在五千萬人到一億兩千萬人之間。高峰可能發生在奧勒略時，也可能在君士坦丁時。這兩位皇帝之間，戰亂瘟疫頻繁。然而民居遺跡顯示多數地區的人口劫後反彈，到四世紀時已經復原，有些更達新高。隨著更多遺跡在考古鏟下出現，多數學者相信蠻人入侵前夕，羅馬帝國的人口不會少於七千萬人㉗。

羅馬的常備軍不斷擴大。學者慶幸獲得一份四世紀末的文武官職表，據此計算，皇軍全額有兵員六十四萬五千人。可是學者認為，所有部隊都臻全額的可能性極少。當兵的越來越多是蠻人㉘。

漢朝的戶口資料部分保留於史籍。精確的戶口普查殊不容易，即使今天仗計算機科技，也難免差錯。古代的戶籍肯定不太準確，而且偏於少算人口；戶籍造假與偷稅漏稅可謂是雙胞胎。因

表一　西漢平帝至晉武帝年間的戶籍人口[29]

年份	皇帝	戶	口	耕地（頃）*
2	西漢平帝	12233062	59594987	8270536
57	東漢光武帝	4279634	21007820	
75	東漢明帝	5860573	34125021	
88	東漢章帝	7456784	43356367	
105	東漢和帝	9237112	53256229	7320170
125	東漢安帝	9647838	48690789	6942892
144	東漢順帝	9946919	49730550	6896271
156	東漢桓帝**	16070906	50066856	
280	晉武帝	2459840	16163863	
283	晉武帝	3770000		

* 1 頃 = 100 畝 ≒ 69.2 市畝 = 4.61 公頃。
** 這些數字似乎有錯。

此，表一所列，最重要的信息不在絕對數目，而在相對的上落趨勢。

表一顯示，戶口銳跌於西漢平帝之後和東漢桓帝之後，兩次皆伴著改朝換代的戰亂。漢桓帝到晉武帝年間瘟疫流行。然而與兩漢之間的喪亡比照，可見細菌雖殘酷，但不及逐鹿中原的群雄。戶籍數字減少並不全因死亡。軍閥混戰中，多有鋒鏑餘生者顛沛流離。轉換政府又損壞行政機構，使戶籍散失。公元二八〇年晉朝滅吳，統一全國，厲行安頓流民。三年後，戶口遽升五成，不因為生育，而因為安頓[30]。

戶籍和考古提供不同的資料。考古發掘的生活痕跡顯示實在人口。戶籍所載的「政治人口」綜合實在人口和政府的統治能力，顯示國力。若政府無能向人民徵收賦稅，那麼實在人口雖多，無補國力。表一中的「耕地」，意義是「可稅之地」。光武帝放棄公平度田，寬容大族匿地瞞稅。田地兼併越甚，匿地越多。東漢一代，雖然南方土地大量開發，但戶籍中的「耕地」，始終不及西漢。此外，失去田地的小農或流徙，或依附大族，不少消失於戶籍[31]。考慮到這些社會傾向，我們可以推猜，漢末的人口其實不止五千萬，只不過很多在政府視野之外，使政府無法動員實在資源，解決社會危機。羅馬帝國同樣依靠戶籍。其末年是否有面臨類似問題，以致難於徵稅募兵？

秦朝的戶口，經楚漢相爭，漢初可數的只剩十之二三[32]。西漢的戶口，東漢初只剩三分之一。假如我們估計，晉武帝在公元二八〇年的普查也只及劫後餘生者的三分之一，那麼晉初的實際人口，大約是五千四百萬人。統一後，中國享受了一代昇平[33]。若此情景繼續，晉朝又整飭政府機構，當有能力應付胡羌問題。

西漢實行徵兵制。東漢改以募兵為主，常備的精銳是職業軍人，類似羅馬兵，但人數不多。遇事臨時招募，兼雜弛刑士和胡騎、羌騎。魏蜀吳三國各自設置與民戶不同的士家，以保證有訓練的兵源。晉朝沿用，軍士家人世襲，發展成世兵制[34]。這些制度能滿足晉朝的軍需，朝廷很少徵兵。相反，徵兵、募兵、世兵和外籍兵羅馬帝國後期全有應用，但仍不斷鬧缺兵。

如上是皇朝帝國末年的經濟、人口、軍事情況，離鼎盛甚遠，但亦看不出大難將臨。然而勢力是與敵人相對而言的。蠻人或胡人的實力是否有一面倒的進步？

東、北兩面受敵是羅馬帝國的戰略弱點。可幸事實證明，波斯並不如敵意宣傳般侵略成性。事實上波斯王能守約，並能控制附屬。因此四世紀大部分以及五世紀，羅馬帝國不需為其東疆憂心。東線仍然吸住一些兵力。但由於波斯遵守和平條約，加上完備的邊防工事，使羅馬在最危險的歲月不用分心，能集中應付北下的日耳曼人。羅馬帝國分為東西，唯有東帝國受敵於波斯。但滅亡的是西帝國，東帝國安然無恙[35]。

8.2 蠻人與胡羌

在北疆，羅馬面對萊茵河與多瑙河彼岸的蠻人。他們大多數是老鄰居，最大的例外是公元三七六年前不聞名的游牧民族匈人。傳說匈人多如蝗蟲。細究證據的學者反駁：「可信的結論是，征戰成就巨大的匈人，人數其實少得荒謬。」總計匈人可能不過一萬五千騎，通常分成數千騎的小隊，各處寇掠[36]。他們能屢敗羅馬，因為他們有能力馴服日耳曼人，統一駕馭。羅馬途窮，匈人的影響不少，但只是間接。他們的王國先西羅馬帝國而亡。

瓜分西帝國的蠻人絕大部分是日耳曼人，外加小撮說伊朗話的游牧阿蘭人。他們分三期來臨（地圖十四）。公元三七六年，多瑙河下流的西哥德人獲許渡河入境，兩年後不堪虐待而反，大勝於哈德良堡。公元四〇五年至公元四一〇年間的第二期有幾個段落。先是拉達蓋蘇斯（Radagaisus）帶領哥德人進攻義大利。他們被降服後不久，萊茵河防線被蠻人突破。此後日耳曼人落入匈人帝國的統御。公元四五五年匈人帝國崩潰，恢復自由的日耳曼人第三期入侵，其中以頻擾東帝國的東哥德人（Ostrogoths）最眾[37]。

羅馬帝國批准入境的西哥德自治部族，有戰士兩萬人並其家屬。拉達蓋蘇斯領兵約兩萬名。他們投降後不久就叛變，加盟西哥德部族。公元四〇六年跨越萊茵河的汪達爾人、蘇維人（Suevi）、阿蘭人等，戰士總數稍逾三萬名。四年後跟進的勃艮地人（Burgundian），勝兵不過一萬五千人。匈人帝國失控後，大約一萬名戰士進入羅馬帝國。日後壯大得可與西哥德抗衡的法蘭克人，最多只有一萬五千人在西帝國滅亡之前參戰。做點算術，一位史家結論：「總計下來，大約有十一萬至十二萬兩千名武裝外人，或多或少地參與打垮西帝國。」[38]這些外人的最後一批，在第一批到達後八十年才入侵。

敵人陸續而來，羅馬帝國的皇軍卻是常備，全額時稱六十四萬五千人之眾，武裝訓練皆優，而且有本國的廣大人民補充傷亡，比困陷在敵國內的蠻人有利。實際上皇軍的兵額常有嚴重空缺，而且很多士卒須留戍邊境。不過折算下，常備的機動部隊仍然大概有十五萬人，任何一個時間皆強於入侵者[39]。

假如入侵的只是戰士，那麼不用幾十年，他們自然衰老消亡。他們帶來家屬，可以自行繁衍。公元四二九年，約八萬名汪達爾人和阿蘭人由西班牙渡海到非洲，其中一萬五千至兩萬名是戰士，即四五個人出一個兵。推衍這兵民比例，我們可以估計，大約有六十萬名蠻人進入人口為七千萬人的羅馬帝國。蠻人分三批而來。假如分佈平均，那麼每批約二十萬名男女老幼。他們可以全部擠進羅馬城的大賽場（Circus Maximus），欣賞一場賽車表演[40]。

羅馬帝國北疆的蠻人由東到西，全線入侵。不知怎的，後來全都跑去吞噬西帝國。讓我們假設東帝國佔全國人口六成，但絲毫不負擔國防。即使如此，我們看到的，仍是六十萬個蠻人，其中戰士不過十二萬人，分八十年進入人口有兩千八百萬人的西帝國。這不是潮湧，只是倒杯水入桶。難怪深研細節的歷史學者對帝國滅亡的原因眾議紛紜。毀滅西羅馬帝國的蠻人是新近的入侵者；顛覆西晉的少數民族，則多是中土的長期居民。兩者淪陷後，西歐森林或蒙古草原所滋育的無窮人口，更源源湧入。不過對帝國滅亡而言，這是題外話了。

皇朝中國的北疆不及羅馬帝國的北疆嚴密（地圖十五）。一則中國缺乏大河作天然疆界，二來中國也沒有羅馬殺絕賣盡戰敗蠻人的習慣，只把投降的少數民族，安置在邊塞內外。游牧民族保留生活形式，他們的戶籍單位是「落」，即帳幕，異於漢人的戶。塞內的少數民族率先造反獨立。公元三〇八年到四三一年間，匈奴、羯、鮮卑、羌、氐五族胡人割據北方，先後建立十六個短暫的國家❹❶。

公元九十一年，南匈奴入附四十餘載，新納北匈奴降民，共領落三萬四千個，口二十三萬七千三百人，勝兵五萬零一百七十名。平均計算，一落約七口人，出兵一至兩人❹❷。百餘年來繁殖遷徙同化，到曹操整頓組織時，仍逾三萬落。晉初草原天災，又有兩萬落入塞。總計匈奴人數近四十萬人❹❸。匈奴是五胡中最先立國者，類似羅馬的西哥德人。不過比西哥德人眾多，政治文化水準也較高。

鮮卑在北匈奴滅亡後雄霸草原。他們分支眾多，間中聯盟，但一般各自為政。晉初已入居中國東北的慕容部和宇文部等，每部人口約二十萬，戰士不過五萬人。到四世紀時，最強大的拓跋鮮卑才傾草原人民入主中國，統一北方，是為北魏[44]。西方可與他們相比的是法蘭克人和倫巴底人，後來居上，成為羅馬帝國的持久繼承者。

有學者估計兩漢間約有七十萬名羌人內遷，但在東漢鎮壓羌亂時傷亡慘重[45]。與羌人相似的氐人，漢化較深。曹魏時兩次遷移的紀錄，共五萬三千落，多居陝西一帶[46]。匈奴建立的漢國設雙重政府機構，分治漢人胡人。劉聰滅西晉後，領漢戶四十三萬多個，胡落二十萬多個[47]。這顯示少數民族的人口比重並不太小，尤其如果我們根據可得資料，假定漢人平均一戶五口，胡人平均一落七口。據此，劉聰統治約一百四十萬名胡人，但很多羌、氐、鮮卑仍不受他管。因此我們可以保守地估計，在少數民族奪取中國北方政權時，他們至少有一百四十萬人已經入居。

少數民族從境外進入華北，同時漢人大量遷出（地圖十六）。邊郡的漢人避難內撤。漢末軍閥割據，中原水利破壞。天災人禍逼人民離鄉背井。三國的吳、蜀竭力開發江南、四川。晉朝八王之禍，中原向南的顛沛人流蔚成巨川[48]。到公元二八〇年，華北的戶籍只佔全國百分之五十七。我們先前估計其時全中國人口約五千四百萬人，即華北人口約三千一百萬人[49]。

總括上述，我估計約一百四十萬人的少數民族奪取了人口有三千一百萬人的華北；約六十萬個蠻人征服了人口有兩千八百萬人的西羅馬帝國。這些數字不包括華南的兩千三百萬位居民，或東帝國的四千兩百萬位居民。它們也不包括在公元三一六年華北淪陷後內遷的少數民族，或公元四七六年西帝國覆滅後入徙的蠻人。

人數外，政治組織、軍事技能、戰略形勢都是爭戰的關鍵因素。不論哪一項，羅馬世界內的蠻人（barbarian）都似乎不及中國世界內的胡人。皇朝、帝國的敵人，每個皆分為眾多集團，時而互相攻擊，時而合力對抗帝國。塔西佗一度慶幸日耳曼人不能團結。後來的日耳曼人比那時進步多了，但仍然組織散漫。我們所謂西哥德人、汪達爾人，聽來像是個結實團體，其實只是一撮在日耳曼尼亞各自為政的部落。進入帝國後，四面受敵，才在壓力下靠攏合作。相形下，匈奴就自尊得多了。匈奴雖然分為許多部落，但有傳統的組織和寶貴的歷史。他們一度強大，使漢朝納貢和親。重振雄風是他們的企望豪語。這歷史賦予的威望是沒有一個日耳曼團體能夢想的。

日耳曼人是匈人的手下敗將，而匈奴則騎射精湛，戰鬥力與匈人相若。匈奴久居塞內，首領們常入質朝廷，政治經驗豐富。叛晉後國號曰漢，意在籠絡漢人。他們盡得中國的良鐵利劍，武器裝備不讓漢人[50]。相反，日耳曼人未能克服缺乏金屬的弱點。塔西佗注意到他們常常沒有頭盔，甚至沒有鐵矛頭。一位史學家比較兩次最著名的蠻人大捷，發現在哈德良堡的戰士，比三百五十年前在條頓堡的戰士，所持的金屬器械並沒有顯著增加[51]。

日耳曼人可能與羌人較為相似。兩者皆缺乏大型政治組織。一種人，譬如說汪達爾人吧，經常分裂為許多小隊，四散劫掠。對付類似的敵人，皇朝與帝國不約而同發現大廝殺不如小接觸，正規軍不及特種部隊有效。羅馬帝國喜歡圍困封鎖，派小部隊襲擊，並從東方調來神箭手，逐個招呼蠻人。斯拔提恩特別訓練兩千個兵，清除了大區域的侵擾[52]。漢朝、晉朝亦認為平息羌亂，輕騎掩襲勝於大兵征討。馬隆特選三千五百名壯士，孤軍深入山區，轉戰千里，平定涼州[53]。指揮得法，幾千兵即能奏效，可見蠻羌的實力不大，只是政府處理不當，增加了他們的破壞力。

羌人和蠻人雖然都從事非常規戰爭，但其地利人和卻有霄壤之別。羌人在家鄉造反，本土作戰，散居隴西青海的崎嶇山地，有從事生產的親屬族人支持。倒是進剿的朝廷官兵要擔憂糧道，其困難一如奧勒略深入馬克曼尼人的地盤去攻打他們。五世紀蠻人的戰略形勢恰恰相反。他們離開了日耳曼尼亞的森林，光臨希臘、義大利、高盧的田園。對付他們，羅馬人的措施與中國人無異，一致堅壁清野，收藏起所有糧食物資。飢餓常逼蠻人投降，或冒險出戰。他們攜帶的家屬更成累贅，每個戰士必須供給幾個婦孺以及拉車子的牛馬。只靠搜索掠奪，很快便竭蹶一地積糧。他們不能定居耕作，只得不停地在敵境內跋涉覓食，大車隊兼作工事，保衛老幼。不論有多少奸細幫助，他們對周圍環境，遠不及統治當地的羅馬人熟悉。帝國境內的蠻人就像二十世紀的越共離開了越南而跑到美國加州去打游擊，怎樣看都是前景渺茫[54]。

少數民族久居塞內，大致與漢人相安無事，個別叛亂皆被平息。為什麼他們一下子蜂起造反？為什麼這次他們立國成功？蠻族人數少、裝備差、補給缺，還有同行家屬的負荷。羅馬帝國打敗過強大得多的敵人。這一次，如學者分析，「蠻人造成無可克服的威脅，不是因為蠻人特別人眾力強，而是因為羅馬的抵抗特別弱」[55]。為什麼它如此衰弱？

8.3 社會分化

國家的主要任務是組織資源以解決廣大的社會問題，其執行任務的能力視乎政治機制和社會結構。政府一方面要向各階級人民徵稅，一方面要衡量輕重，協調各種社會需求，分配開支。

協調永不全美，即昇平時也不免摩擦。有錢有勢的人偷稅，腐敗的官員貪污，都會使政府收入減少，國力衰退。庸臣迂闊、不顧現實，派系頑固、自詡自利，會使政府癱瘓，無能決策，甚至引發軍閥內戰。國家資源為黨爭消耗、劣拙管理浪費。治安國防等涉及公眾安危的要務無人理會，日久釀成致命大禍。歷來學者提出許多皇朝、帝國衰亡的因由，這些看來比較重要。

社會分化和政治腐敗不是突發症。它們進度緩慢，有點像癌症。國家裡的個人家庭就像人體內的細胞。細胞在身體的機能調節下分裂繁殖，使人健康成長。偶然，某細胞的基因突變，使它在生存競爭中略佔優勢。於是它分裂較速，後代較多，而且每個都承繼了它的有利基因。若某個後代細胞發生另一有利的基因突變，競爭優勢更大，那麼它的後代滋生更速。基因遺傳，幾個有利突變後，這些特種細胞蔚然繁衍，霸取營養，壓逼附近的普通細胞，形成腫瘤。若再有突變，使它們能擺脫身體的調節機能，無束縛地蔓衍，腫瘤遂成癌。癌細胞是達爾文進化中的最優勝者，但對它們身為成員的身體，卻有致命之害。當然，人死了，癌細胞也無存，但細胞是沒有宏觀視野的。社會中的權益扎根，發展類似癌瘤。特權分子逐漸鞏固勢力，剝削他人，空談仁義天下，但毫無公德意念，不知自己的行徑其實是為私利而損害人民國家。基因突變稀有，因此癌症發展緩慢，多是老人病。同樣，權益世代累積，根深柢固的特權私利，為禍最烈的多在皇朝、帝國晚年。

第8.1節描述的是羅馬或東漢的整個經濟。這美麗全景漏掉了很多缺憾。試想像一個社會，其中百分之一的人富，百分之九十九的人窮；人均收入，富人百倍於窮人。再想像其經濟增長百分之二十五，富人收入倍增，豪華激漲。單看全景，經濟蓬勃。但慶祝者忘了貧富不均四倍於前；

窮人的收入減半，瀕臨生死邊緣。貧富判若雲泥是皇朝、帝國的癌症。

Fewer have more；越少佔越多[56]。這幾個字，現代學者用來總括羅馬社會經濟的長期發展，但對漢朝也同樣適合，兩者的分別只在程度而已。它們的社會經濟皆是金字塔式的，不過羅馬的金字塔比漢朝的陡峭。從政府官員的俸祿可見一斑。漢朝官秩最低的佐吏，月俸約等於一個士卒，郡守的俸祿是佐吏的十五倍。羅馬每個兵團中有十個資深百夫長，每人薪酬是士卒的三十三倍。他們以上有兩層將官，而兵團司令還在省督之下。省督與郡守職任相若，薪酬卻相對高得多[57]。

中國文獻中滿是對豪富的指責[58]。光武帝的兒子濟南王，奴婢多至一千四百人，廄馬一千兩百匹，私田八百頃，奢侈恣慾。皇親貴族除私田外還有食邑，不過多是縣大小，而且地稅不過百分之三點三。濟南王是極富的了。一般來說，幾百頃的家財，士族豪強中比比皆是，但千頃以上卻是罕見；分遺產的習慣使財產難以世代滾大[59]。羅馬豪富的規模又高一等。六個豪富一度擁有半個亞非利加省，直到尼祿沒收了他們的田地。帝國晚年，貴婦瑪蘭尼婭（Melania）在羅馬城附近的莊園有豪華別墅，更有六十二個村，每村用四百個奴隸耕作。加上她在義大利、西西里、非洲、西班牙、高盧的田莊，她的收入抵得上兩個非洲行省的稅收，其稅率約百分之十五。若在君士坦丁堡，她可躋身首富，但在羅馬，她不過中等而已。西羅馬帝國的極富元老所報收入，必須有良田數十萬公頃（一公頃＝〇．一三漢頃）。即使十九世紀的英國貴族，獲工業革命之利，也望塵莫及[60]。

「太少生產者供養太多閒口，這是帝國的最大經濟弱點」，現代學者如是批評羅馬帝國晚年[61]。「閒口」是idle mouth的直譯。其實漢末文獻中有更貼切的詞語：社會中「游手為巧，充盈都邑；治本者少，浮食者眾」；朝廷上「帑藏空虛，浮食者眾」[62]。除了皇親貴族大地主外，皇朝、帝國還有形形色色的浮食者。基督教會財產日增。羅馬皇帝恩賜外，還說服信徒奉獻，把錢財投資在蟲不能蛀、盜不能寇的天國。六世紀時，教會的主教神父人數比政府的官吏多，而且薪酬也比他們高[63]。東漢的儒生數以萬計，祿利之路的優惠，不止通一經者免賦稅。學生在皇家太學裡雨不塗足，暑不暴首，但朋徒相視怠散。此外經學大師私人授徒，各人門下錄千百人。有喪事，數萬群聚談論，拉關係求名聲。《後漢書》形容名士們「刻情修容，依倚道藝，以就其聲價，非所能通物方，弘時務也」[64]。這些浮食者雖然不全是純粹寄生蟲，但消費遠遠超過貢獻。

很多浮食者是統治菁英，或合法或非法地逃避稅務，還得到政府各種優惠，越吃越肥。納稅供養他們的農民負擔越來越重。皇朝、帝國末年，田地集中在少數豪富手中，自具耕地的小農岌岌可危。租種地主田地的佃戶，羅馬叫coloni，在很多地區成為主要勞動力。在中西大田莊裡，他們與雇農、奴隸等人一起幹活。田租高逾收成一半[65]。剝削雖重，但不少佃戶與地主建立主屬情誼。大地主多是地方豪強，或是士族，或與官僚有勾結，能庇護屬下。有的更能隱匿一些佃戶以及他們所耕的田，不入政府戶口。瞞稅得益外，更增加被匿佃戶對自己的依附。橫插在政府與小民之間，豪強士族截取國家應得稅款和忠貞，篡竊國家權力。漢朝許多佃戶是地主的親戚，也有世代依附的。不過法律上，佃戶是自由身，租契滿後可以任意離開[66]。羅馬佃戶找尋較好租契的自由，在君士坦丁時代就被政府剝奪了。法律發揚財閥統治的精神，把佃戶及其後人世世代代綁在土地上，授權地主鐐銬及懲罰意圖逃亡者。提奧多西明詔：「佃戶是其出生土地的奴隸。」[67]皇朝、帝國或多或少為豪富撐腰、壓榨貧民。其程度的差異，可助解釋兩地募兵的不同經驗。

東漢和羅馬後期的軍隊，同樣混合募兵、徵兵以及胡羌或蠻人。東漢及後來的軍閥，只要條件優厚，募兵似乎相當容易。孫策答應樂從軍者，一人行，一家免賦稅，十天之內，得兵兩萬[68]。這不足為奇：軍隊為貧民提供一條維生之道。羅馬士兵的薪酬和退休金都很優厚，但軍團長期難於招得足夠士兵。後期皇帝嚴厲徵兵，減低要求，強逼軍人後代入伍，但都不濟事。當然，很多人不願意終身服役。但把佃戶綁在土地上，使他們不能選擇去從的法律，也有礙招募。軍隊要挖取強豪地主掌握下的健壯生財工具，比吸引個別農民困難得多。最大的地主，皇帝，早已把其佃戶列為禁臠。其他地主也盡力威嚇佃戶，只肯放最疲弱的人給軍部。缺兵最後成為帝國的癌瘤[69]。

農民平時馴服，但忍無可忍時也能揭竿而起。中西古代一般把社會不安分子統稱作「賊」，羅馬所謂latro。此詞一端指普通罪犯，另一端指統治者不軌，如「漢賊不兩立」或「費密斯不是皇帝，只是個latro」[70]。兩極之間有種種騷動，尤其從社會低層動盪而起者。很多「賊」其實是無以為生的災民流民，其最大的希望是能重墾家園，所以一有機會便恢復良民生活。規模大、為時長的非法武裝部隊，一般都有菁英後台或地方豪強庇護[71]。

公元二世紀中期，羅馬昇平開始呈現騷動，以致皇軍不得不抽派士兵從事治安警衛。公元一八七年高盧的「叛逆之戰」更要動用大軍。到四世紀後期，盜賊遍佈義大利的道路，以致連羅馬城的長官也不敢冒險越城門。商旅成群熙攘跟隨省督的例行巡察，希冀沾省督護衛隊的光，免受搶劫。政府嚴令查禁通賊，但徒然無功，因為與賊勾結的，正是地方的豪強巨富[72]。帝國下最大的起義想是高盧和西班牙的巴高達（Bacaudae），公元二八四年開始，五世紀初達高峰，驅逐省督，逼數代皇帝派兵鎮壓。然而古代文獻對巴高達卻只閃爍其詞。羅馬人喜歡抹煞抗議事跡，尤其是低層階級起義[73]。

中國傳統史籍對社會動亂的記載比較詳細。東漢中葉以後八十年間，農民起義不下三十次。小者數百、數千人，但此落彼起，規模越來越大，最後全國爆發黃巾之亂，我們稍後再說[74]。浮食者和豪強巨室或直接剝削，或通過政府的各種優惠，間接吸取民脂。貧富極度不均破壞社會穩定。過不下去的貧民或鋌而走險，或依附豪強。武裝暴動頻繁，時而為地方菁英利用。豪強羽翼日豐，無所不為，上通官瞞稅，下侵凌鄉民。從社會底部滋生的各處地方動亂分化國家，就像無數小腫瘤。它們產生離心力，使中央政府無力動員資源以處理全國性的問題。此外，不少地方豪強同時是血緣貴族或文化貴族，出任中央高官。政府高層的權力腐敗，腫瘤容易變化成癌。

8.4 政治腐敗

不知是天意還是人為，東漢和西羅馬帝國的末一百年遭遇同一災星。正當時局艱難、需要英明領導時，所有皇帝都是幼沖登位，而且長大後也最多是平庸之輩。赫諾里烏斯（Honorius）躲在安全的拉文那（Ravenna），不肯發兵援救被圍的羅馬城。獲報羅馬亡了，他驚呼：「它剛在我手中啄食呢！」皇帝一心惦掛的，只是他取名羅馬的寵物公雞[75]。堪與赫諾里烏斯媲美的是弱智的晉惠帝。其時天下荒亂，百姓餓死，惠帝曰：「何不食肉糜？」[76]若政府機構健全，尚可以補救君主昏庸，即如羅馬帝國早年安度弱智的克勞迪烏斯時代，或西漢安度其軟弱的惠帝時代。可惜皇朝、帝國末年的政府機構本身腐敗無能。

朝氣勃勃時，偉大的皇朝、帝國拓人胸襟、開人眼界、鼓舞為眾服務的精神。隨著歲月消磨，眼界收縮。羅馬傳統的公共精神被帝國放棄了大部分，殘餘的亦被基督教的來世觀扼殺。中國法家提倡法律下平等的法治精神，在儒家獨專下枯萎。講究軍政財權的羅馬政府，與講究文治教條的漢家政府，各自顯露出它陰暗的一面。貴族主義、封建意念熾盛。政府高官全神貫注家庭或黨派，能實在幹事的軍隊和吏治機構衰退。美麗的宣傳風行，文飾皇帝和統治菁英各營私利的勾當。

要槍還是要牛油？這是近代的西方諺語，但它所表達對國防或富裕之間的選擇，卻是古今中外都所難免。皇朝、帝國末年的特色是浸透油脂的菁英一毛不拔，不肯置備幾桿急需保衛大眾安全的槍。班勇懇求三百個士兵去守玉門關時，三萬受政府資助的游手太學生與朝廷大官唱和，批判擾民的開支[77]。斯提里克（Stilicho）用四千磅黃金僱傭西哥德兵去對付蠻人大批入侵，元老貴族尖叫「這不是條約而是奴役！」其時東西帝國各有約兩千名元老，最富有的每人年收入黃金四千磅，白銀十六萬磅，外加三成農作物。他們慣花兩千磅黃金上演七場競技，卻搜刮公共藝術品去支付公共安全措施[78]。我們將會看到，東漢士大夫轉化為軍閥，羅馬人屠殺羅馬軍隊內蠻兵的家屬，所以文德或愛心不是反對軍備的主要原因，雖然它們在宣傳上喊得響亮。文治官僚另有居心，在外敵威脅國家安危之際緊束錢袋，困窘軍隊。將軍避戰，因為他們知道戰必有傷亡，而傷亡難得補充。現代學者解釋西羅馬帝國衰亡的基本原因：「政府內兩個舉足輕重的集團，即元老貴族和天主教會，背棄了衛護他們的羅馬軍隊。兩大集團無意間摧毀了軍隊和行政機構的能力。」[79]文武相爭，得利者是入侵的蠻人。

從立國到全盛，羅馬的軍政和財權一直合作無間，皇帝和文武百官全屬元老貴族。從公元二六〇年代開始，元老不再領兵，他們的政治影響同時低落。行伍出身的將領升為皇帝。戴克里先、君士坦丁、瓦倫提尼安一世、瓦倫斯等的家鄉，著名的都不是典雅文化，而是剽悍雄風。然而這些軍人皇帝並不缺乏頭腦；他們努力解決實際的急務難題，健全了與軍隊並行的文治官僚系統。

公元三七五年，與西哥德人入境差不多同時，瓦倫提尼安一世去世，西帝國進入一個新時代。皇位由一個小孩繼承，一百年來安富尊榮而變得文縐縐的元老貴族復興，霸佔了官僚機構[80]。羅馬政府遂與東漢政府漸趨相同。東漢後期，高級官員半數是宿儒，士族逐漸從文化貴族向門第貴族演變，致力吏治的務實官員被排擠殆盡。

帝國末年，羅馬的元老貴族和中國的文化貴族一樣，熱中高任重位，但認為與職俱來的工作責任有失他們的才德身份。他們恃書本學問，沉迷尊貴消遣，鄙棄繁俗公務。中國士大夫自命清高，羅馬貴族叫它優閒（otium）：「從希臘人學來、貴族式的優閒，淪為不屑於費勁勉力，賣弄風騷以掩蓋自己空洞無能、懶惰偷安。」[81]復興的元老貴族差不多壟斷了政府高位[82]。現代學者形容這些大員的行為：「他們把政府機構當作私生活的附屬，對政策蓄意踟躕，視行政為提挈親友的途徑。」他們最熱心的是為朋友扈從寫請託信。「這些詞藻華麗、內容枯燥的書信，可媲美中國皇朝大官的拜帖。」[83]堪與這些羅馬貴族相提並論的，是「清談高論，噓枯吹生」，「專尚交遊，以不肯視事為高」的東漢士大夫[84]。漢末徐幹描述得貼切：「自公卿大夫、州牧郡守，王事不恤，賓客為務，冠蓋填門，儒服塞道……文書委於官曹，繫囚積於囹圄，而不遑省也。詳察其為也，非欲憂國恤民、謀道講德也，徒營己治私，求勢逐利而已。」[85]這些尸祿苟容的羅馬和東漢高官，不是普通的浮食贅疣。他們之職有如大海航行的舵手。滿載乘客的郵船即將與冰山相撞，舵手們卻霸佔駕駛台，大開交際舞會。其禍害之烈，直如皇朝、帝國的腦腫瘤。

財富與政權相勾結的賄賂貪污自古就存在，因此法家強調督察官僚，羅馬共和國讓人控訴卸任官員。然而江河日下，為了拉攏統治菁英，中央政府放棄整飭官行，始而寬宥宵小，最後沆瀣一氣，政治腐敗遂成為皇朝、帝國的致命癌症。早時政府鬻爵；爵有位無權，政府用官賜虛名換取富豪的錢財，把錢用諸社會行政，還不至大礙。賣官就不同了，因為官掌治民的實權。人人都知道官俸不足以償還買官的價錢，得官者必須另找資源。地方的油水多，所以郡守省督的沽價特別高。賣官，等於政府出售貪污通行證。漢安帝、桓帝應付緊急開支，販些中下級的中央官職。靈帝只要有人出錢，什麼官都賣，甚至兜售三公重位。為了修建宮殿，有幾年他規定凡是地方官員新任或陞遷，都必須先向他繳錢；沒有財產的不可以辭官，但可以把費用攤派到任下百姓身上。清官司馬直不願盤剝人民，服毒自殺[86]。有兩個世紀之久，羅馬政府公開發售省督的職位。「以官位作抵押借錢」遂成為正當生意，以致大隊債主跟著新省督上任[87]。阿米亞努斯評述：「君士坦丁首先開了他朋友的胃口，君士坦提斯跟著用行省的精血把他們餵飽。」[88]

道德譴責和廉政法律淪為遮醜的裝飾。通體腐朽的政府機構裡，小貪污習以為常。「慣例」

的聚斂在羅馬帝國後期被法律認可[89]。漢末河南尹田歆有職責向朝廷薦舉六個人。親戚權貴的請託信函雪片似的飛來，情不可卻，但他決心「自用一名士以報國家」。田歆留名，不是因為徇私枉公，而是因為責任心未泯；察舉制度早就在溫情道德下人事淤塞了[90]。儒生清議，廉是唯一涉及公事的士大夫美德[91]。廉在羅馬一樣受尊重；個別官員不染貪婪的邪風，即口碑炳彰。現代學者對羅馬官場的評騭，用於東漢士風同樣合適：「僅僅保持誠實，就成為異乎尋常的優點。」言下之意即「承認無奈的事實：貪污舞弊是常規，並非例外」[92]。

貪污損害人民，但無益國家。五世紀時的羅馬軍隊是個謎團。據官方資料，它的兵員全額是六十四萬五千人，挺強大的。然而小隊蠻人差不多無阻礙地在帝國內亂竄的史實，令人不禁發問：羅馬的軍隊到底在哪兒？[93]學者多數贊成缺額高達半數。一名士兵可以不獲許可而缺席四年，但仍然在值勤表上留名。這凋零的軍隊使蠻人慶幸，但納稅人可不得輕鬆：「無論他們是死是活，或是純屬虛構，政府同樣支付六十四萬五千人的軍餉。」[94]

利用官職非法攫取財物的貪污行徑最受詬病。利用官職非法攫取權力一樣腐敗政治，卻部分得到儒家道德的庇護。這兒我們可見到公德和私德的矛盾。儒家最尊師重道，東漢的經學大師與其弟子一日為師，終身為父。士族各收門生以千百計，灌輸君臣父子的忠孝仁義。通經是入仕的途徑。經師士族累世出大官，推薦任用自己的門生，廣植私人勢力。郡守等地方長官，對其引進的士人莫不以君臣的名分自居；門生故吏「即使以後進身於朝廷，依當時的道德觀念，他們仍然要忠於『故主』」[95]。知恩圖報是私人道義，君臣師生之間的脈脈溫情推衍親親之仁，這是儒家倫理深邃處。可是它蔽於私德而忽略了公事。士大夫身任公職。從國家人民的觀點，他們這種「忠於故主」的道義正是貪污腐敗。舉薦人才是郡守的職責，委派下僚是高官的職權，士大夫把它們當作私惠相授，甚至索求回佣，舉人時「率取年少能報恩者」[96]，不顧其對黎民國事的影響，其實是竊取公職的權力以圖私利的貪污行徑。

詮經教化下，《春秋》「我家臣也，不敢知國」的道義在統一中國裡再次孳衍[97]。宗法封建般的君臣私恩關係，絲牽藤攀的政府機構。門生故吏為宗師府主守喪、復仇，極受儒生清議高譽[98]。試看一個傑出的東漢士族：袁氏世代傳授《易經》，四世中相繼有五人官至三公，學術官場「樹恩四世，門生故吏遍於天下」。到袁紹，愛士養名，三萬人會集他母親的喪禮。董卓亂後，名士豪傑多歸他。冀州牧韓馥是袁紹的故吏，把州牧的軍權職位像私人財產般讓給他[99]。現代學者解釋，「除非任職中央，否則地方官吏的心目中，乃至道義上，只有一個地方政權，而並沒有中央的觀念」[100]。這種道義培育地方土皇帝思想，如崔寔形容：「今典州郡者，自違詔書，縱意出入……故里語曰：『州郡記，如霹靂；得詔書，但掛壁。』」[101]私恩繁滋，公務凋敝。初時是官僚結黨爭權，日後發展為軍閥割據，禍國殃民[102]。縱使景仰東漢士風的史家也不得不承認：「因東漢人只看重私人和家庭的道德，故王室傾覆後，再不能重建一共載的中央，而走入魏晉以下的衰運。」[103]深究一層，統治菁英持這種狹隘的溫情道德，正是國家淪陷的禍源之一。類似的道義，在不同口號下，有否助長今天的腐敗風氣？

8.5 內部分裂

爭權奪利會導致篡位內戰。內亂也是皇朝、帝國晚期的癌病。應付它可能發生的威脅已消磨大量國力，它發生時更顛覆天下。羅馬龐大的職業常備軍生活與普通社會隔膜，自成一國，成為篡奪的主角。漢朝的文化貴族、政治菁英比較鬆散，養成軍閥割據。對社會黎民來說，哪一個為禍最烈，很難定論。

虛偽有助宣傳，但代價亦甚高。奧古斯都利用共和國的門面掩飾自己的獨裁，雖然安撫了政敵，但使皇位難於合法化，繼承常不順利，在帝國核心種下一個不穩的根源。為了鞏固皇位，他設立職業軍隊和禁軍，日後它們壯大難馴。公元六十九年，軍隊集團自己擁立皇帝，開創先例。自公元二三〇年起，五十年間軍隊嘩變幾達百次，皇帝走馬燈般掉換。直到公元四世紀情勢轉佳，但一百年間仍有三十多年內戰[104]。野心家虎視眈眈下，皇帝們保留兵力應變，但求安內自保，無心攘外抗蠻。君士坦丁以內戰起家，當上大帝後，按自己的經驗改組政府。據五世紀的希臘史家卓西姆斯（Zosimus）說，君士坦丁的軍事改組削弱了邊防[105]。他的後代亦步亦趨。阿米亞努斯評述：「君士坦提斯不說自己數次被蠻人大敗，一味吹噓內戰的輝煌功績，誇耀國家內部創口流出的成河鮮血。」[106]同樣地，提奧多西吞下西哥德人對羅馬的損傷，優容他們，利用他們打擊自己的羅馬政敵[107]。

羅馬的煩惱是其龐大的軍事機構培養軍閥，東漢的問題卻起自軍事機構廢弛。廢除民兵訓練後，徵兵無效。後來為了鎮壓頻繁的農民起義，州牧郡守紛紛招募地方官兵，甚至私人部曲，逐漸坐大成軍閥，顛覆漢朝。

這兒我們面臨一個有趣的現象。地方性的暴動、盜賊、飢民流民、秘密邪教等反抗行動，世界各地都不少。它們的原因多數不太深遠[108]。例如王莽時的赤眉，「初，四方皆以飢寒窮愁起為盜賊，稍稍群聚，常思歲熟得歸鄉里」[109]。由於觀念褊狹、組織薄弱，此等不安多局限於地域，被平息或鎮壓。羅馬鎮壓猶太人起義，便是一例。中國歷史的特色之一是地方騷動容易蔓延為天下大亂，戕害生民，削弱甚至推翻皇朝政府[110]。星火燎原在羅馬帝國未見；在中國，本書討論的五百年間就發生了三次。此後至少還有五次危及政府的大起義。什麼潛在力量使中國社會容易遭受大規模的動盪？為什麼屢次大起義皆只轉換皇朝，非但沒有出現取替君主集權的政治制度，連這念頭都沒有產生？非但沒有制約皇權，反而使皇帝專制更甚？

本書看到的三次大動亂，皆由民眾起義始，但不以它終。反秦的陳勝、吳廣和東漢末的黃巾皆被鎮壓。然而菁英階層趁火打劫，群雄並起，軍閥混戰，百姓遭劫。王莽時，赤眉和綠林的力量也被士族大姓利用：「當時起事者實多屬強宗大姓，而稱霸的群雄更非有強宗大姓的支持不可。」[111]簡言之，菁英投機，擴大動亂，攫取起義的果實以自利。

菁英反秦不足為奇；剛被征服的人民起而驅逐佔領者乃歷史常事。戰國到統一，轉變突然。六國消失，它們的軍隊解散、官員失業，遊士無以傳食於諸侯、逞其縱橫之術，加上秦始皇廢除封建貴族，造成大批失去用武之地的英雄人物，蠢蠢欲動。陳勝喊出口號：「王侯將相寧有種乎！」劉邦在咸陽服徭役時望見秦始皇，歎道「大丈夫當如此也」。貴族出身的項羽豪氣更大，看到秦始皇出巡會稽，脫口說「彼可取而代也」。此等言行實證賈誼對秦末軍閥的觀察：「名為亡秦，其實利之也。」[112]他們爭利而逐鹿天下，產生一個平民天子，為中國的野心家立下典範。

王莽末年，第一次機會來了。劉秀的手下自道心聲：「天下士大夫捐親戚，棄土壤，從大王於矢石之間者，其計固望其攀龍鱗、附鳳翼，以成其所志耳。」[113]漢末提供第二次機會，士大夫亦把投機心態表露無遺。漢獻帝初年，袁術僭稱帝，後來把帝號歸於其堂兄袁紹，曰：「漢之失天下久矣。天子提挈，政在家門；豪雄角逐，分裂疆宇。此與周之末年七國分勢無異，卒強者兼之耳。」[114]。

漢武帝罷黜百家後，皇朝菁英多是儒者。我們在第5.6節看到，兩漢之間的軍閥多是士族大姓。東漢崇儒，更造就大批人才。學者指出：「漢末割據的梟雄，實際上即是東漢末年之名士。尤著者如袁紹、公孫瓚、劉表諸人。」[115]謀臣中更是群儒濟濟。袁家是儒宗，袁紹自稱「頗聞俎豆，不習干戈」；俎豆是孔子小時就愛陳列的禮器[116]。儒生一向重文輕武，標榜道義穩定，奈何搖身一變而成為投機亂世的軍閥？我想，儒生只顧個人關係的道德、不尊重真相的習慣、懶於理解分析的詮經心態、不切實反省的自負自欺、排擠異說的空泛教條，皆難卸責任。

儒家嚴守君臣上下，卻又推崇臣弒其君的商湯放桀、武王伐紂。孟子自圓其說：「賊仁者謂之賊，賊義者謂之殘，殘賊之人謂之一夫。聞誅一夫紂矣，未聞弒君也。」[117]這被奉為造反有理的千古名言，是不負責任理想主義的又一表現。武力推翻政權，逐鹿內戰，黎民塗炭，社會損殘，事關重大。知識分子不顧慘痛的歷史教訓，不細察現實，衡量價值，探討什麼樣的暴政、在哪種情形下值得反抗者冒亂天下之大險，單拋「仁義」大口號起事，再三再四，其過不止輕率。

「仁義」那麼籠統，誰不可以被指為賊仁義？告子論心性說仁內義外，被責為「禍仁義」。宋牼以利害說秦楚罷兵，也被責為「去仁義」[118]。朱熹集注「誅一夫」引王勉曰：「斯言也，惟在下者有湯武之仁，而在上者有桀紂之暴則可。」這種限制乏力；在「為尊者諱，為賢者諱」的教條下，「湯武」、「桀紂」和「仁義」、「暴虐」一樣含糊失真。子貢已指出：「紂之不善，不如是之甚也。是以君子惡居下流，天下之惡皆歸焉。」孟子自己也承認紂王「流風善政，猶有存者」，所以周王發跡不易[119]。王莽事件，學者深入研究，綜合證據：「可見復井田與奴婢之禁，確是激發士族大姓反莽的基本原因之一。」[120]井田是儒家的理想仁政，禁止奴婢買賣也合道義，王莽實踐仁義，被指控為「一夫」。士人恭維的是暴力反莽、攫取帝位的東漢集團。到頭來所謂仁者無敵，其實類似羅馬人所謂勝利之戰就是正義之戰。不審事實，不察真相，不講道理制度，唯喊道德口號，容易淪至敗者為寇，寇之流，萬惡歸然；成者為王，王之門，仁義全矣。這正是投機分子的心聲。

在詮經心態的桎梏下，儒家的教條籠統空疏，時含悖論。「湯武」、「桀紂」、「義」、「利」等道德樣板黑白分明，長於激發意氣、攻擊異己，短於教導人們在錯綜複雜的灰色現實中如何理智分辨是非、選擇行為。於是滿腦教條的人捧這個或那個樣板，可以反覆無常而自以為是。做忠臣，效湯武，兩條道德路線，任君投機。西漢末的士氣從擁護仁政，跳到效忠劉家；東漢末誅宦官的救世名士，變為誅昏君的救世軍閥，正是這種名教的成品。大將皇甫嵩破黃巾後，即被人勸行「湯武之舉」。他不肯，但有人不像他般願意「鞠躬昏主之下」[121]。不少反宦官的黨人被赦後投靠冀州刺史，謀廢靈帝。前太山太守張舉發烏桓兵，自稱天子[122]。軍閥割據的肇端現矣。

各地的強宗巨室擁有財富聲望，不少更以儒術官位增加勢力、以溫情義氣凝固朋黨羽翼。他們行恩惠於鄉里，維持地方安靖，固是功德巨大。然而凌暴盤剝，武斷鄉曲，也是常事。現代史學家發現「皇朝權威的幌子後面，土豪的家臣扈從成群，私鬥頻繁。即使不算盜賊，目無法紀的風氣，也瀰漫在郡縣間」[123]。公卿帶頭藐視法律，士人以犯法復仇釣譽。郡守縣令輕視化解紛爭的民法、摒擋訴訟，下焉者貪污舞弊、勾結土豪，使民間委屈，積怨成恨。官場風氣忌言切實功利、以空喊救世為高、以寬宥權貴為仁，皆阻礙政府醫治日益嚴重的社會痼疾。中央政府癱瘓，地方勢力難馴，人民怨憤深積，醞釀火山爆發。

各種社會問題引起騷動起義，顯示政府衰弱無能。士族強豪或為了保護既有利益，或嗅到攀龍附鳳、飛黃騰達的機會，蜂擁招兵買馬，舉族相從，美其名曰傚法湯武。群雄角逐幾年、甚至幾十年，最後剩下一個皇帝、一朝功臣，屹立遍地瘡痍中。天下大勢，合久必分，分久必合。戰亂摧毀頑強的土豪勢力，艱辛淘汰庸碌浮誇，患難磨練務實幹能，餘生者受到苦海的教訓，社會獲得妥協的餘地，戰後重建激發經濟動力。即如森林大火燒掉枯枝死木，製造空地肥料，使樹苗得茁長的機會，浩劫製造了新朝代的昇平條件。就這樣，以文化道德自詡的皇朝菁英，靠最殘酷的暴力解決了部分社會問題。

誰應掌權統治？若統治者昏庸殘暴，怎麼辦？縱觀世界歷史，可知這些政治制度上的絕大問題極難解決，要在實踐上摸索，逐步改良進展。在西方，現代的民主自由等政治概念，多是累積對政亂戰禍的沉痛反思，可謂是經驗知識。經驗知識卻難得中國文化貴族的青睞。不負責任的理想家自以為至善，闖禍一味責怪別人，阻止了人們從經歷中吸取教訓、反思改進，因而故步自封（第5.6節）。南宋時朱熹曰：「堯舜三王周公孔子所傳之道未嘗一日得於天地之間也。若論道之長存……雖千五百年被人作壞，終殄滅他不得。」[124]詮經心態隔絕多次國難的慘痛經驗，使這位提倡格物致知的大儒從不反省，此治國之道從未得行，是否可能它本身有問題，不能適應與上古迥異的社會現實？

思考需要概念。儒家經典書成於家國不分的宗法封建時代，缺乏公平公義、權利義務、政治體制等的政治概念（第2.9節）。奉經書為治世的不二法門的皇朝士大夫論政亦多限於空疏口號、人事權謀，如教皇帝效堯舜，任「賢」去「奸」，前者指自己的派系，後者指異己。儒家的人治理想寄望於統治者的個人品德，約制皇帝權力的方法莫如自命帝師、說「仁義」以正君心，君心正不了則寄望天命改變。《易經．革彖辭》：「湯武革命，順乎天而應乎人。」這「革命」只是天命由一家轉到另一家，與現在我們熟悉、由revolution翻譯過來的「革命」，意義截然不同，因為它根本不含改變制度的意念[125]。法家創建了不少政治概念。他們的理論大有缺憾，尤其沒有理會到權力轉移的問題。可是他們著重制度，提供思考工具以正視權力利害，分析功利效果，批評政法內容。君民共守法的法治理想，更指出了一條道路，可供理性探索，綜合經驗，逐步改良政制，包括權力轉移的制度。可惜儒家獨專，義利對立、禮法對立，詆毀功利和法治，封閉了這道路，拋棄了思考工具（第6.9節）。宋朝的道學更拉超越經驗的「天理」大旗，攻擊切實討論制度為功利，積毀銷骨。唾棄法治概念、堅持四書五經所教的家庭倫理足以平治天下者，唯一可以想像到的後果，不過是群雄逐鹿、換一朝皇帝而已。

8.6 漢末割據

東漢自光武、明、章之後，所有皇帝都是幼沖嗣位，靈帝是第八個了。他在公元一六八年所接手的政府，內朝宦官，外廷朋黨，貪污無能，烏煙瘴氣。士大夫痛恨他偏袒宦官，下黨錮之禁，怨憤從中央擴散到各地，加強了地方的離心力[126]。

吏治腐敗，民不聊生。災異不斷，最嚴重的是傳染病四播。公元一七一年大疫，此後疫神頻臨。瘟疫流行不久，自稱「大賢良師」的張角出現，符水治病，藉行醫傳太平道，漸有聲望。張角派弟子分往八州，秘密組織。歷十多年，教徒數十萬，遷徙結集，跨縣連郡，甚至滲入朝廷宿衛。早在公元一八一年，已有官員指出太平道勢力太大，宜加分化，但朝廷拖延，不肯行動。公元一八四年初，張角星夜馳敕。十天內，青、徐、幽、冀、荊、揚、兗、豫八州並發。部眾頭裹黃巾，因以為名；又因人多而稱蛾賊。到處攻城殺掠，州郡失守，煙炎絳天。朝廷慌忙調動大兵，又解除黨錮、大赦黨人。官兵得地方豪強的武裝支持，用時九個月，擊敗黃巾主力。然而餘黨和小型起事蔓延全國。更大的後遺症，是政府的結構因組織鎮壓而起的變化。東漢一蹶不振[127]。

地方政府違背中央的趨勢，一向在門生故吏的道義下膨脹。黃巾亂後，膨脹無可抑制。諸郡守徵募軍隊平亂，事後保持兵力，伺機待動。下轄數郡的州更為厲害。州的刺史本旨是監察彈劾。公元一八八年，朝廷聽從劉焉，改置州牧，掌軍、政、財大權。雖得當時的道義美譽，這些

「清選重臣」馬上扣留應該上繳中央的稅賦收入，擁兵自重。狼上加虎，郡守州牧蓄勢變為軍閥，撕裂國家，吞噬人民[128]。

公元一八九年靈帝崩。士大夫清天下的熱忱沸騰。被赦黨人群附何進、袁紹，共謀根除宦官[129]。袁紹慫恿何進召四方猛將入京相助。董卓以軍功起家，討羌拒胡，百有餘戰。朝廷顧忌他的實力，兩次詔他交出漢人胡人羌人混合的涼州軍，高昇京官，他兩次推託。對這野心勃勃的軍人，誅宦官之召真是天賜良機。董卓帶領精兵進京，吞併其他部隊，控制朝廷，贏得一些名士相輔。但他廢少帝，立獻帝為傀儡，激怒了另一些士大夫。袁紹橫刀長揖，逃離洛陽，號召東部州牧郡守起兵反董。董卓遷都長安，火燒洛陽，盡驅數十萬百姓隨朝廷遷徙，以致積屍盈路。捱到長安的，又有不少餓死。董卓暴虐，朝野共憤。公元一九二年他遇刺，普世慶幸。可惜主謀的司徒王允缺乏善後計劃。董卓舊部作反，劫持皇帝，彼此攻擊，到處掠殺。關中地區不少化為廢墟[130]。

關東的情況好不了多少。曹丕形容：「山東牧守，咸以《春秋》之義，『衛人討州吁於濮』，言人人皆得討賊。於是大興義兵，名豪大俠，富室強族，飄揚雲會，萬里相赴。」[131]說得壯觀，但除了曹操和孫堅，沒人敢與董卓交鋒。三位州牧、六名郡守率領官兵，也是儒生本色，高論而無法協同行動。「眾數十萬，皆集滎陽及河內。諸將不能相一，縱兵鈔掠，民人死者且半。」[132]義盟糧盡解散。州牧郡守各自擴張地盤，士族強豪紛紛擇主而事。群雄角逐，中原百姓，步滎陽河內的後塵[133]。

被董卓虜往長安的東漢朝廷在關中軍閥手下餘生，公元一九六年逃回焦土一片的洛陽。事奉天子，即使只是形式遵從，仍需要不少精力自制，不比做土皇帝恣睢。漢獻帝回歸，關東漢臣面臨道德問題：他們是否應該勤王？漢儒把官僚分為清濁兩流。清流的重臣們按兵不動，把機會讓給個濁流的次要人物[134]。

曹操是宦官的養子，但自幼便結交名士，參加袁紹謀圖宦官的集團。他率兵到洛陽，把獻帝迎到自己勢力範圍內的許都，自任大將軍專權。漢室的殘餘權威，加上曹操本人的才能，吸引人才歸附。他募民屯田，解決經濟困難。遠交近攻，集腋成裘。公元二〇〇年，以寡敵眾，大敗袁紹於官渡。此後便掃蕩群雄，統一北方。公元二〇八年，橫跨長江、統轄八郡的荊州投降。曹操只剩下兩個對手，孫權與劉備[135]。

滾滾長江是世界第三大河，水量不及亞馬遜河和剛果河，但比黃河大二十倍。這條天塹多次阻難北下的軍隊。公元二〇八年孫劉聯軍抗曹，火燒赤壁，開歷史先例。孫吳都督周瑜把十艘船裝滿魚油引火物，偽稱糧船，接近時縱火，趁東南風，撞進曹軍水寨。曹操引兵北歸，孫權踞江南，劉備入蜀，天下鼎足三分。曹操在公元二二〇年去世，其子曹丕篡漢，稱魏文帝。劉備和孫權也相繼稱帝。是為歷史上的魏、蜀、吳三國時代[136]。

漢末時世艱難，激發起一些務實新人，稍微緩和迂腐頹風。曹操注重基本教育，令縣滿五百戶置校官，以任天下之智力[137]。他以儉率人，舉清廉之士，不為虛名所惑[138]。三次「唯才是舉」的求賢令，一反東漢察選官吏只講究久喪報恩、眷顧親友等私德，提拔明達法理、治國用兵之才，雖受儒生攻訐，但實際提高了吏治水準[139]。自比管仲的諸葛亮為蜀相，循名責實，行法治，撫黎民，「科教嚴明，賞罰必信，無惡不懲，無善不顯，至於吏不容奸，人懷自厲，道不拾遺，強不侵弱，風化肅然也」[140]。他去世後百姓巷祭，戎夷野祀。西晉陳壽寫《三國志》時，黎民追思，言猶在耳[141]。曹操限制豪強兼併土地，諸葛亮法不阿貴[142]。然而，對權貴菁英的高漲勢力，這只是杯水車薪。先家族、後國家，重人事、輕規矩的政治道德繼續。世家不斷佔田買地，聚族而居，募部曲佃客，發展「僮僕成軍，閉門為市」的自給自足莊園。門第互結親緣，從壟斷仕途，到壟斷官場，形同世襲。到晉時演化為權蓋皇室的門閥士族[143]。

所謂鼎足三分，其實是南北對峙。吳蜀的聯盟比較脆弱。蜀亡於公元二六三年。兩年後，魏為晉所篡。公元二八〇年，晉滅吳，統一中國。不過這次的統一短暫，公元三一六年晉朝便退守江南，讓五胡瓜分中國北方。從長遠的歷史看，公元二〇八年赤壁之戰是中國南北分裂的肇端。此後三百多年，南北個別發展，直到公元五八九年隋朝統一。

曹操迎獻帝時，軍閥割據，漢朝名存實亡。曹魏統一了北方，憑功篡漢。司馬氏無功，篡魏全仗派系陰謀。公元二四九年司馬懿暴力政變，削弱皇室，即致力「營立家門」，圖謀篡位[144]。其孫司馬炎實現路人皆知之心，公元二六五年成為晉武帝。司馬氏是東漢中葉以降的儒生世家，自稱「傳禮來久」。晉朝標榜「以孝治天下」，改漢魏短喪之制，行三年素冠減膳之心喪[145]。又揚《春秋》「封建親戚，以藩屏周」之義，封子弟為王，踞戰略經濟要地，掌軍政全權[146]。

皇朝中國恢復先王之道，續楚、漢之後，這是第三次了。三次都應驗秦始皇的判斷：「又復立國，是樹兵也」，而這一次，不鑑歷史前車的報應比漢初分封來得既快且猛。武帝之嗣惠帝時即爆發八王之禍。從公元三〇〇年到公元三〇七年，七個宗室的叔伯兄弟將數十萬大軍，互相殺伐，直到僅存的東海王司馬越在懷帝時獨攬大權。人民損失巨大，皇室精神破產；骨肉相殘，撕破溫情道德的面具。這樣，西晉自行切腹，少數民族將為它斬最後一刀[147]。

8.7 匈奴的報復

無論中國或羅馬，內戰時各個集團常索外援或招募外族士兵。這不一定致禍。若組織領導有效，僱傭兵或外族兵一樣可以軍紀嚴明。比諸東漢的苟且高論，三國的遠矚實務較能調劑民族關係。東漢視邊郡如包袱，動輒要拋棄涼州。相反，三國視邊地為資源，努力爭取。東漢移民逃寇。相反地，諸葛亮五月渡瀘，深入不毛，剛柔並濟，收服南中。北方的烏桓與袁氏結合。曹操破袁氏後大敗烏桓，移其民入塞居住，把他們的騎兵編入軍隊，管治得法。後來五胡十六國，烏桓並不在內[148]。位處并州（略今山西）西北部的匈奴屬國人多。曹操把它分為五部，分居五縣，任用能幹負責的并州刺史，威惠懷柔，使單于恭順，邊境肅清[149]。日後晉人緬懷羨慕：「自魏氏以來，夷虜內附，鮮有桀悍侵漁之患。」[150]

晉朝初，蒙古草原連年天災，大批牧民內遷。其時華北人口還未從戰亂後復原，大地主需要廉價勞動力。武帝把入遷的胡人分置并州數郡，多作佃戶。晉朝「以微羈而御悍馬」，一面偃武興文，罷州郡軍備；一面怠懈吏治，使邊郡官員任非其才[151]。有經驗的官員指出，并州中南部的胡人輕騎只要三天便可以逼近黃河。目前雖然安定，但後患的危險大，提議政府加強管治，甚至遷徙一些胡人回歸草原游牧[152]。朝廷均嫌費事。跟著八王之亂起，胡人的問題急轉直下。

匈奴的王室內附後，因為祖先屢娶漢家公主，自認是外孫，改姓劉。劉淵是單于之孫，弓馬嫻熟，更自幼拜名師，精通五經。他在晉廷作人質，地位頗高，但朝廷猜忌他的才能，不讓他領兵。八王之亂給他帶來時機。那時成都王司馬穎做丞相。東海王司馬越有心爭權，命邊郡刺史招引遼東的鮮卑兵。劉淵乘機說服司馬穎，讓其回國發匈奴兵與鮮卑兵相抗。他在公元三〇四年到國，馬上被推為匈奴大單于，二十日內集得五萬精兵，隨即叛晉自立，國號漢，先稱漢王，公元三〇八年改稱皇帝，建都於洛陽西北兩百公里的平陽[153]。

入塞的匈奴分十九種類，其中高鼻多鬚的羯族自立一國。羯人石勒不識字，但好聽人讀歷史書。他本是戰俘，被賣為佃客，逃出後輾轉成為劉淵最得力的部將。石勒轉戰關東，搶掠糧食，攻下塢壁，收其穀物。不過匈奴兵並非無敵。三次圍攻洛陽都傷亡慘重，徒勞無功。石勒數為晉軍所敗，但晉軍也無能平息胡亂[154]。

晉室不因胡亂嚴重而停止內訌。懷帝怨恨司馬越專政。司馬越嫌惡懷帝在洛陽礙手，決意出征石勒，帶走所有名將勁卒。洛陽無守衛，飢困日甚。公元三一一年，司馬越病死。禮教教條下，他的部將丟棄戎機，奉他的屍體還葬東海。石勒得獲消息，輕騎追上喪列，縱騎圍而射之。將士十餘萬人無一倖免，晉的主力覆滅。稍後，漢帝劉聰（劉淵第四子）的兵攻破洛陽，三萬人喪生。懷帝被擒，後來遇害[155]。

中原大亂。百姓和門閥士族大批南遷，不少聚集建鄴，即今南京。石勒乘勝進擊建鄴，但大雨淋漓，糧草不足，江南抵抗頑強，不能成功。北歸途中他又遭意外。晉朝的中央政府覆滅了，但地方勢力組織自衛。他所過處皆堅壁清野，軍隊搜掠不到糧食，幾乎餓死。這個挫折使他明白，形同盜賊的經濟不能持久，遂任用漢人，建立穩定的基地，置常規政府管治。塢壁只要循例交稅，可與政府兩相安。自此石勒成為統治者。公元三一九年，他叛離劉聰獨立，國號趙[156]。

劉聰軍隊在公元三一一年焚洛陽後，逕取長安。關中經內戰和胡亂摧殘，早已殘破不堪，然而在涼州軍民支持下仍能反攻，立愍帝，死守長安四年，屢次打退匈奴兵。公元三一六年，愍帝投降，西晉滅亡。琅邪王司馬睿在建康（建鄴於公元三一三年改是名）登位，是為東晉[157]。秦始皇統一中國五個世紀後，華北再次分裂為戰國世界，不過這一次稱王的是少數民族（地圖十七）。

8.8 匈人的來臨

公元三一三年左右，當匈奴肆虐中原時，在比較平靜的西域，一些來自中亞的粟特（Sogdia，康居）商人寫信回家，訴說在中國貿易失利，全怪那些到處殺掠的Hun。這些用粟特文寫的書信未得寄發，後來在玉門關附近的廢墟中被發掘。它的英文翻譯者道：「我們在此看到一個族名，與Huns（匈人）無異，不是泛指游牧民族，而是專指一個具體的民族，即遠東的匈奴……最值得注意的是，遠在匈人出現於歐洲之前，這名字早被應用。」[158]

羅馬人對匈人最詳細的描述來自阿米亞努斯。他做夢也不會想到那些「比任何人都兇猛」的游牧民族，可能一度被他以為「從不熟悉兵戎之事」的絲人擊敗。他只說匈人來自遠逾黑海、冰封的海洋附近[159]。十九世紀時，有德國學者研究言語學和片段文字，認為匈人是匈奴的後代[160]。一九三〇年代，另一些德國學者比較出土物品和裝飾藝術，說匈人和匈奴並無關係[161]。兩種學說其實都是證據薄弱。

公元前一世紀時匈奴在粟特附近立國，所以粟特人應熟悉他們的族名。匈奴於公元四十八年分裂為二。南匈奴降漢，其後代即粟特人所謂Hun。北匈奴西遷，公元一五一年後消失於中國記載。從那時到公元三七六年匈人出現於羅馬視野，歐亞大草原隱藏了無數秘密，學者最多能猜度而已。不過有一點大致不會錯：游牧群體時常混合，也時常散開。匈奴或匈人各自混雜了不少集團，有的種族參差，有的來去無常。假設一群北匈奴的世襲貴族保持了他們的地位和族號，即粟特人所知的Hun。就算這樣，兩百年來游牧草原，他們也一定容納了不少別的集團，吸收了一些他們的習俗。有無可能匈人是這麼一個群體？請你自己去想吧。

我們旨在研究權勢力量。對此，匈人和匈奴是否有血緣無關輕重，重要的是他們相似的特徵。草原環境艱苦，無法滋養密集的人口。游牧民族一般分開成許多小部落，四散逐水草。部落內部大多自治，但酋長們也聚會議事，有時甚至推舉高級領袖。這種散漫的政治組織實行於初臨羅馬帝國的匈人，或中國初統一時的匈奴。這兩個游牧民族在蠻人中出類拔萃，因為他們有王者天才，遇到機會能夠團結自己，聯合別人，共同戰勝強敵。匈人戰士不過約一萬五千人，但令羅馬叫苦不迭，因為他們巧妙地結合手下敗兵，把他們組織成一個「多膚色的帝國」，類似匈奴的「百蠻大國」。匈人王國的日耳曼屬民眾多，以致一種日耳曼方言成為王國的主要言語。匈人把羅馬的貧弱北鄰團結成一個有力的對手，使塔西佗的噩夢成真。假如他們有弗吉爾般的大詩人，他們可能會如羅馬般自頌鋤強扶弱[162]。

匈人和羅馬帝國亦友亦敵，其關係可分作三個階段。初時他們的交涉間接，匈人的影響是於公元三七六年逼哥德人進入帝國。此後數十年，匈人多是羅馬的盟邦，雖然這盟友又昂貴又難纏。最後，公元四四一到公元四五二年是出名的阿提拉時代，兇猛但短暫。匈人的王國隨阿提拉而逝。在權力順利轉移的方面，他們遠不及匈奴。

匈人在歐洲亮相，起初還在羅馬視野之外。一群哥德人在黑海北岸築牆防禦。匈人表演草原的特色戰略，來個閃電大迂迴，馳騁繞過工事，從背後包抄殲滅他們。其他哥德人聞風喪膽，逃入羅馬帝國避難。他們受的是心理壓力，匈人並沒追擊。以後幾十年，匈人大部分留在帝國以東一千七百公里的高加索一帶。從那兒，他們入侵波斯，但徒然無功[163]。鬆散的部落樂意作僱傭兵，隨便誰肯出錢都行。羅馬是個大主顧。公元四〇九年，西皇帝赫諾里烏斯召一萬名匈人兵為他對付西哥德人。慢慢地，匈人西移，同時加強組織。到了公元四二〇年代，他們開始在匈牙利平原建立自己的王國，隔著多瑙河與羅馬帝國對峙[164]。

年輕的羅馬貴族埃提烏斯（Aetius）在公元四〇九年的交易中被派作人質，因此與匈人結下了緣。匈人先友後敵，助他成為「最後一個真正的羅馬人」，從公元四三三年開始主宰西羅馬帝國。公元四三七年，埃提烏斯和阿提拉聯手擊敗萊茵河畔的勃艮地人，成為歐洲一部出名傳奇的題材。長期的匈人支持幫埃提烏斯制服西哥德人，光復高盧[165]。

公元四四一至公元四四二年，羅馬軍隊遠征對付佔領迦太基的汪達爾人。阿提拉領匈人趁虛入侵東帝國。匈人攻陷兩個軍事幹線上的一流堡壘，震驚羅馬人。羅馬的北線防禦戰略一貫依仗使蠻人望之生畏的堅固城堡[166]。攻城需要重器械，更需要領導人才去指揮密集的兵力、組織後勤補給。日耳曼人於此無能，自詡「與城牆保持和平」。匈人善於發揮日耳曼人的蠻力，改變了整個局勢。可能他們的攻堅技巧是從羅馬人裡學來的，但日耳曼人在同一學校裡待得久多了，就是沒學會。君士坦丁堡的皇朝失算，被逼作城下之盟，當然不甘。遠征非洲的軍隊一回師便馬上背約，積極備戰。公元四四七年，阿提拉先下手為強，大破羅馬軍於赫松尼素斯（Chersonesus）。之後匈人便照西哥德人的榜樣，掠劫巴爾幹半島。希臘再度遭劫[167]。

東羅馬帝國答應付清所拖欠的上次盟約戰敗賠款，再增加每年的貢獻。如是阿提拉保障了自己的東線，可以放心遠征西羅馬帝國。公元四五一年，他以皇家婚姻作藉口，帶領匈人、哥德人和匈牙利平原上各種部族，浩浩蕩蕩，直搗高盧。那兒他碰上了老友埃提烏斯。埃提烏斯預料必有一戰，糾合了西哥德人、法蘭人和內居帝國的雜牌部族，輔助羅馬軍恭候迎敵。卡塔隆尼平原（Catalaunian Plain）上的「世界民族大會戰」，結果是阿提拉狼狽躲在大車隊組成的工事後面，預備自殺。埃提烏斯沒有緊逼，因為他必須保存兵力。西哥德人的國王陣亡，急於退兵。於是勝利的羅馬聯盟解散，阿提拉垂頭喪氣，但得安全返家[168]。

這次匈人西征，遠離基地一千兩百公里，跋涉的路程比巴爾幹戰役長一倍不止。這不是草原戰役，沒有遍地水草餵養運輸工具兼騎士糧食的牛馬。匈人通過日耳曼尼亞的樹林，必須照顧糧道。他們的後勤組織不足，就地掠食又拉慢行軍速度，以致失了先機。

翌年，阿提拉選擇一個較近的目標：義大利北部。他又失算了。那兒地域狹窄，城池多而厚固，攻堅曠日持久，附近資源很快便竭蹶。大軍缺糧，瘟疫蔓延。東帝國的新皇帝又趁機襲擊匈牙利，拉匈人後腿。這些現實因素約制了「上帝的鞭子」。把它歸功於教皇的甜言蜜語，不過是基督教的宣傳品而已。那個冬天阿提拉去世。匈人王國內亂崩潰[169]。

羅馬帝國衰亡，匈人是重要角色，但並非罪魁。有現代學者認為，匈人其實阻慢了日耳曼人瓜分羅馬帝國之勢[170]。他們控制日耳曼人，所以在公元四一一年之後的三十年間，沒有大型日耳曼入寇，羅馬帝國得以苟延殘喘。此外，匈人更提供兵力，為羅馬對付已經入境的蠻人。匈、羅對敵集中在公元四四一到公元四五二年。阿提拉的戰役雖兇猛，但不致命。匈人的王國是羅馬帝國的外敵，猶如匈奴之於漢朝。兩個游牧民族皆志在搶掠物品，不在佔領土地。他們挑動大戰，但皆先帝國、皇朝而亡。帝國、皇朝應付這些城下蠻人比應付城內蠻人容易。羅馬帝國境內的西哥德人，或晉朝時的塞內南匈奴，志在佔地領民、參與政權，威脅大得多。把這些境內蠻人養成心腹之患，帝國、皇朝的統治菁英難辭其咎。腹心之蠻最為可怖。

匈人王國之於羅馬帝國，有點像迦太基一度之於羅馬共和國，或楚之於晉。有個強大的外敵威脅，使統治階層略為收斂。羅馬人慶祝阿提拉之死，歌頌新紀元黎明。敵對的超級大國倒台了，可惜後果並非天下太平。眾多小國和地方勢力紛爭，局勢複雜，更為危險。擺脫匈人制約的日耳曼部落恢復互相敵對的習慣，入侵筋疲力倦的羅馬帝國。更糟的是，匈人的壓力消失，羅馬貴族的內訌加劇，變得蠻不講理。埃提烏斯比阿提拉只活多一年。二十年來，他是西帝國的穩定力，也是唯一能對抗匈人的將領。匈人崩潰，穩定力亦可棄。公元四五四年埃提烏斯被謀殺，之後內亂爆發。西羅馬帝國只餘二十年壽命了[171]。

8.9 羅馬末日

公元三七五年，格拉提安登基為西羅馬皇帝。他在位時，羅馬有史以來的士兵披掛傳統被破壞。士兵沒有頭盔胸甲，以致傷亡大增[172]。他的承繼者恢復盔甲，但其他變革保持時間更長。格拉提安的父親瓦倫提尼安一世行伍出身，卻令兒子自幼受最好的古典教育。格拉提安即位後，馬上屏退父親的幹練屬下，換上一批貴族文人。他的詩人教師成為禁軍統領。豪富世家的元老貴族佔領了文治政府的高層。他們早已棄武就文，變得像東漢儒生一般風雅，鄙視粗獷的軍人。很多人對行政既無經驗，也無興趣，但一躍而穩坐高官重任[173]。

格拉提安朝廷裡的另一個大集團是基督教主教。他們和元老一樣重文德，厭惡軍人，更絕不容忍蠻人。雖然蠻人也是基督徒，但宗派不同，在羅馬天主教眼中，形同異教。總的來說，「第四世紀後期的基督徒心態，既不肯尊重抗拒蠻人的軍隊，也不肯接受入了境的蠻人」[174]。文、武、宗教三派勢同水火，羅馬政府內出現大裂縫。文治機構控制稅收軍費。元老加稅，但不肯用以加強日益凋零的軍隊。貴族和基督教會一直享受免稅特權，到了公元四四一年至公元四四四年間皇帝才命令他們繳付常稅[175]。那時政府已因為非洲淪陷而面臨破產，無法支付老兵的軍餉，別說招募新兵了。到這地步，新的稅收仍然多數花在補償貴族們在非洲的損失。最終，軍費枯竭導致西帝國的軍隊瓦解，而帝國亦隨之滅亡[176]。

格拉提安一朝還有一個遺害。就像中國的關西出將，伊力里庫姆一帶產生羅馬最好的將領和戰士。它一向隸屬西帝國。格拉提安指任提奧多西承繼瓦倫斯為東皇帝時，無緣無故把它割讓給東帝國。拋棄了這個養育軍事人才的區域，減少了政府內的競爭，使文人更易得勢。然而它為日後西帝國募兵抗蠻造成困難[177]。

格拉提安十六歲即位，開始了昏君時代。這並非天意注定。西班牙將軍馬西姆（Maximus）傑出，怨恨格拉提安的軍隊大批投誠。可是東皇帝提奧多西武力插手，殺掉馬西姆，安排個小孩做西班牙皇帝。小孩被推翻，提奧多西再次干預，終結於公元三九四年的弗里吉都斯河大戰。數月後，提奧多西逝世。死前立他十歲的兒子赫諾里烏斯為西皇帝，並託孤於大將軍斯提里克。

兩次內戰，提奧多西皆詔令西哥德移民國出兵。大約一萬名西哥德戰士陣亡於弗里吉都斯河。餘生者不忿君士坦丁堡皇朝的刻薄，於公元三九五年在阿拉力（Alaric）領導下反叛。斯提里克反應敏捷。除了西帝國的軍隊外，他還統領提奧多西帶往內戰的東帝國軍隊。兩大皇軍在統一指揮下對付剛受重創的西哥德，很有機會贏得決定性的勝利，剷除國中之國的心腹大患。這個機會卻被拋棄了。君士坦丁堡命令斯提里克交回東帝國的軍隊，並退回西帝國。斯提里克遵命。西哥德人再無約制，放手寇掠馬其頓和希臘。三百名斯巴達戰士一度死守抵禦波斯大軍的溫泉關，如今空山寂寂，任由西哥德人攜幼扶老、長驅直進。希臘城鎮紛紛淪陷[178]。君士坦丁堡妥協，委派阿拉力做地方統領，讓西哥德人到皇家軍庫獲取補給。元氣恢復後，裝配充足的阿拉力再次叛逆，矛頭轉向西帝國，公元四〇一年至公元四〇三年間兩次入侵義大利。斯提里克把他們趕回東帝國[179]。

西帝國的軍隊在弗里吉都斯河敗北後，抵禦西哥德人時再受傷亡。還未復員，危機接踵而至。公元四〇五年底，大群多瑙河北的哥德人在拉達蓋蘇斯領導下南侵義大利。公元四〇六年終，一群群的汪達爾人、蘇維人、阿蘭人湧過冰封的萊茵河，進入高盧。兩波入侵之間，不列顛發生一連串篡奪。第三位僭君，君士坦丁三世，於公元四〇七年放棄不列顛，渡海峽到高盧，控制了那兒的羅馬部隊。同時，阿拉力嗅到機會，再次入侵義大利。斯提里克調兵，徹底打敗拉達蓋蘇斯。這勝利的代價恐怕不輕。公元三九五年到公元四二〇年之間，西帝國的軍隊減損了百分之四十八。四面受敵的斯提里克衡量輕重，決定與阿拉力談判，以四千磅黃金僱傭西哥德兵。暴怒的豪富元老陰謀誣陷斯提里克。公元四〇八年，斯提里克被斬[180]。

斯提里克的父親是羅馬皇軍裡的日耳曼軍官。在軍功皇帝下，不少日耳曼種的羅馬公民憑功升任高位，斯提里克是其中佼佼者。這些第二代移民一般接受純粹的羅馬教育，從沒聽過有誰因為同胞的利益而背叛羅馬帝國。斯提里克被誣陷時不肯發動內戰，寧可尊嚴受刑，應使很多純種羅馬人羞愧。然而，隨著貴族復興、基督教條熾盛，歸化公民的命運多舛了。斯提里克以後，再沒有一個日耳曼人出任最高統領。上層排擠還不及下層屠殺恐怖。君士坦丁堡朝廷帶頭。四百年的黨爭涉及一個哥德種的將軍，以致數千服役羅馬軍隊的蠻人士兵在他們避難的教堂裡被燒死。傳說這事件促使阿拉力第二次叛逆。不論真假，羅馬人排蠻，西哥德人受益。斯提里克統領的羅馬軍隊裡收編了不少蠻人。他死後，萬餘蠻人戰士的家屬被羅馬人殺個精光。悲妻痛子的戰士們起義，投向阿拉力[181]。

構陷斯提里克而控制政府的文官，背棄了他與阿拉力締結的契約，但毫不防範西哥德人的反應。阿拉力必須安撫屬下，不能白白吃虧，當然兵戎相向。西帝國的朝廷設在義大利東北部的拉文那，前有沼澤保護，後有海運補給。羅馬城的形勢就沒有那樣易守難攻了。公元四〇八年秋，西哥德人開始圍困羅馬城。城中的奴隸出奔投降，壯大了他們的隊伍。城內公民祈禱朝廷救兵，猶如望天打卦。震慄的元老們乖乖獻上黃金五千磅，並答應為阿拉力向皇帝赫諾里烏斯調停。赫諾里烏斯招募匈人。西哥德人聞匈心驚，把條件降低到連羅馬史筆都認為「很合情理」。他們要求作為羅馬的盟友，在邊境劃地定居，並每年獲糧食津貼，情況大概與南匈奴之在東漢相似。可是朝廷在黨爭下癱瘓，無能談判。阿拉力第二次兵困羅馬城，並勾搭元老，冊立僭君。皇帝最怕這一招。赫諾里烏斯差點妥協，但四千名東帝國援軍及時到達，加強了死硬派。阿拉力在拉文那無功，重返羅馬。先兩次被圍，城中饑荒，甚至有人在競技表演中高喊：「人肉怎賣？」公元四一〇年八月，敵人再臨，羅馬開城門投降。西哥德人任意殺掠三天，只受令不得傷害教士和教堂。自八百年前城破後，這是羅馬第一次遭劫。公元前三九〇年，高盧人火燒羅馬城，只有元老院所在的卡比托區無恙。公元四一〇年，西哥德人入城，唯有元老院被燒。這分別顯露兩次淪陷的政治意義，假如元老院還有點國家的象徵[182]。

滿載贓物的西哥德人離開羅馬城，繼續他們的帝國大巡遊，從義大利到高盧，然後到西班牙。這些地區滿佈羅馬的敵人。公元四〇六年跨過萊茵河的汪達爾人、蘇維人和阿蘭人四散高盧，三年後翻過比利尼斯山脈進入西班牙。僭主君士坦丁三世所領的羅馬軍隊對他們行動的障礙不大。歷史學家解釋：「大概君士坦丁對入侵的蠻人一隻眼開一隻眼閉，因為只有這樣他才能集中力量奪取整個高盧的羅馬軍政行政。」[183]

西帝國的皇軍癱瘓了五年，公元四一一年復甦。或許朝廷黨爭告一段落，或許所招募的匈人戰士終於到達。大將君士坦提斯除去了君士坦丁三世，朝廷再度統治高盧。封鎖戰略逼糧盡的西哥德人投降，轉而為羅馬擊敗汪達爾人和蘇維人。以蠻制蠻奏效，但君士坦提斯並不追求徹底解決問題。公元四一八年，他罷兵，把西哥德人安置在高盧南部。他要全副精神參與政治權謀[184]。赫諾里烏斯無子。君士坦提斯娶了赫諾里烏斯的妹妹帕拉奇迪婭（Placidia），因而成為同僚皇帝。公元四二一年他去世，權力鬥爭馬上爆發。兩年後赫諾里烏斯崩，一個老練能幹的承繼者主持西朝廷。東帝國派大軍，幾經大戰，打敗西帝國軍隊，擁立君士坦提斯的六歲兒子，是為瓦倫提尼安三世。帕拉奇迪婭攝政，但面對幾個不服的強大集團，爆發兩次內戰。政府再度癱瘓，直至公元四三三年埃提烏斯仗匈人幫忙，奪得政權。帝國割讓潘諾尼亞給匈人[185]。

羅馬人自相殘殺，蠻人春風得意。在西班牙的阿蘭人和汪達爾人合夥，由蓋塞里克（Geiseric）領導，公元四二九年入侵非洲。來回直布羅陀海峽一次要二十四小時，還得天氣合作。集合船隊，載過八萬多男女老幼，外加他們的牲口、大車、行李，起碼要幾個月。羅馬海軍雖然大不如前，但仍有制海權，可以半濟而擊。日後汪達爾人取得駐泊迦太基的海軍後，便成功破壞羅馬軍隊的結集。汪達爾人能毫無阻礙地渡過海峽，顯示帝國政府失能。

在崎嶇的北非，蠻人沿著羅馬大路，向東跋涉兩千公里，在希波（Hippo）附近打敗攔路的羅馬軍。他們圍困希波城時，其主教奧古斯丁（Augustine）正病危垂死。汪達爾人入帝國境後大有斬獲，然而盜賊般靠流浪搶掠，成功有限。再要進展，他們必須有基地安頓下來，設立穩固的資源作後盾，才能繼續擴張。西哥德人，或石勒在中國，就是這個經驗。羅馬不顧三次安置西哥德人而養虎為患的教訓，繼續苟且偷安，坐大汪達爾人。

公元四三五年的條約，兩家同意分享非洲。汪達爾人在貧乏的省份安身，羅馬保留迦太基一帶的富庶區域。羅馬不因新添危險的國中之國而加強防禦，反而減兵以節省軍費。怪不得公元四三九年汪達爾人唾手而取迦太基[186]。

那時的氣候比現在濕潤，非洲是西帝國的一個重要產糧區。迦太基位處戰略要津，以它為基地的戰船可以威脅整個地中海。迦太基失守，全非洲淪陷，羅馬人終於夢醒。東西帝國慌忙聯手反攻，可惜時機已失。他們有三十多年時間去對付公元四〇六年湧過萊茵河的汪達爾人等，還可以僱傭匈人幫手，但把他們浪費在黨爭內戰。匈人從盟友轉為敵人。阿提拉公元四四一年開戰，直至他公元四五三年去世，吸引住帝國的精力。

匈人王國崩潰不久，埃提烏斯即被瓦倫提尼安三世刺殺，皇帝本人也隨即步埃提烏斯後塵。兩次陰謀的主腦都是彼特隆紐斯．馬西姆（Petronius Maximus）。這個資深元老貴族攫到權，馬上爭取西哥德人支持，因而把蠻人帶上羅馬政治的最高圈子。他只做了三個月的皇帝。當羅馬忙於應付匈人時，佔領迦太基的汪達爾人熟習海盜技能。公元四五五年，一支艦隊在羅馬城近郊登陸。假如公元六〇〇年前西庇阿可以預見迦太基復仇之神來臨時的羅馬頹風，他會更悲慟。羅馬公民打開城門。他們已經投降過西哥德人了，但仍然不肯發奮自強，寧願再次俯首接受凌辱[187]。

西哥德人劫掠希臘時，許多城鎮毫無抵抗。卓西姆斯寫道：「希臘整個罹難，連斯巴達也不戰而降。羅馬的壓逼摧毀了它自強的戰士、自衛的武裝。」[188]希臘人怪羅馬人，征服世界的主子可以怪誰？帝國鼎盛時塔西佗說：「消極優閒不能保存偉大的國家，世上很多事物必須奮鬥而得。」[189]從前有個偉大的民族，他們的「自由」並不止享受免費的麵包和娛樂。

蹂躪羅馬城的西哥德人先已蹂躪斯巴達。匈人戕害的巴爾幹半島屬於東帝國。羅馬與蠻人的四大戰役，東帝國大敗於哈德良堡和赫松尼素斯，西帝國僅勝於卡塔隆尼平原，全勝拉達蓋蘇斯。不知怎的，東帝國雖然戰績低劣，卻能清除蠻人，不是把他們趕回日耳曼尼亞，而是把他們驅往西帝國。西哥德人和東哥德人都先入侵東帝國，但最後前者定居高盧，後者定居義大利。東帝國無恙，西帝國遭殃[190]。

君士坦丁堡的朝廷並非完全漠視羅馬的窘境。它兩次出兵圖助西帝國收復非洲，不全是為了使自己免受海盜剽掠。第一次戰役因阿提拉拖後腿而作罷。汪達爾人之猖獗羅馬城促使羅馬人作最後努力。西帝國收聚殘兵，東帝國結集一支大艦隊，意圖登陸非洲。汪達爾人乘風勢，縱火船，羅馬檣櫓灰飛煙滅。公元四六八年在博望海角（Cape Bon）的火船燒燬了西帝國的一線生機，一如公元二〇八年火燒赤壁，定下中國三分之局面[191]。

西哥德人聞風轉舵，重事武力擴張，終於在西班牙和南高盧建立獨立王國。帝國境內的蠻人紛紛學樣。稅收隨行省消失，政府無法支付軍餉，駐守義大利的軍隊要求割據土地。公元四七六年，軍隊統帥奧多瓦克（Odovacar）獲取東帝國皇帝芝諾（Zeno）首肯，廢掉西帝國皇帝羅穆洛·奧古斯都魯斯。西羅馬帝國正式滅亡。十三年後，芝諾慫恿東哥德人的首領提奧多力（Theodoric）：與其在東帝國作威作福，不如去攻打奧多瓦克。提奧多力掠取義大利和原屬西帝國的多瑙河上流區域，成立東哥德王國（地圖十八）[192]。

8.10 薪盡火傳

偉大的皇朝、帝國敗落後各自保有半壁江山，但皆非其本家腹地。東晉和東羅馬帝國的文學宗教造詣很獲學者推許[193]。然而對政治大局，長安或羅馬城所在的故國基地更為重要。公元前二二一年秦始皇一統中國，事隔五百三十七年，華北被少數民族割據。公元前三十一年奧古斯都建立羅馬帝國，事隔五百一十年，地中海西部被蠻人瓜分。兩地承受的打擊沉重，但並不一定致命。胡人或蠻人雖然有所破壞，但亦注入生機旺盛的血統習俗。只要不致命，挫折能鍛鍊人更為堅強。

蠻人和少數民族是最後勝利者。然而大帝國若非內患癌症，還不會被風寒外疾摧毀。務實的晉官早已指出胡人眾多、吏治鬆懈的危機。若非在公元三〇一年至公元三〇六年八王之亂，朝廷或能紓緩民族摩擦。匈奴趁晉人同室操戈，公元三〇四年造反，公元三一一年殲滅晉軍，征服快速，但並非無敵。晉主力覆滅後，洛陽的殘兵十二戰，與城俱焚。涼州義軍救援長安，拒胡四年，到外城陷落，內城糧盡，若非皇帝捱不住投降，他們當應死守不移之誓[194]。抵抗活動不隨西晉而滅。最堅韌的組織來自一度參與國家縱深防禦的邊郡吏民，即使撤退到內地，成為流民，仍保持邊疆風雲培育的驍勇風骨。他們在公元三〇六年所組織的乞活散佈多郡，滅石勒所立的趙國有功外，更堅持反胡活動百餘年[195]。

羅馬人抗蠻比較軟弱。西哥德屬國在公元三七八年第一次叛變，但要到公元四六九年至公元四七六年才獨立割據。一百年間它從東到西橫行羅馬帝國，到處掠奪。數次被敗皆獲優厚條件，安頓生息，只要它能提供兵源，多為皇帝對付政敵。戰事當然有，但大仗極少，決定性的大仗可說沒有[196]。羅馬帝國已在公元四四〇年取消平民武裝的禁令，但非官方的抗蠻紀錄寥寥可數，多數是某個豪強聚眾保護自己的地頭[197]。羅馬城牆高固，但兩次打開城門給乏能攻堅的蠻人。此等行徑，時髦學者認為是羅馬人和蠻人互相容忍，和平改變他們的共同世界[198]。更多學者認為，「明顯缺乏公共精神是最令人沮喪的帝國末日特色」[199]。

沒有大型戰事並不等於各族人民和平合作。其實沒有軍隊保護，黎民罹難可能更甚。羅馬人哀悼「高盧全省燃燒，像個巨大的火葬柴堆」；中國人悲歎「流屍滿河，白骨蔽野」[200]。殄戮擄寇，饑荒瘟疫，接踵而來，百姓棄家逃難。中國的流民規模巨大，部分因為很多農民依靠大型灌溉渠溝，一旦渠道毀壞，非有政府組織領導很難重建。士族大姓帶領下，北方人潮湧向南方及四川。他們還不算最慘，雖然顛沛，但避過他們舊時家園還要忍受的一百多年戰亂。這期間，原本意為漢朝臣民的「漢人」變成一個民族稱號；漢族得其名於胡人統治者的蔑稱[201]。地中海歐洲一帶，人民的流動性似乎較小，因為地主留戀深固的地產權，佃戶被法律綁住。即使如此，考古發現五世紀到八世紀，許多地方的人口大幅減少，物質文明倒退是帝國滅亡後的一般情景[202]。

科林斯投降西哥德人後，一位被擄青年錄寫荷馬的詩句：「過世的居民最幸福。死神慈悲，使他們免見家人淪為奴隸、城邦化作煙燼。」學者解釋：「不消說，女性俘虜必得忍受戰亂常規。」[203]羅馬教皇里奧（Leo）詔告被汪達爾人強姦的修女，說這些受蠻人欺凌而失身的上帝使女靈魂上並無罪惡，但因為肉體受玷污，身份低落。「她們可嘉在含垢忍辱，不妄想與無瑕玉女相比。」[204]

董卓時，蔡琰在戰亂中被擄，陷身於匈奴左賢王十二年，生二子。她父親蔡邕的朋友曹操遣使把她贖還。蔡琰是才女，精音律。透過她的〈悲憤詩〉，我們看到漢制金甲在胡兵身上耀光，男頭掛在後載婦女的馬旁，萬計俘虜忍受詈罵捶杖；我們聽到胡笳動、邊馬鳴，回到她的河南老家，豺狼號、人聲滅。贖金使她悲喜交集。兒子抱著她的頸呼問：「我尚未成人，奈何不顧思？」她的戰俘伴友前來送行，自悲不能同歸。哀聲摧裂中，蔡琰立馬踟躕，漢家父母匈奴兒，兩下呼喚，不能兼顧，懷憂終年[205]。

蔡琰的〈胡笳十八拍〉把悲憤部分昇華：「胡笳本自出胡中，緣琴翻出音律同。」琴是傳統的君子樂器，如今汲取少數民族文化。不錯，各民族逐漸融合，但融合的道路浸透鮮血怨氣。那些厭談暴力的歷史或不見血腥的戰事新聞報導，實際培育的不是道義，而是自欺引致的冷酷。它們鼓勵行兇者漠視犧牲者的痛苦，沾沾自喜，以為真的是仁者無敵。

皇朝、帝國的政府垮台只是歷史悲劇的第一幕。更多蠻人或游牧民族將會湧入，爭奪統治地位，故國居民將要遭受更多異族廝殺。身為臣民，他們不得不忍受一時，但未必絕望。他們，人數眾多、知識優越，或可抵消統治者的強大兵力。中西的菁英階層尚存，效忠新主子，輔助統治。腐朽的尊貴文化不能刻苦，他們回歸各自的根基本色，羅馬的軍備和財權，中國的吏治和親情。顯赫的希羅文化或華夏文化能不能使被征服的人民反客為主、吸收同化他們的異族主子？龍與鷹能不能重振雄風？

中西的歷史一千年來趨相會，到此分道揚鑣[206]。羅馬帝國整體可能無法長久維持，但羅馬的要素根基在一度獨立的西帝國。西羅馬帝國故地的義大利、高盧、西班牙、非洲，羅馬化最深，拉丁文通行。羅馬的體制多為日耳曼王國採取。羅馬人和日耳曼人共同信仰基督教，其教會襲用羅馬帝國的專制組織，甚有政治影響。羅馬城屹立，它象徵的帝國意念長存。然而這些有利條件不能痊癒戰亂的創傷。西羅馬帝國的碎片不能像華北的五胡十六國般重新整合統一。

耶穌在羅馬帝國誕生前後，西漢平帝的戶籍記中國人口六千萬。一千年後，感歎世情變幻的史學家會否奇怪：兩個國力相若的大帝國衰亡，為什麼單單羅馬帝國氣運終止？再過一千年，他們會否詫異見到，被比作新羅馬的美帝國，面臨崛起的新中國[207]？

註釋

❶ Barnes 1981: 249.
❷ Bury 1958: 15-6. Jones 1964: 83, 92, 97, 107-9. Heather 2005: 68.
❸ Panegyric quoted in Mitchell 2007: 67.
❹ Barnes 1981: 259.
❺ 《後漢書》4: 165。
❻ Ebrey 1986: 621.
❼ 《後漢書》4: 195。
❽ Beck 1986: 357-69. Lewis 2009a.
❾ Heather 2005: xii.
❿ Ward-Perkins 2005: 32-3 引 Demandt 的單子。
⓫ Brown 1971. Goffart 1989. Pohl 1997.
⓬ Millar 1981: 9.
⓭ Ebrey 1986: 611.《潛夫論・浮侈》。
⓮ Heather 2005: 17. Brown 1971: 14, 118.
⓯ 錢穆 1940: 169-71，176-7，184-5。田昌五，安作璋 2008: 386-8。
⓰ Brown 1971: 116-7. 余英時 2003: 252-3。
⓱ Jones 1964: 444. Cameron 1993: 116-7.
⓲ 田昌五，安作璋 2008: 355-6。Ebrey 1986: 612-3. Scheidel 2009b: 154, 175-6.
⓳ Whittaker and Garnsey 1998: 279-84. Heather 2005: 114-5. Jones 1964: 1040.
⓴ 許倬雲 2005b: 第 4，5 章。Ebrey 1986: 609, 613-4, 622-4.
㉑ McNeill 1976: Ch. 3.
㉒ Bivar 1983b: 93-4.
㉓ Birley 1987: 149-51. Gibbon 1994: I.302.
㉔ 《後漢書》志 17: 3350-1。《三國志》2: 82；3: 101。《晉書》4: 92；5: 124。王仲犖 2003: 26。
㉕ 《後漢書》志 17: 3351，注引曹丕曹植文。曹文柱 2008: 86。
㉖ 《後漢書》71: 2299。
㉗ Heather 2005: 182. Hopkins 1980: 117-118. Bury 1958: 62. Potter 2004: 17.
㉘ Jones 1964: 684. Heather 2005: 63-4. MacMullen 1988: 41, 174.
㉙ 《漢書》28b: 1640。《後漢書》志 23: 3533，3534 引注。《三國志》22: 637 引注。
㉚ 《三國志》22: 637。王仲犖 2003: 170。Graff 2002: 35-6.
㉛ 羅丹華 1989。

32 《漢書》16: 527。

33 《晉書》26: 791。

34 赫治清，王曉衛 1997: 61-3，72-5，86-7。呂思勉 2005b: 612-4。Graff 2002: 30-9.

35 Jones 1964: 1031. Goldsworthy 2009: 272. Bury 1958: 3.

36 Thompson 1996: 56. Heather 2005: 328.

37 Thompson 1982: 15-19.

38 Heather 2005: 446. Bury 1958: 104-5.

39 Heather 2005: 63-4. Mitchell 2007: 167.

40 Ward -Perkins 2005: 68. Heather 2005: 198. Goldsworthy 2009: 43.

41 翁獨健 2001: 180-1，193-4。

42 《後漢書》89: 2953。

43 《晉書》97: 2548-9。馬長壽 2006a: 88-91。翁獨健 2001: 169-70。

44 翁獨健 2001: 178-80，195-6。馬長壽 2006b: 160-1，176-83，191，204，231。

45 翁獨健 2001: 134-5。張燦輝 2008: 116。

46 《晉書》56，1531-3。王仲犖 2003: 186。

47 《晉書》2: 40；102: 2665。翁獨健 2001: 184-5。

48 曹文柱 2008: 36-40。王仲犖 2003: 205-6。

49 《晉書》56: 1531-3；97: 2549。翁獨健 2001: 180-1。

50 陳序經 2007: 406-11。林幹 2007: 167-8。《後漢書》90: 2991；84: 2801；48: 1610。

51 Thompson 1958: 3, 6.

52 Goldsworthy 2009: 220-1, 254, 311. Thompson 1958: 18-22.

53 《漢書》87: 2890。《晉書》57: 1554-5。

54 Thompson 1958: 18-9. Heather 2005: 183-4.

55 MacMullen 1988: 191. Grant 1990: 22-3. Goldsworthy 2009: 415.

56 MacMullen 1974: 38.

57 蘇俊良 2001: 116-7，183。MacMullen 1974: 94.

58 林劍鳴 2003: 829-30，863-4，925-7。

59 《後漢書》42: 1431。Ebrey 1986: 624.

60 Wells 1992: 178-9. Brown 1971: 34. Jones 1964: 554-6, 784, 787. Starr 1982: 170-1. Bastomsky 1990: 41.

61 Jones 1964: 1045.

62 王符《潛夫論・浮侈》。《後漢書》54: 1772。

63 Jones 1964: 1046-7. Goldsworthy 2009: 361.

64 《後漢書》72 上 : 2724。參考錢穆 1940: 169-71，176-9，184-5。唐長孺 2011: 278。

余英時 2003: 258-9，278-80。

65 Jones 1974: 116; 1964: 795-6, 1043.《漢書》24 上，1137。瞿同祖 2007: 113。

66 許倬雲 2005b: 59-62，202。Starr 1982: 171. Ebrey 1986: 625-6.

67 Whittaker and Garnsey 1998: 293. Jones 1964: 795-7. Marcone 1998: 357.

68 《三國志》46: 1105 注。呂思勉 2005b: 612-4。赫治清，王曉衛 1997: 61-3。

69 Jones 1964: 614-7, 619-21, 683-4, 1042. Shaw 1999: 135. MacMullen 1966: 199.

70 《三國志》35: 923。Wardman 1984: 224.

71 Shaw 1984. Escherick 1983. Hobsbawm 1959: Ch. 2. Blok 1972.

72 Shaw 1984: 9-16, 37-40. MacMullen 1966: 193-8, 200. Potter 2004: 120-2, 131, 281.

73 Thompson 1952: 11-12. Ste. Croix 1981: 478-9. Ward-Perkins 2005: 45-6, 48.

74 許倬雲 2005b: 141-2。田昌五，安作璋 2008: 440-7。

75 Goldsworthy 2009: 301-2.

76 《晉書》4: 108。

77 《後漢書》79 上：2547。De Crespigny 2009: 103-5, 109.

78 Heather 2005: 221, 312. Jones 1964: 527, 539, 555. Gibbon 1994: II.172.

79 Brown 1971: 119.

80 Jones 1964: 371, 608.

81 Syme 1958: 62.

82 Jones 1964: 1066, 160, 177, 559-61.

83 Brown 1971: 120, 30.

84 《後漢書》70: 2258；46: 1548。柳春新 2006: 136-8。

85 徐幹《中論・譴交》，余英時 2003: 255 引。劉文起 1995: 41-4。

86 《後漢書》8: 342；52: 1731；78: 2535-6。徐難于 2002: 121-5，133-5。

87 Jones 1964: 393-8.

88 Jones 1964: 109 引阿米亞努斯。

89 MacMullen 1988: 151.

90 《後漢書》56: 1826。劉文起 1995: 41-8。于迎春 2000: 421-2，430-1。

91 錢穆 1940: 187-91。

92 Jones 1964: 400. MacMullen 1988: 196.

93 Goldsworthy 2009: 310. MacMullen 1988: 172-7, 192.

94 Jones 1964: 684. Whittaker 1994: 263-4.

95 余英時 2003: 359。

96 《後漢書》32: 1122。于迎春 2000: 430-1。

97 呂思勉 2005b: 467-70。錢穆 1940: 217-8。

98 趙翼《二十二史札記》卷五。于迎春 2000: 430-1。
99 《後漢書》74 上 : 2373-5。《三國志》6: 190-1；1: 31，注引《逸士傳》。
100 《左傳》昭 25。錢穆 1940: 217。
101 崔寔《政論》，于迎春 2000: 420 引。
102 劉文起 1995: 42-8，61-2。田昌五，安作璋 2008: 384-7。
103 錢穆 1940: 191。參考余英時 2003: 359。
104 Grant 1990: 28-34. Gibbon 1994: I.618-21. Shaw 1999: 148.
105 Zosimus quoted in Potter 2004: 448. Luttwak 1976: 188, 178-9.
106 Ammianus 21.16. Jones 1964: 653.
107 Ward-Perkins 2005: 44-6. Goldsworthy 2009: 22, 119, 203, 408.
108 Hobsbawm 1959. Blok 1972.
109 《漢書》99 下 : 4170。
110 Shaw 1984. Escherick 1983: 276-7.
111 余英時 2003: 223。
112 《史記》48: 1952；8: 344；7: 286；6: 277 。
113 《後漢書》1 上 : 21。
114 《三國志》6: 210，注引《魏書》。
115 錢穆 1940: 215。參考唐長孺 2011: 33-41。
116 《後漢書》64 上 : 2387。
117 《孟子．梁惠王下》。
118 《孟子．告子上，告子下》。
119 《論語．子張》。《孟子．公孫丑上》。
120 余英時 2003: 203。
121 《後漢書》71: 2303；79 下 : 2689。
122 《三國志》1: 4，注引《九州島春秋》。《後漢書》73: 2353。
123 De Crespigny 2009: 110.
124 朱熹答陳同甫書，《文集》卷 36。
125 汪榮海 2010: 374-5。
126 徐難于 2002: 1-30，45-76。
127 田昌五，安作璋 2008: 445-50。
128 《後漢書》75: 2431。田昌五，安作璋 2008: 458-62。
129 《後漢書》74 上 : 2373-5。柳春新 2006: 6-7。
130 田昌五，安作璋 2008: 468-77，479-80。
131 《三國志》2: 89，注引《典論》。王仲犖 2003: 20-1。
132 《三國志》15: 467。

133 田昌五，安作璋 2008: 466-7。
134 柳春新 2006: 10-2。田昌五，安作璋 2008: 491。
135 王仲犖 2003: 27-49。柳春新 2006: 13-4，20。
136 王仲犖 2003: 50-8。
137 《三國志》1: 24，26。
138 《三國志》12: 375。
139 《三國志》1: 32，44，49。王仲犖 2003: 60-1。
140 《三國志》35: 930，934。
141 《三國志》35: 929，931。王仲犖 2003: 85-6。
142 《三國志》1: 26；41: 1012。
143 王仲犖 2003: 131-45。
144 《三國志》28: 791，注引《漢晉春秋》。柳春新 2006: 174，204。
145 《晉書》20: 613-4；33，995。柳春新 2006: 206，222-4。
146 王仲犖 2003: 193-6。
147 王仲犖 2003: 198-201。
148 翁獨健 2001: 168-9。馬長壽 2006b: 135-48。
149 《三國志》15: 469。22: 638。林幹 2007: 113-5。陳序經 2007: 405-6。
150 《晉書》52: 1445。
151 《晉書》53: 1445。王仲犖 2003: 195-6。
152 《晉書》97: 2549；56: 1529-34。陳序經 2007: 412-3。
153 林幹 2007: 174-6。陳序經 2007: 422-32。翁獨健 2001: 184-5。
154 王仲犖 2003: 223-5。
155 《晉書》59: 1625。《資治通鑑》85: 2754-5，2759-61，2763。
156 《晉書》104: 2716-8。王仲犖 2003: 224-7。曹文柱 2008: 132-3。
157 王仲犖 2003: 202-4。
158 W. Henning, quoted in Vaissiere 2004: 22.
159 *Ammianus* 31.2.1; 23.6.67.
160 陳序經 2007: 492-502。Sinor 1990: 177-9. Gibbon 1994: I.1035-42.
161 Maenchen-Helfen 1973: Heather 2005: 148-9. Kelly 2008: 43-5.
162 Heather 2005: 324-33. Thompson 1996: 50-1, 230-1. Barfield 1989: 33, 36, 49-51.
163 Heather 2005: 150-4. 202-3. Thompson 1996: 35.
164 Thompson 1996: 52, 62-4. Kelly 2008: 54-5. Heather 2005: 330-2.
165 Thompson 1996: 71-2. Heather 2005: 281-2, 286-7. Kelly 2008: 113-5.
166 Thompson 1996: 90. Heather 2005: 300-4.
167 Heather 2005: 302-3. Goldsworthy 2009: 320-4.
168 Heather 2005: 312, 333-9. Thompson 1996: 213-4.

⑯ Heather 2005: 340-1. Bury 1958: 295-6.
⑰ Bury 1958: 297-8. Wickham 2009: 84.
⑰ Heather 2005: 369, 372-3.
⑰ Gibbon 1994: II: 70.
⑰ Jones 1964: 160, 177, 207, 1066. Brown 1971: 36, 120.
⑰ Brown 1967: 331-2. Gibbon 1994: II.20.
⑰ Gibbon 1994: II: 99. Cameron 1993: 149-50. MacMullen 1988: 172-7, 192.
⑰ Heather 2005: 295-7. Bury 1958: 253-4.
⑰ Bury 1958: 110-1. Heather 2005: 219.
⑰ Heather 2005: 212-214. Gibbon 1994: II.124.
⑰ Bury 1958: 109-12, 119-20, 160-3. MacMullen 1988: 185-6, 188-9.
⑱ Bury 1958: 160, 166-9. Heather 2005: 205-6, 221, 247.
⑱ Heather 2005: 214-7, 224. Jones 1964: 177, 1038.
⑱ Bury 1958: 182, 178-83. Heather 2005: 224-9.
⑱ Bury 1958: 189.
⑱ Heather 2005: 253-7.
⑱ Heather 2005: 258-62, 286-7.
⑱ Heather 2005: 265-72, 285-6, 288-9.
⑱ Heather 2005: 372-5, 378-9.
⑱ Zosimus, quoted in Thompson 1982: 240.
⑱ Tacitus, *Annals* 15.1.
⑲ Goffart 1989: 13-4.
⑲ Heather 2005: 385, 388-9, 399-406. Goldsworthy 2009: 357-9.
⑲ Heather 2005: 416-8, 425-30. Wickham 2010: 89-98.
⑲ Holcombe 1994. Bowersock, Brown, and Grabar 1999.
⑲ 《資治通鑑》87: 2763，2834-5。
⑲ 周一良 1997: 15-26。
⑲ Goldsworthy 2009: 311.
⑲ MacMullen 1988: 52-3. Thompson 1982: 239.
⑲ 對此等論調的評介，見 Ward-Perkins 2005: 3-10, 174。Wickham 2101: 8-10.
⑲ Jones 1964: 1058-62.
⑳ Ward-Perkins 2005: 23 引。《晉書》26: 791。
⑳ 王仲犖 2003: 205-7。
⑳ Ward-Perkins 2005: 117-124, 139-46.
⑳ Gibbon 1994: II.124.
⑳ Ward-Perkins 2005: 11 引。
⑳ 蔡琰，悲憤詩二首，《後漢書》84: 2800-3。
⑳ Scheidel 2009: 20-3.
⑳ Goldsworthy 2009: 4-5. Mutschler and Mittag eds. 2009: xiii-xiv.

附錄一

羅馬與漢朝的彼此認識

公元九十七年，東漢和帝年間，西域都護班超遣甘英出使大秦；大秦是漢人對羅馬帝國的稱呼。甘英至前人之所未至，抵達條支，臨大海，聞安息西界的船人形容行海凶險，遂止而還[1]。條支指中東底格里斯、幼發拉底兩河流域。當時幼發拉底河以東屬帕提亞，即安息，河以西到地中海則是羅馬領域。因此甘英不可能面臨地中海，否則他已經進入羅馬帝國了，而帝國行省接待外使有豐富經驗。他所臨的可能是波斯灣，那兒與羅馬帝國有海上交通，但海程相當艱難。假如他遲來十八年，可能會碰上親征帕提亞的羅馬皇帝圖拉真。不過屆時東漢在西域的勢力已開始收縮。羅馬也在三年之內放棄圖拉真所征服的兩河流域。東西兩大帝國各自擴張至頂點時，失之交臂，未能建交。

班超平定西域後，有前所未聞的遠國「來歸服」，其中之一是蒙奇[2]。有人以為蒙奇是馬其頓，但其時馬其頓被羅馬兼併，早已亡國，不可能「遣使貢獻」。不過據西方記載，哈德良在位時（一一八年—一三八年），馬其頓籍的商人提廷安納斯（Maes Titianus），確從敘利亞東行至帕米爾，並派從人前往絲人之國[3]。這是私人商務，不涉國政。如下引可見，他們若帶回有關中國的資料，也未為歷史學家注意。

漢朝與羅馬帝國對彼此的印象，下引的幾段是主要資料。學者多認為羅馬文獻中的塞里斯（Seres）或托勒密（Ptolemy）《地理志》（*The Geography*, 又譯：《地理學指南》、《地球形狀概論》）中的塞那（Sinae）皆指中國。以下把它譯作絲國、絲人。據書成一世紀中葉的老普林尼《自然史》（*Naturalis Historia*, 一譯《博物志》），「我們比較所有品類的鐵，絲國鐵奪桂冠，那是絲人連同他們的絲織毛皮一起輸給我們的。帕提亞鐵得二獎。」[4]「照最低估計，羅馬帝國每年向印度、絲國和阿拉伯半島流失一億塞斯特。這是我們為奢侈和女士們所付的代價。」一億塞斯特約值七噸黃金，其中半數支付印度的香料[5]。

普林尼也轉錄了兩段遊記：「據他們說，當他們抵達時，絲人總是趕到海邊來會面。那些人黃頭髮、藍眼睛、聲音嘶啞；與旅客相交，不用言語。」「最先在那地居住的是絲人。他們仗以出名的是從樹林中獲得的毛質物料：把樹葉浸水，梳下白色絨羽。於是我們的女工便得雙重操勞，把他們的絲織品拆散，再把絲線重織。如此繁複的功夫、遙遠的運輸，只為了使羅馬貴婦能當眾展示透明的衣飾。絲人性格雖然溫和，但與野獸一般，不願與其他人類交往，只讓別人找他們交易。」[6]

阿米亞努斯寫於公元三八〇年代：「絲人享受和平生活，從不知軍戎戰伐。因為溫柔的人們喜愛安逸，所以他們從不與鄰國為難。他們的氣候健康可人，天青風和。他們的樹林光線充足，樹上經常灑水，生出一種羊毛似的物質。把它浸水，可抽出極細的線，紡之而成絲。從前只有貴族才用的絲，如今不分貴賤皆可獲得。絲人節儉過人，生活安靜，避免與他人交接。當陌生人過河來買他們的絲線或其他產品，他們陳列貨物，不用言語，只用眼色定價。他們如此制約，就算拿不到交換物品，也白白交出他們自己的貨物。」❼

中國有關大秦的資料，最詳盡者見諸成於公元四二〇年代的《後漢書・西域列傳》。范曄明言他多採用班勇所記：「大秦國一名犁鞬，以在海西，亦云海西國。地方數千里，有四百餘城。小國役屬者數十。以石為城郭。列置郵亭，皆堊塈之。有松柏諸木百草。人俗力田作，多種樹蠶桑。皆髡頭而衣文繡，乘輜軿白蓋小車，出入擊鼓，建旌旗幡幟。所居城邑，周圜百餘里。城中有五宮，相去各十里。宮室皆以水精為柱，食器亦然。其王日遊一宮，聽事五日而後遍。常使一人持囊隨王車，人有言事者，即以書投囊中，王至宮發省，理其枉直。各有官曹文書。置三十六將，皆會議國事。其王無有常人，皆簡立賢者。國中災異及風雨不時，輒廢而更立，受放者甘黜不怨。其人民皆長大平正，有類中國，故謂之大秦。土多金銀奇寶，有夜光璧……凡外國諸珍異皆出焉。以金銀為錢，銀錢十當金錢一。與安息、天竺交市於海中，利有十倍。其人質直，市無二價。穀食常賤，國用富饒。鄰國使到其界首者，乘驛詣王都，至則給以金錢。其王常欲通使於漢，而安息欲以漢繒綵與之交市，故遮閡不得自達。至桓帝延熹九年（一六六年），大秦王安敦遣使自日南徼外獻象牙、犀角、玳瑁，始乃一通焉。其所表貢，並無珍異，疑傳者過焉。」❽

引文省略原列十五項大秦產品。其中琉璃是羅馬的名產，珊瑚和明月珠見諸地中海，虎魄來自北歐，刺金縷繡是敘利亞和亞歷山大港的精工，各種熏香以敘利亞和阿拉伯出名。玉在羅馬帝國不聞，但盛產於絲路經過的西域于闐一帶[9]。

在大秦產品名單中顯著缺席的是象牙、犀角、玳瑁這等東南亞的產品。那個在今天越南中部的日南登陸、貢獻南洋土產、自稱大秦王安敦使者來時，羅馬皇帝馬庫斯・奧勒略・安東尼努斯（Marcus Aurelius Antoninus）已承繼其繼父安東尼努斯的皇位五年了。羅馬方面，學者沒找到任何遣使絲國的記載。羅馬人除了申誡下令，一般不屑遣發外交使節。那來客所謂安息云云，亦是商人口吻，不合當時王者政策[10]。漢朝與安息有邦交。甘英路過安息，禮上必先照會主人，但並無提及官方留難。羅馬皇帝喜歡自我宣傳，其面貌名號壓上銀幣，眾所周知，遠揚海外。現代學者一般認為在越南廣東一帶上岸的外客並非羅馬國使，而是海闊皇帝遠、不怕獲冒名之罪的投機家[11]。此等人，漢朝也曾見來：「奉獻者皆行賈賤人，欲通貨市買，以獻為名。」[12]

附錄二

絲路通商

「絲路」之名是一八七七年德國地理學者所撰。它今天所指，不是單一路線，而是貫通歐亞的貿易網絡⓭。這網絡始自漢朝羅馬時代。那時它與後代的絲路有兩點不同。第一，大部分貨品兼水陸兩程。第二，匈奴勢力未泯，所以經今烏魯木齊的天山北路，或直通草原的商道，尚未開發（地圖二，參見http://www.chinaandrome.org/Simplified/silkroad/begining.htm）。

長安是漢、唐時代的絲路東端，四方雲集，富於開放的國際氣象。渭城朝雨、霸陵相別，或沿涇水過固原，或沿渭河趨金城（今蘭州），迤邐至祁連山下。長達約一千公里的河西走廊，武威、張掖、酒泉、敦煌四郡並列。走廊西端的敦煌，乃佛教從印度傳入中國的宗教文化中心。西去不遠，兩關雄踞，北玉門、南陽關（此為漢玉門關，唐朝把玉門關移到敦煌以東，護天山北路之起點）。關外西域道分為二，避過中間塔里木盆地內的塔里馬坎大沙漠。南路繞羅泊湖，在崑崙山影下經樓蘭鄯善、于闐、莎車，到疏勒。北路過伊吾（今哈密）至車師（吐魯番盆地）。這一帶是草原入西域的門戶，漢與匈奴必爭之地，耿恭死守、班勇出屯之處，交河、高昌等古跡歷然。吐魯番以西，天山聳立，後世絲路分天山南北兩道。漢時天山北路未開，所謂北路，乃沿天山南麓，過焉耆、西域都護所在的輪台、龜茲、姑墨，到蔥嶺腳下的疏勒與南路銜接⓮。

蔥嶺即號稱世界之脊的帕米爾。東西闊兩百公里，山路盤桓，距離更遠。從疏勒向西北越蔥嶺，可經闐池（今伊薩克湖）到位於費干納盆地的大宛。這是漢張騫、唐玄奘西出的路線。張騫和玄奘東歸，卻取南道，從今天阿富汗北部的巴克特拉，即大夏，沿阿姆河谷入蔥嶺，翻過四千八百六十七公尺高的坳口到莎車⓯。

帕米爾以西的中亞之地，公元前六世紀為波斯征服。亞歷山大破波斯，公元前三二九年到臨大宛以西、今烏茲別克所在的粟特，遭受最強烈的抵抗，也找到他的王后（羅克珊娜〔Roxana〕）。粟特，漢稱康居，其人擅經商，其城撒馬爾罕，日後成為絲路大市集之一。粟特南面的巴克特拉為希臘人統治，直至公元前一二〇年代被大月氏所建的貴霜帝國取代。

從巴克特拉或撒馬爾罕的西行車隊相會於木鹿城（今土庫曼的馬雷）。之後絲路沿伊朗高原北邊，在今德黑蘭附近登上波斯御道，至帕提亞夏都埃克巴坦那，下高原到兩河流域、今巴格達附近的帕提亞冬都泰西封。沿河北上，敘利亞多個城市中，帕提亞、羅馬的商交繁忙。地中海的大埠安提俄（Antioch，今土耳其哈塔伊）是絲路西端之一。這條典型絲路全程陸行。漢朝羅馬時代，其西段大部分在帕提亞（後來的波斯）境內，無礙通行，木鹿城出土的車隊石刻可證。然而，更多史料顯示，其時的貨物另闢途徑⓰。

一世紀時，巴克特拉屬貴霜帝國（地圖一）。在那兒，不少中國商品被轉運向貴霜南部，經今阿富汗喀布爾以北、原是亞歷山大城的巴格倫（Begram），入巴基斯坦，沿印度河南下，到阿拉伯海的港口。那兒，從羅馬領域來的商船恭候。《後漢書》敘述月氏滅大夏、罽賓，臣服天竺（印度），居藍氏城。天竺地濕熱，臨大海，乘象而戰，漢明帝曾遣使問佛法。最重要的商業資料是：天竺「西與大秦通，有大秦珍物」[17]。考古學家在巴格倫發現寶庫，內藏大批東西各國的產品，可證其言不虛[18]。

阿拉伯人和埃及人跨海與印度通商，歷史悠久，在羅馬帝國的繁榮下更加興旺。一世紀時的《厄里特里亞海航行記》（*Periplus of the Erythraean Sea*）是紅海和阿拉伯海的指南手冊。它指導商人，如想購買絲綢，可到阿拉伯海北端的港口：「在北邊，海盡頭的後面，有一個內陸大城喚作秦那（Thina）。那兒的生絲、絲線和絲綢，經巴克特拉陸運到巴如格扎（Barugaza）；也有的經恆河運到里木日克。這秦那很難到達；少人從那兒來，也少人到那兒去。」[19]

有兩群羅馬轄下的商人光臨印度西北的港口。從紅海來的埃及人把貨品帶回地中海的大埠亞歷山大港。從波斯灣來的商人以巴爾米拉（Palmyra）人為主。綠洲城巴爾米拉為阿拉伯人所建，在羅馬帝國有優越地位，在其對東貿易中首屈一指。然而他們的經營非得帕提亞首肯不可。陸路不說，便是貨物從波斯灣入口，也得通過帕提亞國境才能運往敘利亞和安提俄[20]。

西域幹線外，中國和羅馬之間有兩條經印度的通道[21]。在印度西北港口的中國貨品，可能來自四川、雲南，經緬甸到印度東北，然後取道恆河。這條古道已為張騫覺察，但因西南山區土著阻礙，未能開發通暢[22]。公元一〇七年西南的撣國進貢自稱來自大秦、能變化吐火的幻人。對類似幻人，中國早有經驗。公元前一一三年，安息初通西漢時，即獻大鳥蛋及犁鞬幻人[23]（其時羅馬還未征服地中海東沿，因此犁鞬還未改名大秦）。

全海程是另一可能。羅馬帝國的商人常到印度南端收購調味香料。從南印度的港口，航海家可繞馬六甲海峽到中國南海，在那兒碰到活躍的中國商人[24]。漢朝疆土延至今越南中部，有港埠日南。天竺早已經西域與西漢建交。王莽時西域反叛，東漢初閉玉門關，邦交遂絕。東漢末，公元一五九年、一六一年，天竺從日南進貢。於是一六六年就來了個帶著南海土產、自稱大秦王使的傢伙[25]。此後到了公元二八四年，還有三個類似的「國使」見載史籍[26]。

漢朝羅馬之間的海路雖然可能為個別商人利用，但對大宗交易的貢獻似乎甚少。產於紅海和地中海西部的紅珊瑚是出口到印度的大項[27]。西漢通西域不久，即以珊瑚、琉璃為國寶。晉朝時石崇等斗富，亦以珊瑚炫耀。大家都說珊瑚是大秦產品，從西域可獲，並不提南海，而從南海來的商人使者也不見貢獻珊瑚[28]。

羅馬的東方進口以阿拉伯的熏香、印度的香料、中國的絲綢為大宗。其中絲綢姍姍來遲，西漢平定西域後才得大量輸出。考古學家在巴爾米拉發掘出絲綢，確定一世紀時中國貨已抵達西方。相反，極少漢時的羅馬產品在中國出土。考古學家只在越南找到一枚羅馬金幣。那些各處出土、質量低劣的琉璃，也被鑑定並非羅馬手工。當然，文獻所載的交通不全是虛構，但只是涉及皇室政府的少數珍寶。較為大宗的貨物，漢朝和羅馬並非直接交換。絲路上的貴霜人、帕提亞人及游牧民族不單是貨物經紀，而且積極地用他們自己的產品投入貿易圈子。游牧民族便常以牲口獵物與漢人交換粟帛[29]。有人喜歡怪帕提亞阻礙漢朝、羅馬通交[30]。帕提亞人當然希望獲利，然而從上述政治地理看，他們的障礙不大。損害商交更甚的恐怕是那些稽古自大、貶斥外來的騾驢皮毛、動輒要閉玉門關的士大夫[31]。

絲路上多重以物換物，可用以解釋上引普林尼的埋怨：羅馬人要拆散進口的絲綢，把絲線重新織成半透明的輕紗。中國人一樣有蟬翼紗，湖南長沙西漢墓中發掘的紗袍可證[32]。不過這樣的薄料適合南方的纖細楚腰，卻不適合絲路起點、地寒冷、人粗獷的西北。在新疆、中亞各地出土的厚實絲織，想為迎合當地人需要。如果遙遠的羅馬人渴望不同，他們的需要還未轉達到供應的源頭。當然，這情形終會改變，至少他們可以索買生絲。一扎扎未染色的生絲，因其輕便價高，有標準重量，在西域一度被當作交易貨幣使用[33]。

現代帝國主義以商貿為先鋒，漢朝與羅馬帝國卻與之相反，注重的不是商務而是政治外交。商人的地位在兩處皆低下，而關市邊貿則是控制籠絡蠻人或游牧民族的政治手段[34]。羅馬維持的昇平和道路有助商業，但其政策卻漠視商貿，所以與帕提亞簽訂的條約從未提及商交問題。它更絕不容商務干擾政治。羅馬帝國抽百分之二十五的關稅，所以甚得益於東方貨物入口。巴爾米拉的生意興隆，然而它在公元二七三年叛變時，羅馬毫不猶豫地屠城，縱使政府本身財源短缺，亦不惜犧牲巨額稅收。巴爾米拉的商業網絡覆沒，拖垮了整個羅馬的對東貿易[35]。

漢朝通西域，鵠的在斷匈奴右臂。私人商貿因之發展，反功利的士大夫勉強容忍而已[36]。朝廷的羈縻政策禮無不答，對匈奴鮮卑等更慷慨津貼。由政府主持的物品交流不乏經濟意義，但這不過是附帶性的。出口以政治為宗旨，朝廷以物質餽贈爭取盟友，換取邊境和平。大批綵繒由邦交管道流入西域王庭或游牧民族，他們自由轉讓[37]。羅馬人說絲人免費供應貨物，雖然管中窺豹，但並非完全荒謬[38]。

附錄三

秦長城的工程

戰國時齊國首先築長城以抗魏、楚，別國紛紛效仿建築國防工事。在中國邊沿的燕、趙、秦三國更築長城以防禦北方和西北的戎狄胡人。公元前二一四年，即統一中國後七年，秦始皇命蒙恬把原有的長城修理延長，設立完整的邊防系統。《史記》在〈秦始皇本紀〉、〈蒙恬列傳〉、〈匈奴列傳〉三處提及，均只一言以記其事。後世的反秦宣傳渲染築城暴虐，把它說成是秦亡原因之一。西方學者研究這「從歷史到神話」的過程，發現證據薄弱，虛構的多[39]。本文只簡略探討秦長城的工程以反駁渲染。

近期考古學家研究歷代長城，統計其反覆曲折的總長度，得知秦始皇的長城總長七千八百六十公里，其中六千六百五十公里沿用燕趙秦的舊城，新築一千兩百一十公里。明朝所建，今天我們熟悉的萬里長城，總長五千七百八十八公里[40]。以資比較，羅馬所建橫貫不列顛的哈德良長城總長一百一十七公里。

戰國秦漢的城牆多是夯土壘築，把泥土放在木製的模版裡，一層層夯實，比明代的磚石長城粗糙。秦長城雖然長，但比明長城矮窄得多。其規模之小，惹人懷疑它能否適合軍事用途[41]。它的平均寬度，底部大約三到四公尺，頂部兩到三公尺[42]。牆的高度受牆基寬度限制，一般夯土牆的高度與基寬差不多；太高不穩固。讓我們估計它平均三・五公尺高，通體三・五公尺寬。那麼秦始皇所築的一千兩百一十公里長城，總體積是一千四百八十二萬兩千五百立方公尺。

我找不到古代長城工程的描寫，但找到幾則都城工程的紀錄。都城和長城基本上皆是城牆，不過都城自我封閉，城門較多，較宏偉精美。公元前五九八年楚築沂的城牆，公元前五〇九年晉糾合諸侯為周王築成周的城牆。兩次都是大夫事先考察測量，估計需要的材料工具、人力糧食，搭配運土夯牆的工作，任派監工，然後召發民工；兩次都是「城三旬而畢」。《左傳》記載沂的工程不違計劃，成周事完即罷諸侯之役[43]。漢惠帝元年開始策劃興建首都的城牆。三年春與五年春，各發「男女十四萬六千人城長安，三十日罷」。三年六月，發徒隸兩萬人，沒有提及解散。五年九月，長安城成[44]。我想四次築城大發徭役，都註明三十天就完，並非偶然。每人每年服一個月徭役是傳統規矩，秦漢沿用。策劃者按三十日一期，計算目前的工程需要多少勞工，趁農閒時大批徵發，使建築不礙農時，想是傳統的程序。[45]

假設那兩萬徒隸一直幹到城竣，那麼加上兩次徭役，長安城牆共用了八十三萬兩千個勞動月。考古資料與《漢舊儀》所說相符：長安城牆周圍長二十五・七公里，牆基寬十二到十六公尺，牆高逾十二公尺[46]。我們粗略算它十四公尺寬十二公尺高，則體積是四百三十一萬七千六百立方公尺。

按以上計算，秦始皇新建長城的體積是長安城的三・四三倍。兩者都是夯土建築。假如工人效率相若，則秦長城要約兩百八十六萬個勞動月。三十萬人的大軍，十個月可竣工。這數字恐怕高估了，因為長安城的十二個城門、城樓，打磨都要人工，而長城可以比較粗糙。北魏時高閭提議建長城，估計三百個人一月可築三里城（等於一點二五公里）[47]。若以這樣計算，一千兩百二十公里新城，三十萬大軍，一個月就夠了。

長城在崎嶇邊區，但並非無法到達，否則防禦工事就多餘了。建築材料多就地而取，工具比較簡單，做模子的木板可以再用。最大宗需要運輸的是工人的口糧。建好的長城沿著山脊，像公路般便利委輸補給到前面開工。算上困難，再加上修補舊城，蒙恬的軍隊可以一年竣工即解散。怪不得秦末危急必須軍隊平亂時，無人提到調回築城之師。

另一個古代建築奇蹟可與秦建長城相映成趣。傳說建築埃及的大金字塔要動用十萬至四十萬人，歷時二十至三十年。最新研究證明這是胡吹亂道。考古發掘的工人墓地顯示有四千至五千名資深的專業石匠。臨時僱的工人數字時上時落。兩個各自獨立的研究，一個由古埃及專家領導，另一個由建築工程師領導，動用計算機模型，甚至用古法建造一個小型金字塔以獲取實驗資料，結果差不多。他們假設整個工程歷時十二年，但程序各異。十二年內，工作的高峰時間不過兩年。之前之後，活動減少，多數只靠專業石匠。高峰期間，兩萬四千至四萬三千個工人就足夠擔任所有工作，從開礦採石、運輸、建築碼頭坡道，到疊石為塔。實在的工程，只是傳說的十分之一[48]。古代工人的智慧和力量，和他們奇蹟般的成就，同樣令人驚異敬佩。

註釋

❶《後漢書》88: 2910，2918。
❷《後漢書》88: 2910。Lu 1988: 54-6.
❸ Ptolemy 1.11-12; 1.17. Young 2001: 188-91.
❹ Pliny 34.41.
❺ Pliny 12.41, 4.26, 84.
❻ Pliny 6.24, 6.20.
❼ Ammianus 23.6.67-8.
❽《後漢書》88: 2918-20。
❾ Thorley 1971: 76-9. 余英時 2005: 162-3。
❿ 見附錄二。
⓫ Ball 2000: 400.
⓬《漢書》96 上 : 3886。
⓭ Elisseeff 2000. Whitefield 2004. Hansen 2012. 趙汝清 2005。
⓮《漢書》96 上 : 3872。《後漢書》88: 2911-4。
⓯《後漢書》88: 2914。趙汝清 2005: 165-80。
⓰ Ptolemy 1.11-12; 1.17. Young 2001: 188-91. 趙汝清 2005: 157-61。
⓱《後漢書》88: 2920-2 。《漢書》96 上 : 3884-5，3890-1。
⓲ Lu 1988: 9-10, 26-7.
⓳ Periplus 64.
⓴ Ball 2000: 123-128. Young 2001: 28-31. Lu 1988: 19-27.
㉑ 余英時 2005: 127-8。Lu 1988: 55-6。
㉒《漢書》95: 3840-1。
㉓《後漢書》86: 2851。《漢書》96 上 : 3890。
㉔ Young 2001: 28-34. 余英時 2005: 143-9。
㉕《後漢書》88: 2922，2920。
㉖ Yü 1967: 152-5, 160-1.
㉗ Periplus 28, 39, 49.
㉘《鹽鐵論 · 力耕》。Lu 1988: 54-6.
㉙ Ball 2000: 74-6, 135-9. Lu 1988: 19-20.
㉚ 余英時 2005: 130-1。
㉛《鹽鐵論 · 力耕》。

㉜ 圖見 http://www.chinaandrome.org/Simplified/culture/dress.htm.
㉝ 余英時 2005: 132，136-7。Lu 1988: 70.
㉞ Young 2001: 1-4, 195. Lattimore 1940: 173-6.
㉟ Young 2001: 193, 211-7. Dignas and Winter 2007: 203.
㊱ 《鹽鐵論，力耕，地廣》。余英時 2005: 158-9。
㊲ 余英時 2005: 46-50，56-9，90-2，136-7.
㊳ *Ammianus* 23.6.67-8.
㊴ Waldron 1990: 16-8, 194-226.
㊵ 景愛 002: 341-2。
㊶ 景愛 002: 33-42。
㊷ 景愛 002: 158-81。
㊸ 《左傳》宣 11，昭 32，定 1。
㊹ 《漢書》2: 88，89，90，91。
㊺ 《左傳》莊 29。
㊻ Wang Z. 1982: 2.
㊼ 《魏書》54: 1201-2。Waldron 1990: 45 引。
㊽ Smith 2004: 130-1, 206-7, 230-1. Romer 2007: 458-60.

附錄四

參考地圖*

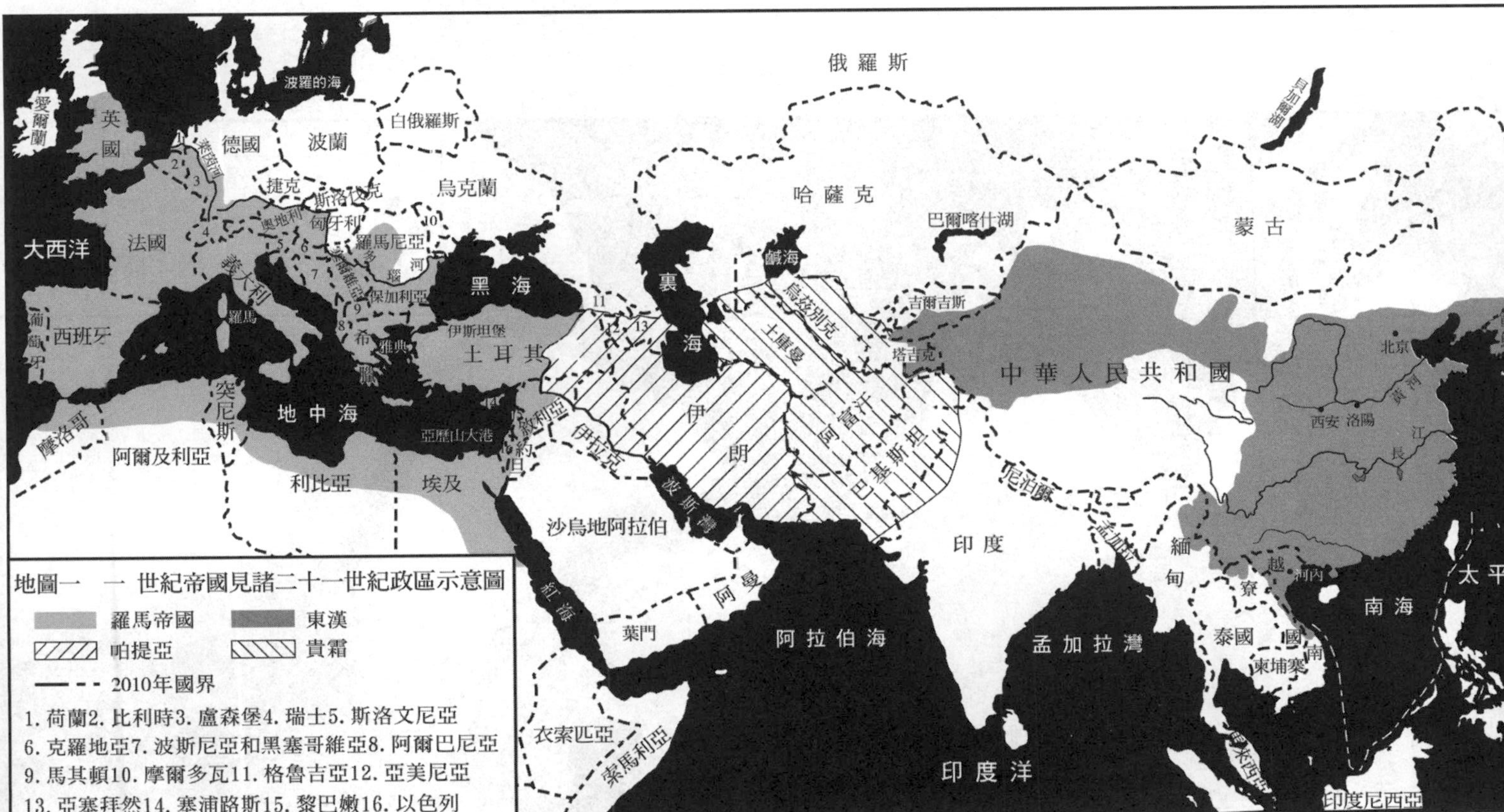

地圖一　一世紀帝國見諸二十一世紀政區示意圖

羅馬帝國　東漢

帕提亞　貴霜

2010年國界

1. 荷蘭2. 比利時3. 盧森堡4. 瑞士5. 斯洛文尼亞

6. 克羅地亞7. 波斯尼亞和黑塞哥維亞8. 阿爾巴尼亞

9. 馬其頓10. 摩爾多瓦11. 格魯吉亞12. 亞美尼亞

13. 亞塞拜然14. 塞浦路斯15. 黎巴嫩16. 以色列

*編者按：本書所附地圖僅供示意之用。

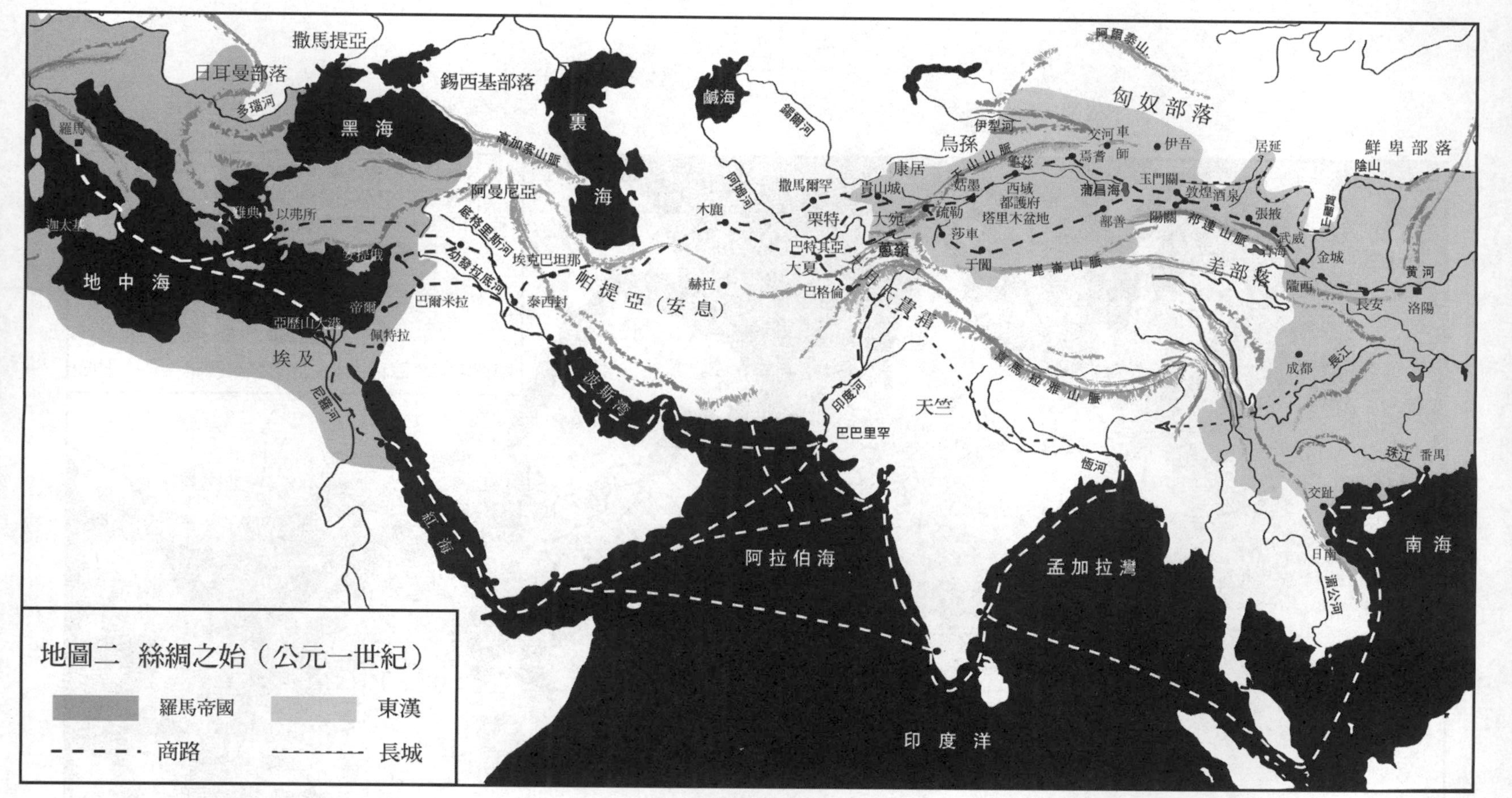

地圖二　絲綢之始（公元一世紀）

羅馬帝國　東漢
商路　長城

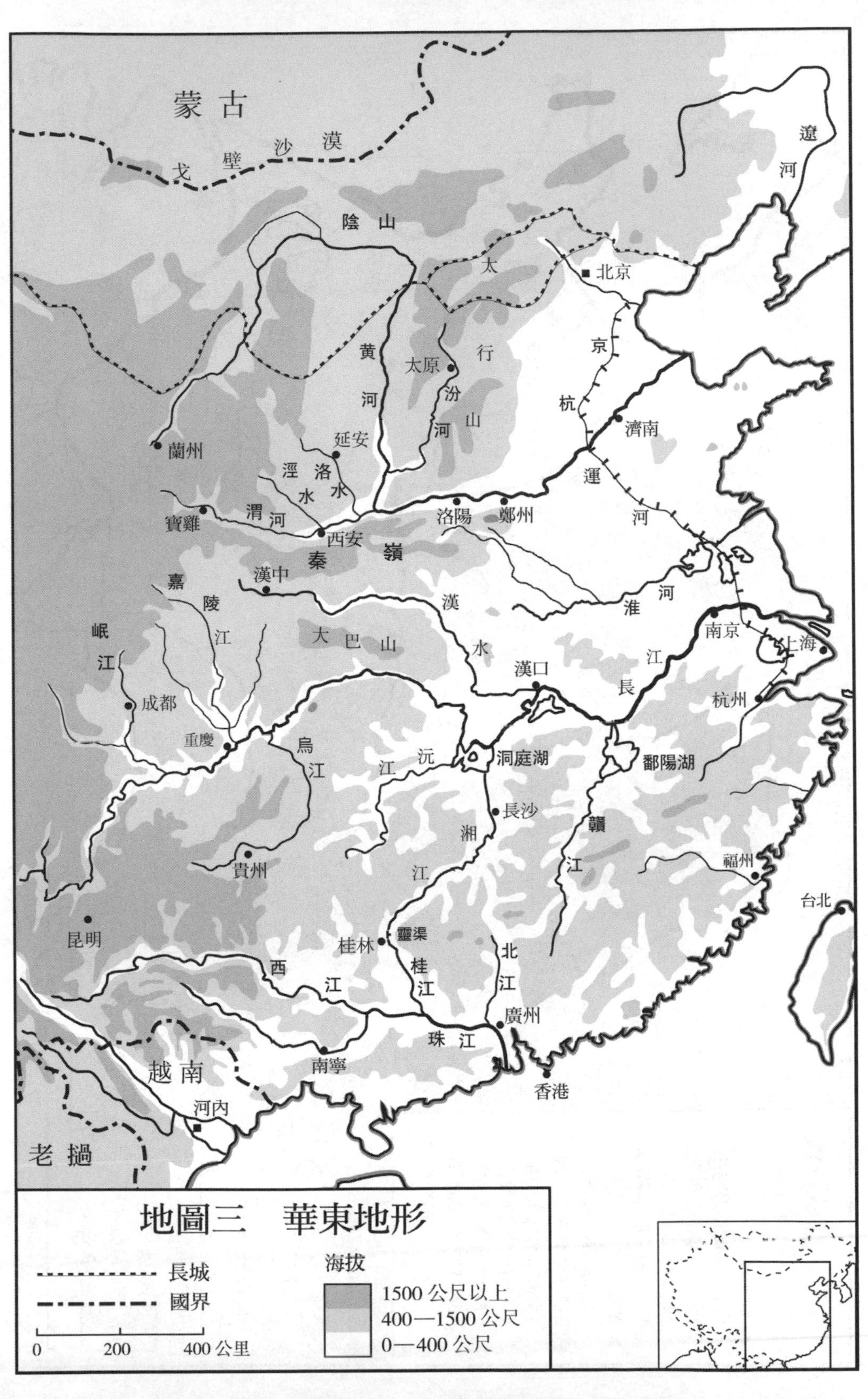

蒙古
戈壁沙漠
陰山
太行山
北京
遼河
黃河
太原
汾河
京杭運河
濟南
蘭州
延安
涇水
洛水
寶雞
渭河
西安
洛陽
鄭州
秦嶺
漢中
嘉陵江
岷江
漢水
淮河
大巴山
南京
上海
長江
漢口
杭州
成都
重慶
烏江
沅江
洞庭湖
鄱陽湖
長沙
湘江
贛江
貴州
福州
台北
昆明
靈渠
桂林
西江
桂江
北江
廣州
珠江
越南
南寧
香港
河內
老撾
地圖三 華東地形
長城
國界
0 200 400 公里
海拔
1500 公尺以上
400—1500 公尺
0—400 公尺

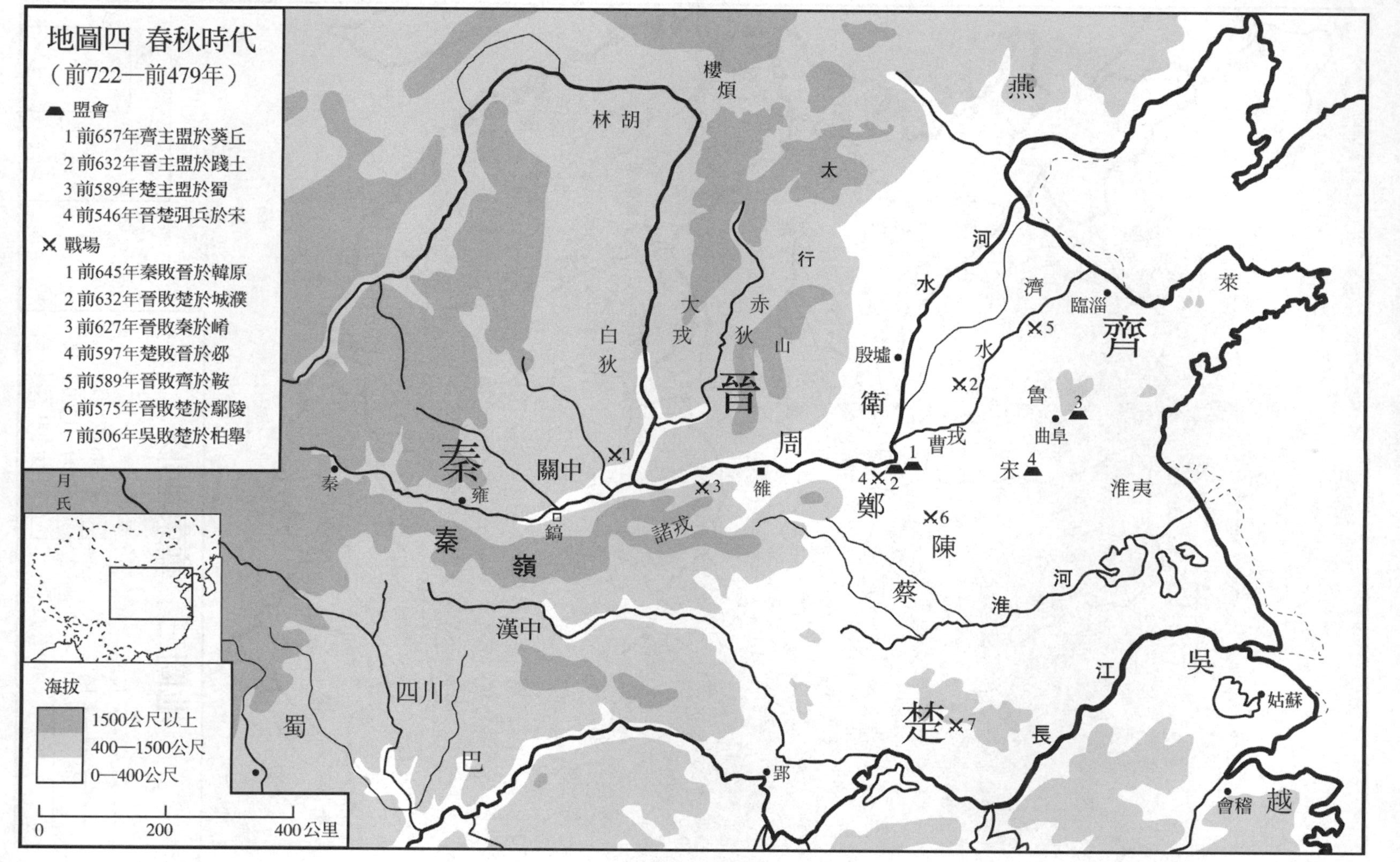
地圖四 春秋時代
（前722—前479年）
盟會
1 前657年齊主盟於葵丘
2 前632年晉主盟於踐土
3 前589年楚主盟於蜀
4 前546年晉楚弭兵於宋
戰場
1 前645年秦敗晉於韓原
2 前632年晉敗楚於城濮
3 前627年晉敗秦於崤
4 前597年楚敗晉於邲
5 前589年晉敗齊於鞍
6 前575年晉敗楚於鄢陵
7 前506年吳敗楚於柏舉
海拔
1500公尺以上
400—1500公尺
0—400公尺
0
200
400公里
月氏
樓煩
林胡
燕
太
行
山
河
水
濟
水
臨淄
萊
齊
白狄
大戎
赤狄
晉
殷墟
衛
魯
曲阜
曹
戎
宋
秦
雍
關中
周
雒
鄭
陳
淮夷
鎬
諸戎
秦
嶺
蔡
淮
河
漢中
四川
蜀
巴
楚
郢
江
長
吳
姑蘇
會稽
越

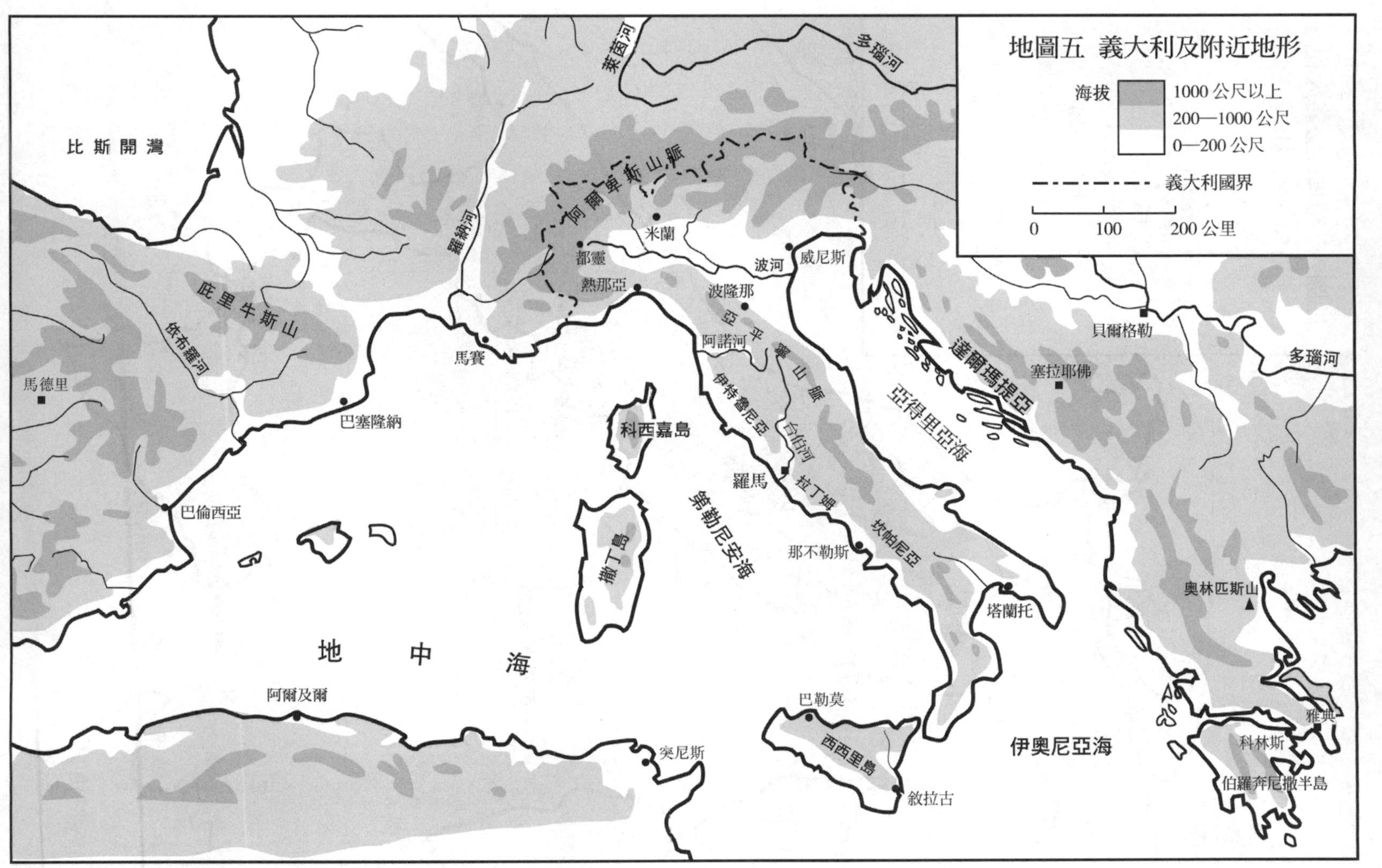
地圖五 義大利及附近地形
海拔
1000 公尺以上
200—1000 公尺
0—200 公尺
義大利國界
0
100
200 公里
比斯開灣
萊茵河
多瑙河
羅納河
阿爾卑斯山脈
米蘭
都靈
熱那亞
波河
威尼斯
波隆那
亞平寧山脈
阿諾河
伊特魯尼亞
台伯河
羅馬
拉丁姆
坎帕尼亞
那不勒斯
塔蘭托
亞得里亞海
達爾瑪提亞
貝爾格勒
塞拉耶佛
多瑙河
奧林匹斯山
雅典
科林斯
伯羅奔尼撒半島
伊奧尼亞海
庇里牛斯山
依布羅河
馬德里
馬賽
巴塞隆納
巴倫西亞
科西嘉島
撒丁島
第勒尼安海
地中海
阿爾及爾
突尼斯
巴勒莫
西西里島
敘拉古

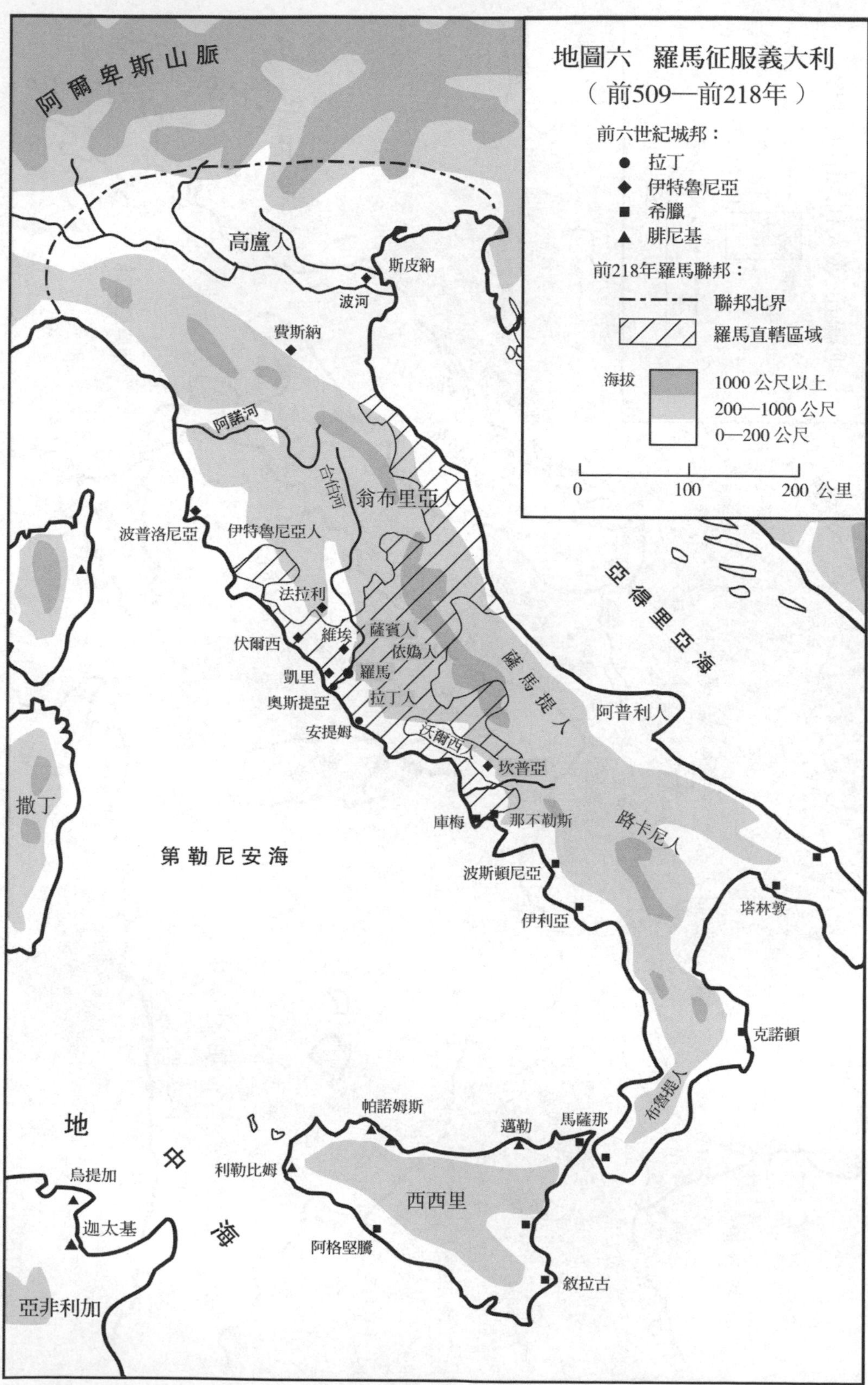
地圖六　羅馬征服義大利
（前509—前218年）
前六世紀城邦：
拉丁
伊特魯尼亞
希臘
腓尼基
前218年羅馬聯邦：
聯邦北界
羅馬直轄區域
海拔
1000 公尺以上
200—1000 公尺
0—200 公尺
0
100
200 公里
阿爾卑斯山脈
高盧人
斯皮納
波河
費斯納
阿諾河
台伯河
翁布里亞人
波普洛尼亞
伊特魯尼亞人
法拉利
維埃
薩賓人
伏爾西
依鴆人
凱里
羅馬
奧斯提亞
拉丁人
安提姆
沃爾西人
坎普亞
庫梅
那不勒斯
薩馬提人
亞得里亞海
阿普利人
路卡尼人
波斯頓尼亞
伊利亞
塔林敦
克諾頓
布魯提人
撒丁
第勒尼安海
地中海
帕諾姆斯
邁勒
馬薩那
利勒比姆
西西里
阿格堅騰
敘拉古
烏提加
迦太基
亞非利加

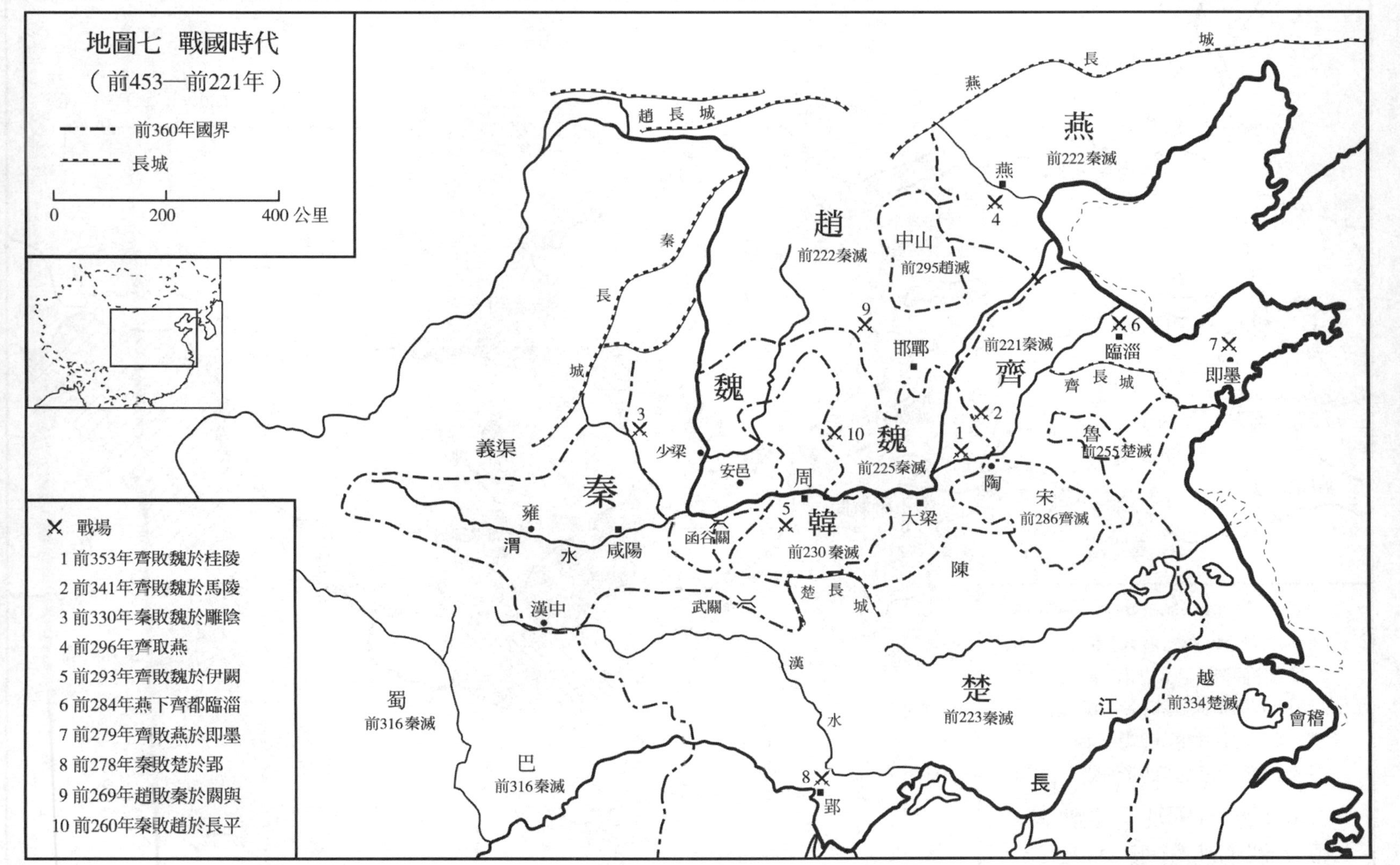
地圖七　戰國時代
（前453—前221年）
前360年國界
長城
0
200
400 公里
戰場
1 前353年齊敗魏於桂陵
2 前341年齊敗魏於馬陵
3 前330年秦敗魏於雕陰
4 前296年齊取燕
5 前293年齊敗魏於伊闕
6 前284年燕下齊都臨淄
7 前279年齊敗燕於即墨
8 前278年秦敗楚於郢
9 前269年趙敗秦於閼與
10 前260年秦敗趙於長平
燕
前222秦滅
燕
燕 長 城
趙 長 城
秦 長 城
趙
前222秦滅
中山
前295趙滅
邯鄲
魏
魏
前225秦滅
齊
前221秦滅
臨淄
即墨
齊 長 城
魯
前255楚滅
宋
前286齊滅
陶
大梁
周
韓
前230秦滅
安邑
少梁
秦
咸陽
雍
渭
水
義渠
函谷關
武關
楚 長 城
陳
漢中
漢
水
楚
前223秦滅
江
長
越
前334楚滅
會稽
蜀
前316秦滅
巴
前316秦滅
郢

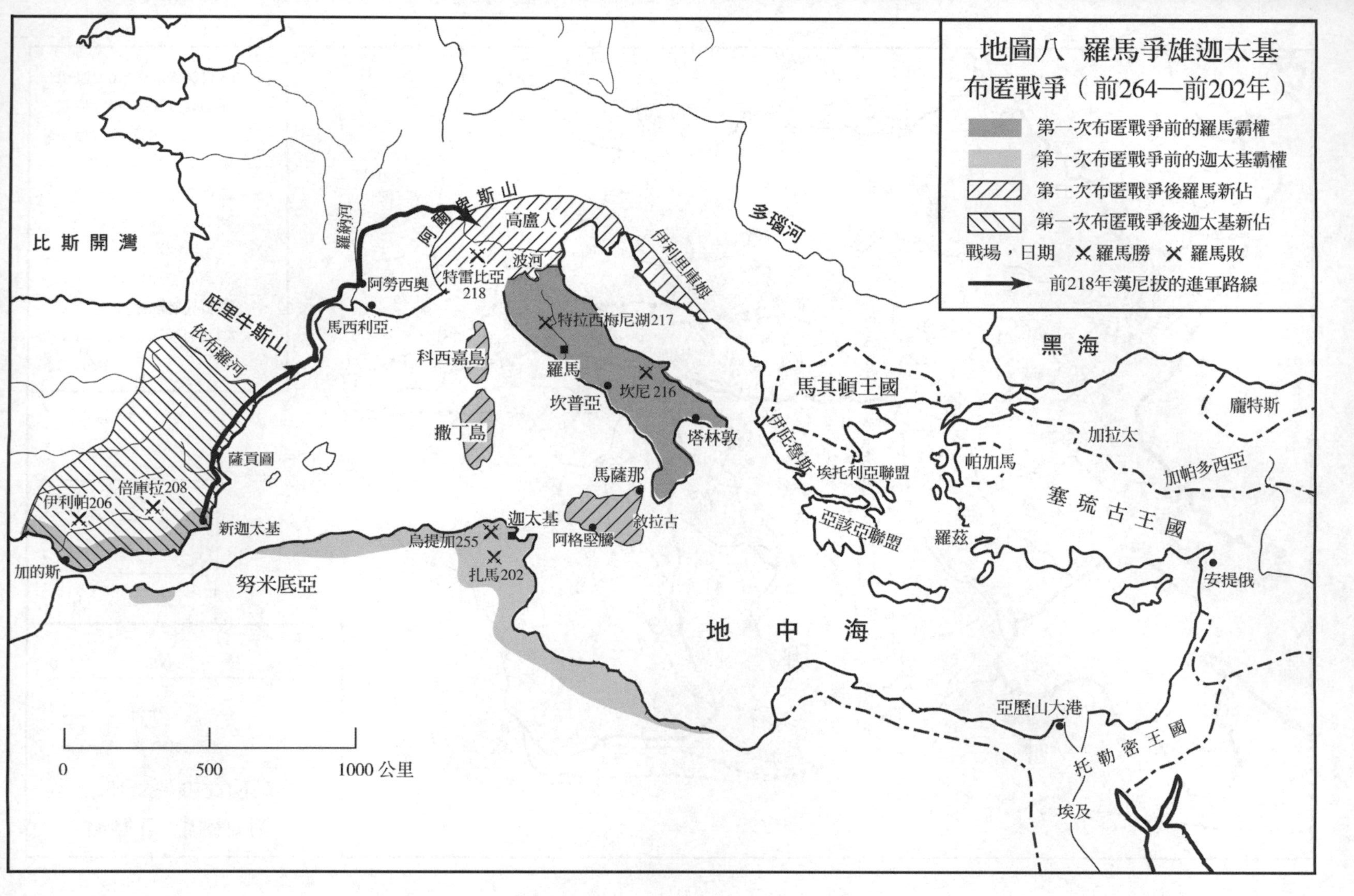
地圖八 羅馬爭雄迦太基
布匿戰爭（前264—前202年）
第一次布匿戰爭前的羅馬霸權
第一次布匿戰爭前的迦太基霸權
第一次布匿戰爭後羅馬新佔
第一次布匿戰爭後迦太基新佔
戰場，日期 ✕羅馬勝 ✕羅馬敗
前218年漢尼拔的進軍路線
比斯開灣
羅納河
阿爾卑斯山
高盧人
多瑙河
伊利里庫姆
波河
特雷比亞
218
阿勞西奧
馬西利亞
庇里牛斯山
依布羅河
特拉西梅尼湖217
科西嘉島
羅馬
坎尼 216
坎普亞
撒丁島
塔林敦
薩貢圖
倍庫拉208
伊利帕206
新迦太基
加的斯
努米底亞
馬薩那
敘拉古
迦太基
阿格堅騰
烏提加255
扎馬202
黑海
馬其頓王國
伊庇魯斯
埃托利亞聯盟
亞該亞聯盟
帕加馬
羅茲
龐特斯
加拉太
加帕多西亞
塞琉古王國
安提俄
地中海
亞歷山大港
托勒密王國
埃及
0
500
1000 公里

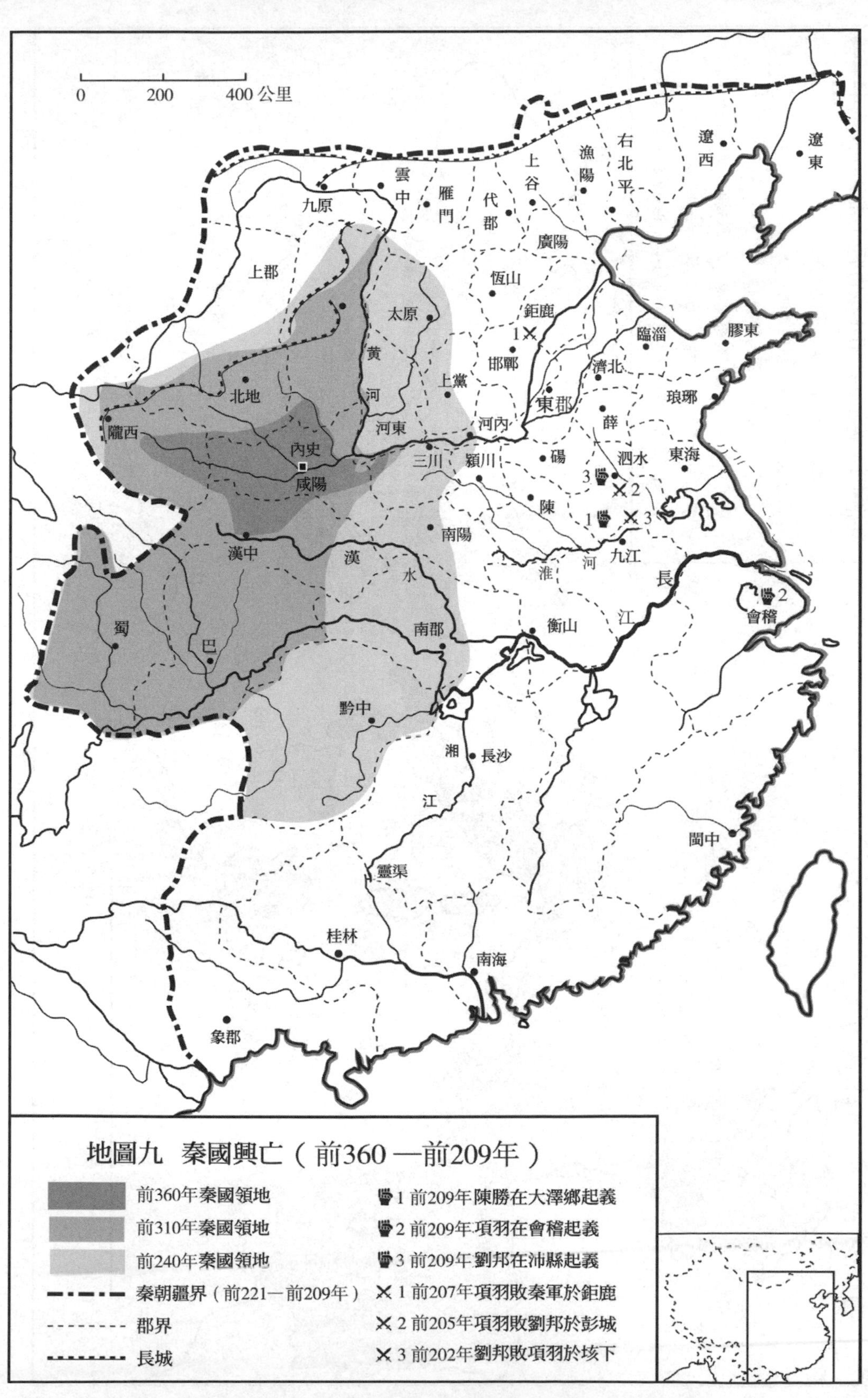

地圖九　秦國興亡（前360－前209年）

地圖十 羅馬共和國擴張（前264—前44年）

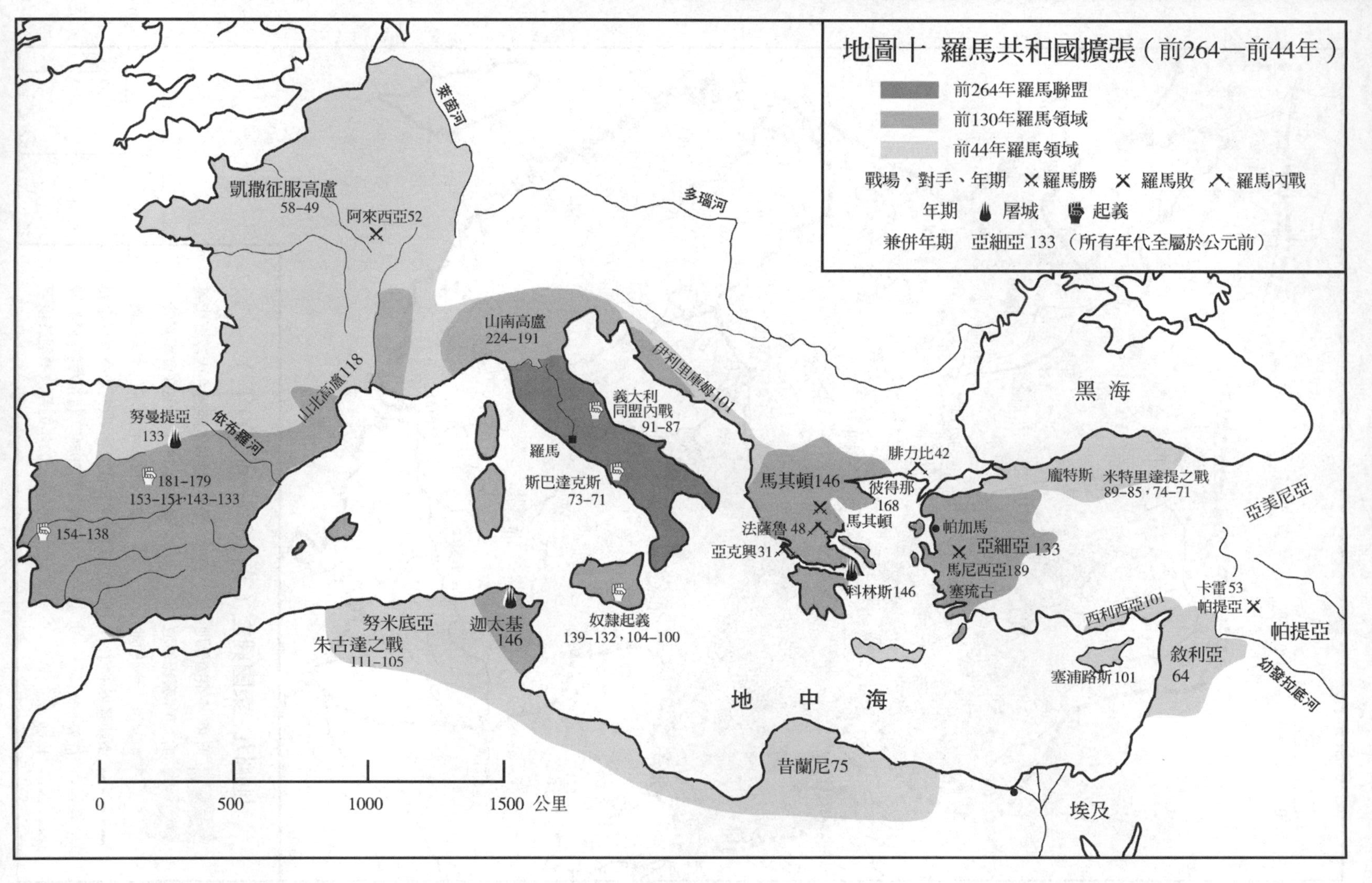

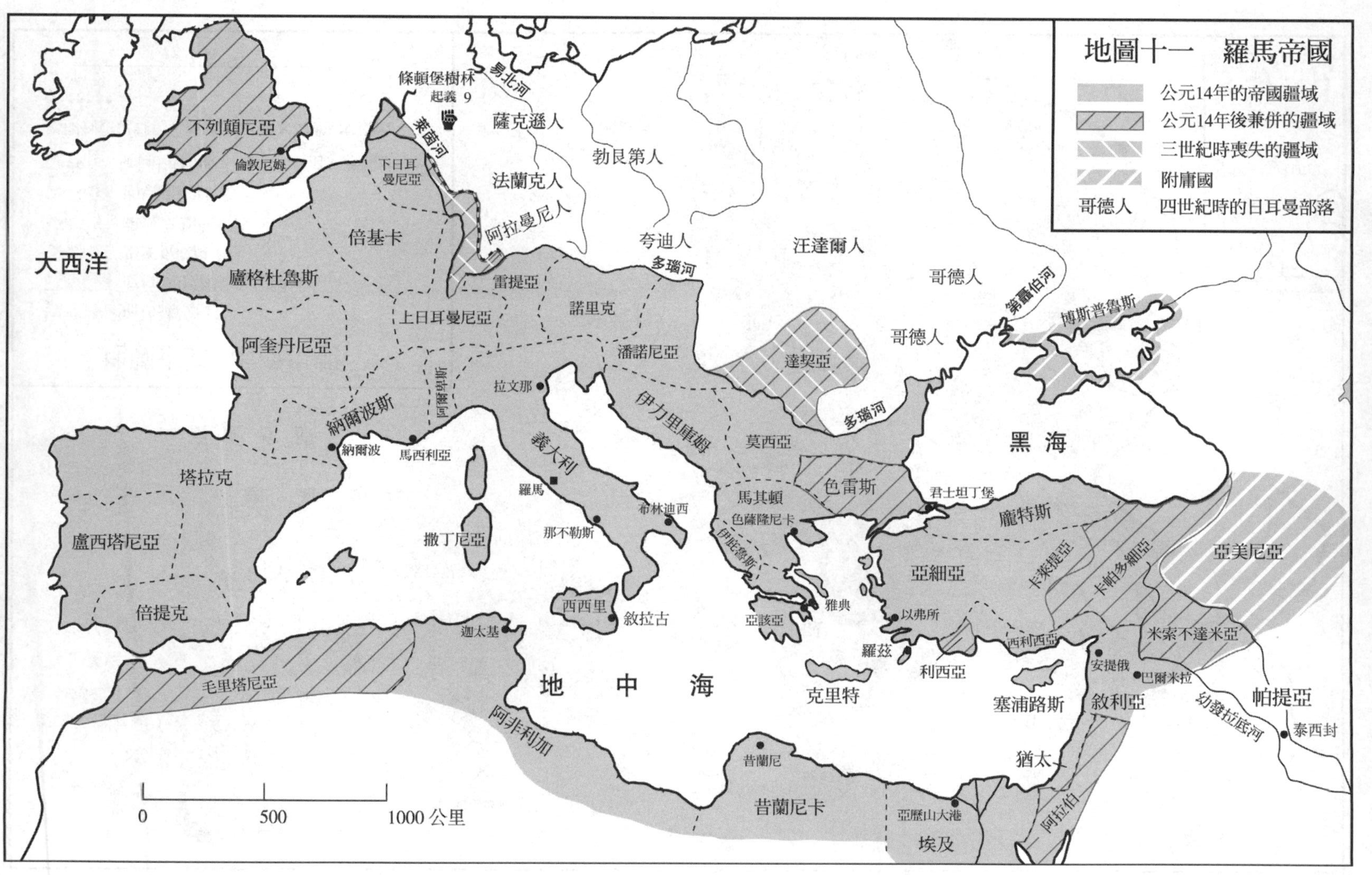

地圖十一　羅馬帝國
公元14年的帝國疆域
公元14年後兼併的疆域
三世紀時喪失的疆域
附庸國
哥德人　四世紀時的日耳曼部落
大西洋
不列顛尼亞
倫敦尼姆
條頓堡樹林
起義 9
易北河
萊茵河
薩克遜人
勃艮第人
法蘭克人
阿拉曼尼人
夸迪人
汪達爾人
哥德人
哥德人
下日耳曼尼亞
倍基卡
盧格杜魯斯
阿奎丹尼亞
上日耳曼尼亞
雷提亞
諾里克
潘諾尼亞
多瑙河
達契亞
多瑙河
聶伯河
博斯普魯斯
黑海
納爾波斯
納爾波
馬西利亞
拉文那
義大利
羅馬
那不勒斯
布林迪西
伊力里庫姆
莫西亞
色雷斯
馬其頓
色薩隆尼卡
伊庇魯斯
亞該亞
雅典
君士坦丁堡
龐特斯
亞細亞
以弗所
卡萊提亞
卡帕多細亞
亞美尼亞
米索不達米亞
塔拉克
盧西塔尼亞
倍提克
撒丁尼亞
西西里
敘拉古
迦太基
毛里塔尼亞
阿非利加
地中海
克里特
羅茲
利西亞
西利西亞
塞浦路斯
安提俄
巴爾米拉
敘利亞
幼發拉底河
帕提亞
泰西封
猶太
昔蘭尼
昔蘭尼卡
亞歷山大港
埃及
阿拉伯
0
500
1000 公里

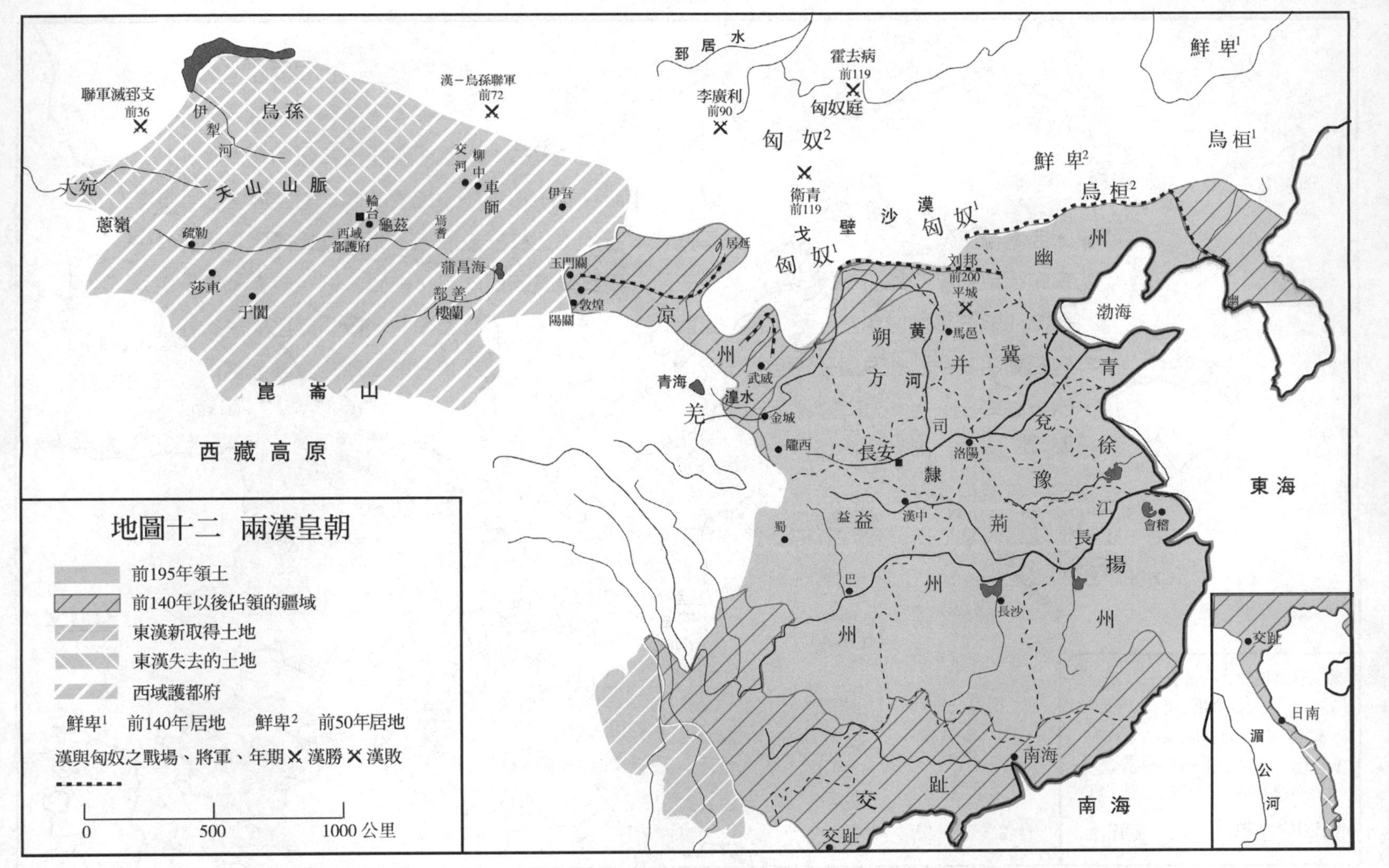

地圖十二　兩漢皇朝

前195年領土
前140年以後佔領的疆域
東漢新取得土地
東漢失去的土地
西域護都府
鮮卑1　前140年居地　鮮卑2　前50年居地
漢與匈奴之戰場、將軍、年期 ✕ 漢勝 ✕ 漢敗

0　500　1000 公里

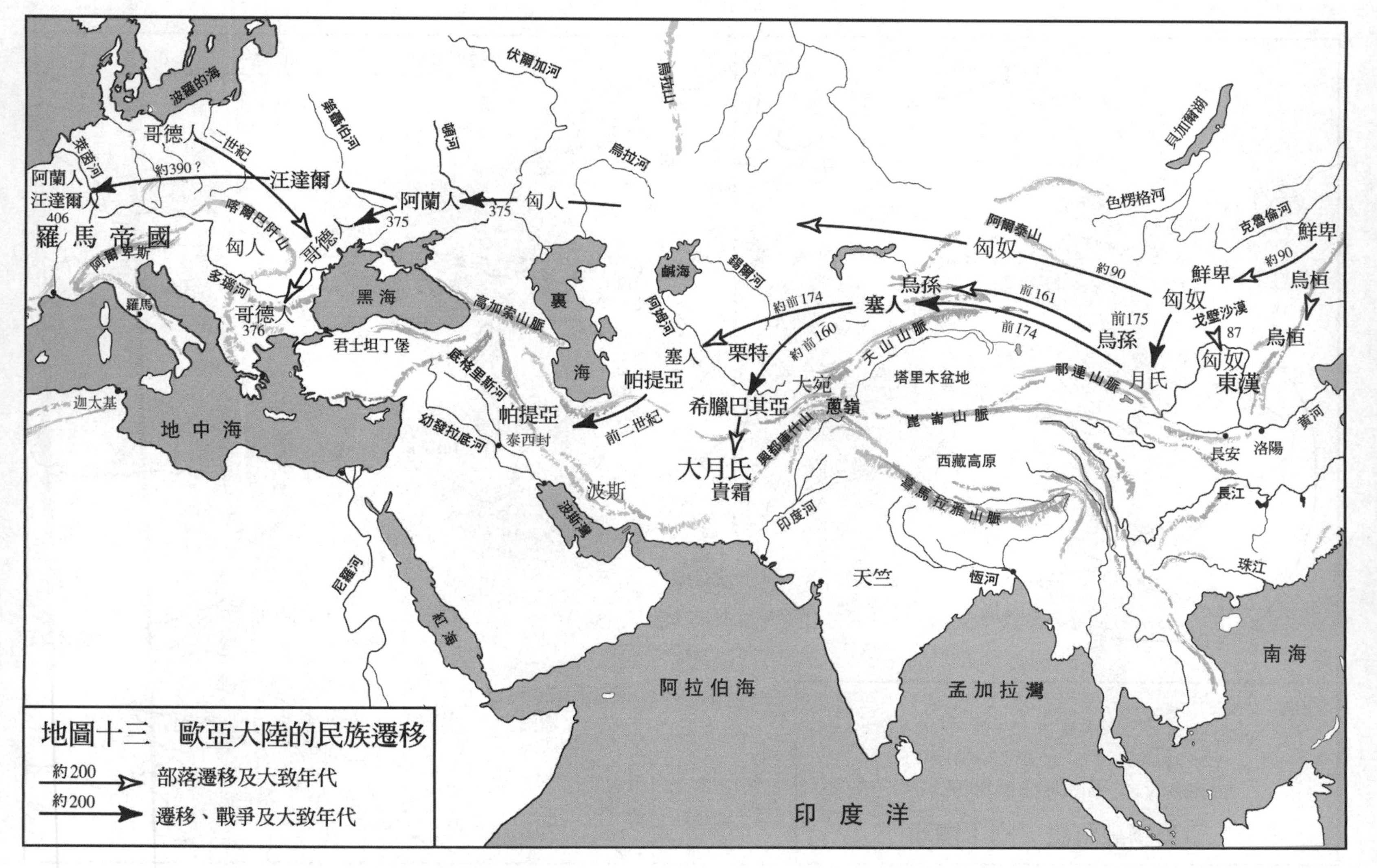
地圖十三　歐亞大陸的民族遷移
約200 部落遷移及大致年代
約200 遷移、戰爭及大致年代
波羅的海
哥德人
二世紀
約390？
汪達爾人
阿蘭人
汪達爾人
406
萊茵河
羅馬帝國
阿爾卑斯
喀爾巴阡山
匈人
哥德人
375
哥德人
376
多瑙河
羅馬
迦太基
地中海
黑海
君士坦丁堡
第聶伯河
頓河
阿蘭人
375
匈人
伏爾加河
烏拉山
烏拉河
裏海
高加索山脈
底格里斯河
幼發拉底河
泰西封
帕提亞
帕提亞
前二世紀
波斯
波斯灣
紅海
尼羅河
阿拉伯海
鹹海
阿姆河
錫爾河
塞人
粟特
約前174
約前160
希臘巴其亞
大月氏
貴霜
興都庫什山
大宛
蔥嶺
天山山脈
塔里木盆地
崑崙山脈
西藏高原
喜馬拉雅山脈
印度河
天竺
恆河
孟加拉灣
印度洋
烏孫
塞人
前161
前174
前175
烏孫
月氏
祁連山脈
匈奴
約90
阿爾泰山
匈奴
色楞格河
貝加爾湖
克魯倫河
鮮卑
約90
鮮卑
烏桓
烏桓
戈壁沙漠
87
匈奴
東漢
黃河
長安
洛陽
長江
珠江
南海

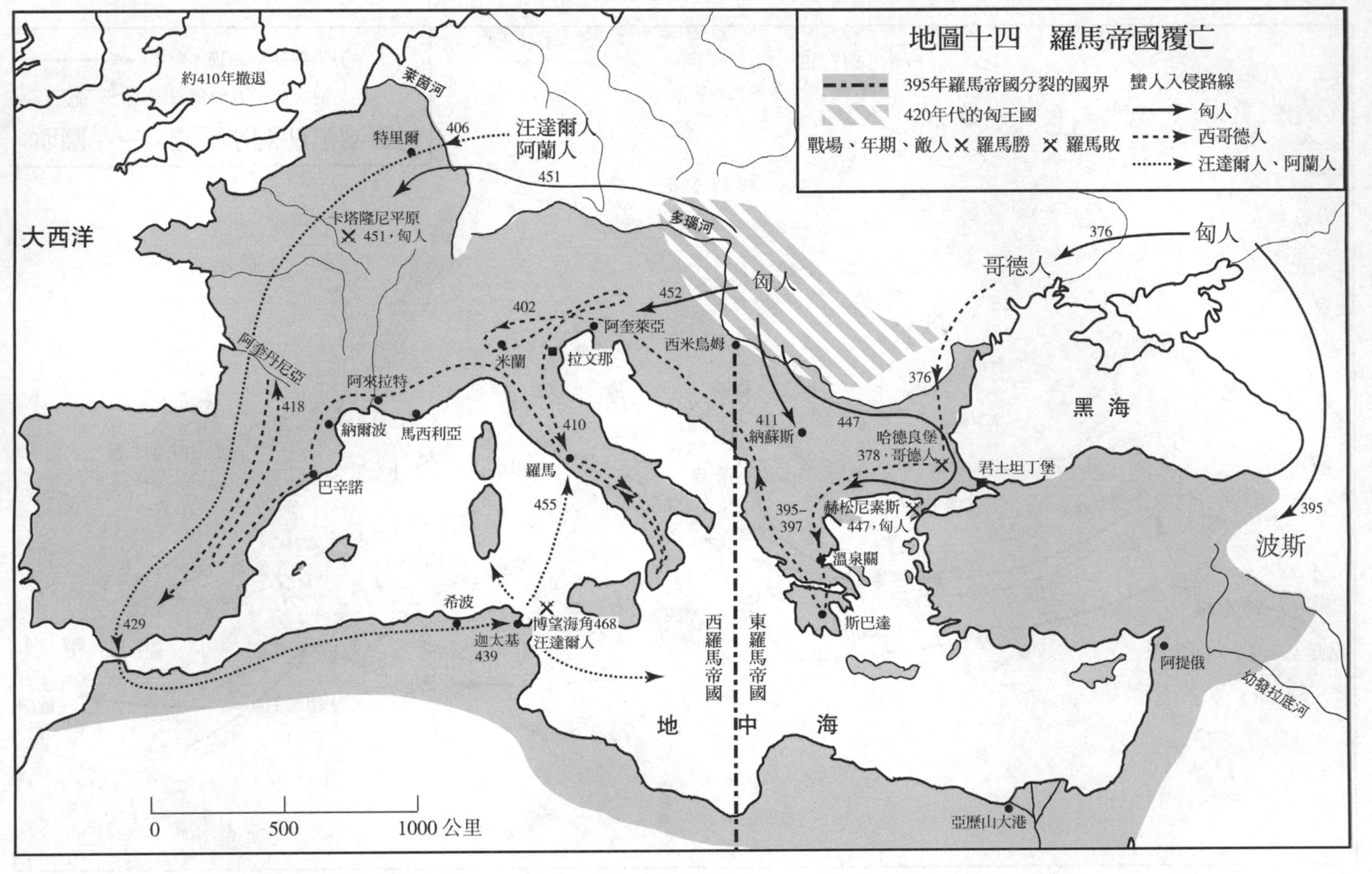

地圖十四　羅馬帝國覆亡
395年羅馬帝國分裂的國界
420年代的匈王國
戰場、年期、敵人 ✕ 羅馬勝 ✕ 羅馬敗
蠻人入侵路線
匈人
西哥德人
汪達爾人、阿蘭人
約410年撤退
萊茵河
特里爾
406
汪達爾人
阿蘭人
451
卡塔隆尼平原
451，匈人
大西洋
多瑙河
匈人
452
402
阿奎萊亞
米蘭
拉文那
西米烏姆
阿奎丹尼亞
418
阿來拉特
納爾波
馬西利亞
巴辛諾
410
羅馬
455
429
希波
迦太基
439
博望海角468
汪達爾人
西羅馬帝國
東羅馬帝國
地
中
海
411
納蘇斯
447
哈德良堡
378，哥德人
君士坦丁堡
395–
397
赫松尼索斯
447，匈人
溫泉關
斯巴達
376
匈人
哥德人
376
黑　海
395
波斯
阿提俄
幼發拉底河
亞歷山大港
0
500
1000 公里

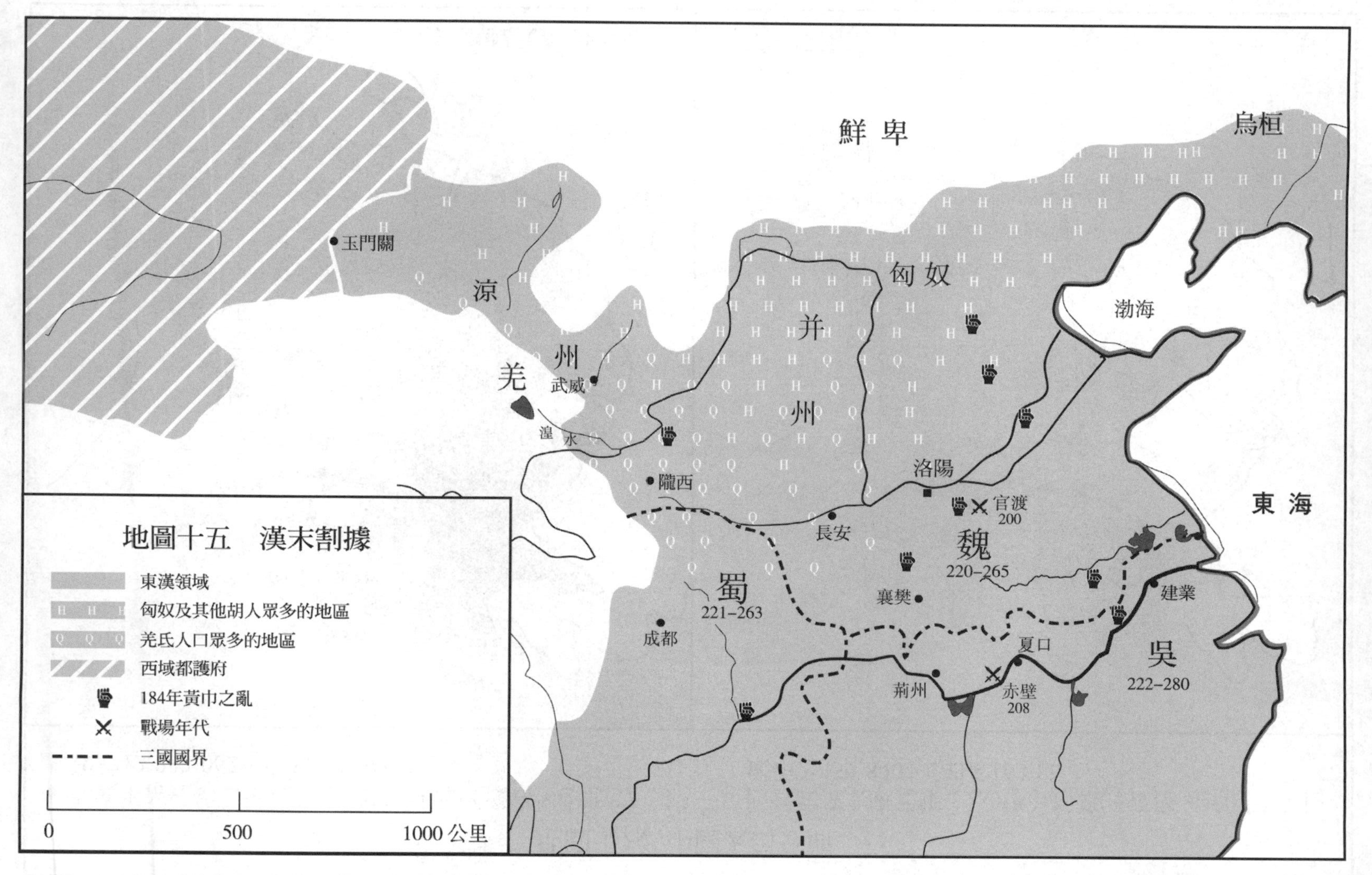

鮮卑
烏桓
玉門關
涼州
羌
武威
湟水
并州
匈奴
渤海
東海
洛陽
官渡
200
隴西
長安
魏
220–265
襄樊
蜀
221–263
成都
建業
夏口
吳
222–280
荊州
赤壁
208
東漢領域
匈奴及其他胡人眾多的地區
羌氏人口眾多的地區
西域都護府
184年黃巾之亂
戰場年代
三國國界
0
500
1000公里

地圖十五　漢末割據

地圖十六　中國人口分佈

(a) 西漢平帝元始二年（公元2年）戶籍（《漢書·地理志》）上。民戶12,233,062，口59,594,978。

(b) 西晉武帝太康元年（280年）戶籍（《晉書·地理志》）上。民戶2,459,840，口16,163,86。

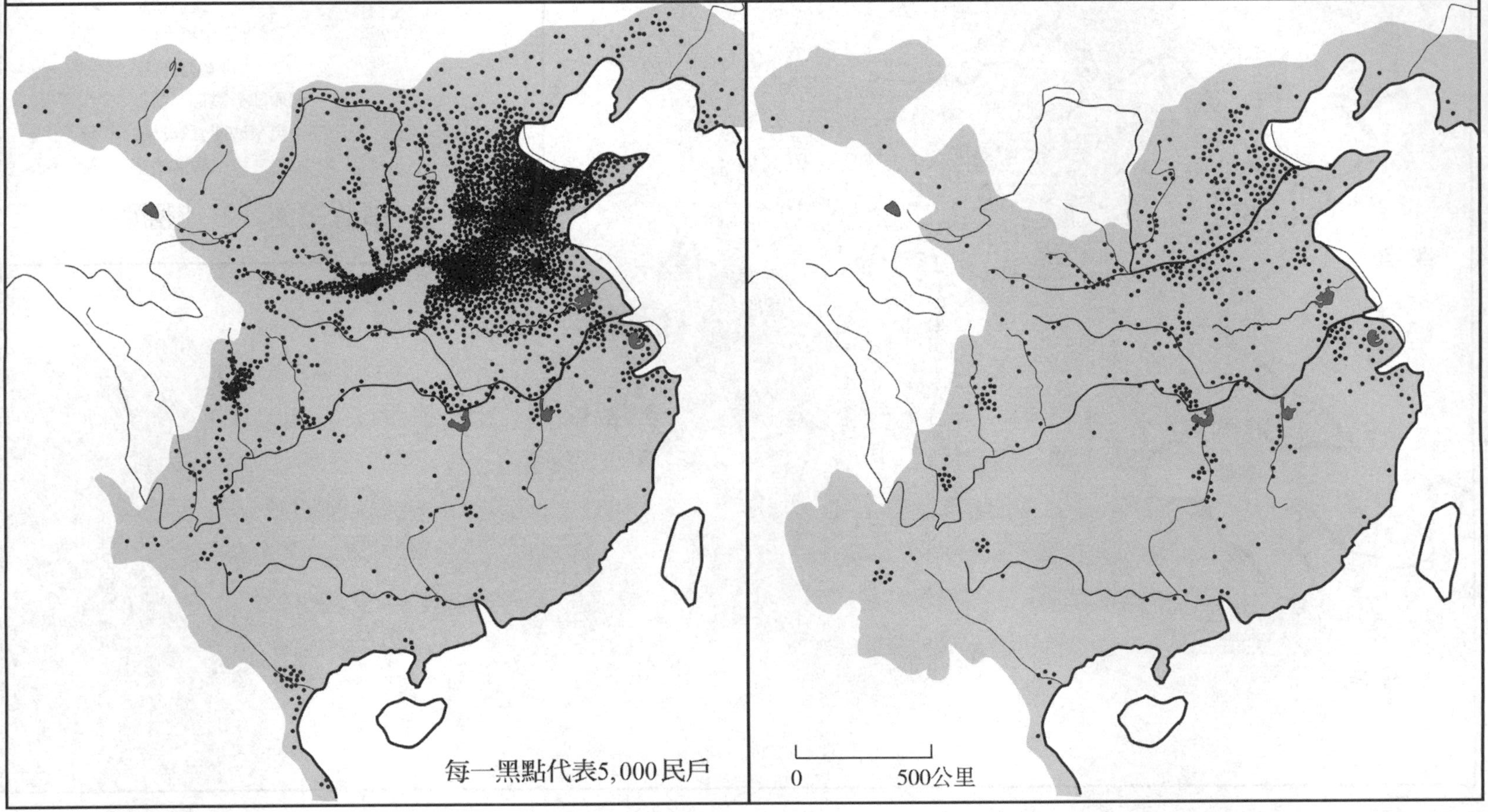

地圖十七　五胡亂華之始
拓拔鮮卑
慕容鮮卑
前涼(漢)
317–376
武威
羌
氐
渤海
後趙(羯)
319–350
黃河
襄城
前趙(匈奴)
304–329
洛陽
長安
東海
淮河
成都
建業
後蜀(氐)
304–347
長江
東晉(漢)
317–420
0
500
1000 公里

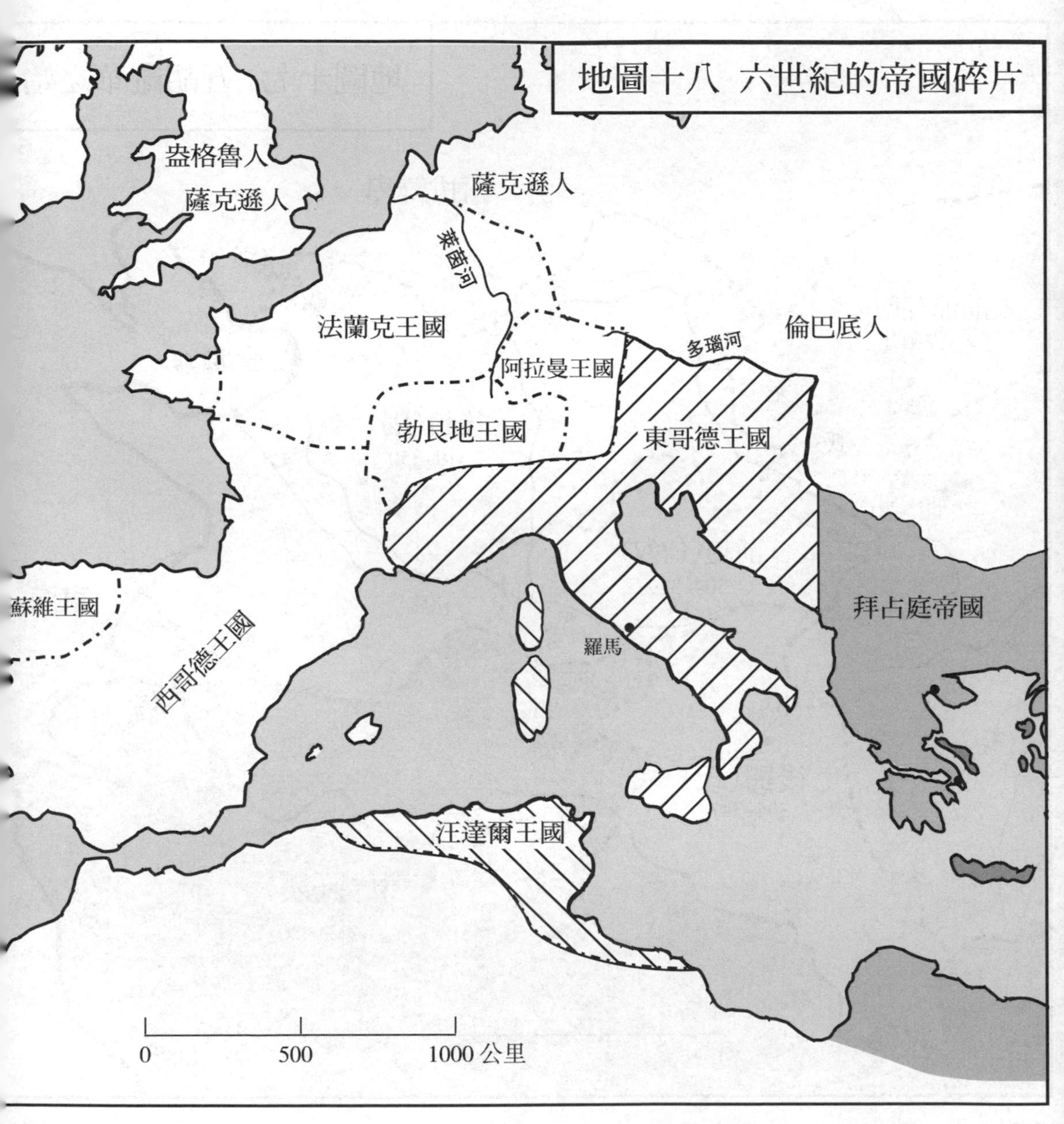
地圖十八　六世紀的帝國碎片
盎格魯人
薩克遜人
薩克遜人
萊茵河
法蘭克王國
倫巴底人
多瑙河
阿拉曼王國
勃艮地王國
東哥德王國
蘇維王國
西哥德王國
拜占庭帝國
羅馬
汪達爾王國
0
500
1000 公里

年表一

東西世界大事

地中海一帶	年代	中國
邁錫尼（Mycenae）滅亡	約前 1150	
	約前 1066—前 771	西周
腓尼基人（Phoenician）和希臘人（Greeks）四出殖民	約前 775—前 650	
	前 771—前 256	東周
	前 771	秦立國
傳說羅馬（Rome）立國	前 753	
	前 722—前 481	春秋時代
	約前 566—前 486	釋迦在世
	前 551—前 479	孔丘在世
羅馬共和國成立前	前 509	
希臘和波斯（Persia）之戰	前 490—前 449	
蘇格拉底（Socrates）在世	前 470—前 399	
	前 453—前 221	戰國時代
雅典（Athens）與斯巴達（Sparta）之戰	前 431—前 404	
	前 359	商鞅開始變法
羅馬雄霸義大利中部	前 338	
亞歷山大大帝（Alexander the Great）	前 336—前 323	
羅馬開始海外擴張	前 264	
	前 221—前 206	秦朝

羅馬迦太基（Carthage）第二次布匿戰（Punic War）	前 218—前 202	
	前 206—前 202	楚漢相爭
	前 202—公元 8	西漢
	前 200	匈奴單于立
羅馬屠迦太基和科林斯（Corinth）	前 148—前 146	
	前 138	西漢始營西域
羅馬內戰	前 49—前 27	
奧古斯都（Augustus）在位	前 27—公元 14	
	約 2	佛學開始東漸
耶穌（Jesus）在世	1—30	
	9—23	新朝
	25—220	東漢
	220—280	三國
波斯替代帕提亞（Parthia）	226	
羅馬帝國軍閥擅政	235—284	
	265—316	西晉
	316	洛陽淪陷
	316—589	東晉南北朝
君士坦丁堡（Constantinople）建立	324	
西哥德人（Visigoth）入羅馬城	410	
西羅馬帝國滅亡	476	
穆罕默德（Mohammed）在世	571—632	
	589—618	隋朝
	618—907	唐朝
穆斯林教（Muslim）傳遍埃及和中東	633—655	
拜占庭（Byzantium）帝國滅亡	1453	

年表二

中國大事

前 770	周平王東遷洛邑；秦襄公始為侯
前 685—前 643	齊桓公
前 677	秦遷都於雍
前 660	赤狄攻衛，殺懿公
前 659—前 621	秦穆公
前 636—前 628	晉文公
前 632	晉敗楚於城濮，踐土之盟
前 627	晉敗秦師於崤
前 613—前 591	楚莊王
前 597	楚敗晉於邲
前 594	魯初稅畝
前 546	向戌弭兵
前 536	鄭子產鑄刑鼎
前 524	周景王鑄大錢
前 513	晉鑄刑鼎
前 506	吳敗楚、入郢
前 481	孔子《春秋》絕筆
前 473	越滅吳
前 453	韓趙魏滅智伯、分其地
前 445—前 396	魏文侯用李悝變法

前 403	韓、趙、魏為侯
前 386	田氏篡齊
前 375	秦獻公為戶籍相伍
前 361	魏遷都大梁
前 361—前 338	秦孝公
前 356	秦商鞅開始變法
前 350	秦遷都咸陽，普遍設縣
前 342	馬陵之戰，齊敗魏
前 337—前 311	秦惠文王（前 325 稱王）
前 334	齊魏徐州相王
前 329—前 311	張儀為秦行連橫策略
前 328	魏盡獻河西地、上郡於秦
前 316	秦伐蜀，蜀亡
前 314—前 312	齊趁燕亂取燕，燕人叛
前 312	秦敗楚於藍田，取漢中
前 307	趙武靈王胡服騎射
前 306—前 251	秦昭襄王
前 296	齊、魏、韓攻入函谷關；趙滅中山
前 295	魏冉相秦
前 293	秦白起敗韓、魏於伊闕
前 284	五國合縱伐齊；燕樂毅破齊下臨淄
前 279	田單復齊；白起伐楚；莊蹻入滇
前 266—前 255	范雎相秦
前 260	秦敗趙於長平
前 257	魏信陵、楚春申救趙，解邯鄲圍
前 256	秦滅西周
前 249—前 237	呂不韋相秦

前 246	秦王政即位
前 241	趙、楚、魏、韓、燕最後合縱伐秦
前 239	秦王政親政
前 230	秦滅韓
前 221	秦一統中國；嬴政始稱皇帝
前 209	大澤鄉起義
前 206	秦亡；楚漢相爭起
前 202—公元 9	西漢
前 200	匈奴圍高祖於平城
前 154	景帝平七國之亂
前 138—前 126	張騫通西域
前 136	武帝罷百家、尊儒學
前 129—前 119	漢擊匈奴
前 122	漢始營西域
前 108	出兵西域
前 89	武帝輪台之詔止戰
前 81	鹽鐵會議
前 60	漢始置西域都護
前 54	匈奴分南北；呼韓邪單于降
前 22	王氏執政
9—23	王莽新朝
25—220	東漢
48	匈奴分裂，南單于降
73	竇固擊北匈奴；班超至西域
91	竇憲破北匈奴；班超為西域都護
107—118	第一次羌亂
139—145	第二次羌亂

159—168	第三次羌亂
166—184	禁錮清議黨人
184	黃巾之亂
189	董卓入京；廢立獻帝
208	赤壁之戰
220	漢帝禪位於魏
220—280	魏、蜀、吳鼎足三分
280—316	西晉
301—306	八王之亂
304	匈奴人劉淵稱漢王
316	匈奴佔長安；東晉南渡

年表三

羅馬大事

前509	羅馬共和國（Roman Republic）成立
約前494	平民（plebs）第一次撤離（secession）；立保民者（tribunes）
前451—前450	十二銅表法律公佈（Twelve Tables of laws）
前449	平民獲得重案訴諸人民公開裁決的權利（provocation）
前396	羅馬屠維埃（Veii）
前387	高盧人（Gauls）佔領羅馬城
前367	老牌貴族（patricians）和平民豪富（plebeians）達成分權協議
前343—前341	第一次與薩謨奈人戰爭（Samnite War）
前340—前338	與拉丁盟友戰爭（Latin Wars）
前326—前304	第二次與薩謨奈人戰爭
前298—前290	第三次與薩謨奈人戰爭
前289	部落大會通過的表決（plebiscite）成為國法
前282—前275	與伊庇魯斯（Epirus）的皮洛斯王（Pyrrhus）糾纏
前264	角鬥士首次在羅馬表演生死決鬥（gladiatorial show）
前264—前241	與迦太基（Carthage）第一次布匿戰爭（Punic War）
前238	羅馬奪取迦太基的撒丁島（Sardinia）
前227	羅馬在西西里島（Sicily）設行省
前219	法律禁止元老參與商業活動
前218—前201	與迦太基第二次布匿戰爭，即漢尼拔戰役（Hannibalic War）
前202—前191	征服山南高盧（Cisalpine Gaul）

前200—前197	第二次與馬其頓戰爭（Macedonian War），對腓力五世（Philip V）
前197—前133	征戰西班牙（Spain）
前192—前188	與敘利亞（Syria）的安條奧庫斯（Antiochus）戰爭
前171—前167	第三次與馬其頓戰爭，對坡斯爾斯王（Perseus）
前167	滅馬其頓；免除公民所有直接稅項
前149—前146	與迦太基第三次布匿戰爭
前146	屠迦太基與科林斯（Corinth）
前136—前132	第一次西西里（Sicily）奴隸起義
前133	提比略·格拉克斯（Tiberius Graachus）改革，被害；屠努曼提亞（Numantia）
前123—前122	蓋約·格拉克斯（Gaius Gracchus）改革，被害
前113—前106	與毛里塔尼亞（Mauretania）王朱古達（Jugurtha）糾纏
前107—前100	馬略（Marius）執政，改革兵團
前105—前101	與日耳曼（German）部落首次相逢
前104—前102	第二次西西里奴隸起義
前91—前87	與義大利盟友之戰（Social War）
前88—前82	對龐達（Pontus）王米特里達提（Mithridates）之戰
前82—前80	蘇拉（Sulla）獨裁
前74—前63	第三次與米特里達提爭戰
前73—前71	斯巴達克斯（Spartacus）領導奴隸起義
前66—前63	龐培（Pompey）經略東方
前60	龐培、凱撒（Caesar）、克拉蘇（Crassus）三頭同盟（triumvirate）開始
前58—前49	凱撒征服高盧（Gaul）
前55—前53	入侵帕提亞（Parthia）
前49	凱撒發動內戰
前48	法薩魯（Pharsalus）之戰，凱撒敗龐培
前47—前44	凱撒獨裁

前44	凱撒遇刺
前43	安東尼（Antony）、屋大維（Octavian）、雷比達（Lepidus）三頭同盟
前42	腓力比（Philippi）之戰；共和國滅亡
前31	亞克興（Actium）之戰，屋大維敗安東尼
前27	屋大維進升奧古斯都（Augustus），制服元老院
公元 9	條頓堡（Teutoburg）樹林日耳曼人起義，把羅馬帝國趕回萊茵河（Rhine）西
69	內戰；一年內四易皇帝
101—106	圖拉真（Trajan）征服達契亞（Dacia）
114—117	圖拉真入侵帕提亞（Parthia）
162—166	維路斯（Verus）入侵帕提亞
168—175	奧勒略（Marcus Aurelius）與日耳曼部落之戰
193—197	康茂德（Commodus）遇刺後的內戰
198	塞提米烏斯．塞維魯（Septimius Severus）兼併美索不達米亞（Mesopotamia）北部
224	波斯王朝（Sassanian Persia）推翻帕提亞
235—284	內戰、軍閥擅政、帝國分裂
270	奧勒里安（Aurelian）放棄達契亞
273	毀滅巴爾米拉（Palmyra）
284—306	戴克里先（Diocletian）重振政府，設四皇政治（tetrarchy）
312	米維安橋（Mulvian Bridge）之戰；君士坦丁（Constantine）打起基督教旗幟
363	朱利安（Julian）死於波斯戰役
378	哈德良堡（Hadrianople）之戰，西哥德人（Visigoths）大敗羅馬兵
394	東西羅馬軍隊相拚於弗里吉都斯河（Frigidus）
395	羅馬帝國正式分裂為東西兩部
395—408	斯提里克（Stilicho）專政西羅馬帝國
406	萊茵河防線失守，汪達爾人（Vandals）等入侵

410	羅馬城投降給西哥德人；帝國放棄不列顛（Britain）
411—421	君士坦提斯（Constantius）專政西帝國
429	汪達爾人從西班牙渡海峽到非洲
433—454	埃提烏斯（Aetius）專政西帝國
440—453	阿提拉（Attila）建立匈人（Huns）王國
455	羅馬城投降給從迦太基渡海而來的汪達爾人
468	博望海角（Cape Bon）之戰，汪達爾人火燒羅馬艦隊
476	西羅馬帝國滅亡

年表四

秦漢西晉

前221	秦一統中國	25—57	東漢光武帝
前221—前210	秦始皇帝	57—75	東漢明帝
前210—前207	秦二世	75—88	東漢章帝
前206—前202	楚漢相爭	88—106	東漢和帝
前202—前195	西漢高祖	106—125	東漢安帝
前195—前188	西漢惠帝	125—144	東漢順帝
前188—前180	呂后專政	144—146	東漢沖帝、質帝
前180—前157	西漢文帝	146—168	東漢桓帝
前157—前141	西漢景帝	168—189	東漢靈帝
前140—前87	西漢武帝	189—190	東漢少帝
前87—前74	西漢昭帝	190—220	東漢獻帝
前74—前49	西漢宣帝	220—280	魏、蜀、吳三國鼎立
前49—前33	西漢元帝	265—289	西晉武帝
前33—前7	西漢成帝	290—306	西晉惠帝
前7—前1	西漢哀帝	307—312	西晉懷帝
前1—公元5	西漢平帝	312—316	西晉愍帝
9—23	王莽新朝		

年表五

羅馬皇帝

為了穩定權力轉移，羅馬皇帝有時指立一名同僚，因此皇帝的在位年代有些重疊。

年代	皇帝	皇朝
前 27– 公元 14	奧古斯都（Augustus）	朱利一克勞迪亞皇朝 （ Julio-Claudian Dynasty）
14—37	提比略（Tiberius）	
37—41	卡里古拉（Caligula）	
41—54	克勞迪烏斯（Claudius）	
54—68	尼祿（Nero）	
69	一年四帝相繼	
69—79	韋帕遜（Vespasian）	法拉維皇朝 （Flavian Dynasty）
78—81	提圖斯（Titus）	
81—96	圖密善（Domitian）	
96—98	涅瓦（Nerva）	安東皇帝 （the Antonines）
98—117	圖拉真（Trajan）	
118—138	哈德良（Hadrian）	
138—161	安東尼努斯（Antoninus Pius）	
161—180	馬可．奧勒略（Marcus Aurelius ）	
178—193	康茂德（Commodus）	
193—211	塞提米烏斯．塞維魯 （Septimius Severus ）	塞維魯皇朝 （Severan Dynasty）

198—217	卡拉卡拉（Caracalla）		塞維魯皇朝 （Severan Dynasty）
218—222	埃拉加巴路斯（Elagabalus）		
222—235	塞維魯．亞歷山大 （Severus Alexander）		
235—284	軍閥亂政，24 位皇帝外加篡奪者		
284—305	戴克里先，四皇政治 （Diocletian，tetrarchy）		
	西皇帝		東皇帝
305—306	君士坦提斯一世 （Constantius I）	305—311	加列里烏斯 （Galerius）
306—337	君士坦丁一世 （Constantine I ）	308—324	李錫尼烏斯 （Licinius）
		324—337	君士坦丁一世 （Constantine I）
337—340	君士坦丁二世 （Constantine II）	337—361	君士坦提斯二世（Constantius II）
337—350	君士坦斯 （Constans）		
350—361	君士坦提斯二世 （Constantius II）		
361—363	朱利安（Julian）		
363—364	約維安（Jovian）		
364—375	瓦倫提尼安一世 （Valentinian I）	364—378	瓦倫斯 （Valens）
367—383	格拉提安（Gratian ）		
375—392	瓦倫提尼安二世 （Valentinian II）	379—395	提奧多西一世 （Theodosius I）
394—395	提奧多西一世 （Theodosius I）		

394—423	赫諾里烏斯（Honorius）	383—408	阿卡迪烏斯（Arcadius）
425—455	瓦倫提尼安三世（Valentinian III）	408—450	提奧多西二世（Theodosius II）
457—461	馬約瑞安（Marjorian）	450—457	馬西安（Marcian）
467—472	安特米烏斯（Anthemius）	457—474	利奧一世（Leo I）
475—476	羅穆洛·奧古斯都魯斯（Romulus Augustulus）		

參考資料

現代中文文獻

白壽彝，1994，《中國通史》，上海人民出版社。

卜憲群，2002，《秦漢官僚制度》，社會科學文獻出版社。

蔡鋒，2004，《春秋時期貴族社會生活研究》，北京中國社會科學出版社。

蔡萬進，2006，《張家山漢簡〈奏讞書〉研究》，廣西師範大學出版社。

曹旅寧，2005，《張家山漢律研究》，北京中華書局。

曹文柱，2008，《魏晉南北朝史論合集》，北京商務印書館。

陳榮捷，1976，〈新儒學「理」之思想之演進〉，《中國哲學思想論集．宋明篇》，項維新主編，台北水牛出版社，頁57—91。

陳榮捷，1996，《宋明理學之概念與歷史》，中央研究院中國文哲研究所。

陳榮慶，2012，《荀子與戰國學術思潮》，中國社會科學出版社。

陳序經，2007，《匈奴史稿》，中國人民大學出版社。

杜正勝，1979a，《周代城邦》，台北聯經公司。

杜正勝，1979b，《編戶齊民》，台北聯經公司。

范忠信，鄭定，詹學農，2011，《情理法與中國人》，北京大學出版社。

馮天瑜，2006，《封建考論》，武漢大學出版社。

馮友蘭，1944，《中國哲學史》，台灣商務印書館。

傅樂成，1995，《漢唐史論集》，台北聯經公司。

傅樂成，2002，《中國通史》，台北大中國圖書公司。

高恆，2008，《秦漢簡牘中法制文書輯考》，社會科學文獻出版社。

高敏，1998，《秦漢史探討》，中州古籍出版社。

顧德融，朱順龍，2003，《春秋史》，上海人民出版社。

顧頡剛，2005，《秦漢的方士與儒生》，上海世紀出版社。

郭春蓮，2012，《韓非法律思想研究》，上海人民出版社。

何光岳，1996，《漢源流史》，江西教育出版社。

何懷宏，2011，《世襲社會》，北京大學出版社。

赫治清，王曉衛，1997，《中國兵制史》，台北文津出版社。

侯外廬，1957，《中國思想通史》，人民出版社。

黃建躍，2013，《先秦儒家的公私之辯》，廣西師範大學出版社。

黃今言，2005，《秦漢商品經濟研究》，人民出版社。

黃留珠，2002，《秦漢歷史文化論稿》，三秦出版社。

景愛，2002，《中國長城史》，上海人民出版社。

金春峰，2006，《漢代思想史》第三版，中國社會科學出版社。

李大龍，2006，《漢唐藩屬體制研究》，中國社會科學出版社。

李劍農，2005，《中國古代經濟史稿》第一卷，武漢大學出版社。

李學勤，2004，〈初讀里耶秦簡〉，《古史文存．秦漢魏晉南北朝卷》，社會科學文獻出版社。
李玉福，2002，《秦漢制度史論》，山東大學出版社。
黎明釗，2013，《輻輳與秩序——漢帝國地方社會研究》，香港中文大學出版社。
勞榦，2005，〈論漢代的內朝與外朝〉，《制度與國家》，黃清連編，中國大百科全書出版社。
勞榦，2006，《古代中國的歷史與文化》，北京中華書局。
雷戈，2006，《秦漢之際的政治思想與皇權主義》，上海古籍出版社。
梁啟超，1996，《先秦政治思想史》，北京東方出版社。
梁啟超，2009，〈論公德〉，《飲冰室文集》，大孚書局。
廖伯源，2003，《秦漢史論叢》，台北五南圖書公司。
林甘泉，2007，《中國經濟通史．秦漢經濟卷》，中國社會科學出版社。
林甘泉等，《中國土地制度史》，台北文津出版社。
林幹，2007，《匈奴史》，內蒙古人民出版社。
林劍鳴，1992，《秦史》，台北五南圖書公司。
林劍鳴，2003，《秦漢史》，上海人民出版社。
林乾，2004，《中國古代權力與法律》，中國政法大學出版社。
林乾，2013，《傳統中國的權與法》，法律出版社。
柳春新，2006，《漢末晉初之際政治研究》，岳麓書社。
劉海年，2006，《戰國秦代法制管窺》，法律出版社。
劉文起，1995，《王符〈潛夫論〉所反映之東漢情勢》，台北文史哲出版社。
劉學斌，2009，《北宋新舊黨爭與士人政治心態研究》，河北大學出版社。

劉澤華，2004，《先秦士人與社會》，天津人民出版社。
劉澤華，2008，《中國政治思想史集》，人民出版社。
劉子健，2012，《中國轉向內在》，江蘇人民出版社。
羅丹華，1989，《漢代的流民問題》，台灣學生書局。
呂靜，2007，《春秋時期盟誓研究》，上海古籍出版社。
呂思勉，2005a，《先秦史》，上海古籍出版社。
呂思勉，2005b，《秦漢史》，上海古籍出版社。
呂思勉，2005c，《兩晉南北朝史》，上海古籍出版社。
呂思勉，2005d，《先秦學術概論》，雲南人民出版社。
馬彪，2002，《秦漢豪族社會研究》，北京中國書店。
馬長壽，2006a，《北狄與匈奴》，廣西師範大學出版社。
馬長壽，2006b，《烏桓與鮮卑》，廣西師範大學出版社。
馬克，鄧文寬，呂敏編，2009，《古羅馬和秦漢中國——風馬牛不相及乎》，北京：中華書局。
寧全紅，2009，《春秋法制史研究》，四川大學出版社。
彭建英，2004，《中國古代羈縻政策的演變》，中國社會科學出版社。
彭林等，1992，《中華文明史》，河北教育出版社。
錢穆，1940，《國史大綱》，台灣商務印書館。
錢穆，1957，《秦漢史》，台北東大圖書公司。
錢穆，1971，《朱子學提綱》，台北東大圖書公司。
錢穆，1989，《國史新論》，台北東大圖書公司。

錢穆，2000，《四書釋義》，蘭台出版社公司。
錢穆，2001，《兩漢經學今古平議》，北京商務印書館。
瞿同祖，2005，《中國封建社會》，上海人民出版社。
瞿同祖，2007，《漢代社會結構》，上海人民出版社。
薩孟武，1969，《中國政治思想史》，台北三民書局。
沈松勤，1998，《北宋文人與黨爭》，人民出版社。
斯維至，1997，《中國古代社會文化論稿》，台北允晨公司。
宋洪兵，2010，《韓非子政治思想再研究》，中國人民大學出版社。
蘇俊良，2001，《漢朝典章制度》，吉林文史出版社。
唐長孺，2011，《魏晉南北朝史論拾遺》，北京中華書局。
湯一介，李中華主編，2011，《中國儒學史》，北京大學出版社。
譚紅，2006，《巴蜀移民史》，巴蜀書社。
田昌五，安作璋，2008，《秦漢史》，人民出版社。
童書業，2006a，《春秋史》，北京中華書局。
童書業，2006b，《春秋左傳研究》，北京中華書局。
王暉，賈俊俠，2007，《先秦秦漢史史料學》，中國社會科學出版社。
汪榮海，2010，《中國政治思想史九講》，北京大學出版社。
王文光，龍曉燕，陳斌，2005，《中國西南民族關係史》，中國科學出版社。
王文濤，2007，《秦漢社會保障研究》，北京中華書局。
王興尚，2011，《秦國責任倫理研究》，人民出版社。

王彥輝，2010，《張家山漢簡〈二年律令〉與漢代社會研究》，北京中華書局。
王勇，2004，《東周秦漢關中農業變遷研究》，岳麓書社。
王仲犖，2003，《魏晉南北朝史》，上海人民出版社。
王子今，2006，《秦漢社會史論考》，北京商務印書館。
翁獨健，2001，《中國民族關係史綱要》，中國社會科學出版社。
蕭公權，1946，《中國政治思想史》，台北聯經公司。
邢義田，2011，《治國安邦》，北京中華書局。
許倬雲，2005a，《西周史》（增訂版），台北聯經公司。
許倬雲，2005b，《漢代農業》，廣西師範大學出版社。
許倬雲，2006a，《中國古代社會史論》，廣西師範大學出版社。
許倬雲，2006b，《求古篇》，新星出版社。
許建良，2012，《先秦法家的道德世界》，人民出版社。
徐復觀，1985，《兩漢思想史》（第三版），台灣學生書局。
徐難于，2002，《漢靈帝與漢末社會》，齊魯書社。
徐祥民，胡世凱，2000，《中國法制史》，山東人民出版社。
閻步克，1996，《士大夫政治演生史稿》，北京大學出版社。
楊鴻年，歐陽鑫，2005，《中國政制史》，武漢大學出版社。
楊寬，2003a，《西周史》，上海人民出版社。
楊寬，2003b，《戰國史》，上海人民出版社。
楊寬，2004，《中國古代冶鐵技術發展史》，上海人民出版社。

楊寬，2006a，《先秦史十講》，復旦大學出版社。
楊寬，2006b，《中國古代都城制度史》，上海人民出版社。
楊樹達，2007，《春秋大義述》，上海古籍出版社。
楊振紅，2009，《出土簡牘與秦漢社會》，廣西師範大學出版社。
葉志衡，2007，《戰國學術文化編年》，浙江大學出版社。
應永深，1981，〈說「庶人」〉，《中國史研究》第二期。
于迎春，2000，《秦漢士史》，北京大學出版社。
于振波，2012，《簡牘與秦漢社會》，湖南大學出版社。
余英時，2005，《漢代貿易與擴張》，上海古籍出版社。
余英時，2003，《士與中國文化》，上海人民出版社。
張燦輝，2008，《兩漢魏晉涼州政治史研究》，岳麓書社。
張分田，2003，《秦始皇傳》，台灣商務印書館。
張分田，2009，《民本思想與中國古代統治思想》，南開大學出版社。
張金光，2004，《秦制研究》，上海古籍出版社。
張小鋒，2007，《西漢中後期政局演變探微》，天津古籍出版社。
戰爭簡史編寫組，2005，《中國歷代戰爭簡史》，解放軍出版社。
趙鼎新，2006，《東周戰爭與儒法國家的誕生》，上海三聯書店。
趙岡，2006，《中國城市發展史論集》，新星出版社。
趙靖，1998，《中國經濟思想史述要》，北京大學出版社。
趙汝清，2005，《從亞洲腹地到歐洲》，甘肅人民出版社。

鄭秦，1997，《中國法制史》，台北文津出版社。

中國軍事史編寫組，2006a，《中國歷代軍事思想》，解放軍出版社。

中國軍事史編寫組，2006b，《中國歷代軍事制度》，解放軍出版社。

中國軍事史編寫組，2007，《中國歷代軍事思想》，解放軍出版社。

周長山，2006，《漢代地方政治史論》，中國社會科學出版社。

周芳，2013，《坑儒平議》，廣西人民出版社。

周桂鈿，2006，《秦漢哲學》，武漢出版社。

周一良，1997，《魏晉南北朝史論合集》，北京大學出版社。

祝中熹，2004，《早期秦史》，敦煌文藝出版社。

英文文獻

Abernethy, D. B. 2000. *The Dynamics of Global Dominance*. Yale University Press.

Adkins, L., and R. A. Adkins. 1994. *Handbook to Life in Ancient Rome*. Oxford University Press.

Alston, R. 1998. *Aspects of Roman History, A.D. 14 - 117*. Routledge.

Ammianus Marcellinus. *History*. Tr. J. C. Rolfe. Harvard (1948).

Anderson, P. 1974. *Lineages of the Absolutist State*. Verso.

Appian. *The Civil Wars*. Tr. J. Carter. Penguin (1996).

Aristides. To Rome. In *Complete Works*, Vol. 2. Tr. C. A. Behr. Leiden (1981).

Aristotle. *Ethics*. Tr. J. A. K. Thomson. Penguin (1955).

__. *Politics*. Tr. E. Barker. Oxford (1995).

Arjava, A. 1998. Paternal power in late antiquity. *Journal of Roman Studies* 88: 147 - 165.

Astin, A. E. 1967. *Scipio Aemilianus*. Oxford University Press.

__. 1978. *Cato the Censor*. Oxford University Press.

__. 1989. Roman government and politics. In Astin et al. 1989: 163 - 196.

Astin, A. E., F. W. Walbank, M. W. Fredericksen, and R. M. Ogilvie, eds. 1989. *The Cambridge Ancient History*, 2nd ed., vol. 8. Cambridge University Press.

Augustus. *The Achievements of the Deified Augustus*. Tr. R. Mellor. In Mellor 1998: 356 - 364.

Bagnall, N. 1990. *The Punic Wars*. Thomas Dunne Books.

Ball, W. 2000. *Rome in the East*. Routledge.

Bang, P. F. 2012. Predation. In Scheidel 2012a: 197 - 217.

Barfield, T. J. 1989. *The Perilous Frontier*. Basil Blackwell.

Barnes, T. D. 1981. *Constantine and Eusebius*. Harvard University Press.

Bastomsky, S. J. 1990. Rich and poor: The great divide in ancient Rome and Victorian England. *Greece and Rome* 37: 37 - 43.

Beard, M. 2007. Looking for the emperor. *New York Review of Books*, November 8, 53 - 55.

__. 2009. *The Roman Triumph*. Harvard University Press.

Beard, M., and M. Crawford. 1985. *Rome in the Late Republic*. Cornell University Press.

Beck, B. J. M. 1986. *The fall of Han*. In Twitchett and Loewe 1986: 317 - 76.

Beckwith, C. I. 2009. *Empires of the Silk Road*. Princeton University Press.

Bell, D. A. 2008. *China's New Confucianism*. Princeton University Press.

Bendix, R. 1977. *Max Weber*. University of California Press.

Benn, C. 2002. *China's Golden Age*. Oxford University Press.

Bennett, J. 1997. *Trajan, Optimus Princeps*. Indiana University Press.

Berlin, I. 1969. *Four Essays on Liberty*. Oxford University Press.

Bernstein, A. H. 1994. The strategy of a warrior-state: Rome and the wars against Carthage. In Murray, Knox, and Bernstein 1994: 56 - 84.

Bielenstein, H. 1986a. The institutions of Later Han. In Twitchett and Loewe 1986: 491 - 519.

__. 1986b. Wang Mang, The restoration of the Han dynasty, and Later Han. In Twitchett and Loewe 1986: 223 - 90.

Birley, A. 1987. *Marcus Aurelius*. Barnes & Noble.

__. 1997. *Hadrian*. Routledge.

Bivar, A.D. H. 1983a. The history of eastern Iran. In Yarshater 1983: 181 - 231.

__. 1983b. The political history of Iran under the Arsacids. In Yarshater 1983: 21 - 99.

Blok, A. 1972. The peasant and the brigand: Social banditry reconsidered. *Comparative Studies in Society and History* 14: 494 - 503.

Boardman, J., J. Griffin, and O. Murray, eds. 1991. *The Oxford History of the Roman World*. Oxford University Press.

Bodde, D. 1981. *Essays on Chinese Civilization*. Princeton University Press.

__. 1986. The state and empire in Ch'in. In Twitchett and Loewe 1986: 20 - 102.

Bodde, D., and C. Morris 1967. *Law in Imperial China*. Harvard University Press.

Boren, H. C. 1968. *The Gracchi*. Twayne.

Borkowski, A. 1997. *Roman Law*, 2nd ed. Oxford University Press.

Boulnois, L. 2005. *Silk Road: Monks, Warriors and Merchants*. Odyssey.

Bowersock, G. W., P. Brown, and O. Grabar, eds. 1999. *Late Antiquity*. Harvard University Press.

Bowman, A., P. Garnsey, and D. Rathbone, eds. 2000. *The Cambridge Ancient History*, 2nd ed., vol. 11. Cambridge University Press.

Boylan, E. S. 1982. The Chinese cultural style of warfare. *Comparative Strategy* 3: 341 - 346.

Bradley, A. C. 1962. Hegel's theory of tragedy. In *Hegel, On Tragedy*, ed. A. and H. Paolucci, 367 - 388. Harper.

Bradley, K., and P. Cartledge, eds. 2011. *The Cambridge World History of Slavery*, vol. 1. Cambridge University Press.

Braund, D. C. 1984. *Rome and the Friendly King*. St. Martin's Press.

Brennan, T. C. 2004. Power and process under the Republican "constitution". In Flower 2004: 31 - 65.

Brown, P. 1967. The Later Roman Empire. *Economic History Review* 20: 327 - 343.

__. 1971. *The World of Late Antiquity*. Norton.

Brunt, P. A. 1961. Charges of provincial maladministration under the early Principate. *Historia* 10: 189 - 227.

__. 1965. Reflections on Roman and British imperialism. *Comparative Studies in Society and History* 7: 267 - 288.

__. 1971. *Italian Manpower, 225 B.C. - A.D. 14*. Oxford University Press.

__. 1978. Laus imperii. In Garnsey and Whittaker 1978: 159 - 192.

__. 1981. The revenues of Rome. *Journal of Roman Studies* 71: 161 - 172.

__. 1982. Nobilitas and novitas. *Journal of Roman Studies* 72: 1 - 17.

__. 1988. *The Fall of the Roman Republic*. Oxford University Press.

Burbank, J., and F. Cooper. 2010. *Empires in World History*. Princeton University Press.

Bury, J. B. 1958. *History of the Later Roman Empire*. Dover.

Caesar. *The Civil War*. Tr. J. F. Mitchell. Penguin (1967).

__. *The Conquest of Gaul*. Tr. S. A. Handford. Penguin (1982).

Cameron, A. 1993. *The Later Roman Empire*. Harvard University Press.

Cameron, A., and P. Garnsey, eds. 1998. *The Cambridge Ancient History*, vol. 13. Cambridge University Press.

Campbell, B. 2002. *War and Society in Imperial Rome*, 31 B.C. - A.D. 284. Routledge.

Champlin, E. 2003. *Nero*. Harvard University Press.

Chan, A. K. L., ed. 2002. *Mencius: Contexts and Interpretations*. University of Hawaii Press.

Chang, C-S. 2007. *The Rise of the Chinese Empire*. University of Michigan Press.

Chang, H. 1996. The intellectual heritage of the Confucian ideal of *ching-shih*. In Tu 1996: 72 - 91.

Chang, K - C., et al. 2005. *The Formation of Chinese Civilization: An Archeological Perspective*. Yale University Press.

Chen, C - Y. 1975. *Hsün Yüeh*. Cambridge University Press.

__. 1984. Review: Han Dynasty China: Economy, society, and state power. *T'oung Pao* 70: 127 - 148.

__. 1986. Confucian, Legalist, and Taoist thought in the Later Han. In Twitchett and Loewe 1986: 766 - 807.

Ch'ü, T-T. 1965. *Law and Society in Traditional China*. Mouton.

__. 1972. *Han Social Structure*. University of Washington Press.

Chua, A. 2006. *Day of Empire*. Doubleday.

Cicero. *On Obligation*. Tr. P. G. Walsh. Oxford (2000).

__. On the command of Cnaeus Pompeius. In *Selected Political Speeches*, tr. M. Grant, 33 - 70. Penguin (1969).

__. *The Laws*. Tr. N. Rudd. Oxford (1998).

__. *The Republic*. Tr. N. Rudd. Oxford (1998).

Collins, J. T. 2003. The zeal of Phinhas: The Bible and the legitimation of violence. *Journal of Biblical Literature* 122: 3 - 21.

Collins, R. 1978. Some principles of long-term social change: The territorial power of states. *Research in Social Movements, Conflicts and Change* 1: 1 - 34.

Connolly, P. 1981. *Greece and Rome at War*. Prentice-Hall.

Cook, C., and J. S. Major, eds. 1999. *Defining Chu: Image and Reality in Ancient China*. University of Hawaii Press.

Cook, S. A., F. E. Adcock, and M. P. Charlesworth, eds. 1930. *The Cambridge Ancient History*, 1st ed. Vol. VIII. Cambridge University Press.

Cook, S. A., F. E. Adcock, and M. P. Charlesworth, eds. 1954. *The Cambridge Ancient History*, 1st ed. Vol. XI. Cambridge University Press.

Cornell, T. J. 1989. Rome: The history of an anachronism. In Molho et al. 1989: 53 - 70.

__. 1995. *The Beginning of Rome*. Routledge.

Cornell, T. J., and J. Matthews. 1990. *The Cultural Atlas of the World: The Roman World*. Stonehenge Press.

Cotterell, A., ed. 1980. *The Encyclopedia of Ancient Civilizations*. Penguin.

__. 1981. *The First Emperor of China*. Holt, Rinehart and Winston.

__. 2004. *Chariot*. Overlook Press.

Crawford, M. 1976. Review: Hamlet without the prince. *Journal of Roman Studies* 66: 214 - 217.

__. 1991. Early Rome and Italy. In Boardman et al. 1991: 13 - 49.

__. 1993. *The Roman Republic*. Harvard University Press.

Creel, H. G. 1970. *The Origins of Statecraft in China*. Vol. 1: *The Western Chou Empire*. University of Chicago Press.

Creveld, M. van. 1999. *The Rise and Decline of the State*. Cambridge University Press.

Crook, J. A. 1967. *Law and Life of Rome*, 90 B.C. - A.D. 212. Cornell University Press.

Crook, J. A., A. Lintott, and E. Rawson. 1994a. Epilogue: The fall of the Roman Republic. In Crook et al. 1994b: 769 - 776.

__, eds. 1994b. *The Cambridge Ancient History*, 2nd ed., vol. 9. Cambridge University Press.

Crowell, W. G. 1983. Social unrest and rebellion in Jiangnan during the Six Dynasties. *Modern China* 9: 319 - 354.

Cunliffe, B. 1997. *The Ancient Celts*. Oxford University Press.

David, J-M. 1997. *The Roman Conquest of Italy*. Blackwell.

Davies, J. K. 1993. *Democracy and Classical Greece*. Harvard University Press.

__. 2004. Athenian citizenship: The descent group and the alternatives. In *Athenian Democracy*, ed. P. J. Rhodes, 18 - 39. Oxford University Press.

De Bary, W. T. 1991. *The Trouble with Confucianism*. Harvard University Press.

De Crespigny, R. 1980. Politics and philosophy under the government of Emperor Huan 159 - 168 A.D. *T'oung Pao* 66: 41 - 83.

__. 2009. The military culture of Later Han. In Di Cosmo 2009: 90 - 111.

Dench, E. 1995. *From Barbarians to New Men*. Oxford University Press.

Derow, P. S. 1979. Polybius, Rome, and the East. *Journal of Roman Studies* 69: 1 - 15.

__. 1989. Rome, the fall of Macedon and the sack of Corinth. In Astin et al. 1989: 290 - 323.

Dettenhofer, M. H. 2009. Eunuchs, women, and imperial courts. In Scheidel 2009c: 83 - 99.

Di Cosmo, D. 1994. Ancient Asian nomads: Their economic basis and its significance in Chinese history. *Journal of Asian Studies* 53: 1092 - 1126.

__. 2002. *Ancient China and Its Enemies*. Cambridge University Press.

__, ed. 2009. *Military Culture in Imperial China*. Harvard University Press.

Dien, A. D. 1986. The stirrup and its effects on Chinese military history. *Ars Orientalis* 16: 33 - 56.

Dignas, B., and E. Winter. 2007. *Rome and Persia in Late Antiquity*. Cambridge University Press.

Dio Cassius. *The Roman History*. Tr. I. Scott-Kilvert. Penguin (1987).

Dio Chrysostom. *The Discourses*. Tr. J. W. Cohoon. Harvard (1951).

Dodds, E. R. 1951. *The Greeks and the Irrational*. University of California Press.

Downing, B. M. 1992. *The Military Revolution and Political Change*. Princeton University Press.

Doyle, M. W. 1986. *Empires*. Cornell University Press.

Drews, R. 1993. *The End of the Bronze Age*. Princeton University Press.

Dreyer, E. L. 2009. Military aspects of the War of the Eight Princes. In Di Cosmo 2009: 112 - 142.

Dull, J. L. 1983. Anti - Qin rebels: No peasant leaders here. *Modern China* 9: 285 - 318.

Dunstan, H. 2004. Premodern Chinese political thought. In Gaus and Kukathas 2004: 320 - 337.

Dyson, S. L. 1971. Native revolts in the Roman Empire. *Historia* 20: 239 - 274.

Eadie, J. W. 1967. The development of Roman mailed cavalry. *Journal of Roman Studies* 57: 161 - 173.

Eastman, L. E. 1989. *Family, Fields, and Ancestors*. Oxford University Press.

Ebrey, P. 1983. Patron-client relations in the Later Han. *Journal of the American Oriental Society* 103: 533 - 542.

__. 1986. The economic and social history of Later Han. In Twitchett and Loewe 1986: 608 - 648.

__. 1990. Toward a better understanding of the Later Han upper class. *In State and Society in Early Medieval China*, ed. A. E. Dien, 49 - 72. Stanford University Press.

Eck, W. 2000a. The emperor and his advisers. In Bowman et al. 2000: 159 - 213.

__. 2000b. The growth of administrative posts. In Bowman et al. 2000: 238 - 65.

Edel, A. 1982. *Aristotle and His Philosophy*. University of North Carolina Press.

Eder, W. 1986. The political significance of the codification of law in archaic societies. In Raaflaub 1986b: 262 - 300.

__. 1990. Augustus and the power of transition: The Augustan principate as binding link between Republic and Empire. In Raaflaub and Toher 1990: 71 - 122.

Elisseeff, V., ed. 2000. *The Silk Roads: Highways of Culture and Commerce*. Berghahn Books.

Elvin, M. 1973. *The Pattern of the Chinese Past*. Stanford University Press.

Errington, R. M. 1989. Rome against Philip and Antiochus. In Astin et al. 1989: 244 - 289.

Ertman, T. 1997. *Birth of the Leviathan*. Cambridge University Press.

Escherick, J.W.1983.Symposium on peasant rebellions: Some introductory comments. *Modern China* 9: 275 - 284.

Euripides, *Iphigenia in Aulis*. Tr. P. Vellacott. Penguin (1972).

Evans, P. R., D. Rueschemeyer, and T. Skocpol, eds. 1985. *Bringing the State Back In*. Cambridge University Press.

Fairbank, J. K. 1974. Varieties of the Chinese military experience. *In Chinese Wars in History*, ed. F. A. Kierman and J. K. Fairbank, 1 - 26. Harvard University Press.

__. 1987. *China Watch*. Harvard University Press.

__. 1992. *China: A New History*. Harvard University Press.

Falkenhauser, L. von. 1999. The waning of the Bronze Age: Material culture and social developments, 770 - 481 B.C. In Loewe and Shaughnessy 1999: 450 - 544.

Feng, H. 2007. *Chinese Strategic Culture and Foreign Policy Decision-Making*. Routledge.

Ferguson, N. 2004. *Colossus: The Rise and Fall of the American Empire*. Penguin.

Fine, J. V. A. 1983. *The Ancient Greeks*. Harvard University Press.

Finer, S. E. 1997. *The History of Government from the Earliest Times*, vol 1. Oxford University Press.

Finley, M. I. 1968. Slavery. *International Encyclopedia of the Social Sciences* 14: 307 - 313.

__. 1978. Empire in the Greco-Roman world. *Greece & Rome* 25: 1 - 15.

__. 1980. *Ancient Slavery and Modern Ideology*. Viking.

__. 1983. *Economy and Society in Ancient Greece*. Penguin.

Flower, H. I. 1996. *Ancestor Masks and Aristocratic Power in Roman Culture*. Oxford University Press.

__, ed. 2004. *The Cambridge Companion to the Roman Republic*. Cambridge University Press.

Fong, W., ed. 1980. *The Great Bronze Age of China*. Metropolitan Museum of Art.

Forsythe, G. 2005. *A Critical History of Early Rome*. University of California Press.

Frankel, H. H. 1983. Cai Yan and the poems attributed to her. *Chinese Literature: Essays, Articles, Reviews* 5: 133 - 156.

Freeman, P. 2008. *Julius Caesar*. Simon & Schuster.

Fu Zhengyuan. 1996. *China's Legalists: The Earliest Totalitarians and the Art of Ruling*. M. E. Sharpe.

Fukuyama, F. 1992. *The End of History and the Last Man*. Free Press.

__. 2011. *The Origins of Political Order*. Farrar, Straus and Giroux.

Fulford, M. 1992. Territorial expansion and the Roman Empire. *World Archeology* 23: 294 - 305.

Fuller, J. F. C. 1965. *Julius Caesar*. Da Capo Press.

Fung, Y-L. 1952. *A History of Chinese Philosophy*, tr. D. Bodde. Princeton University Press.

Gabba, E. 1976. *Republican Rome: The Army and the Allies*. University of California Press.

__. 1987. Rome and Italy in the second century B.C. In Astin et al. 1987: 197 - 243.

Galinsky, K., ed. 2005. *The Cambridge Companion to the Age of Augustus*. Cambridge University Press.

Gardner, J. F. 2011. Slavery and Roman law. In Bradley and Cartledge 2011: 414 - 437.

Garlan, Y. 1975. *War in the Ancient World*. Chatto & Windus.

__. 1988. *Slavery in Ancient Greece*. Cornell University Press.

Garnsey, P., and R. Saller. 1987. *The Roman Empire: Economy, Society and Culture*. University of California

Press.

Garnsey, P., and C. R. Whittaker, eds. 1978. *Imperialism in the Ancient World*. Cambridge University Press.

Garst, D. 1989. Thucydides and neorealism. *International Studies Quarterly* 33: 3 - 27.

Gaus, G. F., and C. Kukathas, eds. 2004. *Handbook of Political Theory*. Sage.

Gelzer, M. 1968. *Caesar: Politician and Statesman*. Harvard University Press.

Giardina, A. 1993a. Roman man. In Giardina 1993b: 1 - 15.

__, ed. 1993b. *The Romans*. University of Chicago Press.

Gibbon, E. 1994. *The History of the Decline and Fall of the Roman Empire*. Penguin.

Gills, B. K., and A. G. Frank. 1993. World system cycles, crises, and hegemonic shifts, 1700 B.C. to 1700 A.D. In *The World System*, ed. A. G. Frank and B. K. Gills, 143 - 199. Routledge.

Goffart, W. 1980. *Barbarians and Romans*. Princeton University Press.

__. 1989. *Rome's Fall and After*. Hambledon Press.

Goldsworthy, A. 1996. *The Romany Army at War, 100 B.C. - A.D. 200*. Oxford University Press.

__. 2006. *Caesar*. Yale University Press.

__. 2009. *How Rome Fell*. Yale University Press.

Graff, D. A. 2002. *Medieval Chinese Warfare: 300 - 900*. Routledge.

Grant, M. 1978. *History of Rome*. Faber and Faber.

__. 1990. *The Fall of the Roman Empire*. Collier Books.

__. 1994. *The Antonines*. Routledge.

Greene, K. 1986. *The Archeology of the Roman Economy*. University of California Press.

__. 2000. Technology innovation and economic progress in the ancient world. *Economic History Review* 53: 29 - 59.

Gruen, E. S. 1973. Review: Roman imperialism and Greek resistance. *Journal of Interdisciplinary History* 4: 273 - 286.

__. 1974. *The Last Generation of the Roman Republic*. University of California Press.

__. 1984. *The Hellenistic World and the Coming of Rome*. University of California Press.

__. 1989. Exercise of power in the Roman Republic. In Molho et al. 1989: 251 - 268.

__. 1990. The imperial policy of Augustus. In Raaflaub and Toher 1990: 395 - 416.

__. 2005. Augustus and the making of the Principate. In Galinsky 2005: 33 - 54.

Hamilton, N. 2010. *American Caesars*. Yale University Press.

Hanahan, D., and R. A. Weinberg. 2000. The hallmarks of cancer. *Cell* 100: 57 - 70.

Handel, M. I. 2001. *Masters of War*, 3rd ed. Frank Cass.

Hansen, V. 2012. *The Silk Road: A New History*. Oxford University Press.

Hanson, V. D. 2005. The Roman way of war 250 BC-AD 300. In Parker 2005b: 46 - 60.Hao, Y., and M. Johnston. 2002. Corruption and the future of economic reform in China. In *Political Corruption*, third ed., eds. A. J. Heidenheimer and M. Johnston, Transaction Publisher (2002): 583 - 604.

Harris, R. 2003. *Political Corruption*. Routledge.

Harris, W. V. 1979. *War and Imperialism in Republican Rome*, 327 - 70 B.C. Oxford University Press.

__. 1989. Roman expansion in the west. In Astin et al. 1989: 107 - 162.

__. 1990. On defining the political culture of the Roman Republic: Some comments on Rosenstein, Williamson, and North. *Classical Philology* 85: 288 - 294.

__. 2011. *Rome's Imperial Economy*. Oxford University Press.

Hart, H. L. A. 1961. *The Concept of Law*. Oxford University Press.

Heather, P. 1996. *The Goths*. Blackwell.

__. 1997. Foedera and foederati of the fourth century. In *Kingdoms of the Empire*, ed. E. Pohl, 57 - 75. Brill.

__. 2005. *The Fall of the Roman Empire*. Pan Books.

Hegel, G. W. F. 1952. *Philosophy of Right*. Oxford.

__. 1965. *The Philosophy of History*. Dover.

Henderson, J. B. 1991. *Scripture, Canon and Commentary*. Princeton University Press.

Herodotus. *The Histories*. Tr. A. de Sélincourt. Penguin (1954).

Hingley, R. 2005. *Globalizing Roman Culture*. Routledge.

Hiromi Kinoshita. 2007. Qin palaces and architecture. In Portal 2007: 83 - 93.

Hobsbawm, E. J. 1959. *Primitive Rebels*. Norton.

Holcombe, C. 1994. *In the Shadow of the Han*. University of Hawaii Press.

Hölkeskamp, K - J. 2004. Under Roman roofs: Family, house and household. In Flower 2004: 113 - 138.

Holleaux, M. 1930. Rome and Antiochus. In Cook et al. 1930: 199 - 240.

Homer. *Iliad*. Tr. R. Lattimore. University of Chicago Press (1951).

Honoré T. 1995. *About Law*. Oxford University Press.

Hopkins, K. 1978a. *Conquerors and Slaves*. Cambridge University Press.

__. 1978b. Economic growth and towns in classical antiquity. In *Towns in Society*, ed. P. Abrams and E. A.

Wrigley, 35 - 78. Cambridge University Press.

__. 1980. Taxes and trades in the Roman Empire (200 B.C. - A.D. 400). *Journal of Roman Studies* 70: 101 - 25.

__. 1983a. *Death and Renewal*. Cambridge University Press.

__. 1983b. Models, ships and staples. In *Trade and Famine in Classical Antiquity*, ed. P. Garnsey and C. R. Whittaker, 84 - 109. Cambridge Philological Society.

Hsiao, K - C. 1979. *A History of Chinese Political Thought*. Princeton University Press.

Hsu, C - Y. 1965a. *Ancient China in Transition*. Stanford University Press.

__. 1965b. The changing relation between local society and the central political power in Former Han: 206 B.C. - 8 A.D. *Comparative Studies in Society and History* 3: 358 - 370.

__. 1980. *Han Agriculture*. University of Washington Press.

__. 1999. The Spring and Autumn period. In Loewe and Shaughnessy 1999: 545 - 586.

Hsu, C-Y., and K. M. Linduff. 1988. *Western Chou Civilization*. Yale University Press.

Huang, P. C. C. 1996. *Civil Justice in China*. Stanford University Press.

Huang, R. 1990. *China: A Macro History*. M. E. Sharpe.

Hui, V. T. 2005. *War and State Formation in Ancient China and Early Modern Europe*. Cambridge University Press.

Hulsewé A. F. P. 1978. The Ch'in documents discovered in Hupei in 1975. *T'oung Pao* 64: 175 - 217.

__ .1985.The influence of the "Legalist" government of Qin on the economy as reflected in the texts discovered in Yunmeng County. In *The Scope of State Power in China*, ed. S. R. Schram, 81 - 126. St. Martin's Press.

__. 1986. Ch'in and Han laws. In Twitchett and Loewe 1986: 520 - 544.

__. 1987. Han China: A proto "welfare state"? *T'song Pao* 73: 265 - 285.

__. 1989. Founding fathers and yet forgotten men: A closer look at the tables of the nobility in the "Shih Chi" and "Han Shu." *T'oung Pao* 75: 43 - 126.

Hunt, P. 2011. Slaves in Greek literary culture. In Bradley and Cartledge 2011: 22 - 47.

Huntington, S. P. 1968. *Political Order in Changing Societies*. Yale University Press.

Huzar, E. G. 1978. *Mark Antony*. University of Minnesota Press.

Isaac, B. 1992. *The Limits of Empire*, rev. ed. Oxford University Press.

Jacques, M. 2009. *When China Rules the World*. Penguin.

James, H.2006.*The Roman Predicament*. Princeton University Press.

Johnson, C. 2000. *Blowback: The Costs and Consequences of American Empire*. Basic Books.

__. 2004. *The Sorrows of Empire*. Metropolitan Books.

Johnston, A. I. 1995. *Cultural Realism, Strategic Culture, and Grand Strategy in Chinese History*. Princeton University Press.

Jones, A. H. M. 1940. *The Greek City*. Oxford University Press.

__. 1956. Slavery in the ancient world. *Economic History Review* 9: 185 - 199.

__. 1964. *The Later Roman Empire: 284 - 602*. Johns Hopkins University Press.

__. 1970. *Augustus*. Norton.

__. 1974. *The Roman Economy*. Basil Blackwell.

Jones, B. W. 1979. *Domitian and the Senatorial Order*. American Philosophical Society.

Kagen, K. 2006. Redefining Roman grand strategy. *Journal of Military History* 70: 333 - 362.

Kalinowski, M., Deng Wenkuan, and M. Bujard, eds. 2009. *Rome-Han: Comparer l'Incomparable*. École française d'Extrême-Orient. Bejing.

Kallert - Marx, R. M. 1995. *Hegemony to Empire*. University of California Press.

Katouzian, H. 2009. *The Persians*. Yale University Press.

Kelly, C. 2004. *Ruling the Later Roman Empire*. Harvard University Press.

__. 2008. *The End of Empire*. Norton.

Kennedy, P., ed. 1983. *Grand Strategy in War and Peace*. Yale University Press.

Keppie, L. 1984. *The Making of the Roman Army*. University of Oklahoma Press.

Kern, M. 2000. *The Stele Inscriptions of Ch'in Shih'huang: Text and Ritual in Early Chinese Imperial Representation*. American Oriental Society.

__. 2007. Imperial tours and mountain inscriptions. In Portal 2007: 104 - 113.

Khazanov, A. M. 1994. *Nomads and the Outside World*, 2nd ed. Wisconsin University Press.

Kissinger, H. 1994. *Diplomacy*. Touchstone.

__. 2011. *On China*. Penguin.

Kolendo, J. 1993. The peasant. In Giardina 1993b: 199 - 213.

Kunkel, W. 1973. *An Introduction to Roman Legal and Constitutional History*, 2nd ed. Oxford University Press.

Lakoff, S. 1996. *Democracy, History, Theory, Practice*. Westview Press.

Lancel, S. 1998. *Hannibal*. Basil Blackwell.

Lary, D. 1980. Warlord studies. *Modern China* 6: 439 - 470.

Lattimore, O. 1940. *Inner Asian Frontiers of China*. Beacon Press.

Lawson, F. H. 1965. Roman law. In *The Romans*, ed. J. P. V. D. Balsdon, 102 - 128. Basic Books.

Lazenby, J. F. 2004. Rome and Carthage. In Flower 2004: 225 - 241.

Le Bohec, Y. 1989. *The Imperial Roman Army*. Hippocrene Books.

Leeming, F. 1980. Official landscape in traditional China. *Journal of the Economic and Social History of the Orient* 23: 153 - 204.

Le Glay, M., J. Voisin, and Y. Le Bohec. 2001. *A History of Rome*, 2nd ed. Basil Blackwell.

Lendon, J. E. 1997. *Empire of Honour*. Oxford University Press.

Leslie, D. D., and K. H. J. Gardiner. 1996. *The Roman Empire in Chinese Sources*. Bardi.

Lewis, M. E. 1990. *Sanctioned Violence in Early China*. State University of New York Press.

__. 1999. Warring States political history. In Loewe and Shaughnessy 1999: 589 - 650.

__. 2007. *The Early Chinese Empires: Qin and Han*. Harvard University Press.

__. 2009. *China Between Empires*. Harvard University Press.

Lewis, N., and M. Reinhold, eds. 1990. *Roman Civilization: Selected Readings*, 3rd ed. Columbia University Press.

Li, F. 2006. *Landscape and Power in Early China*. Cambridge University Press.

Li, J. 1996. *Chinese Civilization in the Making, 1766 - 221 B.C.*. St. Martin's Press.

Li, X. 1985. *Eastern Zhou and Qin Civilizations*. New Haven: Yale University Press.

Liddell Hart, B. H. 1926. *Scipio Africanus*. Da Capo Press.

Light, P. C. 2003. Fact sheet on the new true size of government. www.brookings.edu/articles/2003/0905politics_light.aspx.

Lightfoot, C. S. 1990. Trajan’s Parthian War and the fourth century perspective. *Journal of Roman Studies* 80: 114 - 126.

Lindner, R. 1981. Nomadism, Huns and horses. *Past and Present* 92: 1 - 19.

Lintott, A. 1981. What was the “Imperium Romanum”? *Greece and Rome* 28: 53 - 67.

__. 1999. *The Constitution of the Roman Republic*. Oxford University Press.

Liu, S - H. 1998. *Understanding Confucian Philosophy*. Praeger.

Liu, X. 2001. Migration and settlement of the Yuezhi - Kushan. *Journal of World History* 12: 261 - 292.

Livy. *History*. Tr. A. de Séincourt. Penguin (1965).

Lloyd, G. E. R. 2005. *The Delusion of Invulnerability*. Duckworth.

Loewe, M. 1986a. The conduct of government and the issues at stake. In Twitchett and Loewe 1986: 291 - 316.

__. 1986b. The former Han Dynasty. In Twitchett and Loewe 1986: 103 - 221.

__. 1999. The heritage left to the empires. In Loewe and Shaughnessy 1999: 967 - 1031.

__. 2005a. *Everyday Life in Early Imperial China*. Hackett.

__. 2005b. *Faith, Myth and Reason in Han China*. Hackett.

__. 2006. *The Government of the Qin and Han Empires*, 221 BCE - 220 CE. Hackett.

__. 2007. The First Emperor and the Qin Empire. In Portal 2007: 58 - 79.

__. 2009. The Western Han army. In Di Cosmo 2009: 65 - 89.

Loewe, M., and E. L. Shaughnessy, eds. 1999. *The Cambridge History of Ancient China: From the Origin of Civilization to 221 B.C.*. Cambridge University Press.

Longden, R. P. 1954. Nerva and Trajan. In Cook et al. 1954: 188 - 222.

Lu, X. 1988. *Ancient India and Ancient China*. Oxford University Press.

Lucas, J. R. 1985. *The Principles of Politics*. Oxford University Press.

Luttwak, W. N. 1976. *The Grand Strategy of the Roman Empire*. Johns Hopkins University Press.

MacMullen, R. 1966. *Enemies of the Roman Order*. Harvard University Press.

__. 1974. *Roman Social Relations*. Yale University Press.

__. 1986. Judicial savagery in the Roman Empire. *Chiron* 16: 147 - 166.

__. 1988. *Corruption and the Decline of Rome*. Yale University Press.

Madden, T. F. 2007. *Empires of Trust*. Dutton.

Maddison, A. 2007. *Contours of the World Economy, 1 - 2030 A.D.* Oxford University Press.

Maenchen-Helfen, J. O. 1973. *The World of the Huns*. University of California Press.

Maier, C. S. 2006. *Among Empires: American Ascendancy and Its Predecessors*. Harvard University Press.

Mann, J. C. 1979. Power, force and the frontier of the Empire. *Journal of Roman Studies* 69: 175 - 183.

Mann, M. 1986. *The Sources of Social Power*, vol. 1. Cambridge University Press.

__. 1988. *States, War, and Capitalism*. Basil Blackwell.

Marcone, A. 1998. Late Roman social relations. In Cameron and Garnsey 1998: 338 - 370.

Marcus Aurelius. *Meditations*. Tr. George Long. Skylight Paths Publishing (2007).

Mattern, S. P. 1999. *Rome and the Enemy*. University of California Press.

Mattern-Parks, S. P. 2003. The defeat of Crassus and the just war. *Classical World* 96: 387 - 396.

McDonald, A. H. 1938. Scipio Africanus and Roman politics in the second century B.C. *Journal of Roman Studies*, 28: 153 - 64.

McLeod, K. C. D., and R. D. S. Yates. 1981. Forms of Ch'in law. *Harvard Journal of Asiatic Studies* 41: 111 - 163.

McNeill, W. H. 1963. *The Rise of the West*. University of Chicago Press.

__. 1976. *Plagues and Peoples*. Anchor Books.

__. 1982. *The Pursuit of Power*. University of Chicago Press.

Meier, C. 1990. The formation of the alternative in Rome. In Raaflaub and Toher 1990: 54 - 70.

Mellor, R., ed. 1998. *The Historians of Ancient Rome*. Routledge.

Millar, F. 1981. *The Roman Empire and Its Neighbours*, 2nd ed. Duckworth.

__. 1992. *The Emperor in the Roman World*, 2nd ed. Duckworth.

__. 1993. *The Roman Near East 31 BC-AD 337*. Harvard University Press.

__. 1998. *The Crowd in Rome in the Late Republic*. University of Michigan Press.

__. 2002a. *The Roman Republic and the Augustan Revolution*. University of North Carolina Press.

__. 2002b. *The Roman Republic in Political Thought*. Brandeis University Press.

__. 2004. *Government, Society, and Culture in the Roman Empire*. University of North Carolina Press.

Millward, J. A. 2007. *Eurasian Crossroads*. Columbia University Press.

Mitchell, S. 2007. *A History of the Later Roman Empire*. Basil Blackwell.

Mittag, A., and F. Mutschler. 2009. Epilogue. In Mutschler and Mittag 2009: 421 - 447.

Mokyr, J. 1990. *The Lever of Riches*. Oxford University Press.

Molho, A., K. A. Raaflaub, and J. Emlen, eds. 1989. *City States in Classical Antiquity and Medieval Italy*. University of Michigan Press.

Müorris, I. 2010. *Why the West Rules-For Now*. Farrar, Straus and Giroux.

Munkler, H. 2007. *Empires: The Logic of World Domination from Ancient Rome to the United States*. Polity.

Murphy, C. 2007. *Are We Rome?* Houghton Mifflin.

Murray, W., and M. Grimsley. 1994. On strategy. In Murray, Knox, and Bernstein 1994: 1 - 23.

Murray, W., M. Knox, and A. Bernstein, eds. 1994. *The Making of Strategy*. Cambridge University Press.

Mutschler, F., and A. Mittag, eds. 2009. *Conceiving the Empire: China and Rome Compared*. Oxford University Press.

Narain, A. K. 1990. Indo-Europeans in Inner Asia. In Sinor 1990b: 151 - 176.

Needham, J., G. Lu, and L. Wang. 1971. *Science and Civilization in China*, Vol. 4 part 3, *Civil Engineering and Nautics*. Cambridge University Press.

Needham, J., and R. D. S. Yates. 1994. *Science and Civilization in China*, Vol. 5 part 6, *Military Technology: Missiles and Sieges*. Cambridge University Press.

Nicolet, C. 1980. *The World of the Citizen in Republican Rome*. University of California Press.

__. 1993. The citizen: the political man. In Giardina 1993b: 16 - 54.

Nishijima Sadao 1986. The economic and social history of former Han. In Twitchett and Loewe 1986: 551 - 607.

Nivison, D. S. 1996. *The Ways of Confucianism*. Open Court Press.

__. 1999. The classical philosophical writings. In Loewe and Shaughnessy 1999: 745 - 812.

__. 2002. Mengzi as philosopher of history. In Chan 2002: 282 - 304.

Norden, B. W. van. 2007. *Virtue Ethics and Consequentialism in Early Chinese Philosophy*. Cambridge University Press.

North, J. A. 1981. The development of Roman imperialism. *Journal of Roman Studies*, 71: 1 - 9.

__. 1990. Democratic politics in Republican Rome. *Past and Present* 126: 3 - 21.

Nye, J. 2002. The New Rome meets the New Barbarians. *Economist*, March 23, 23 - 25.

__. 2005. *Soft Power: The Means to Succeed in World Politics*. Public Affairs.

Ober, J. 1982. Tiberius and the political testament of Augustus. *Historia* 31: 306 - 328.

Orend, B. 2006. *The Morality of War*. Broadview Press.

Osgood, J. 2006. *Caesar's Legacy*. Cambridge University Press.

Parker, G. 1996. *The Military Revolution*, 2nd ed. Cambridge University Press.

__. 2005a. The western way of war. In Parker 2005b: 1 - 14.

__, ed. 2005b. *The Cambridge History of Warfare*. Cambridge University Press.

Parsons, T. H. 2010. *The Rule of Empires*. Oxford University Press.

Patterson, O. 1991. *Freedom*, vol. 1: Freedom in the Making of Western Culture. Basic Books.

Peerenboom, R. 2002. *China's Long March Toward Rule of Law*. Cambridge University Press.

Periplus of the Erythraean Sea. Tr. G. W. B. Huntingford. Hakluyt Society (1980).

Perry, E. J. 1992. Casting a Chinese "democracy" movement. In *Popular Protest and Political Culture in Modern China*, ed. J. N. Wasserstrom and E. J. Perry, 146 - 164. Westview Press.

Pines, Y. 2002. *Foundations of Confucian Thought*. University of Hawaii Press.

__. 2009a. *Envisioning Eternal Empire*. University of Hawaii Press.

__. 2009b. Imagining the Empire? Concepts of "primeval unity" in *pre-imperial historiographic tradition*. In Mutschler and Mittag 2009: 67 - 90.

Pirazzoli-t' Serstevens, M. 1982. *The Han Dynasty*. Rizzoli.

Pitts, J. 2005. *A Turn to Empire*. Princeton University Press.

Pitts, L. F. 1989. Relations between Rome and the German "kings" on the middle Danube in the first to the fourth centuries A.D. *Journal of Roman Studies* 79: 45 - 58.

Plato. *The Laws*. Tr. T. J. Saunders. Penguin (1970).

Pliny. *Natural History*. Harvard (1938).

Plutarch. *Lives*. Tr. B. Perrin. Harvard (1914).

Pohl E., ed. 1997. *Kingdoms of the Empire*. Brill.

Polybius. *Histories*. Tr. I. Scott-Kilvert. Penguin (1979).

Portal, J., ed. 2007. *The First Emperor*. Harvard University Press.

Potter, D. S. 2004. *The Roman Empire at Bay, A.D. 180 - 395*. Routledge.

Potter, T. W. 1987. *Roman Italy*. University of California Press.

Ptolemy. *Geography*. Tr. E. L. Stevenson. Dover (1991).

Pulleyblank, E. G. 1958. The origin and nature of chattel slavery in China. *Journal of the Economic and Social History of the Orient* 1: 185 - 220.

__. 1999. Review: The Roman Empire as known to Han China. *Journal of the American Oriental Society* 119: 71 - 79.

Purcell, N. 1991. The arts of government. In Boardman et al. 1991: 180 - 214.

Pye, L. W. 1985. *Asian Power and Politics*. Harvard University Press.

Raaflaub, K. A. 1986a. From protection and defense to offense and participation: Stages in the conflict of orders.

In Raaflaub 1986b: 198 - 243.

__. ed. 1986b. *Social Struggles in Archaic Rome*. University of California Press.

__. 2004. *The Discovery of Freedom in Ancient Greece*. University of Chicago Press.

Raaflaub, K. A., and N. Rosenstein, eds. 1999. *War and Society in the Ancient and Medieval Worlds*. Harvard University Press.

Raaflaub, K. A., and L. J. Samons. 1990. Opposition to Augustus. In Raaflaub and Toher 1990: 417 - 454.

Raaflaub, K. A., and M. Toher, eds. 1990. *Between Republic and Empire*. University of California Press.

Ramsey, J. T., and A. L. Licht. 1997. *The Comet of 44 B.C. and Caesar's Funeral Games*. Scholar Press.

Rathbone, D. W. 1981. The development of agriculture in the "Ager Cosanus" during the Roman Republic. *Journal of Roman Studies* 71: 10 - 23.

Rawson, E. 1975. Cicero: *A Portrait*. Basic Classical.

Rawson, J. 1999. Western Zhou archeology. In Loewe and Shaughnessy 1999: 352 - 449.

Reinhold, M. 2002. *Studies in Classical History and Society*. Oxford University Press.

Rhodes, P. J. 2007. Democracy and empire. In *The Cambridge Companion to the Age of Pericles*, ed. L. J. Samons, 24 - 45. Cambridge University Press.

Richardson, J. S. 1991. Imperium Romanum: Empire and the language of power. *Journal of Roman Studies* 81: [illegible] - 9.

Riddle, J. M., ed. 1970. *Tiberius Gracchus*. Heath.

Romer, J. 2007. *The Great Pyramid: Ancient Egypt Revisited*. Cambridge University Press.

Ropp, P. S., ed. 1990. *Heritage of China*. University of California Press.

Rosenstein, N. 1999. Republican Rome. In Raaflaub and Rosenstein 1999: 193 - 216.

__. 2009. War, state formation, and the evolution of military institutions in ancient China and Rome. In Scheidel 2009c: 24 - 51.

Rostovtzeff, M. 1957. *Social and Economic History of the Roman Empire*, 2nd ed. Oxford University Press.

__. 1960. *Rome*. Oxford University Press.

Rüpke, J. 2004. Roman religion. In Flower 2004: 179 - 198.

Rutledge, S. H. 2001. *Imperial Inquisitions*. Routledge.

Sallust. *Conspiracy of Catiline*. Tr. S. A. Handford. Penguin (1963).

__. *Jugurthine War*. Tr. S. A. Handford. Penguin (1963).

Salmon, E. T. 1982. *The Making of Roman Italy*. Cornell University Press.

Sargent, C. B. 1944. Subsidized history: Pan Ku and the Historical Records of the former Han Dynasty. *Far East Quarterly* 3: 119 - 143.

Sawyer, R. D. 1993. *The Seven Military Classics of Ancient China*. Westview Press.

__. 2004. *Fire and Water*. Westview.

Scheffler, S., ed. 1988. *Consequentialism and Its Critics*. Oxford University Press.

Scheid, J. 1993. The priest. In Giardina 1993b: 85 - 99.

Scheidel, W. 2009a. Introduction and From the "great convergence" to the "first great divergence." In Scheidel 2009c: 3 - 23.

__. 2009b. The monetary systems of the Han and Roman Empires. In Scheidel 2009c: 137 - 208.

__, ed. 2009c. *Rome and China: Comparative Perspectives on Ancient World Empires*. Oxford University Press.

__. 2012a. Slavery. In Scheidel 2012a: 89 - 113.

__. ed. 2012b. *The Cambridge Companion to the Roman Economy*. Cambridge University Press.

Schiavone, A. 2000. *The End of the Past*. Harvard University Press.

Schirokauer, C., and R. P. Hymes. 1993. Introduction. In *Ordering the World*, ed. R. P Hymes and C. Schirokauer, 1 - 58. University of California Press.

Schumann, R. 1992. *Italy in the Last Fifteen Hundred Years*, 2nd ed. University Press of America.

Schwartz, B. I. 1985. *The World of Thought in Ancient China*. Harvard University Press.

__. 1996. *China and Other Matters*. Harvard University Press.

Scullard, H. H. 1973. *Roman Politics 220 - 150 B.C.*. Greenwood Press.

__. 1976. *From the Gracchi to Nero*. Methuen.

__. 1980. *A History of the Roman World: 753 - 146 B.C.*, 4th ed. Routledge.

__. 1989. Carthage and Rome. In Walbank et al. 1989: 486 - 569.

Seager, R. 1972. *Tiberius*. Basil Blackwell.

__. 2002. *Pompey the Great*. Basil Blackwell.

Sellers, M. N. S. 2004. The Roman Republic and the French and American Revolutions. In Flower 2004: 347 - 364.

Shaughnessy, E. L. 1999. Western Zhou history. In Loewe and Shaughnessy 1999: 292 - 351.

Shaw, B. D. 1984. Bandits in the Roman Empire. *Past and Present* 105: 3 - 52.

__. 1999. War and violence. In Bowersock et al. 1999: 130 - 169.

Sherwin-White, A. N. 1957. Caesar as an imperialist. *Greece and Rome* 4: 36 - 45.

__. 1980. Review: Rome the aggressor? *Journal of Roman Studies* 70: 177 - 181.

Shryock, J. K. 1966. *The Origin and Development of the State Cult of Confucius*. Paragon Book Reprint Corp.

Sinor, D. 1981. The inner Asian warriors. *Journal of the American Oriental Society* 101: 133 - 141.

__. 1990a. The Hun period. In Sinor 1990b: 177 - 205.

__, ed. 1990b. *The Cambridge History of Early Inner Asia*. Cambridge University Press.

Skinner, G. W. 1977. Cities and the hierarchy of local systems. In *Studies in Chinese Society*, ed. A. P. Wolf, 1 - 78. Stanford University Press.

Skocpol, T. 1985. Bringing the state back in: Strategies of analysis in current research. In Evans et al. 1985: 3 - 43.

Smith, C. B. 2004. *How the Great Pyramid Was Built*. Smithsonian Books.

Southern, P. 1998. *Augustus*. Routledge.

__. 2001. *The Roman Empire from Severus to Constantine*. Routledge.

Starr, C. G. 1982. *The Roman Empire, 27 B.C. - A.D. 476*. Oxford University Press.

__. 1991. *A History of the Ancient World*, 4th ed. Oxford University Press.

Ste. Croix, G. E. M. de. 1981. *The Class Struggle in the Ancient Greek World*. Cornell University Press.

Steadman, L. B., C. T. Palmer, and C. F. Tilley. 1996. The universality of ancestor worship. *Ethnology* 35: 63 - 76.

Stockton, D. 1991. The founding of the Empire. In Boardman et al. 1991: 146 - 179.

Stone, L. 1965. *The Crisis of the Aristocracy: 1558 - 1641*. Abridged ed. Oxford University Press.

Strabo. *Geography*. Tr. H. Jones. Harvard (1948).

Strobe, J. A. 1998. Justification of war in ancient China. *Asian Philosophy* 8(3): 165 - 181.

Suetonius. *The Twelve Caesars*. Tr. R. Graves. Penguin (1957).

Swaine, M. D., and A. J. Tellis. 2000. *Interpreting China's Grand Strategy*. RAND.

Swanson, J. A. 1992. *The Public and the Private in Aristotle's Political Philosophy*. Cornell.

Syme, R. 1939. *The Roman Revolution*. Oxford University Press.

__. 1958. *Tacitus*. Oxford University Press.

Taagepera, R. 1979. Size and duration of empires: Growth-decline curves, 600 B.C. to 600 A.D.. *Social Science History* 3: 115 - 138.

Tacitus. *The Annals of Imperial Rome*. Tr. M. Grant. Penguin (1956).

__. *Germania*. Tr. H. W. Bernario. Aris & Phillips (1999).

__. *The Histories*. Tr. W. H. Fyfe. Oxford (1999).

__. *The Life of Agricola*. Tr. A. J. Church and W. J. Brodibb. In Mellor 1998: 394 - 416.

Taliaferro, J. W., S. E. Lobell, and N. M. Ripsman. 2009. Introduction. In *Neoclassical Realism, The State, and Foreign Policy*, ed. S. E. Lobell, N. M. Ripsman, and J. W. Taliaferro, 1 - 41. Cambridge University Press.

Tan, S - H. 2002. Between family and state. In Chan 2002: 169 - 188.

Tanner, S. 2009. *Afghanistan*, rev. ed. Da Capo.

Taylor, L. R. 1962. Forerunners of the Gracchi. *Journal of Roman Studies* 52: 19 - 27.

Teggart, F. J. 1939. *China and Rome: A Study of Correlations in Historical Events*. University of California Press.

Temple, R. 1986. *The Genius of China: 3000 Years of Science, Discovery and Invention*. Simon & Schuster.

Thompson, E. A. 1952. Peasant revolts in late Roman Gaul and Spain. *Past and Present* 2: 11 - 23.

__. 1958. Early Germanic Warfare. *Past and Present* 14: 2 - 29.

__. 1982. *Romans and Barbarians*. University of Wisconsin Press.

__. 1996. *The Huns*. Basil Blackwell.

Thorley, J. 1971. The silk trade between China and the Roman Empire at its height, circa A.D. 90 - 130. *Greece and Rome* 18: 71 - 80.

__. 1981. When was Jesus born? *Greece and Rome* 28: 81 - 89.

Thucydides. *The Peloponnesian War*. Tr. R. Warner. Penguin (1954).

Tillman, H. C. 1981. The development of tension between virtue and achievement in early Confucianism. *Philosophy East and West* 31: 17 - 28.

Tilly, C. 1975. Reflections on the history of European state-making. In *The Formation of National States in Western Europe*, ed. C. Tilly, 3 - 83. Princeton University Press.

__. 1985. War making and state making as organized crime. In Evans et al. 1985: 169 - 191.

__. 1990. *Coercion, Capital, and European States*. Basil Blackwell.

Todd, M. 1992. *The Early Germans*. Basil Blackwell.

Toynbee, A. J. 1957. *A Study of History* (abridged). Dell.

__. 1965. *Hannibal's Legacy*. Oxford University Press.

Tu, W-M, ed. 1996. *Confucian Traditions in East Asian Modernity*. Harvard University Press.

Turner, K. 1990. Sage kings and laws in the Chinese and Greek traditions. In Ropp 1990: 86 - 111.

__. 1993. War, punishment, and the law of nature in early Chinese concepts of the state. *Harvard Journal of*

Asiatic Studies 53: 285 - 324.

__. 2009. Law and punishment in the formation of empire. In Scheidel 2009c: 52 - 82.

Twitchett, D., and M. Loewe, eds. 1986. *The Cambridge History of China*, vol. 1, *The Ch'in and Han Empires, 221 B.C.-A.D. 220*. Cambridge University Press.

Ungern-Sternberg, J. von. 1986. The end of the Conflict of the Orders. In Raaflaub 1986b: 353 - 378.

Vaissiére, E. de la. 2004. The rise of Sogdian merchants and the role of the Huns. In *The Silk Road*, ed. S. Whitefield, 19 - 23. Serindia.

Veyne, P. 1993. *Humanitas: Romans and non-Romans*. In Giardina 1993b: 342 - 370.

Virgil. *Georgics*. Tr. P. Fallon. Gallery Books (2004).

__. *The Aeneid*. Tr. R. Fitzgerald. Vintage (1981).

Wagner, D. B. 1993. *Iron and Steel in Ancient China*. Brill.

Walbank, F. W. 1970. *Historical Commentary on Polybius*. Oxford University Press.

__. 1981. *The Hellenistic World*. Harvard University Press.

Walbank, F. W., A. E. Astin, M. W. Frederiksen, and R. M. Ogilvie, eds. 1989. *Cambridge Ancient History*, 2nd ed., vol. 7, pt. 2. Cambridge University Press.

Waldron, A. 1990. *The Great Wall of China*. Cambridge University Press.

Walzer, M. 2006. *Just and Unjust Wars*. Basic Books.

Wang Rihua. 2011. Political hegemony in ancient China. In Yan 2011: 181 - 195.

Wang, Z. 1982. *Han Civilization*. Yale University Press.

Ward, A. M. 1977. *Marcus Crassus*. University of Missouri Press.

Wardman, A. E. 1984. Usurpers and internal conflicts in the 4th century A.D. *Historia* 33: 220 - 237.

Ward-Perkins, B. 2005. *The Fall of Rome and the End of Civilization*. Oxford University Press.

Weber, M. 1919. Politics as a vocation. In *From Max Weber: Essays in Sociology*, eds. H. H. Gerth and C. W. Wills, Oxford University Press (1946): 77 - 128.

Wellesley, K. 1975. *The Long Year A.D. 69*. Westview Press.

Wells, C. 1992. *The Roman Empire*, 2nd ed. Harvard University Press.

Wheeler, E. 1993. Methodological limits and the mirage of Roman strategy. *Journal of Military History* 57: 7 - 41, 215 - 40.

Whitefield, S. ed. 2004. *The Silk Road: trade, travel, war and faith*. Serindia.

Whitehead, D. 1989. Norms of citizenship in ancient Greece. In Molho et al. 1989: 135 - 154.

Whittaker, C. R. 1978. Carthaginian imperialism in the fifth and fourth centuries. In Garnsey and Whittaker 1978: 59 - 90.

__. 1994. *Frontiers of the Roman Empire*. Johns Hopkins University Press.

Whittaker, C. R., and P. Garnsey. 1998. Rural life in the Later Roman Empire. In Cameron and Garnsey 1998: 277 - 311.

Wickersham, J. 1994. *Hegemony and Greek Historians*. Rowman and Littlefield.

Wickham, C. 2010. *The Inheritance of Rome*. Penguin.

Wiedemann, T. 1981. *Greek and Roman Slavery*. Johns Hopkins University Press.

__. 2000. Reflections of Roman political thought in Latin historical writing. In *The Cambridge History of Greek and Roman Political Thought*, ed. C. Rowe and M. Schofield, 517 - 531. Cambridge University Press.

Wilbur, C. M. 1943. *Slavery in China during the Former Han Dynasty*. University of Chicago Press.

Wilkinson, E. 1998. *Chinese History: A Manual*. Harvard University Asia Center.

Wirszubski, C. 1960. *Libertas as a Political Idea at Rome During the Late Republic and Early Principate*. Cambridge University Press.

Wong, R. B. 1997. *China Transformed*. Cornell University Press.

Wood, N. 1988. *Cicero's Social and Political Thought*. University of California Press.

Xu, J. 2011. The two poles of Confucianism. In Yan 2011: 161 - 80.

Yan, X. 2011. *Ancient Chinese Thought, Modern Chinese Power*. Princeton University Press.

Yang, H., and F. Mutschler. 2009. The emergence of empire: Rome and the surrounding world in historical narratives from the late third century B.C. to the early first century A.D. In Mutschler and Mittag 2009: 91 - 114.

Yang, L-S. 1968. Historical notes on the Chinese world order. In *The Chinese World Order*, ed. J. K. Fairbank, Harvard University Press. 20 - 33.

Yates, R. D. S. 1987. Social Status in the Ch' in. *Harvard Journal of Asiatic Studies* 47: 197 - 237.

__. 1999. Early China. In Raaflaub and Rosenstein 1999: 7 - 46.

Young, G. K. 2001. *Rome's Eastern Trade*. Routledge.

Yu, J. 2007. *The Ethics of Confucius and Aristotle*. Routledge.

Yu Y-S. 1967. *Trade and Expansion in Han China*. University of California Press.

__. 1986. Han foreign relations. In Twitchett and Loewe 1986: 377 - 462.

__. 1990. The Hsiung-nu. In Sinor 1990b: 118 - 146.

索引

A

B

C

D

E

F

G

H

J

K

L

M

N

O

P

Q

R

S

T

W

X

Y

Z

國家圖書館出版品預行編目 (CIP) 資料

龍與鷹的帝國：秦漢與羅馬的興衰,怎樣影響了今天的世界? / 歐陽瑩之作. -- 第一版. -- 臺北市：風格司藝術創作坊, 2018.04

面； 公分

ISBN 978-957-8697-24-9(平裝)

1.世界史 2.比較研究

711 107002597

龍與鷹的帝國——秦漢與羅馬的興衰，怎樣影響了今天的世界？

作　　者：歐陽瑩之
責任編輯：苗　龍
出　　版：風格司藝術創作坊
10671台北市大安區安居街 118 巷 17 號
Tel：（02）8732-0530　Fax：（02）8732-0531
http://www.clio.com.tw
總 經 銷：紅螞蟻圖書有限公司
Tel: (02) 2795-3656　Fax: (02) 2795-4100
地址：台北市內湖區舊宗路二段121巷19號
http://www.e-redant.com
出版日期／2018 年 4 月　第一版第一刷
定　　價／580 元

Knowledge House & Walnut Tree Publishing

Knowledge House & Walnut Tree Publishing